北京建筑大学教材建设项目资助出版

普通高等学校"十四五"规划城市管理专业精品教材

本书适用专业：公共事业管理、城市管理等

城市管理法规
Urban Management Law

郑宪强　著

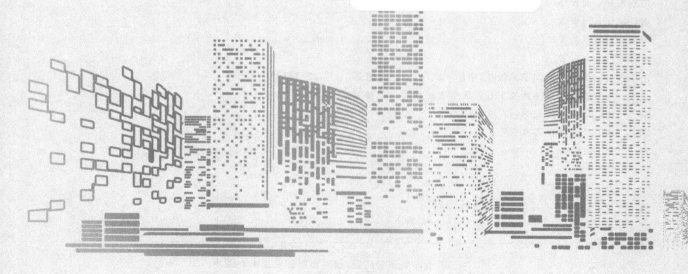

华中科技大学出版社
http://press.hust.edu.cn
中国·武汉

图书在版编目(CIP)数据

城市管理法规/郑宪强著. —武汉:华中科技大学出版社,2022.12(2025.7重印)
ISBN 978-7-5680-9011-7

Ⅰ. ①城… Ⅱ. ①郑… Ⅲ. ①城市管理-法规-中国 Ⅳ. ①D922.297.4

中国版本图书馆 CIP 数据核字(2022)第 238950 号

城市管理法规　　　　　　　　　　　　　　　　　　　　　郑宪强　著
Chengshi Guanli Fagui

策划编辑：周永华
责任编辑：周怡露
封面设计：原色设计
责任监印：朱　玢

出版发行：华中科技大学出版社(中国·武汉)　　电话：(027)81321913
　　　　　武汉市东湖新技术开发区华工科技园　　邮编：430223
录　　排：华中科技大学惠友文印中心
印　　刷：武汉邮科印务有限公司
开　　本：850mm×1065mm　1/16
印　　张：23
字　　数：631 千字
版　　次：2025 年 7 月第 1 版第 2 次印刷
定　　价：68.00 元

本书若有印装质量问题,请向出版社营销中心调换
全国免费服务热线：400-6679-118　竭诚为您服务
版权所有　侵权必究

前　言

城市管理法规是公共管理专业、城市管理专业的核心课程,但是有关城市管理法律法规方面的教材目前处于缺位状态。自2018年开始,笔者开始在教学中自编讲义授课,并根据授课反馈调整与更新。经过五年的教学实践与摸索,内容日趋成熟和完善,在此基础上著成本书。

本书秉持五级教学联动设计理念,逻辑结构为"以案说法、知识解析、学中思考、情景应用、疑难诊断"五级,通过层层递进的知识内化过程,让学生"知晓、领会、再造"所学知识。每章内容结构如下:(一)案例导入——提出问题,列出本章知识情景;(二)知识解析(正文知识点)——解析问题,分析案例涉及的知识储备;(三)学中思考(思考题)——厚积知识,提升认知;(四)案例回顾——情景应用、解决所列问题;(五)疑难问题辨析(讨论题)——开放讨论,深化知识。教材内容分为六大部分:第一部分为概述,讲解城市管理法律基础;第二部分(第2~5章)为城市土地、规划、开发与建设法律制度;第三部分(第6~9章)为城市社会管理法律制度;第四部分(第10~12章)为城市市场管理法律制度;第五部分(第13~15章)为城市行政管理法律制度;第六部分(第16~17章)为城市行政管理纠纷处理法律制度。

本书适用于城市管理专业和公共管理专业的城市管理法律法规相关课程。同时,本书也可供城市管理行政管理人员以及行政执法人员在实践工作中参考使用。

在编写过程中,本书参考了相关领域学者的研究成果,借鉴了有关行政机关及其工作人员在行政执法过程中的成熟经验。在此,笔者向他们对中国城市管理法治化所做出的贡献深表感谢! 由于时间有限,书中难免出现纰漏,期望学界和城市管理从业人员不吝赐教,为城市更有序、生活更美好,同心同行!

郑宪强
二零二二年十一月于北京

目 录

第一部分 概述

1 城市管理法律基础 ……………………………………………………………… (3)
  1.1 法律体系、法的形式与法的效力位阶 ……………………………………… (4)
  1.2 法律关系 ………………………………………………………………………… (7)
  1.3 民事法律关系 …………………………………………………………………… (10)
  1.4 行政法律关系 …………………………………………………………………… (20)
  1.5 刑事法律关系 …………………………………………………………………… (25)

第二部分 城市土地、规划、开发与建设法律制度

2 土地管理法律制度 ……………………………………………………………… (29)
  2.1 土地管理法概述 ………………………………………………………………… (30)
  2.2 土地所有权与使用权 …………………………………………………………… (31)
  2.3 土地利用与管理 ………………………………………………………………… (32)
  2.4 征地与补偿 ……………………………………………………………………… (39)
  2.5 国有建设用地使用权的取得与收回 …………………………………………… (41)
  2.6 监督检查 ………………………………………………………………………… (43)
  2.7 法律责任 ………………………………………………………………………… (44)

3 城乡规划法律制度 ……………………………………………………………… (47)
  3.1 概述 ……………………………………………………………………………… (48)
  3.2 城乡规划的制定与审批 ………………………………………………………… (50)
  3.3 城乡规划的实施 ………………………………………………………………… (51)
  3.4 城乡规划的修改 ………………………………………………………………… (53)

3.5　监督检查 …………………………………………………………………………… (54)
　　3.6　法律责任 …………………………………………………………………………… (55)
4　城市房地产管理法律制度 …………………………………………………………………… (59)
　　4.1　概述 ………………………………………………………………………………… (60)
　　4.2　房地产开发用地 …………………………………………………………………… (62)
　　4.3　房地产开发 ………………………………………………………………………… (64)
　　4.4　房地产交易 ………………………………………………………………………… (67)
　　4.5　房地产权属登记管理 ……………………………………………………………… (71)
　　4.6　行政机关及其工作人员法律责任 ………………………………………………… (72)
5　工程建设法律制度 …………………………………………………………………………… (75)
　　5.1　建筑许可法律制度 ………………………………………………………………… (76)
　　5.2　建设工程发承包法律制度 ………………………………………………………… (81)
　　5.3　建设工程安全生产法律制度 ……………………………………………………… (90)
　　5.4　建设工程质量管理法律制度 ……………………………………………………… (96)
　　5.5　监督管理 …………………………………………………………………………… (100)

第三部分　城市社会管理法律制度

6　安全生产法律制度 …………………………………………………………………………… (109)
　　6.1　安全生产许可证制度 ……………………………………………………………… (110)
　　6.2　安全生产基本制度 ………………………………………………………………… (113)
　　6.3　生产经营单位的安全生产保障 …………………………………………………… (115)
　　6.4　从业人员的安全生产权利和义务 ………………………………………………… (120)
　　6.5　安全生产的监督管理 ……………………………………………………………… (121)
　　6.6　生产安全事故的应急救援与调查处理 …………………………………………… (124)
　　6.7　法律责任 …………………………………………………………………………… (128)
7　环境保护法律制度 …………………………………………………………………………… (133)
　　7.1　环境保护概述 ……………………………………………………………………… (134)
　　7.2　环境影响评价 ……………………………………………………………………… (138)
　　7.3　水污染防治法律制度 ……………………………………………………………… (141)
　　7.4　大气污染防治法律制度 …………………………………………………………… (145)
　　7.5　噪声污染防治法律制度 …………………………………………………………… (148)
　　7.6　固体废物污染环境防治 …………………………………………………………… (154)

8 突发事件应对法律制度 ··· (165)
    8.1 突发事件应对 ··· (166)
    8.2 传染病防治法律制度 ·· (174)
    8.3 突发公共卫生事件应急管理 ··· (180)

9 劳动法及劳动者权益保护法律制度 ··· (187)
    9.1 劳动合同制度 ··· (188)
    9.2 劳务派遣 ·· (197)
    9.3 劳动保护的规定 ·· (199)
    9.4 工伤的规定 ··· (202)
    9.5 劳动争议的处理 ·· (208)

第四部分　城市市场管理法律制度

10 反不正当竞争法律制度 ·· (219)
    10.1 概述 ·· (220)
    10.2 不正当竞争行为的种类 ·· (221)
    10.3 对涉嫌不正当竞争行为的调查 ·· (225)
    10.4 法律责任 ·· (226)

11 产品质量法律制度 ··· (229)
    11.1 概述 ·· (230)
    11.2 产品质量的监督管理 ··· (231)
    11.3 生产者的产品质量和义务 ·· (236)
    11.4 销售者的产品质量和义务 ·· (237)
    11.5 损害赔偿 ·· (238)

12 广告法律制度 ··· (243)
    12.1 法律体系与法律渊源 ··· (244)
    12.2 一般规定 ·· (244)
    12.3 广告内容准则 ··· (246)
    12.4 广告行为规范 ··· (252)
    12.5 监督管理 ·· (254)
    12.6 公益广告 ·· (255)

第五部分　城市行政管理法律制度

13　行政许可法律制度 (259)
　　13.1　概述 (261)
　　13.2　行政许可的设定 (263)
　　13.3　行政许可的实施主体 (266)
　　13.4　行政许可的实施程序 (268)
　　13.5　行政许可的费用 (272)
　　13.6　行政许可的撤销与注销 (273)
　　13.7　监督检查 (273)

14　行政处罚法律制度 (277)
　　14.1　概述 (278)
　　14.2　行政处罚的种类和设定 (280)
　　14.3　行政处罚的实施机关 (281)
　　14.4　行政处罚的管辖和适用 (283)
　　14.5　行政处罚的决定 (287)
　　14.6　行政处罚的执行 (291)
　　14.7　行政处罚的监督 (293)
　　14.8　法律责任 (293)

15　行政强制法律制度 (297)
　　15.1　概述 (298)
　　15.2　行政强制的设定 (300)
　　15.3　行政强制措施的实施程序 (302)
　　15.4　行政机关强制执行程序 (305)
　　15.5　法律责任 (310)

第六部分　城市行政管理纠纷处理法律制度

16　行政复议法律制度 (315)
　　16.1　概述 (316)
　　16.2　行政复议范围 (318)
　　16.3　行政复议的申请 (319)

16.4　行政复议受理 …………………………………………………………（322）
　　16.5　行政复议决定 …………………………………………………………（323）
　　16.6　行政复议与行政诉讼关系 ……………………………………………（327）
　　16.7　法律责任 ………………………………………………………………（328）
17　行政诉讼法律制度 ……………………………………………………………（331）
　　17.1　概述 ……………………………………………………………………（332）
　　17.2　受案范围 ………………………………………………………………（333）
　　17.3　管辖 ……………………………………………………………………（334）
　　17.4　诉讼参加人 ……………………………………………………………（336）
　　17.5　证据 ……………………………………………………………………（339）
　　17.6　起诉和受理 ……………………………………………………………（341）
　　17.7　审理和判决 ……………………………………………………………（344）
　　17.8　执行 ……………………………………………………………………（351）
参考文献 …………………………………………………………………………………（357）

第一部分 概述

1 城市管理法律基础

1 城市管理法律基础

【案例导入】

赵某与李某系楼上楼下邻居。李某对噪声比较敏感,因楼上赵某家孩子经常在家里跑来跑去,李某多次上门并出言不逊,赵某多次表示歉意,购置并铺设了地垫,尽可能减少给楼下李某带来的影响。某天,李某因噪声问题再次来到赵某家,一言不合便将赵某打倒在地。赵某家人报警并将赵某送至医院诊治。

问题:(1)若赵某被诊断为轻微伤,则本案例涉及哪几重法律关系?

(2)若赵某被诊断为轻伤一级,则本案涉及哪几重法律关系?

法律是调整当事人之间社会关系的规范。当事人社会关系的复杂性决定了法律规范的多样性,不同的社会行为及社会关系分别由不同的法律规范予以调整。需要注意的是,并不是所有的社会行为及社会关系均由法律规范调整,社会关系所包含的范围大于法律规范所调整的社会关系。简而言之,法律规范所调整的是由当事人行为所形成的以法律权利和义务为形式载体的社会关系,即法律关系。

1.1 法律体系、法的形式与法的效力位阶

1.1.1 法律体系

法律体系也称法的体系,通常是指由一国全部现行法律规范按照不同调整对象分类组合,形成的由不同的法律部门组成的统一体系。我国法律体系主要由宪法及宪法相关法、民商法、行政法、经济法、社会法、刑法、诉讼与非诉讼程序法七个法律部门组成。

一、宪法及宪法相关法

宪法及宪法相关法是构成我国法律体系的基础,主要包括《中华人民共和国宪法》《中华人民共和国立法法》《中华人民共和国工会法》等。

二、民商法

民法是调整作为平等主体的公民之间、法人之间、公民与法人之间的财产关系和人身关系法律规范的总称,主要包括《中华人民共和国民法典》(以下简称《民法典》)、《中华人民共和国著作权法》等。

商法是调整作为平等主体之间的商事关系或商事行为法律规范的总称,主要涉及商事组织关系和商事交易关系,包括《中华人民共和国公司法》(以下简称《公司法》)、《中华人民共和国企业破产法》、《中华人民共和国保险法》、《中华人民共和国证券法》、《中华人民共和国票据法》等。

民法与商法是母法与子法的关系,或一般法与特别法的关系。民法是商法的指引,商法是对民法的补充、变更与限制。我国实行民商合一体例。

三、行政法

行政法是行政主体行使行政职权,以及对行政行为进行监督与救济过程中所发生的与行政相对人、行政法制监督主体之间的各种关系的法律规范的总称。行政法的主要目的是规范与约束行政主体行使行政权的行为,确保行政主体依法行政,保障行政相对人的合法权益。行政法主要包括《中华人民共和国行政许可法》《中华人民共和国行政处罚法》《中华人民共和国治安管理处罚法》《中华人民共和国行政复议法》《中华人民共和国国家赔偿法》等。

四、经济法

经济法是国家协调和干预国民经济和社会组织在经济活动中所发生的经济关系的法律规范的总称,主要涉及《中华人民共和国招标投标法》《中华人民共和国反不正当竞争法》《中华人民共和国产品质量法》《中华人民共和国消费者权益保护法》《中华人民共和国企业所得税法》《中华人民共和国土地管理法》《中华人民共和国城市房地产管理法》《中华人民共和国节约能源法》等。

【思考1-1】经济法与商法的调整对象都是经济关系,它们之间有何区别呢?

五、社会法

社会法有广义和狭义之分。广义的社会法是有别于公法与私法之外的第三法域,旨在通过对自由经济的干预来解决市场化和工业化带来的社会问题。本书所指社会法为狭义社会法,即劳动法和社会保障法。具体而言,狭义社会法主要包括《中华人民共和国劳动法》《中华人民共和国劳动合同法》《中华人民共和国劳动争议调解仲裁法》《中华人民共和国安全生产法》《中华人民共和国就业促进法》等。

六、刑法

刑法是规定犯罪、刑事责任和刑罚的法律,即规定哪些行为是犯罪行为并应当负刑事责任,给予犯罪人何种刑事处罚的法律。狭义的刑法是指《中华人民共和国刑法》(《以下简称刑法》);广义的刑法是指一切规定犯罪、刑事责任和刑罚的法律规范的总和,除了《刑法》外,还包括单行刑法和非刑事责任条款。

七、诉讼及非诉讼程序法

诉讼及非诉讼程序法是调整因诉讼活动和非诉讼活动而产生的社会关系的法律规范,旨在规范诉讼程序和非诉讼程序,保障实体法的实施。诉讼法主要包括《中华人民共和国民事诉讼法》(以下简称《民事诉讼法》)、《中华人民共和国行政诉讼法》(以下简称《行政诉讼法》)、《中华人民共和国刑事诉讼法》,非诉讼程序法主要包括《中华人民共和国仲裁法》(以下简称《仲裁法》)、《中华人民共和国人民调解法》、《中华人民共和国公证法》等。

1.1.2 法的形式

法的形式是指由特定国家机关制定的各种规范性法律文件的表现载体。在我国,法的形式表现为以宪法为核心的各种制定法,具体而言主要包括宪法、法律、行政法规、地方性法规、部门规章、地方政府规章等。

一、宪法

宪法是由全国人民代表大会依照特别程序制定的具有最高效力的法律规范。宪法规定了一个国家的根本制度和根本任务,包括国家制度和社会制度的原则、国家政权的组织和公民的基本权益和义务等内容,是具有最高法律效力的根本大法,在我国法律体系中具有最高的法律地位和法律效力。

宪法包括《中华人民共和国宪法》(以下简称《宪法》),以及附属宪法性法律文件,比如《中华人民共和国全国人民代表大会组织法》《中华人民共和国国旗法》《中华人民共和国国徽法》《中华人民共和国民族区域自治法》等。自1954年以来,全国人民代表大会先后于1954年、1975年、1978年和1982年制定、颁布了四部《宪法》。为了适应我国经济和社会的发展变化,全国人民代表大会又分别于1988年、1993年、1999年、2004年和2018年对1982年《宪法》逐步进行了修改和完善。

二、法律

法律有广义和狭义之分。广义的法律泛指一切规范性文件,而狭义的法律是指由享有国家立法权的全国人民代表大会及常务委员会,依照法定程序制定并颁布的规范性文件。此处所指法律即狭义法律,如《民法典》《中华人民共和国土地管理法》《中华人民共和国城市房地产管理法》《中华人民共和国招标投标法》等。

三、行政法规

行政法规是国务院根据宪法和法律授权,按照法定程序制定的有关行使行政权力,履行行政职责的规范性文件的总称。行政法规内容涉及政治、经济、教育、科技、文化、外事等各类事务,在形式上一般称为条例、办法、规定、实施细则等。例如《中华人民共和国招标投标法实施条例》《国有土地上房屋征收与补偿条例》《中华人民共和国税收征收管理法实施细则》等都属于行政法规。行政法规发布时需要国务院总理签署国务院令。

四、地方性法规

地方性法规是指由地方立法机关制定的在本行政区域内适用的规范性法律文件。《宪法》第一百条规定,省、直辖市的人民代表大会和它们的常务委员会,在不同宪法、法律、行政法规相抵触的前提下,可以制定地方性法规,报全国人民代表大会常务委员会备案。

具体而言,有权制定地方性法规的地方立法机关主要有三类:一是省、自治区、直辖市人民代表大会及其常务委员会,二是省、自治区人民政府所在地的市的人民代表大会及其常务委员会,三是经国务院批准的较大的市的人民代表大会及其常务委员会。地方性法规由大会主席团或者常务委员会用公告的形式予以公布,只在本行政区域内适用。省、自治区人民政府所在地的市的人民代表大会及其常务委员会,以及经国务院批准的较大的市的人民代表大会及其常务委员会制定的地方性法规,还需报省、自治区人民代表大会常务委员会批准后施行,并由省、自治区的人民代表大会常务委员会报全国人民代表大会常务委员会和国务院备案,其效力低于本省、自治区人民代表大会及其常务委员会制定的地方性法规。

对于民族自治区域,民族自治地方的人民代表大会有权依照当地民族的政治、经济和文化的特点,制定自治条例和单行条例。自治区的自治条例和单行条例,报全国人民代表大会常务委员会批准后生效。自治州、自治县的自治条例和单行条例,报省或者自治区的人民代表大会常务委员会批准后生效,并报全国人民代表大会常务委员会备案。

地方性法规在形式上一般称为条例、实施细则、决议、决定、办法、议事规则等,例如《北京市市容环境卫生条例》《重庆市生活垃圾管理条例》《长沙市城市管理条例》《上海市养老服务条例》《云南省县乡两级人民代表大会代表选举实施细则》《江苏省实施〈中华人民共和国义务教育法〉办法》《江苏省人民代表大会议事规则》等。

五、部门规章

部门规章是各部、各委员会根据法律和国务院的行政法规、决定、命令,在本部门的权限内,发布命令、指示和规章。部门规章一般形式表现为规定、命令、指示、规章、实施细则等。例如,城市管理涉及的主要部门规章有《城镇污水排入排水管网许可管理办法》《城市管理执法办法》《建筑装饰装修管理规定》《营业性演出管理条例实施细则》等。

六、地方政府规章

地方政府规章与部门规章一并统称行政规章。地方政府规章是指省、自治区、直辖市人民政府以及省、自治区、直辖市人民政府所在地的市、经济特区所在地的市和国务院批准的较大的市的人民政府,根据法律、行政法规所制定的规范性文件。地方政府规章只在本行政区域内具有法律效力，其具体表现形式有办法、细则、纲要、标准、准则等，例如《湖北省土地管理实施办法》《成都市历史建筑保护办法》《昆明市城市地下空间开发利用管理规定》等。

1.1.3 法的效力位阶

法律规范来源不同，其效力等级也存在差异。上述不同形式的法律规范形成了一个具有不同效力的完整体系。法的效力位阶是指上述法律规范的效力等级。当不同法律规范就同一事项规定不一致时，法的效力位阶有助于城市管理者正确选择法律规范。

一、纵向效力

纵向效力是指上位法与下位法的效力高低。上位法是指相对于其他法的形式，在法的位阶中处于较高效力位置和等级的规范性文件；下位法是指相对于其他法的形式，在法的位阶中处于较低效力位置和等级的规范性文件。根据上位法优于下位法的原则，下位法不得与上位法的规定相抵触。宪法具有最高的法律效力，一切法律、行政法规、地方性法规、自治条例和单行条例、规章都不得同宪法相抵触。法律的效力高于行政法规、地方性法规、规章。行政法规的效力高于地方性法规、规章。地方性法规的效力高于本级和下级地方政府规章。省、自治区的人民政府制定的规章的效力高于本行政区域内的较大的市的人民政府制定的规章。

二、横向效力

横向效力主要涉及具有同等位置和等级的同位法的适用问题。法律之间、行政法规之间、部门规章与地方性法规之间、部门规章之间，以及部门规章与省、自治区、直辖市人民政府规章之间具有同等效力。

同一机关制定的法律规范对同一事项规定不一致时，依照特别法优于一般法、新法优于旧法的原则，选择适用的法律规范。当同一机关制定的法律规范就同一事项新的一般规定与旧的特别规定不一致，不能确定如何适用时，由制定机关来裁决。

部门规章与地方性法规之间对同一事项的规定不一致，不能确定如何适用时，由国务院提出意见，国务院认为应当适用地方性法规的，应当决定在该地方适用地方性法规的规定；认为应当适用部门规章的，应当提请全国人民代表大会常务委员会裁决；部门规章之间、部门规章与地方政府规章之间对同一事项的规定不一致时，由国务院裁决。

1.2 法律关系

法律关系是由法律规范调整、以主体之间权利和义务关系为内容的特定社会关系，其中权利和义务既可以是法律明确规定的，也可能是由法律授权的当事人在法律规范范围内约定的。由此可见，法律关系是法律主体之间的权利义务关系，法律关系的产生是以法律规范的存在为前提条件的。若法律规范缺位，法律关系亦无从产生。此外，法律关系不同于其他一般社会关系的另一个重要特征是，法律关系体现了国家意志对特定社会关系的"干预"，法律关系所指向的稳定社会秩序以国家强制力作为实施保障。

任何一种法律关系均由三个构成要素：法律关系主体、法律关系客体以及法律关系内容。

1.2.1 法律关系主体

法律关系主体是指法律关系中依法享有权利、承担义务的当事人。作为法律关系的主体，首先要具备依法享有权利、承担义务的资格，即权利能力；其次是具备依法享有权利、承担义务的行为能力；最后，具备承担法律上不利行为后果的责任能力。

具体而言，法律关系主体主要包括以下几类。

一、自然人

自然人是指具有生物学意义上的人，包括中国人、外国人以及无国籍人。

自然人与公民不同，公民是个合成词。"公"意指"公共"，即社会和国家等公共事务；"民"意指"人"，因此，公民就是管理社会和国家等公共事务的人。从法律视角来看，公民是根据宪法规定，具备公民身份，并根据宪法和法律享有权利、承担义务的自然人。《宪法》第三十三条规定，凡具有中华人民共和国国籍的人都是中华人民共和国公民。国家尊重和保障人权。

由上可知，公民是一个法律概念，取得一国国籍是成为该国公民的前提条件。公民享有宪法和法律规定的各项权利，承担宪法和法律规定的各项义务。这些权利和义务是在公民参与管理社会和国家诸多公共事务中所形成的，并受宪法和法律保护。

【思考1-2】公民与自然人有何区别？

二、法人和非法人组织

法人是与自然人相对的一个概念，是法律所创设的享有权利和承担义务、具有拟人格的组织。法人包括营利法人（如有限责任公司、股份有限公司、其他企业法人等）、非营利法人（如事业单位、社会团体等）和特别法人（如国家机关、农村集体经济组织等）；非法人组织包括个人独资企业、合伙企业等。其中，法人主体既可能是参与宪法关系、行政法律关系和刑事法律关系的公法人，也可能是参与民商事法律关系的私法人。

三、国家

这里所指的国家是具有独立主权的、特殊的法律关系主体。在国际公法关系中，国家可以作为国际贸易和国际金融关系中的独立债权人或者债务人；在国内诸多法律关系主体中，国家可以授权财政部门发行货币、国库券等。

1.2.2 法律关系客体

法律关系客体是法律关系中各主体之间权利和义务所指向的对象，它是法律关系主体权利和义务的利益载体。法律关系旨在构建、保护、获得、分配或者转移某种利益，因此其所指向的这种物质或精神利益、有形或者无形利益，以及国家、社会和个人利益等均可能成为法律关系的客体。

具体而言，法律关系客体主要包括以下几类。

一、物

物是由法律关系主体支配并为其生产或生活之用的天然物或生产物，兼具物理属性和法律属性，范围小于物理学意义上的广义之物。作为法律关系客体之物由法律认可和确定，其一般应具备以下三个条件：第一，对法律关系主体有用之物，能为之带来物质利益、经济价值；第二，能为人类认识和控制的自我之物；第三，具有独立于主物的自在之物。不动产、机动车等均属于物的范畴。

二、行为

行为是法律关系主体之间法定或约定的特定客体,主要表现为债权债务中的给付行为。法律关系主体中义务人完成法定或约定行为,该行为结果满足了权利人的利益需求。例如,建设工程施工合同法律关系中,施工行为就是该法律关系客体之一,而非施工行为所形成的建筑物或构筑物。这种行为的结果可以是物,比如施工活动形成建筑物或构筑物,也可能是精神体验和经历,比如知识培训、游乐体验等。

三、智力产品

智力产品是人脑力劳动的知识性、非物质财富,比如专利、商标、作品、专有技术、商业秘密、计算机软件等。

四、人身利益

人身利益主要是指与人身权相关的人格权。《民法典》规定了以下人格权:生命权、身体权和健康权、姓名权和名称权、肖像权、名誉权和荣誉权、隐私权和个人信息保护。

1.2.3 法律关系内容

法律关系内容是法律关系主体与客体之间形成的权利和义务关系。没有法律上的权利与义务,就没有事实上的法律关系。权利是法律所保护的利益实现方式,表现为权利人要求义务人作为或不作为的利益关系。义务是义务人所承担的某种责任,表现为义务人须作为和不得作为的责任。

1.2.4 法律关系的产生、变更与消灭

法律关系会经历一个产生、变更与消灭的过程。法律关系的产生、变更与消灭都是基于一定的法律事实。例如,在商品房买卖中,购房人与开发商开发的商品房签订商品房买卖合同,并在房地产交易中心办理房屋所有权登记,取得房屋所有权证,便产生了房屋所有权转移的法律效果。法律规范是法律关系存续的前提,但法律规范本身不是产生、变更与消灭的依据。

法律事实是法律规范所规定的,能够导致法律关系产生、变更与消灭的客观情况。根据是否以人的意志为转移,法律事实可分为法律事件和法律行为。

一、法律事件

法律事件是由法律规范规定的,能够导致法律关系产生、变更与消灭的事实,包括自然事件和社会事件两类。自然事件包括地震、海啸、泥石流等非人能控制的客观事实。社会事件包括战争、暴乱、疫情等非个人能控制的客观事实。

二、法律行为

法律行为是法律行为主体基于自我意思表达付诸行动,从而引起法律关系产生、变更和消灭的活动。法律行为是导致法律关系产生、变更和消灭的最普遍的法律事实。

一个法律关系的产生、变更或消灭可能基于一个法律事实,也可能基于多个法律事实。一个法律事实也可能导致多种法律关系的产生、变更与消灭。

1.2.5 法律关系的种类

一、绝对法律关系与相对法律关系

按照权利义务的相对性,法律关系可分为绝对法律关系与相对法律关系。在绝对法律关系中,法律

关系主体是特定的，而义务主体是不特定的。在相对法律关系中，法律关系主体和义务主体都是特定的。

二、调整性法律关系和保护性法律关系

按照法律规范的职能来划分，法律关系可分为调整性法律关系和保护性法律关系。

三、部门法律关系

按照部门法进行划分，法律关系还可以划分为宪法法律关系、行政法律关系、民事法律关系、刑事法律关系、经济法律关系、诉讼法律关系、社会保障法律关系、军事法律关系等。

界定当事人之间的法律关系是城市管理自我定位、确定管理边界的依据，也是提高城市管理执法效率和公信力的基本要求，它能够解决谁来管、管什么、怎么管等问题。在城市管理活动中，行政机关、司法机关、事业单位、企业、各类非企业组织、消费者、居民等会形成各种法律关系，其中比较重要的就是民事法律关系、行政法律关系和刑事法律关系。

1.2.6 法律责任

法律责任是行为人因违反法律义务而应承担的不利的法律后果。法律义务不同，行为人所需要承担法律责任的形式也不同。法律责任的形式主要可分为民事责任、行政责任、刑事责任等。有时，法律关系主体的同一行为可能违反多项法律义务，而需承担多种形式的法律责任。如产品致人损害就有可能导致民事法律责任和行政法律责任的产生。

法律责任有两个特征：(1)法律责任以违反法律义务(包括法定义务和契约义务)为前提，法律义务是认定法律责任的前提基础；(2)法律责任具有国家强制性，表现在它是由国家强制力实施或潜在保证的。

1.3 民事法律关系

民事法律关系是指由民事法律规范所调整的以权利和义务为内容的社会关系，它是一种平权性法律关系或横向法律关系，即平等主体的自然人、法人和非法人组织之间的人身关系和财产关系。

1.3.1 构成要素

一、主体

民事法律关系主体也称民事主体，是指在民事法律关系中享有权利、承担义务的当事人。自然人、法人和非法人组织都可以成为民事法律关系的主体。例如，在广告合同中，广告主与广告发布者即民事法律关系的主体。

(一)自然人

自然人是在自然条件下诞生的人。自然人作为民事主体有权参加民事活动，依法享有民事权利，承担民事义务。与具有某国国籍的公民不同，自然人无国籍之分，所有公民都是自然人。自然人与生俱来具有民事权利能力，但并不必然具备民事行为能力。依据自然人是否具有正常的认识及判断能力以及丧失这种能力的程度，自然人可以分为以下三类。

(1) 完全民事行为能力人。

十八周岁以上的自然人是成年人，不满十八周岁的自然人为未成年人。成年人具有完全民事行为能力，可以独立实施民事法律行为。十六周岁以上的未成年人，以自己的劳动收入为主要生活来源的，视为完全民事行为能力人。

(2) 限制民事行为能力人。

八周岁以上的未成年人以及不能完全辨认自己行为的成年人，为限制民事行为能力人，可以独立实施纯获利益的民事法律行为或者与其年龄、智力、精神健康状况相适应的民事法律行为；其他民事法律行为由其法定代理人代理，或者征得其法定代理人的同意、追认。

限制民事行为能力人的监护人是其法定代理人。

(3) 无民事行为能力人。

不满八周岁的未成年人、不能辨认自己行为的成年人，以及不能辨认自己行为的八周岁以上的未成年人，为无民事行为能力人，由其法定代理人代理实施民事法律行为。

无民事行为能力人的监护人是其法定代理人。

需要注意的是，不能辨认或者不能完全辨认自己行为的成年人，其利害关系人或者有关组织，可以向人民法院申请认定该成年人为无民事行为能力人或者限制民事行为能力人。

被人民法院认定为无民事行为能力人或者限制民事行为能力人的，经本人、利害关系人或者有关组织申请，人民法院可以根据其智力、精神健康恢复的状况，认定该成年人恢复为限制民事行为能力人或者完全民事行为能力人。

【思考1-3】此处所指"有关组织"具体是指哪些组织？

(二) 法人

法人是一种社会组织，与自然人一样可以成为民事主体，具有类似于自然人的法律上的拟人格。法人是具有民事权利能力和民事行为能力，依法独立享有民事权利和承担民事义务的组织。

(1) 法人的成立。

法人的民事权利能力和民事行为能力，从法人成立时产生，到法人终止时消灭。

法人应当应具备下列条件：

①依法成立；

②有自己的名称、组织机构、住所、财产或者经费；

③以其全部财产独立承担民事责任；

④有法定代表人。

法人以其主要办事机构所在地为住所。

(2) 法定代表人。

依照法律或者法人组织章程规定，代表法人行使职权的负责人，为法人的法定代表人。法定代表人以法人名义从事的民事活动，其法律后果由法人承受。

法人章程或者法人权力机构对法定代表人代表权的限制，不得对抗善意相对人。

法定代表人因执行职务造成他人损害的，由法人承担民事责任。法人承担民事责任后，依照法律或者法人章程的规定，可以向有过错的法定代表人追偿。

(3)法人合并、分立、设立分支机构。

法人合并的,其权利和义务由合并后的法人享有和承担。

法人分立的,其权利和义务由分立后的法人享有连带债权,承担连带债务,但是债权人和债务人另有约定的除外。

法人可以依法设立分支机构。法律、行政法规规定分支机构应当登记的,依照其规定。分支机构以自己的名义从事民事活动,产生的民事责任由法人承担;也可以先以该分支机构管理的财产承担,不足以承担的,由法人承担。

(4)法人的分类。

依据组织性质不同,法人可分为营利法人、非营利法人以及特别法人。

①营利法人。

营利法人是以取得利润并分配给股东等出资人为目的成立的法人,包括有限责任公司、股份有限公司和其他企业法人等。营利法人经依法登记成立。依法设立的营利法人,由登记机关发给营利法人营业执照。营业执照签发日期为营利法人的成立日期。

设立营利法人应当依法制定法人章程,设权力机构、执行机构、监事会或者监事。

②非营利法人。

非营利法人是出于公益目的或者其他非营利目的成立,不向出资人、设立人或者会员分配所取得利润的法人,包括事业单位、社会团体、基金会、社会服务机构等。

具备法人条件,为适应经济社会发展需要,提供公益服务设立的事业单位,经依法登记成立,取得事业单位法人资格;依法不需要办理法人登记的,从成立之日起,具有事业单位法人资格。

具备法人条件,基于会员共同意愿,出于公益目的或者会员共同利益等非营利目的设立的社会团体,经依法登记成立,取得社会团体法人资格;依法不需要办理法人登记的,从成立之日起,具有社会团体法人资格。

具备法人条件,出于公益目的以捐助财产设立的基金会、社会服务机构等,经依法登记成立,取得捐助法人资格。依法设立的宗教活动场所,具备法人条件的,可以申请法人登记,取得捐助法人资格。法律、行政法规对宗教活动场所有规定的,依照其规定。

出于公益目的成立的非营利法人终止时,不得向出资人、设立人或者会员分配剩余财产。剩余财产应当按照法人章程的规定或者权力机构的决议用于公益目的;无法按照法人章程的规定或者权力机构的决议处理的,由主管机关主持转给宗旨相同或者相近的法人,并向社会公告。

③特别法人。

特别法人是指机关法人、农村集体经济组织法人、城镇农村的合作经济组织法人、基层群众性自治组织法人。

有独立经费的机关和承担行政职能的法定机构从成立之日起,具有机关法人资格,可以从事为履行职能所需要的民事活动。

机关法人被撤销的,法人终止,其民事权利和义务由继任的机关法人享有和承担;没有继任的机关法人的,由作出撤销决定的机关法人享有和承担。

居民委员会、村民委员会具有基层群众性自治组织法人资格,可以从事为履行职能所需要的民事活动。

未设立村集体经济组织的,村民委员会可以依法代行村集体经济组织的职能。

(三)非法人组织

非法人组织是不具有法人资格,但是能够依法以自己的名义从事民事活动的组织,包括个人独资企业、合伙企业、不具有法人资格的专业服务机构等。

非法人组织应当依照法律的规定登记。设立非法人组织,法律、行政法规规定须经有关机关批准的,依照其规定。

非法人组织的财产不足以清偿债务的,其出资人或者设立人承担无限责任。法律另有规定的,依照其规定。

非法人组织可以确定一人或者数人代表该组织从事民事活动。

二、客体

民事法律关系的客体是指民事法律关系中权利和义务所指向的对象或标的,受到民事法律关系主体支配,承载了一定的利益价值,是一定利益的法律形式,是关联民事权利和民事义务的介质,可能表现为物质利益,也可能表现为非物质利益。具体而言,民事法律关系的客体主要有物(如所有权、用益物权、担保物权等)、给付行为(如债权)、智力成果(或知识产权)、人身利益(与人身关系相关的生命权、健康权、姓名权、身份权、肖像权、名誉权、隐私权等)等。这些客体具有一定的利益性、客观性和法定性等特征。

【思考1-4】标的和标的物是同一个概念吗?商品买卖合同中,法律关系的客体是什么?

三、内容

民事法律关系的内容是指民事法律关系主体在民事法律关系中所享有的权利和承担的义务,是民事法律关系主体与客体之间形成的权利与义务关系。

(一)民事权利

民事权利是民事法律关系主体一方要求相对人作为或不作为的利益。权利人可以享受民事权利,也可以放弃民事权利。

按照不同的标准,民事权利有诸多呈现形式。

(1)按照客体所体现的利益标准,分为财产权(物权、债权、知识产权、继承权)和人身权(人格权和身份权)。

(2)按照民事权利的效力特点标准,分为支配权、请求权、形成权和抗辩权。

(3)按照民事权利的效力范围标准,分为绝对权和相对权。绝对权又称对世权,是指得对一切人主张的权利,例如物权、人格权、知识产权等。相对权又称对人权,是指仅得对特定人主张的权利,例如债权。

(4)按照民事权利的地位标准,分为主权利和从权利。

(5)按照民事权利之间的派生关系,分为原权利和救济权。

(二)民事义务

民事义务是民事法律关系主体一方为实现相对方权利而作为或不作为之约束。该约束基于法律之规定,无关义务人意思表示,义务人必须履行,不得随意变更或免除。因民事义务具有法律强制力,违反民事义务须承担相应的民事责任。例如,《民法典》第二百七十三条规定,业主对建筑物专有部分以外的共有部分,享有权利,承担义务;不得以放弃权利为由不履行义务。

按照不同标准,民事义务可分为以下几类。

(1)法定义务与约定义务。

按照义务产生的原因,民事义务分为法定义务与约定义务。法定义务是由民法规范所规定的义务。例如,夫妻有相互扶养的义务;父母有教育、保护未成年子女的权利和义务;公共道路管理人不能证明已经尽到清理、防护、警示等义务,造成他人损害的,应当承担相应的侵权责任。约定义务是基于当事人意思表示一致所确定的义务,最典型的就是合同义务。

(2)积极义务与消极义务。

按照义务内容,民事义务分为积极义务与消极义务。以作为方式履行的义务是积极义务,如交付标的物;以不作为方式履行的义务是消极义务,如任何组织或者个人需要获取他人个人信息的,应当依法取得并确保信息安全,不得非法收集、使用、加工、传输他人个人信息,不得非法买卖、提供或者公开他人个人信息;物业服务人不得采取停止供电、供水、供热、供燃气等方式催交物业费。

(3)基本义务与附随义务。

按照《民法典》诚实信用原则,对待给付为当事人基本义务,通知、保密、协助等则是附随义务。

1.3.2 民事纠纷的法律解决途径

民事纠纷的法律解决途径有和解、调解、仲裁和诉讼。

一、和解

和解是当事人协商一致解决民事纠纷的一种方式,无须第三人介入,纠纷解决较为便捷、成本较低。和解可以在民事纠纷任何阶段进行,是当事人行使处分权的表现。例如,《仲裁法》第四十九条、第五十条规定,当事人申请仲裁后,可以自行和解。达成和解协议的,可以请求仲裁庭根据和解协议作出裁决书,也可以撤回仲裁申请。当事人达成和解协议,撤回仲裁申请后反悔的,可以根据仲裁协议申请仲裁。

不过,和解协议并无强制执行力。和解协议达成后,若一方不履行或不完全履行和解协议,另一方可向约定的仲裁委员会申请仲裁或向有管辖权的法院提起诉讼。

二、调解

调解是由第三人充当调解人解决当事人民事纠纷的一种方式。根据调解人的不同,调解可分为民间调解、行政调解、仲裁调解和法院调解。

(一)民间调解

民间调解是指民间第三人受邀主持调解民事纠纷,促使其达成调解协议,解决民事纠纷的活动。民间调解人可以是人民调解委员会、专业人员(如律师、专业管理人员)等。民间调解所达成的调解协议具有一般合同约束力,无法律强制执行力,但经过司法确认的除外。

(二)行政调解

行政调解是指行政机关受邀当事人,依据法律法规和政策居间调解,促使当事人消止民事纷争的活动。行政调解基于当事人自愿,但行政调解人必须是行政机关。行政调解一般常见于行政争议与民事纠纷混合纷争,例如环境污染致使他人财产损害。与民间调解一样,通过行政调解所达成的调解协议仅具有合同约束力,无法律强制性执行力,除非经过司法确认。

【思考 1-5】如何申请司法确认调解协议?

(三)仲裁调解

仲裁调解是在仲裁庭主持下,仲裁当事人自愿协商一致,达成调解协议,解决民事纠纷的活动。《仲裁法》第五十一条规定,仲裁庭在作出裁决前,可以先行调解。当事人自愿调解的,仲裁庭应当调解。调解不成的,应当及时作出裁决。调解达成协议的,仲裁庭应当制作调解书或者根据协议的结果制作裁决书。《仲裁法》第五十二条规定,调解书应当写明仲裁请求和当事人协议的结果。调解书由仲裁员签名,加盖仲裁委员会印章,送达双方当事人。调解书经双方当事人签收后,即发生法律效力。

【思考1-6】双方当事人在签收调解书前反悔,仲裁庭应该怎么办?

【思考1-7】如何理解"调解书经双方当事人签收后,即发生法律效力"中的"法律效力"?

(四)法院调解

法院调解又称诉讼调解,是指当事人在自愿协商的基础上,在法院审判人员的主持下,互谅互让达成调解书,解决民事纠纷的活动。《民事诉讼法》第八章专门对法院调解作出了规定。法院调解首先要基于当事人自愿,分清是非,厘清事实,进行调解。人民法院进行调解,可以由审判员一人主持,也可以由合议庭主持,并尽可能就地进行。

调解达成协议,必须双方自愿,不得强迫。调解协议的内容不得违反法律规定。调解达成协议,人民法院应当制作调解书。调解书应当写明诉讼请求、案件的事实和调解结果。调解书由审判人员、书记员署名,加盖人民法院印章,送达双方当事人。调解书经双方当事人签收后,即具有法律效力。调解未达成协议或者调解书送达前一方反悔的,人民法院应当及时判决。

【思考1-8】如何理解"调解书经双方当事人签收后,即具有法律效力"?

下列案件调解达成协议,人民法院可以不制作调解书:
①调解和好的离婚案件;
②调解维持收养关系的案件;
③能够即时履行的案件;
④其他不需要制作调解书的案件。

对不需要制作调解书的协议,应当记入笔录,由双方当事人、审判人员、书记员签名或者盖章后,即具有法律效力。

三、仲裁

仲裁是当事人根据纠纷发生前或纠纷发生后达成的仲裁协议,将纠纷提交给约定的仲裁委员会进行裁决,以解决纠纷的一种方式。

(一)仲裁范围

《仲裁法》的调整对象仅限于平等主体的公民、法人和其他组织之间发生的合同纠纷和其他财产权益纠纷。

下列纠纷不能仲裁:(1)婚姻、收养、监护、扶养、继承纠纷;(2)依法应当由行政机关处理的行政争议。

【思考1-9】劳动争议能否适用《仲裁法》仲裁?

(二)仲裁与诉讼

仲裁实行或裁或审制度,当事人达成仲裁协议,一方向人民法院起诉的,人民法院不予受理,但仲裁协议无效的除外。

(三)基本特征

仲裁具有以下几个基本特征。

(1)自愿性。

当事人采用仲裁方式解决纠纷,应当双方自愿,达成仲裁协议。没有仲裁协议,一方申请仲裁的,仲裁委员会不予受理。仲裁委员会应当由当事人协议选定。仲裁庭员的组成、审理方式等均在《仲裁法》基础上由当事人合议确定。

(2)专业性。

仲裁员是专业领域内律师、曾任审判员、从事法律研究等专业人员,他们精通专业知识,具有大量专业实践经验,深谙行业规范和规则,在裁决民事纠纷时往往更专业、更有效率。

(3)独立性。

独立性表现在两个方面。首先,仲裁委员会独立于行政机关,与行政机关没有隶属关系。仲裁委员会之间也没有隶属关系。其次,仲裁依法独立进行,不受行政机关、社会团体和个人的干涉。

(4)保密性。

仲裁不公开进行。当事人协议公开的,可以公开进行,但涉及国家秘密的除外。

(5)快捷性。

裁决实行一裁终局的制度。裁决作出后,当事人就同一纠纷再申请仲裁或者向人民法院起诉的,仲裁委员会或者人民法院不予受理。

四、诉讼

诉讼是当事人将民事纠纷提交至有管辖权的人民法院,通过法院审理、裁判、执行等程序来解决民事争议的一种活动。民事诉讼活动应遵循《民事诉讼法》的程序,依法进行。

人民法院审理民事案件,依照法律规定实行合议、回避、公开审判和两审终审制度。

(一)合议制度

人民法院审理第一审民事案件,由审判员、陪审员共同组成合议庭或者由审判员组成合议庭。合议庭的成员人数,必须是单数。合议制度适用简易程序审理的民事案件,由审判员一人独任审理。

人民法院审理第二审民事案件,由审判员组成合议庭。合议庭的成员人数,必须是单数。

合议庭的审判长由院长或者庭长指定审判员一人担任;院长或者庭长参加审判的,由院长或者庭长担任。

(二)回避制度

审判人员有下列情形之一的,应当自行回避,当事人有权用口头或者书面方式申请他们回避:

(1)是本案当事人或者当事人、诉讼代理人近亲属的;

(2)与本案有利害关系的;

(3)与本案当事人、诉讼代理人有其他关系,可能影响案件的公正审理的。

审判人员接受当事人、诉讼代理人请客送礼,或者违反规定会见当事人、诉讼代理人的,当事人有权要求他们回避。

上述规定同样适用于书记员、翻译人员、鉴定人、勘验人。

(三)公开审判制度

人民法院审理的民事案件,除了涉及国家秘密、个人隐私或者法律另有规定的,应当公开进行。

离婚案件、涉及商业秘密的案件,当事人申请不公开审理的,可以不公开审理。

(四)两审终审制度

当事人不服地方人民法院第一审判决的,有权在判决书送达之日起十五日内向上一级人民法院提起上诉。

当事人不服地方人民法院第一审裁定的,有权在裁定书送达之日起十日内向上一级人民法院提起上诉。

第二审人民法院的判决、裁定,是终审的判决、裁定。

1.3.3 民事责任

民事责任是民事主体因违反法律规定或约定义务而承担的不利后果,其目的主要是恢复受害人的权利和补偿权利人的损失。

一、民事责任的种类

根据民事责任的承担原因,我国《民法典》将民事责任划分为违约责任和侵权责任。违约责任是民事主体违反约定义务而应承担的法律责任;侵权责任是行为人不法侵害社会公共财产或者侵犯他人人身权、财产权所应承担的法律责任。

侵权责任不同于违约责任,其区别主要体现在以下三个方面:(1)侵权行为违反的是法定义务,违约行为违反的是约定义务;(2)侵权行为侵犯的是绝对权,违约行为侵犯的是相对权;(3)侵权行为的法律责任包括财产责任和非财产责任,违约行为的责任仅限于财产责任。

根据《民法典》及相关司法解释的有关规定,城市管理活动中常见的侵权行为如下。

(1)侵害公民身体造成伤害的侵权行为。侵害公民身体造成伤害的,应当赔偿医疗费、因误工减少的收入、残疾者生活补助费等费用;造成死亡的,并应当支付丧葬费、死者生前扶养的人必要的生活费等费用。

(2)环境污染致人损害的侵权行为。违反国家保护环境防止污染的规定,污染环境造成他人损害的,应当依法承担民事责任。

(3)地面施工致人损害的侵权行为。在公共场所、道旁或者通道上挖坑、修缮安装地下设施等,没有设置明显标志和采取安全措施造成他人损害的,施工人应当承担民事责任。

(4)建筑物及地上物致人损害的侵权行为。建筑物或者其他设施以及建筑物上的搁置物、悬挂物发生倒塌、脱落、坠落造成他人损害的,其所有人或者管理人应当承担民事责任,但能够证明自己没有过错的除外。道路、桥梁、隧道等人工建造的构筑物因维护、管理瑕疵致人损害的,也适用上述规定,而且如果是因设计、施工缺陷造成损害的,由所有人、管理人与设计、施工者承担连带责任。

二、承担民事责任的方式

民事责任由当事人向仲裁机构或司法机关提出请求,由其认定,并由国家强制力作为后盾得以实现。根据《民法典》第一百七十九条,承担民事责任的方式主要如下。

(1)停止侵害:侵害人终止其正在进行或者延续的损害他人合法权益的行为。其目的在于及时制止侵害行为,防止损失的扩大。

(2)排除妨碍:侵害人排除由其行为引起的妨碍他人权利正常行使和利益实现的客观事实状态。其目的在于保证他人能够行使自己的合法权益。

(3)消除危险:侵害人消除由其行为或者物件引起的现实存在的某种有可能对他人的合法权益造成损害的紧急事实状态。其目的在于防止损害或妨碍的发生。

(4)返还财产:侵害人将其非法占有或者获得的财产转移给所有人或者权利人。返还的财产包括三种情形:①因不当得利所获得的财产;②民事行为被确认无效或者被撤销而应当返还的财产;③非法侵占他人的财产。

(5)恢复原状:使受害人的财产恢复到受侵害之前的状态。这种责任形式需要具有两个前提条件:一是财产恢复的可能性;二是财产恢复的必要性。

(6)修理、重作、更换:主要适用于违反合同质量条款的民事责任形式。修理是指使受损害的财产或者不符合合同约定质量的标的物具有应当具备的功能、质量。重作,是指重新加工、制作标的物。更换是指以符合质量要求的标的物替代已交付的质量不符合要求的标的物。修理和重作可以适用于种类物或者特定物,而更换只能适用于种类物。

(7)继续履行:也称实际履行,是指违约方依据对方当事人请求继续履行合同约定的义务。继续履行只能适用于违约责任。

(8)赔偿损失:行为人因违反民事义务致人损害,应以财产赔偿受害人所受的损失。对于违约责任,赔偿额应当相当于对方因违约造成的损失。对于侵权责任,赔偿包括对财产损失和精神损失的赔偿。

(9)支付违约金:一方当事人不履行或者不完全履行合同约定义务,而按照约定向对方当事人支付一定数额的金钱。支付违约金只能适用于违约责任。

(10)消除影响、恢复名誉:消除影响,加害人在其不良影响所及范围内消除对受害人不利后果的民事责任;恢复名誉,加害人在其侵权后果所及范围内使受害人的名誉恢复到未曾受损害的状态。加害人拒不执行生效判决,不畏受害人消除影响、恢复名誉的,人民法院可以采取公告、登报方式,将判决的内容和有关情况公布于众,达到消除影响、恢复名誉的目的。公告、登记的费月由加害人承担。

(11)赔礼道歉:加害人以口头或者书面的方式向受害人承认过错、表示歉意。赔礼道歉一般应当公开进行,否则不足以消除影响。但是,受害人不要求公开进行的,也可以秘密进行。由法院判决加害人承担赔礼道歉责任的,赔礼道歉的内容应当经法院审查同意。

法律规定惩罚性赔偿的,依照其规定。

以上承担民事责任的方式,可以单独适用,也可以合并适用。除修理、重作、更换和支付违约金仅适用于违约责任外,其余八种均可适用于侵权责任。除此之外,法院在审理民事案件时,还可以予以训诫、责令具结悔过、收缴进行非法活动的财物和非法所得,并可以依法处以罚款和拘留。

因不可抗力(不能预见、不能避免且不能克服的客观情况)不能履行民事义务的,不承担民事责任。法律另有规定的,依照其规定。

因正当防卫造成损害的,不承担民事责任。正当防卫超过必要的限度,造成不应有的损害的,正当防卫人应当承担适当的民事责任。

因紧急避险造成损害的,由引起险情发生的人承担民事责任。危险由自然原因引起的,紧急避险人不承担民事责任,可以给予适当补偿。紧急避险采取措施不当或者超过必要的限度,造成不应有的损害的,紧急避险人应当承担适当的民事责任。

因保护他人民事权益使自己受到损害的,由侵权人承担民事责任,受益人可以给予适当补偿。没有侵权人、侵权人逃逸或者无力承担民事责任,受害人请求补偿的,受益人应当给予适当补偿。

因自愿实施紧急救助行为造成受助人损害的,救助人不承担民事责任。

侵害英雄烈士等的姓名、肖像、名誉、荣誉,损害社会公共利益的,应当承担民事责任。

因当事人一方的违约行为,损害对方人身权益、财产权益的,受损害方有权选择请求其承担违约责任或者侵权责任。

民事主体因同一行为应当承担民事责任、行政责任和刑事责任的,承担行政责任或者刑事责任不影响承担民事责任;民事主体的财产不足以支付的,优先用于承担民事责任。

1.3.4 民事诉讼时效

民事诉讼时效是指权利人经过法定期限不行使自己的权利,依法律规定其胜诉权便归于消灭的制度。诉讼时效期间届满的,义务人可以提出不履行义务的抗辩。但是,诉讼时效期间届满后,义务人同意履行的,不得以诉讼时效期间届满为由抗辩;义务人已经自愿履行的,不得请求返还。

法院不得主动适用诉讼时效的规定。

一、诉讼时效期间的种类

(1)普通诉讼时效。向人民法院请求保护民事权利的诉讼时效期间为三年。法律另有规定的,依照其规定。

(2)特殊诉讼时效。法律对诉讼时效期间有特别规定的,从其规定。例如因国际货物买卖合同和技术进出口合同所引发的纠纷,其诉讼时效期间为四年。

(3)最长诉讼时效。诉讼时效期间从知道或者应当知道权利被侵害时起算。但是从权利被侵害之日起超过二十年的,人民法院不予保护。有特殊情况的,人民法院可以根据当事人的申请延长诉讼时效期间。

二、诉讼时效期间的计算

当事人约定同一债务分期履行的,诉讼时效期间自最后一期履行期限届满之日起计算。

无民事行为能力人或者限制民事行为能力人对其法定代理人的请求权的诉讼时效期间,自该法定代理终止之日起计算。

未成年人遭受性侵害的损害赔偿请求权的诉讼时效期间,自受害人年满十八周岁之日起计算。

三、不适用诉讼时效的情形

(1)请求停止侵害、排除妨碍、消除危险;

(2)不动产物权和登记的动产物权的权利人请求返还财产;

(3)请求支付抚养费、赡养费或者扶养费;

(4)依法不适用诉讼时效的其他请求权。

四、诉讼时效中止与中断

(一)诉讼时效中止

在诉讼时效期间的最后六个月内,因下列障碍,不能行使请求权的,诉讼时效中止:

(1)不可抗力;

(2)无民事行为能力人或者限制民事行为能力人没有法定代理人,或者法定代理人死亡、丧失民事行为能力、丧失代理权;

(3)继承开始后未确定继承人或者遗产管理人;

(4)权利人被义务人或者其他人控制;
(5)其他导致权利人不能行使请求权的障碍。
自中止时效的原因消除之日起满六个月,诉讼时效期间届满。
(二)诉讼时效中断
有下列情形之一的,诉讼时效中断,从中断、有关程序终结时起,诉讼时效期间重新计算:
(1)权利人向义务人提出履行请求;
(2)义务人同意履行义务;
(3)权利人提起诉讼或者申请仲裁;
(4)与提起诉讼或者申请仲裁具有同等效力的其他情形。
诉讼时效的期间、计算方法以及中止、中断的事由由法律规定,当事人约定无效。
当事人对诉讼时效利益的预先放弃无效。
法律对仲裁时效有规定的,依照其规定;没有规定的,适用诉讼时效的规定。

1.4 行政法律关系

1.4.1 行政法律关系概念

行政法律关系是指由行政法律规范调整的,因行政管理活动而形成或产生的一种行政法上的权利义务关系。行政法律关系属于隶属型法律关系或纵向法律关系,即法律关系主体之间存在隶属关系,一方服从于另一方。行政行为是行政主体的单方行为,行政相对人只有服从或不服从的选择。行政相对人若不服从,行政主体可以依职权强制执行或者向人民法院申请强制执行;行政相对人可以就行政主体的行政行为依法向国家权力机关或上级行政机关申请合法性审查,或者向其本级政府或上级行政机关申请行政复议或者向人民法院提起行政诉讼。

行政关系是行政主体行使行政职能而与行政相对人之间形成的关系,以及行政主体接受行政监督而与行政监督主体之间形成的关系,这也是行政法律规范所调整的对象。具体而言,行政关系包括行政管理关系、行政救济关系、行政监督关系和内部行政关系。但是,行政关系是一种事实关系,并非所有行政关系均有行政法依据。换言之,行政法只调整了部分行政关系。这部分由行政法确认、调整并具有行政法上权利和义务为内容的行政关系才属于行政法律关系。因此,从这个意义上来说,行政法律关系是行政法律规范调整的结果。这种关系既应包括在行政活动过程中所形成的行政主体与行政相对人之间的行政法上的权利义务关系,也应包括因行政活动产生或引发的救济或监督关系。

1.4.2 构成要素

一、行政法律关系主体

行政法律关系主体,也称行政法主体,是指参加行政法律关系享有权利、承担义务的当事人,即行政主体和行政相对人。行政主体是依法拥有行政职权的组织,包括能以自己名义依法行使行政职权并对其行为后果独立承担责任的行政机关以及由法律法规授权或行政机关委托的承担行政职能的组织,其在法定范围内代表国家独立行使职权。判断行政机关及其他组织能够成为行政主体,一般取决于三个条件:第一,其是否拥有行政权;第二,其是否能够以自己的名义行使行政权;第三,其是否能够独立承担法律责任。行政相对人则相对比较宽泛,可以是自然人、法人和非法人组织。

二、行政法律关系客体

行政法律关系的客体指行政法律关系中当事人权利和义务所指向的对象,通常表现为标的或其他利益载体。一般来说,行政法律关系客体主要包括以下三类。

（一）物

物是一定的物质财富,比如水、空气、土地、公共交通设施、市政设施、森林等。

（二）智力成果

智力成果是一种非物质财富,比如专利、地理商标、非专利技术等。

（三）行为

行为是行政法律关系主体的活动,体现为作为或不作为。比如征地、纳税、没收非法财物、扰乱公共秩序等。与行政法律关系主体相照应,行政行为包括行政机关的行政行为、法律法规授权的组织所实施的行政行为和行政机关委托的组织实施的行政行为。在城市管理活动中,行政行为是行政法律关系中最主要的客体,既包括法律行为（如不动产登记等行政确认行为）,也包括事实行为（如民政救助）。具体内容参见1.4.4。

三、行政法律关系内容

行政法律关系内容是指行政法上的权利和义务。对于行政主体及其授权组织而言,其拥有行政法规定的职权,承担行政法规定的职责,且能以自己的名义单独参加诉讼。行政职权是国家依法赋予行政主体进行行政管理活动的资格和权能。不同行政主体职权范围可能不同。一般而言,行政职权主要包括行政立法权、行政决策权、行政决定权、行政执行权、行政处罚权、行政强制执行权等。

行政主体及其授权组织在行使行政职权以及行政管理过程中,必须承担相应的法定义务,即行政职责。行政主体及其授权组织的行政职权是法定的,因此依法行政就是其行政职责所在。具体来讲,依法行政包括以下三层内涵:第一,行政主体须依照法定职权在法定权限内进行行政管理活动;第二,行政管理活动须与行政法立法目的相一致,合法合理;第三,行政管理活动须按照法定程序展开,恪守程序正义。

对于行政相对人而言,其享有参与权（参与行政管理活动）、受益权（获得救济）、请求权（合法利益受侵时请求保护）,同时应服从行政机关或其授权组织的行政管理。

1.4.3 行政法律关系的特征

一、行政法律关系一方主体必须是特定的行政主体

与民事法律关系主体的宽泛性不同,行政法律关系是行政权力主体与行政相对人之间的法律关系,其中一方主体必须是行政主体或其授权组织,行政相对人则无特别限定。在行政诉讼中,《行政诉讼法》设置了单向性诉讼结构,即原告只能是行政相对人,被告只能是行政主体,行政主体不享有起诉权和反诉权。

二、行政法律关系具有非对等性,即当事人双方权利义务不对等

这种不对等既包括双方权利义务性质不对等,也包括权利义务数量不对等。一方所享有的权利、承担的义务不为另一方享有或承担。行政法律关系本质上是一种权力性法律关系或因权力行使而引发的法律关系。

三、行政法律关系的内容是法定的

行政法律关系是一种受行政法律规范所调整的社会关系,其内容源自行政法律规范约束,具有法定性、单方性特点,非由当事人意志约束。

四、行政法律关系具有单方意志性

行政法律关系的产生、变更或消灭均基于依法享有行政权的行政主体的单方意思表示,行政主体在依法行使行政职权时无须征得行政相对人的同意或认可。

五、行政法律关系具有程序性

这包括两个方面的含义:第一,行政主体须依照法定程序行使职权;第二,解决行政争议须依照法定程序进行。

1.4.4 行政行为

一、行政行为的种类

行政行为是执行法律的行为,行政主体必须依法行政。为行政管理之便,行政主体需要将法律之规定应用于行政管理活动中。根据行政行为效力作用范围,行政行为可分为内部行政行为(行政主体在内部行政组织管理中所作的仅对行政组织内部活动产生法律效力的行政行为,如行政处分、上级机关对下级机关所下达的行政命令)和外部行政行为(行政主体在行政管理过程中针对公民、法人和非法人组织所作出的行政行为,如行政许可、行政处罚),本书主要聚焦和关注外部行政行为。根据行政相对人是否特定,行政行为分为抽象行政行为和具体行政行为,具体内容如下。

(一)抽象行政行为

抽象行政行为是指行政主体针对不特定对象所作出的具有普遍约束力行政规则的行为,具体表现为行政法规、行政规章以及其他具有普遍约束力的决定、命令的制定和发布。其中,行政机关制定和发布行政法规和行政规章的行为属于行政立法行为,行政机关制定和发布的行政决定、命令等行为可归类于其他抽象行政行为。

根据制定初衷不同,抽象行政行为还可进行以下分类。

(1)执行性抽象行政行为,是指行政主体在上位法基础上制定相应实施细则的行政行为,其并没有创设新的行政规则。

(2)补充性抽象行政行为,是指在上位法具体规则缺省的条件下,行政主体根据上位法所规定的基本制度和基本原则,对原则性规定补充完善,形成具体可操作行政规则的行为规则,其创设了新的行为规则。

(3)自主性抽象行政行为,是指在上位法缺省的条件下,行政主体在宪法及其基本法的授权范围内,根据行政管理实际需要,自主设立相应行政规则的行为,其创立了新的行为规则。

抽象行政行为不针对特定人或特定事,对行政相对人只产生间接法律效果,因而对所有行政相对人具有普遍约束力。抽象行政行为所形成的行政法规、行政规章、决定和命令是行政主体具体行政行为的直接依据之一。抽象行政行为不溯及既往,可以反复适用。鉴于抽象行政行为没有针对特定的人或事,抽象行政行为不存在适格的行政相对人诉讼资格,因此自然人或组织不能对抽象行政行为提起行政诉讼。但是,抽象行政行为具有普遍约束性,这个特征决定了其一旦失范,社会影响较大,受其影响或可能受其影响的自然人或组织可以依据宪法及其基本法,向国家权力机关和上级行政机关提出合法性审查。

（二）具体行政行为

具体行政行为是指在行政管理活动中，行政主体针对特定的行政相对人和特定的事项，依据行政职权作出有关其实体权利和义务的单方行为。具体行政行为可能由行政主体依职权作出（如行政处罚），也可能由行政相对人申请而发生（如行政许可）。具体行政行为是拥有行政职权的行政主体依据法律、法规、规章、决定或命令，对特定的人、特定的物或特定的行为所作出的。具体行政行为能够对行政相对人产生直接的法律效果，导致行政相对人权利和义务发生变化，是一次性的，不具有普遍约束力。例如，某广告主违反广告法受到行政处罚，此项处罚不涉及其他广告主；该广告主日后再次违法，会再次受到相应行政处罚。行政相对人认为自己的合法权益受到侵害，有权依法向行政复议机关申请行政复议或者向有管辖权的法院提起行政诉讼。

具体行政行为包括行政命令、行政征收、行政确认、行政监督、行政强制、行政许可、行政处罚、行政给付、行政裁决、行政奖励、行政合同、行政复议以及行政赔偿等。其中，行政监督、行政确认、行政许可、行政强制、行政处罚、行政奖励、行政合同等行为属于行政执法行为；行政裁决、行政复议等行为属于行政司法行为，即行政机关以争议当事人之外第三人的身份，按照准司法程序对特定行政争议案件或者民事争议案件进行审理并作出裁决的行为。

二、行政行为的特征

（1）从属法律性。行政行为是执行法律的行为。行政主体的任何行政行为都必须有法律依据，法无授权不可为。

（2）单方意志性。行政主体依法定职权和程序自主实施行政行为，无须与行政相对人协商一致或事先取得其同意。

（3）一定的自由裁量性。立法技术的局限性与行政管理的多样性，要求给行政主体留出一定的弹性和应变空间，以提高执法应对复杂情形的能力。

（4）以无偿为原则，以有偿为例外。行政主体应公共服务而存在，大多数行政行为的受益者为所有行政相对人，因此行政行为应以无偿为原则，由公共财政支持，行政相对人公平负担。同时，也有少数行政行为受益人为特定行政相对人，依据利益负担规则，该部分行政行为应有偿供给。

（5）效力先定性。行政行为一经生效（包括即时生效、受领生效、告知生效和附条件生效）即推定有效。除非法律另有规定，在行政复议或行政诉讼期间，行政行为不停止执行。在行政复议或行政诉讼依法作出变更、撤销前，行政行为均处于拘束力。

（6）以国家强制力保障实施。行政行为具有单方意志性，行政相对人必须服从，否则在行政相对人在法定期限内拒不履行的情形下，行政主体有权强制执行或者向法院申请强制执行。

三、合法行政行为的构成要件

（1）主体合法。

作出行政行为的组织必须具备行政主体资格，能以自己的名义作出行政行为，并能够独立承担法律责任。如前所述，行政主体可以是行政机关，也可以是法律法规授权的组织，以及行政机关依法委托的组织。

（2）职权合法。

行政主体的职权来源于法律法规规定，其行政行为必须局限在法律法规授权的范围内，法无授权不可为。

(3) 内容合法。

实体正义要求行政行为内容合法：第一，事实清楚，证据确凿、充分；第二，适用法律正确；第三，内容具体明确、适当、公正、合理。

(4) 程序合法。

程序合法是程序正义的要求，也是实现实体正义的保证。行政行为应按照法定的与该行政行为相应的步骤和顺序实施，遵守说明理由、表明身份、听取意见等程序规则。行政主体违反法定程序作出的行政行为，应属无效或应予以撤销。

1.4.5 行政争议的法律解决途径

行政争议是行政主体与行政相对人之间就具体行政行为的合法性引发的争议。行政争议应符合以下几个条件：第一，争议一方必须是行政主体；第二，争议因实施具体行政行为引发，不包括内部行政行为和抽象行政行为；第三，行政争议以确定具体行政行为是否合法为目的。根据《中华人民共和国行政复议法》《行政诉讼法》，解决行政争议的法律途径有行政复议和行政诉讼。

一、行政复议

行政复议是指公民、法人或者其他组织（统称行政相对人）认为行政主体的具体行政行为侵犯了其合法权益，依法向行政复议机关提出申请，行政复议机关依照法定程序对该具体行政行为的合法性和适当性重新审查，作出行政复议决定的一种法律救济制度。行政复议的目的是防止和纠正违法或不当的具体行政行为，保护公民、法人和其他组织的合法权益，保障和监督行政机关依法行使职权。有关行政复议的具体内容，本书将在第17章详述。

二、行政诉讼

行政诉讼是法院运用司法审判权解决行政争议的活动，它是指公民、法人或者其他组织（统称行政相对人）认为行政主体的具体行政行为侵犯其合法权益，依法向法院提起诉讼，法院依法对被诉具体行政行为的合法性进行审查，并在诉讼当事人及其他参与人参加下对行政争议依法定程序进行受理、审理、裁判和执行的活动。具体内容详见本书第17章。

1.4.6 行政责任

行政责任是指行政法律关系主体就违反行政法规定的义务但尚未构成犯罪的行为，应当承担的法律后果。行政责任包括行政处分和行政处罚。

一、行政处分

行政处分是国家机关以及国家企事业单位依据法定权限，对其所属国家工作人员违法失职行为（尚不构成犯罪）给予的一种惩戒。行政处分包括警告、记过、记大过、降级、撤职、开除。当事人若对行政处分不服，可以在接到行政处分决定之日起三十日内向原处分机关申请复核，或者向行政监察机关申诉。

二、行政处罚

行政处罚是指行政机关及其他依法可以实施行政处罚权的组织，依法对违反行政管理秩序的公民、法人或者其他组织，以减损权益或者增加义务的方式予以惩戒的行为。

行政处罚涉及治安、工商行政、财政金融、文教卫生、环境保护等方面的各类处罚，主要有以下几类：①警告、通报批评；②罚款、没收违法所得、没收非法财物；③暂扣许可证件、降低资质等级、吊销许可证件;④限制开展生产经营活动、责令停产停业、责令关闭、限制从业;⑤行政拘留;⑥法律、行政法规规定的其他行政处罚。公民、法人或者其他组织对行政处罚不服的,可以向行政复议机关申请行政复议或者向法院提起行政诉讼。有关行政处罚的具体内容可以参见本书第14章。

1.5 刑事法律关系

刑事法律关系是指受刑事法律所规范的国家司法机关与犯罪人之间因犯罪事实而产生的一种特殊的权利义务关系。刑事法律关系因犯罪事实而生,就犯罪构成和刑事责任追究在控罪主体与犯罪主体之间形成的一种社会关系——受刑法保护、被犯罪行为侵害的社会关系。刑事法律关系由主体、客体和内容三个要素构成。

1.5.1 构成要素

一、刑事法律关系主体

刑事法律关系主体是在刑事法律关系中的权利享有者与义务承担者。其中,一方主体是国家司法机关;另一方主体是违反刑事法律或者为刑事侵害行为所侵害或者依法参与刑事诉讼活动的公民、法人或其他组织。

二、刑事法律关系客体

刑事法律关系客体是国家机关和犯罪人权利和义务所指向的对象,即刑罚。值得注意的是,导致刑事法律关系产生、变更和消灭的行为属于刑事法律事实,不能视为刑事法律关系客体。

三、刑事法律关系内容

刑事法律关系内容是国家司法机关和犯罪人的权利和义务。国家司法机关享有对犯罪人进行刑罚处罚的权利(实施刑罚),承担依法适用刑罚的义务(依法实施刑罚);犯罪人有接受刑罚处罚的义务,享有不受"法外施刑"的权利(拒绝不正当刑法)。

1.5.2 犯罪构成

犯罪构成是指国家司法机关认定犯罪的具体法律标准。我国刑法所涉犯罪须具备四个要件:犯罪客体、犯罪的客观方面、犯罪主体、犯罪的主观方面。

一、犯罪客体

犯罪客体是指被刑法保护而被犯罪行为侵害的社会关系。因此,《刑法》规定,国家司法机关不得"法外施刑"。

二、犯罪的客观方面

犯罪的客观方面是指客观上存在危害社会的行为以及由其引发的危害后果,且危害行为与危害后果之间存在因果关系。

三、犯罪主体

犯罪主体是指实施了刑法规定的犯罪行为,并依法应当承担刑事责任的人或组织。其中,人是指实施了犯罪行为且达到刑事责任年龄的自然人;组织是指实施了犯罪行为的法人以及其他组织,如企事业单位、社会团体等。有些犯罪对犯罪主体有着明确的界定,例如贪污罪的犯罪主体仅仅局限于国家工作人员。

四、犯罪的主观方面

犯罪的主观方面是指犯罪主体对自己实施的危害社会行为及其结果所持的心理态度。根据我国《刑法》规定,公民、法人或者其他组织在故意实施某种危害社会的行为时,应当负刑事责任;因过失实施某种危害社会的行为时,只有法律有规定才负刑事责任。因此,构成犯罪的主观方面指的就是故意或过失。

1.5.3 刑事责任

刑事责任是指犯罪主体因违反刑法规定的犯罪行为所应承担的法律责任。作为最严厉的一种法律责任,刑事责任的承担方式主要是刑罚。我国《刑法》规定,刑罚分为主刑和附加刑。

一、主刑

根据《刑法》第三十三条的规定,主刑的种类如下。

(1)管制。管制是对罪犯不予关押,但限制其一定自由,由公安机关执行和群众监督改造的刑罚方法。管制具有一定的期限,管制的期限为三个月以上两年以下,数罪并罚时不得超过三年。管制的刑期从判决执行之日起计算,判决前先行羁押的,羁押一日抵折刑期两日。

(2)拘役。拘役是短期剥夺犯罪人自由,就近实行劳动的刑罚方法。拘役的期限为一个月以上六个月以下,数罪并罚时不得超过一年。拘役的刑期从判决执行之日起计算,判决执行前先行羁押的,羁押一日抵折刑期一日。拘役由公安机关在就近的拘役所、看守所或者其他监管场所执行。在执行期间,受刑人每月可以回家一天至两天。参加劳动的,可以酌量发给报酬。

(3)有期徒刑。有期徒刑是剥夺犯罪人一定期限的自由,实行强制劳动改造的刑罚方法。有期徒刑的犯罪人拘押于监狱或其他执行场所。有期徒刑的基本内容是对犯罪人实行劳动改造。《刑法》第四十六条规定,被判处徒刑的人凡有劳动能力的,都应当参加劳动,接受教育和改造。有期徒刑的刑期为六个月以上十五年以下,数罪并罚时不得超过二十年。刑期从判决执行之日起计算,判决执行以前先行羁押的,羁押一日抵折刑期一日。

(4)无期徒刑。无期徒刑是剥夺犯罪人终身自由,实行强迫劳动改造的刑罚方法。无期徒刑的基本内容也是对犯罪人实施劳动改造。无期徒刑不可能孤立适用,即对被判处无期徒刑的犯罪分子,应当附加剥夺政治权利终身。而对被判处管制、拘役、有期徒刑的犯罪分子,不是必须剥夺政治权利。

(5)死刑。死刑是剥夺犯罪人生命的刑罚方法,包括立即执行与缓期两年执行两种情况。死刑是刑法体系中最为严厉的刑罚方法。

主刑只能单独使用,不能附加适用。一个罪只能适用一个主刑,不能同时适用两个以上主刑。

二、附加刑

附加刑是补充主刑适用的刑罚方法。根据《刑法》第三十四条的规定,附加刑的种类如下。

(1)罚金。罚金是人民法院判处犯罪分子向国家缴纳一定数额金钱的刑罚方法。《刑法》第五十二条规定,判处刑罚,应当根据犯罪情节决定罚金数额。

(2)剥夺政治权利。剥夺政治权利是指剥夺犯罪人一定期限内参加管理国家和政治活动的权利的刑罚方法。剥夺政治权利是剥夺下列权利:

①选举权与被选举权;

②言论、出版、集会、结社、游行、示威自由的权利。

(3)没收财产。没收财产是将犯罪人所有财产的一部分或者全部强制无偿收归国有的刑罚方法。《刑法》第五十九条规定,判处没收财产时,既可以判处没收犯罪人的全部财产,也可以判处没收犯罪人所有的部分财产。没收全部财产的,应当对犯罪分子个人及其扶养的家属保留必要的生活费用。

附加刑可以与主刑合并适用,也可以独立适用。

【案例回顾】

(1)若赵某被诊断为轻微伤,本案例涉及民事法律关系和行政法律关系。首先,李某侵害了赵某合法的人身权利,根据《民法典》第一千一百七十九条的规定,李某应承担赵某人身损害侵权责任;其次,李某故意伤害他人身体,根据《中华人民共和国治安管理处罚法》第四十三条的规定,应由公安机关处五日以上十日以下拘留,并处二百元以上五百元以下罚款;情节较轻的,处五日以下拘留或者五百元以下罚款。

(2)若赵某被诊断为轻伤一级,本案涉及民事法律关系和刑事法律关系。首先,根据《民法典》第一千一百七十九的规定,李某应承担民事责任;其次,赵某被诊断为轻伤一级,李某的行为已涉嫌构成故意伤害罪,根据《刑法》第二百三十四条第一款的规定,处三年以下有期徒刑、拘役或者管制。

【讨论题】

(1)公权与私权的行为范围如何界定?

(2)同一违法行为涉及多重法律责任时,应如何处理?

【思考题参考答案】

【参考答案1-1】经济法与商法调整对象都是经济关系,但经济法体现的是国家在宏观经济调控中对经济活动的干预,而商法体现了当事人的意思自治。

【参考答案1-2】自然人是依自然规律而出生的人,是生物学意义上的人。自然人因出生而取得民事主体资格,包括本国公民、外国公民以及无国籍人。公民:凡具有我国国籍的人都是我国的公民。

【参考答案1-3】居民委员会、村民委员会、学校、医疗机构、妇女联合会、残疾人联合会、依法设立的老年人组织、民政部门等。

【参考答案1-4】标的和标的物是不同的概念。在商品买卖合同中,买卖标的物是物,但标的是物交付行为。

【参考答案1-5】申请司法确认调解协议,由双方当事人依照人民调解法等法律,自调解协议生效之日起三十日内,共同向调解组织所在地基层人民法院提出。

人民法院受理申请后,经审查,符合法律规定的,裁定调解协议有效,一方当事人拒绝履行或者未全部履行的,对方当事人可以向人民法院申请执行;不符合法律规定的,裁定驳回申请,当事人可以通过调解方式变更原调解协议或者达成新的调解协议,也可以向人民法院提起诉讼。

【参考答案1-6】在调解书签收前当事人反悔的,仲裁庭应当及时作出裁决。

【参考答案1-7】调解书与裁决书具有同等法律效力,具有强制执行力,可参见仲裁的规定。

【参考答案1-8】法院调解书经双方当事人签收后,即具有强制执行力。法院调解书具有终局性,当事人不得以同一案由起诉或上诉。若一方不履行或不完全履行调解书,另一方可向人民法院申请强制执行。

【参考答案1-9】不能。劳动争议不仅涉及财产纠纷还涉及人身关系纠纷,适用《中华人民共和国劳动争议调解仲裁法》仲裁。

第二部分 城市土地、规划、开发与建设法律制度

2 土地管理法律制度
3 城乡规划法律制度
4 城市房地产管理法律制度
5 工程建设法律制度

2 土地管理法律制度

【案例导入】

江苏常州铁本钢铁有限公司违法占地案

2003年,江苏铁本钢铁有限公司拟投资105.9亿元在江苏常州新北区长江边新建钢铁厂项目。项目设计综合年产量840万吨,占地近6541亩,其中耕地4585亩(含基本农田1200亩),均属非法占用土地。铁本钢铁有限公司与当地镇政府签订了投资、供地协议,随后施工单位进场施工。为推进项目建设,地方政府在铁本钢铁有限公司尚未依法办理用地批准手续的情况下,即开始征用土地和进行拆迁。常州市高新区管委会采取化整为零的方法,将整个项目用地分为14个土地项目,分别向省国土资源厅申报项目用地,省国土资源厅于同一天批准了14个土地项目。后来,该项目被叫停,铁本钢铁有限公司法人代表因偷税漏税获刑。

问题:请从《中华人民共和国土地管理法》视角分析地方政府土地管理部门与铁本钢铁有限公司的违法行为。

土地管理法是指对国家对土地财产制度和土地资源的合理利用所进行的管理活动予以规范的各种法律规范的总称,包括《中华人民共和国土地管理法》(以下简称《土地管理法》)、《中华人民共和国土地管理法实施条例》(以下简称《土地管理法实施条例》)以及土地行政管理部门出台的相关的规章。

2.1 土地管理法概述

2.1.1 立法历程

《土地管理法》于1986年6月25日经第六届全国人民代表大会常务委员会第十六次会议审议通过,1987年1月1日实施。

1988年12月,第七届全国人大常委会第五次会议根据宪法修正案对《土地管理法》做了第一次修订,修订后的《土地管理法》规定,国有土地和集体所有土地使用权可以依法转让;国家依法实行国有土地有偿使用制度。

1998年8月,第九届全国人民代表大会常务委员会第四次会议对《土地管理法》进行了全面修订,第二次修订后的《土地管理法》明确规定,国家依法实行国有土地有偿使用制度。建设单位使用国有土地,应当以有偿使用方式取得。

2004年8月,第十届全国人民代表大会常务委员会第十一次会议对《土地管理法》进行了第三次修订,修订后的《土地管理法》规定,国家为了公共利益的需要,可以依法对土地实行征收或者征用并给予补偿。

2019年8月,第十三届全国人民代表大会常务委员会第十二次会议对《土地管理法》进行了第三次修订,修订内容增加了可以依法征收农民集体所有土地的情形等内容。

为配合《土地管理法》的有效实施,1998年12月,国务院发布《土地管理法实施条例》(国务院令第256号),并分别于2011年1月、2014年7月和2021年7月进行三次修订。

2.1.2 土地的概念及其分类

一、土地的概念

土地是指一国领土范围内陆地、内陆水域、滩涂、岛屿等所有土地的统称。我国人均土地供给较少,为了保护、开发土地资源,合理利用土地,切实保护耕地,促进社会经济的可持续发展,人们在取得、转让、开发利用以及规划、管理、保护土地过程中需要立法规范予以约束。

二、土地的分类

按照土地用途,土地可分为农用地、建设用地和未利用地。

(1)农用地是指直接用于农业生产的土地,包括耕地、林地、草地、农田水利用地、养殖水面等。

(2)建设用地是指建造建筑物、构筑物的土地,包括城乡住宅和公共设施用地、工矿用地、交通水利设施用地、旅游用地、军事设施用地等。

(3)未利用地是指农用地和建设用地以外的土地。

2.2 土地所有权与使用权

2.2.1 土地所有权

我国实行土地的社会主义公有制,即全民所有制和劳动群众集体所有制。全民所有,即国家所有土地的所有权由国务院代表国家行使。

城市市区的土地属于国家所有。农村和城市郊区的土地,除了由法律规定属于国家所有的,其余的均属于农民集体所有;宅基地和自留地、自留山属于农民集体所有。

2.2.2 土地使用权

任何单位和个人不得侵占、买卖或者以其他形式非法转让土地。土地使用权可以依法转让。

国有土地和农民集体所有的土地,可以依法确定给单位或者个人使用。使用土地的单位和个人,有保护、管理和合理利用土地的义务。

农民集体所有的土地依法属于村农民集体所有的,由村集体经济组织或者村民委员会经营、管理;已经分别属于村内两个以上农村集体经济组织的农民集体所有的,由村内各该农村集体经济组织或者村民小组经营、管理;已经属于乡(镇)农民集体所有的,由乡(镇)农村集体经济组织经营、管理。

2.2.3 土地权属登记

土地的所有权和使用权的登记,依照有关不动产登记的法律、行政法规执行。依法登记的土地的所有权和使用权受法律保护,任何单位和个人不得侵犯。

2.2.4 争议的解决

土地所有权和使用权争议,由当事人协商解决;协商不成的,由人民政府处理。

单位之间的争议,由县级以上人民政府处理;个人之间、个人与单位之间的争议,由乡级人民政府或者县级以上人民政府处理。

当事人对有关人民政府的处理决定不服的,可以自接到处理决定通知之日起三十日内,向人民法院起诉。

在土地所有权和使用权争议解决前,任何一方不得改变土地利用现状。

2.3 土地利用与管理

十分珍惜、合理利用土地和切实保护耕地是我国的基本国策。各级人民政府应当采取措施,全面规划,严格管理,保护、开发土地资源,制止非法占用土地的行为。

2.3.1 土地利用总体规划

一、编制单位与层级

各级人民政府应当依据国民经济和社会发展规划、国土整治和资源环境保护的要求、土地供给能力以及各项建设对土地的需求,组织编制土地利用总体规划。土地利用总体规划的规划期限由国务院规定。

下级土地利用总体规划应当依据上一级土地利用总体规划编制。

地方各级人民政府编制的土地利用总体规划中的建设用地总量不得超过上一级土地利用总体规划确定的控制指标,耕地保有量不得低于上一级土地利用总体规划确定的控制指标。

省、自治区、直辖市人民政府编制的土地利用总体规划,应当确保本行政区域内耕地总量不减少。

二、编制原则

(1)落实国土空间开发保护要求,严格管制土地用途;
(2)严格保护永久基本农田,严格控制非农业建设占用农用地;
(3)提高土地节约集约利用水平;
(4)统筹安排城乡生产、生活、生态用地,满足乡村产业和基础设施用地合理需求,促进城乡融合发展;
(5)保护和改善生态环境,保障土地的可持续利用;
(6)占用耕地与开发复垦耕地数量平衡、质量相当。

三、国土空间规划体系

国家建立国土空间规划体系。编制国土空间规划应当坚持生态优先,绿色、可持续发展,科学有序统筹安排生态、农业、城镇等功能空间,优化国土空间结构和布局,提升国土空间开发、保护的质量和效率。

《土地管理法实施条例》第二条进一步规定,土地开发、保护、建设活动应当坚持规划先行。经依法批准的国土空间规划是各类开发、保护、建设活动的基本依据。已经编制国土空间规划的,不再编制土地利用总体规划和城乡规划。在编制国土空间规划前,经依法批准的土地利用总体规划和城乡规划继续执行。

【**思考2-1**】国土空间规划与土地利用总体规划、城乡规划之间有什么关系?

县级土地利用总体规划应当划分土地利用区,明确土地用途。

乡(镇)土地利用总体规划应当划分土地利用区,根据土地使用条件,确定每一块土地的用途,并予以公告。

《土地管理法实施条例》第三条规定,国土空间规划应当细化落实国家发展规划提出的国土空间开发保护要求,统筹布局农业、生态、城镇等功能空间,划定落实永久基本农田、生态保护红线和城镇开发边界。

国土空间规划应当包括国土空间开发保护格局和规划用地布局、结构、用途管制要求等内容,明确耕地保有量、建设用地规模、禁止开垦的范围等要求,统筹基础设施和公共设施用地布局,综合利用地上地下空间,合理确定并严格控制新增建设用地规模,提高土地节约集约利用水平,保障土地的可持续利用。

《土地管理法实施条例》第九条规定,禁止任何单位和个人在国土空间规划确定的禁止开垦的范围内从事土地开发活动。

按照国土空间规划,开发未确定土地使用权的国有荒山、荒地、荒滩从事种植业、林业、畜牧业、渔业生产的,应当向土地所在地的县级以上地方人民政府自然资源主管部门提出申请,按照省、自治区、直辖市规定的权限,由县级以上地方人民政府批准。

四、审批

土地利用总体规划实行分级审批。

省、自治区、直辖市的土地利用总体规划,报国务院批准。

省、自治区人民政府所在地的市、人口在一百万以上的城市以及国务院指定的城市的土地利用总体规划,经省、自治区人民政府审查同意后,报国务院批准。

上述规定以外的土地利用总体规划,逐级上报省、自治区、直辖市人民政府批准;其中,乡(镇)土地利用总体规划可以由省级人民政府授权的设区的市、自治州人民政府批准。

土地利用总体规划一经批准,必须严格执行。

2.3.2 与其他规划的协调与管理

一、城市总体规划、村庄和集镇规划

城市总体规划、村庄和集镇规划,应当与土地利用总体规划相衔接,城市总体规划、村庄和集镇规划中建设用地规模不得超过土地利用总体规划确定的城市和村庄、集镇建设用地规模。

在城市规划区、村庄和集镇规划区内,城市和村庄、集镇建设用地应当符合城市规划、村庄和集镇规划。

二、江河、湖泊等综合治理和开发利用规划

江河、湖泊综合治理和开发利用规划,应当与土地利用总体规划相衔接。在江河、湖泊、水库的管理和保护范围以及蓄洪滞洪区内,土地利用应当符合江河、湖泊综合治理和开发利用规划,符合河道、湖泊行洪、蓄洪和输水的要求。

三、土地利用计划管理

各级人民政府应当加强土地利用计划管理,实行建设用地总量控制。

土地利用年度计划,根据国民经济和社会发展计划、国家产业政策、土地利用总体规划以及建设用地和土地利用的实际状况编制。土地利用年度计划的编制审批程序与土地利用总体规划的编制审批程序相同,一经审批下达,必须严格执行。

省、自治区、直辖市人民政府应当将土地利用年度计划的执行情况列为国民经济和社会发展计划执行情况的内容,向同级人民代表大会报告。

四、土地利用总体规划的修改

经批准的土地利用总体规划的修改,须经原批准机关批准;未经批准的,不得改变土地利用总体规

划确定的土地用途。

经国务院批准的大型能源、交通、水利等基础设施建设用地,需要改变土地利用总体规划的,根据国务院的批准文件修改土地利用总体规划。

经省、自治区、直辖市人民政府批准的能源、交通、水利等基础设施建设用地,需要改变土地利用总体规划的,属于省级人民政府土地利用总体规划批准权限内的,根据省级人民政府的批准文件修改土地利用总体规划。

2.3.3 土地管理相关制度

一、国家建立土地调查制度

(一)调查主体

县级以上人民政府自然资源主管部门会同同级有关部门进行土地调查。土地所有者或者使用者应当配合调查,并提供有关资料。

县级以上人民政府自然资源主管部门会同同级有关部门根据土地调查成果、规划土地用途和国家制定的统一标准,评定土地等级。

(二)调查内容

土地调查应当包括下列内容:

(1)土地权属以及变化情况;

(2)土地利用现状以及变化情况;

(3)土地条件。

全国土地调查成果,报国务院批准后向社会公布。地方土地调查成果,经本级人民政府审核,报上一级人民政府批准后向社会公布。全国土地调查成果公布后,县级以上地方人民政府方可自上而下逐级依次公布本行政区域的土地调查成果。

土地调查成果是编制国土空间规划以及自然资源管理、保护和利用的重要依据。

土地调查技术规程由国务院自然资源主管部门会同有关部门制定。

(三)土地等级评定

国务院自然资源主管部门会同有关部门制定土地等级评定标准。

县级以上人民政府自然资源主管部门应当会同有关部门根据土地等级评定标准,对土地等级进行评定。地方土地等级评定结果经本级人民政府审核,报上一级人民政府自然资源主管部门批准后向社会公布。

根据国民经济和社会发展状况,土地等级每五年重新评定一次。

二、国家建立土地统计制度

县级以上人民政府统计机构和自然资源主管部门依法进行土地统计调查,定期发布土地统计资料。土地所有者或者使用者应当提供有关资料,不得拒报、迟报,不得提供不真实、不完整的资料。

统计机构和自然资源主管部门共同发布的土地面积统计资料是各级人民政府编制土地利用总体规划的依据。

三、国家建立全国土地管理信息系统,对土地利用状况进行动态监测

县级以上人民政府自然资源主管部门应当加强信息化建设,建立统一的国土空间基础信息平台,实行土地管理全流程信息化管理,对土地利用状况进行动态监测,与国家发展和改革委员会、住房和城乡建设部等有关部门建立土地管理信息共享机制,依法公开土地管理信息。

县级以上人民政府自然资源主管部门应当加强地籍管理,建立健全地籍数据库。

四、国家实行土地用途管制制度

使用土地的单位和个人必须严格按照土地利用总体规划确定的用途使用土地。严格限制农用地转为建设用地,控制建设用地总量,对耕地实行特殊保护。

城市建设用地规模应当符合国家规定的标准,充分利用现有建设用地,不占或者尽量少占农用地。

2.3.4 农用地的利用与管理

一、家庭承包与其他方式承包

农民集体所有和国家所有依法由农民集体使用的耕地、林地、草地,以及其他依法用于农业的土地,采取农村集体经济组织内部的家庭承包方式承包,不宜采取家庭承包方式的荒山、荒沟、荒丘、荒滩等,可以采取招标、拍卖、公开协商等方式承包,从事种植业、林业、畜牧业、渔业生产。

家庭承包耕地的承包期为三十年,草地的承包期为三十年至五十年,林地的承包期为三十年至七十年;耕地承包期届满后再延长三十年,草地、林地承包期届满后依法相应延长。

国家所有依法用于农业的土地可以由单位或者个人承包经营,从事种植业、林业、畜牧业、渔业生产。

发包方和承包方应当依法订立承包合同,约定双方的权利和义务。承包经营土地的单位和个人,有保护和按照承包合同约定的用途合理利用土地的义务。

二、耕地的保护

(一)一般规定

国家对耕地实行特殊保护,严守耕地保护红线,严格控制耕地转为非耕地,严格控制耕地转为林地、草地、园地等其他农用地,并建立耕地保护补偿制度。

非农业建设必须节约使用土地,可以利用荒地的,不得占用耕地;可以利用劣地的,不得占用好地。禁止占用耕地建窑、建坟或者擅自在耕地上建房、挖砂、采石、采矿、取土等。禁止占用永久基本农田发展林果业和挖塘养鱼。

耕地应当优先用于粮食和棉、油、糖、蔬菜等农产品生产。按照国家有关规定需要将耕地转为林地、草地、园地等其他农用地的,应当优先使用难以长期稳定利用的耕地。

省、自治区、直辖市人民政府对本行政区域耕地保护负总责,其主要负责人是本行政区域耕地保护的第一责任人。

省、自治区、直辖市人民政府应当将国务院确定的耕地保有量和永久基本农田保护任务分解下达,落实到具体地块。

国务院对省、自治区、直辖市人民政府耕地保护责任目标落实情况进行考核。

(二)国家实行占用耕地补偿制度

非农业建设经批准占用耕地的,按照"占多少,垦多少"的原则,由占用耕地的单位负责开垦与所占用耕地的数量和质量相当的耕地;没有条件开垦或者开垦的耕地不符合要求的,应当按照省、自治区、直辖市的规定缴纳耕地开垦费,专款用于开垦新的耕地。

对于"占用耕地的单位负责开垦与所占用耕地的数量和质量相当的耕地",究竟开垦主体如何界定,《土地管理法实施条例》第八条规定,在国土空间规划确定的城市和村庄、集镇建设用地范围内经依法批准占用耕地,以及在国土空间规划确定的城市和村庄、集镇建设用地范围外的能源、交通、水利、矿山、军事设施等建设项目经依法批准占用耕地的,分别由县级人民政府、农村集体经济组织和建设单位负责开垦与所占用耕地的数量和质量相当的耕地。

省、自治区、直辖市人民政府应当制定开垦耕地计划,监督占用耕地的单位按照计划开垦耕地或者按照计划组织开垦耕地,并进行验收。《土地管理法实施条例》第八条还规定,省、自治区、直辖市人民政府应当组织自然资源主管部门、农业农村主管部门对开垦的耕地进行验收,确保开垦的耕地落实到地块。划入永久基本农田的还应当纳入国家永久基本农田数据库严格管理。占用耕地补充情况应当按照国家有关规定向社会公布。

县级以上地方人民政府可以要求占用耕地的单位将所占用耕地耕作层的土壤用于新开垦耕地、劣质地或者其他耕地的土壤改良。

省、自治区、直辖市人民政府应当严格执行土地利用总体规划和土地利用年度计划采取措施,确保本行政区域内耕地总量不减少、质量不降低。耕地总量减少的,由国务院责令在规定期限内组织开垦与所减少耕地的数量与质量相当的耕地;耕地质量降低的,由国务院责令在规定期限内组织整治。新开垦和整治的耕地由国务院自然资源主管部门会同农业农村主管部门验收。

个别省、直辖市确因土地后备资源匮乏,新增建设用地后,新开垦耕地的数量不足以补偿所占用耕地的数量的,必须报经国务院批准减免本行政区域内开垦耕地的数量,易地开垦数量和质量相当的耕地。

(三)国家实行永久基本农田保护制度

下列耕地应当根据土地利用总体规划划为永久基本农田,实行严格保护:

(1)经国务院农业农村主管部门或者县级以上地方人民政府批准确定的粮、棉、油、糖等重要农产品生产基地内的耕地;

(2)有良好的水利与水土保持设施的耕地,正在实施改造计划以及可以改造的中、低产田和已建成的高标准农田;

(3)蔬菜生产基地;

(4)农业科研、教学试验田;

(5)国务院规定应当划为永久基本农田的其他耕地。

各省、自治区、直辖市划定的永久基本农田一般应当占本行政区域内耕地的百分之八十以上,具体比例由国务院根据各省、自治区、直辖市耕地实际情况规定。

永久基本农田划定以乡(镇)为单位进行,由县级人民政府自然资源主管部门会同同级农业农村主管部门组织实施。永久基本农田应当落实到地块,纳入国家永久基本农田数据库严格管理。

乡(镇)人民政府应当将永久基本农田的位置、范围向社会公告,并设立保护标志。

永久基本农田经依法划定后,任何单位和个人不得擅自占用或者改变其用途。国家能源、交通、水利、军事设施等重点建设项目选址确实难以避让永久基本农田,涉及农用地转用或者土地征收的,必须经国务院批准。

《土地管理法实施条例》第十一条规定,非农业建设依法占用永久基本农田的,建设单位应当按照省、自治区、直辖市的规定,将所占用耕地耕作层的土壤用于新开垦耕地、劣质地或者其他耕地的土壤改良。

(四)禁止性规定

(1)非农业建设必须节约使用土地,可以利用荒地的,不得占用耕地;可以利用劣地的,不得占用好地。

(2)禁止占用耕地建窑、建坟或者擅自在耕地上建房、挖砂、采石、采矿、取土等。

(3)禁止占用永久基本农田发展林果业和挖塘养鱼。

(4)禁止任何单位和个人闲置、荒芜耕地。

已经办理审批手续的非农业建设占用耕地,一年内不用而又可以耕种并收获的,应当由原耕种该幅耕地的集体或者个人恢复耕种,也可以由用地单位组织耕种。

一年以上未动工建设的,应当按照省、自治区、直辖市的规定缴纳闲置费。

连续两年未使用的,经原批准机关批准,由县级以上人民政府无偿收回用地单位的土地使用权;该幅土地原为农民集体所有的,应当交由原农村集体经济组织恢复耕种。

在城市规划区范围内,以出让方式取得土地使用权进行房地产开发的闲置土地,依照《中华人民共和国城市房地产管理法》的有关规定办理。

2.3.5 未利用地的利用和管理

一、一般规定

国家鼓励单位和个人按照土地利用总体规划,在保护和改善生态环境、防止水土流失和土地荒漠化的前提下,开发未利用的土地;适宜开发为农用地的,应当优先开发成农用地。

开垦未利用的土地,必须经过科学论证和评估,在土地利用总体规划划定的可开垦的区域内,经依法批准后进行。禁止毁坏森林、草原开垦耕地,禁止围湖造田和侵占江河滩地。

根据土地利用总体规划,对破坏生态环境开垦、围垦的土地,有计划有步骤地退耕还林、还牧、还湖。

二、开发未确定使用权的未用地

开发未确定使用权的国有荒山、荒地、荒滩从事种植业、林业、畜牧业、渔业生产的,经县级以上人民政府依法批准,可以确定给开发单位或者个人长期使用。

三、土地整理

国家鼓励土地整理。县、乡(镇)人民政府应当组织农村集体经济组织,按照土地利用总体规划,对田、水、路、林、村综合整治,提高耕地质量,增加有效耕地面积,改善农业生产条件和生态环境。

地方各级人民政府应当采取措施,改造中、低产田,整治闲散地和废弃地。

《土地管理法实施条例》第十条规定,县级人民政府应当按照国土空间规划关于统筹布局农业、生态、城镇等功能空间的要求,制定土地整理方案,促进耕地保护和土地节约集约利用。

县、乡(镇)人民政府应当组织农村集体经济组织,实施土地整理方案,对闲散地和废弃地有计划地整治、改造。土地整理新增耕地,可以用作建设所占用耕地的补充。

鼓励社会主体依法参与土地整理。

四、复垦

因挖损、塌陷、压占等造成土地破坏,用地单位和个人应当按照国家有关规定负责复垦;没有条件复垦或者复垦不符合要求的,应当缴纳土地复垦费,专项用于土地复垦。复垦的土地应当优先用于农业。

此外,还需要注意的是,具有重要生态功能的未利用地应当依法划入生态保护红线,实施严格保护。建设项目占用国土空间规划确定的未利用地的,按照省、自治区、直辖市的规定办理。

2.3.6 农用地转为建设用地的审批

一、未编制国土空间规划的审批

《土地管理法》第四十四条规定,建设占用土地,涉及农用地转为建设用地的,应当办理农用地转用审批手续。

(一)永久基本农田

永久基本农田转为建设用地的,由国务院批准。

(二)永久基本农田以外的农用地

(1)城市和村庄、集镇建设用地规模范围内。

在土地利用总体规划确定的城市和村庄、集镇建设用地规模范围内,为实施该规划而将永久基本农田以外的农用地转为建设用地的,按土地利用年度计划分批次按照国务院规定由原批准土地利用总体规划的机关或者其授权的机关批准。在已批准的农用地转用范围内,具体建设项目用地可以由市、县人民政府批准。

(2)城市和村庄、集镇建设用地规模范围外。

在土地利用总体规划确定的城市和村庄、集镇建设用地规模范围外,将永久基本农田以外的农用地转为建设用地的,由国务院或者国务院授权的省、自治区、直辖市人民政府批准。

二、已编制国土空间规划的审批

对于已编制国土空间规划的地区,建设项目需要占用农用地,《土地管理法实施条例》进一步作出了补充性规定。

(一)城市和村庄、集镇建设用地范围内

在国土空间规划确定的城市和村庄、集镇建设用地范围内,为实施该规划而将农用地转为建设用地的,由市、县人民政府组织自然资源等部门拟订农用地转用方案,分批次报有批准权的人民政府批准。

农用地转用方案应当重点对建设项目安排、是否符合国土空间规划和土地利用年度计划以及补充耕地情况作出说明。

农用地转用方案经批准后,由市、县人民政府组织实施。

(二)城市和村庄、集镇建设用地范围外的农用地

建设项目确需占用国土空间规划确定的城市和村庄、集镇建设用地范围外的农用地,涉及占用永久基本农田的,由国务院批准;不涉及占用永久基本农田的,由国务院或者国务院授权的省、自治区、直辖市人民政府批准。具体按照下列规定办理:

(1)建设项目批准、核准前或者备案前后,由自然资源主管部门对建设项目用地事项进行审查,提出建设项目用地预审意见。建设项目需要申请核发选址意见书的,应当合并办理建设项目用地预审与选址意见书,核发建设项目用地预审与选址意见书。

(2)建设单位持建设项目的批准、核准或者备案文件,向市、县人民政府提出建设用地申请。市、县人民政府组织自然资源等部门拟订农用地转用方案,报有批准权的人民政府批准;依法应当由国务院批

准的,由省、自治区、直辖市人民政府审核后上报。农用地转用方案应当重点对是否符合国土空间规划和土地利用年度计划以及补充耕地情况作出说明,涉及占用永久基本农田的,还应当对占用永久基本农田的必要性、合理性和补划可行性作出说明。

(3)农用地转用方案经批准后,由市、县人民政府组织实施。

【思考 2-2】 建设项目需要分期建设的,建设用地审批手续是一次办理还是分期办理?

2.4 征地与补偿

国家为了公共利益的需要,可以依法对土地实行征收或者征用并给予补偿。

2.4.1 征收

一、征收情形

为了公共利益的需要,有下列情形之一,确需征收农民集体所有的土地的,可以依法实施征收:

(1)军事和外交需要用地的;

(2)由政府组织实施的能源、交通、水利、通信、邮政等基础设施建设需要用地的;

(3)由政府组织实施的科技、教育、文化、卫生、体育、生态环境和资源保护、防灾减灾、文物保护、社区综合服务、社会福利、市政公用、优抚安置、英烈保护等公共事业需要用地的;

(4)由政府组织实施的扶贫搬迁、保障性安居工程建设需要用地的;

(5)在土地利用总体规划确定的城镇建设用地范围内,经省级以上人民政府批准、由县级以上地方人民政府组织实施的成片开发建设需要用地的;

(6)法律规定为公共利益需要可以征收农民集体所有的土地的其他情形。

前款规定的建设活动,应当符合国民经济和社会发展规划、土地利用总体规划、城乡规划和专项规划;第(4)项、第(5)项规定的建设活动,还应当纳入国民经济和社会发展年度计划;第(5)项规定的成片开发并应当符合国务院自然资源主管部门规定的标准。

二、征收的审批

征收下列土地的,由国务院批准:

(1)永久基本农田;

(2)永久基本农田以外的耕地超过三十五公顷的;

(3)其他土地超过七十公顷的。

征收前款规定以外的土地的,由省、自治区、直辖市人民政府批准。

征收农用地的,应当依法先行办理农用地转用审批。其中,经国务院批准农用地转用的,同时办理征地审批手续,不再另行办理征地审批;经省、自治区、直辖市人民政府在征地批准权限内批准农用地转用的,同时办理征地审批手续,不再另行办理征地审批,超过征地批准权限的,应当依法另行办理征地审批。

三、征收公告与实施

(1)公告与实施主体。

国家征收土地的,依照法定程序批准后,由县级以上地方人民政府予以公告并组织实施。

需要征收土地,县级以上人民政府认为符合上述征收情形的,应当发布征收土地预公告,并开展拟征收土地现状调查和社会稳定风险评估。

(2)征收土地预公告。

征收土地预公告应当包括征收范围、征收目的、开展土地现状调查的安排等内容。征收土地预公告应当采用有利于社会公众知晓的方式,在拟征收土地所在的乡(镇)和村、村民小组范围内发布,预公告时间不少于十个工作日。自征收土地预公告发布之日起,任何单位和个人不得在拟征收范围内抢栽抢建;违反规定抢栽抢建的,对抢栽抢建部分不予补偿。

(3)土地调查。

土地现状调查应当查明土地的位置、权属、地类、面积,以及农村村民住宅、其他地上附着物和青苗等的权属、种类、数量等情况。

(4)社会稳定风险评估。

社会稳定风险评估应当对征收土地的社会稳定风险状况进行综合研判,确定风险点,提出风险防范措施和处置预案。社会稳定风险评估应当有被征地的农村集体经济组织及其成员、村民委员会和其他利害关系人参加,评估结果是申请征收土地的重要依据。

2.4.2 补偿

一、基本原则

征收土地应当给予公平、合理的补偿,保障被征地农民原有生活水平不降低、长远生计有保障。

二、补偿安置方案

县级以上地方人民政府应当依据社会稳定风险评估结果,结合土地现状调查情况,组织自然资源、财政、农业农村、人力资源和社会保障等有关部门拟定征地补偿安置方案。

征地补偿安置方案应当包括征收范围、土地现状、征收目的、补偿方式和标准、安置对象、安置方式、社会保障等内容。

征地补偿安置方案拟订后,县级以上地方人民政府应当在拟征收土地所在的乡(镇)和村、村民小组范围内公告,公告时间不少于三十日,听取被征地的农村集体经济组织及其成员、村民委员会和其他利害关系人的意见。

征地补偿安置公告应当同时载明办理补偿登记的方式和期限、异议反馈渠道等内容。

多数被征地的农村集体经济组织成员认为拟定的征地补偿安置方案不符合法律、法规规定的,县级以上地方人民政府应当组织听证,并根据法律、法规的规定和听证会情况修改方案。

县级以上地方人民政府根据法律、法规规定和听证会等情况确定征地补偿安置方案后,应当组织有关部门与拟征收土地的所有权人、使用权人签订征地补偿安置协议。征地补偿安置协议示范文本由省、自治区、直辖市人民政府制定。

对个别确实难以达成征地补偿安置协议的,县级以上地方人民政府应当在申请征收土地时如实说明。

相关前期工作完成后,县级以上地方人民政府方可申请征收土地,报有批准权的人民政府批准。有批准权的人民政府应当对征收土地的必要性、合理性、是否符合《土地管理法》为了公共利益确需征收土地的情形,以及是否符合法定程序进行审查。

三、征收公告

征收土地申请经依法批准后,县级以上地方人民政府应当自收到批准文件之日起十五个工作日内在拟征收土地所在的乡(镇)和村、村民小组范围内发布征收土地公告,公布征收范围、征收时间等具体工作安排,对个别未达成征地补偿安置协议的应当作出征地补偿安置决定,并依法组织实施。

四、补偿内容

征收土地应当依法及时足额支付土地补偿费、安置补助费以及农村村民住宅、其他地上附着物和青苗等的补偿费用,并安排被征地农民的社会保障费用。

省、自治区、直辖市应当制定公布区片综合地价,确定征收农用地的土地补偿费、安置补助费标准,并制定土地补偿费、安置补助费分配办法。

(1)地上附着物和青苗等的补偿费用,归其所有权人所有。

(2)农用地补偿。

征收农用地的土地补偿费、安置补助费标准由省、自治区、直辖市通过制定公布区片综合地价确定。制定区片综合地价应当综合考虑土地原用途、土地资源条件、土地产值、土地区位、土地供求关系、人口以及经济社会发展水平等因素,并至少每三年调整或者重新公布一次。

(3)其他土地补偿。

征收农用地以外的其他土地、地上附着物和青苗等的补偿标准,由省、自治区、直辖市制定。对其中的农村村民住宅,应当按照先补偿后搬迁、居住条件有改善的原则,尊重农村村民意愿,采取重新安排宅基地建房、提供安置房或者货币补偿等方式给予公平、合理的补偿,并对因征收造成的搬迁、临时安置等费用予以补偿,保障农村村民居住的权利和合法的住房财产权益。

(4)被征地农民的社会保障。

县级以上地方人民政府应当将被征地农民纳入相应的养老等社会保障体系。被征地农民的社会保障费用主要用于符合条件的被征地农民的养老保险等社会保险缴费补贴。被征地农民社会保障费用的筹集、管理和使用办法,由省、自治区、直辖市制定,按照省、自治区、直辖市的规定单独列支。

申请征收土地的县级以上地方人民政府应当及时落实土地补偿费、安置补助费、农村村民住宅以及其他地上附着物和青苗等的补偿费用、社会保障费用等,并保证足额到位,专款专用。有关费用未足额到位的,不得批准征收土地。

2.5 国有建设用地使用权的取得与收回

2.5.1 建设项目用地审批

建设项目可行性研究论证时,自然资源主管部门可以根据土地利用总体规划、土地利用年度计划和建设用地标准,对建设用地有关事项进行审查,并提出意见。

经批准的建设项目需要使用国有建设用地的,建设单位应当持法律、行政法规规定的有关文件,向有批准权的县级以上人民政府自然资源主管部门提出建设用地申请,经自然资源主管部门审查,报本级人民政府批准。

2.5.2 建设用地使用权的取得方式

国家依法实行国有土地有偿使用制度,建设单位使用国有土地,应当以有偿使用方式取得。但是,国家在法律规定的范围内划拨国有土地使用权的除外。

【思考 2-3】国有土地有偿使用的方式都有哪些?

一、划拨

建设单位使用国有土地,应当以出让等有偿使用方式取得;但是,下列建设用地,经县级以上人民政府依法批准,可以以划拨方式取得:

(1)国家机关用地和军事用地;
(2)城市基础设施用地和公益事业用地;
(3)国家重点扶持的能源、交通、水利等基础设施用地;
(4)法律、行政法规规定的其他用地。

二、出让

国有土地使用权出让、国有土地租赁等应当依照国家有关规定通过公开的交易平台进行交易,并纳入统一的公共资源交易平台体系。除依法可以采取协议方式外,应当采取招标、拍卖、挂牌等竞争性方式确定土地使用者。

(一)费用

以出让等有偿使用方式取得国有土地使用权的建设单位,按照国务院规定的标准和办法,缴纳土地使用权出让金等土地有偿使用费和其他费用后,方可使用土地。

自《土地管理法》施行之日起,新增建设用地的土地有偿使用费,百分之三十上缴中央财政,百分之七十留给有关地方人民政府。具体使用管理办法由国务院财政部门会同有关部门制定,并报国务院批准。此处新增建设用地的土地有偿使用费,是指国家在新增建设用地中应取得的平均土地纯收益。

(二)变更用途

建设单位使用国有土地的,应当按照土地使用权出让等有偿使用合同的约定或者土地使用权划拨批准文件的规定使用土地;确需改变该幅土地建设用途的,应当经有关人民政府自然资源主管部门同意,报原批准用地的人民政府批准。其中,在城市规划区内改变土地用途的,在报批前,应当先经有关城市规划行政主管部门同意。

(三)临时用地

建设项目施工、地质勘察需要临时使用土地的,应当尽量不占或者少占耕地。建设项目施工和地质勘察需要临时使用国有土地或者农民集体所有的土地的,由县级以上人民政府自然资源主管部门批准。其中,在城市规划区内的临时用地,在报批前,应当先经有关城市规划行政主管部门同意。土地使用者应当根据土地权属,与有关自然资源主管部门或者农村集体经济组织、村民委员会签订临时使用土地合同,并按照合同的约定支付临时使用土地补偿费。

临时使用土地的使用者应当按照临时使用土地合同约定的用途使用土地,并不得修建永久性建筑物。

临时使用土地期限一般不超过两年。建设周期较长的能源、交通、水利等基础设施建设使用的临时用地,期限不超过四年;法律、行政法规另有规定的除外。

土地使用者应当自临时用地期满之日起一年内完成土地复垦,使其达到可供利用状态,其中占用耕地的应当恢复种植条件。

抢险救灾、疫情防控等急需使用土地的,可以先行使用土地。其中,属于临时用地的,用后应当恢复原状并交还原土地使用者使用,不再办理用地审批手续;属于永久性建设用地的,建设单位应当在不晚于应急处置工作结束六个月内申请补办建设用地审批手续。

2.5.3 建设用地使用权的收回

有下列情形之一的,由有关人民政府自然资源主管部门报经原批准用地的人民政府或者有批准权的人民政府批准,可以收回国有土地使用权:

(1)为实施城市规划进行旧城区改建以及其他公共利益需要,确需使用土地的;
(2)土地出让等有偿使用合同约定的使用期限届满,土地使用者未申请续期或者申请续期未获批准的;
(3)因单位撤销、迁移等原因,停止使用原划拨的国有土地的;
(4)公路、铁路、机场、矿场等经核准报废的。

依照前款第(1)项的规定收回国有土地使用权的,对土地使用权人应当给予适当补偿。

2.6 监督检查

2.6.1 监督检查主体

一、政府监督

国务院自然资源主管部门统一负责全国土地的管理和监督工作。

县级以上地方人民政府自然资源主管部门的设置及其职责,由省、自治区、直辖市人民政府根据国务院有关规定确定。

国务院授权的机构对省、自治区、直辖市人民政府以及国务院确定的城市人民政府土地利用和土地管理情况进行督察。

在保护和开发土地资源、合理利用土地以及进行有关的科学研究等方面成绩显著的单位和个人,由人民政府给予奖励。

县级以上人民政府自然资源主管部门对违反土地管理法律、法规的行为进行监督检查。

二、社会监督

任何单位和个人都有遵守土地管理法律、法规的义务,并有权对违反土地管理法律、法规的行为提出检举和控告。

三、监督检查人员权责

土地管理监督检查人员应当熟悉土地管理法律、法规,忠于职守、秉公执法。

县级以上人民政府自然资源主管部门履行监督检查职责时,有权采取下列措施:

(1)要求被检查的单位或者个人提供有关土地权利的文件和资料,进行查阅或者予以复制;
(2)要求被检查的单位或者个人就有关土地权利的问题作出说明;
(3)进入被检查单位或者个人非法占用的土地现场进行勘测;
(4)责令非法占用土地的单位或者个人停止违反土地管理法律、法规的行为。

土地管理监督检查人员履行职责,需要进入现场进行勘测、要求有关单位或者个人提供文件、资料和作出说明的,应当出示土地管理监督检查证件。

四、其他

有关单位和个人对县级以上人民政府自然资源主管部门就土地违法行为进行的监督检查应当支持与配合,并提供工作方便,不得拒绝与阻碍土地管理监督检查人员依法执行职务。

县级以上人民政府自然资源主管部门在监督检查工作中发现国家工作人员的违法行为,依法应当给予处分的,应当依法予以处理;自己无权处理的,应当依法移送监察机关或者有关机关处理。

县级以上人民政府自然资源主管部门在监督检查工作中发现土地违法行为构成犯罪的,应当将案件移送有关机关,依法追究刑事责任;尚不构成犯罪的,应当依法给予行政处罚。

依照《土地管理法》规定应当给予行政处罚,而有关自然资源主管部门不给予行政处罚的,上级人民政府自然资源主管部门有权责令有关自然资源主管部门作出行政处罚决定或者直接给予行政处罚,并给予有关自然资源主管部门的负责人处分。

2.7 法律责任

(1)买卖或者以其他形式非法转让土地的,由县级以上人民政府自然资源主管部门没收违法所得;对违反土地利用总体规划擅自将农用地改为建设用地的,限期拆除在非法转让的土地上新建的建筑物和其他设施,恢复土地原状,对符合土地利用总体规划的,没收在非法转让的土地上新建的建筑物和其他设施;可以并处罚款;对直接负责的主管人员和其他直接责任人员,依法给予处分;构成犯罪的,依法追究刑事责任。

(2)违反《土地管理法》规定,占用耕地建窑、建坟或者擅自在耕地上建房、挖砂、采石、采矿、取土等,破坏种植条件的,或者因开发土地造成土地荒漠化、盐渍化的,由县级以上人民政府自然资源主管部门、农业农村主管部门等按照职责责令限期改正或者治理,可以并处罚款;构成犯罪的,依法追究刑事责任。

(3)违反《土地管理法》规定,拒不履行土地复垦义务的,由县级以上人民政府自然资源主管部门责令限期改正;逾期不改正的,责令缴纳复垦费,专项用于土地复垦,可以处以罚款。

(4)未经批准或者采取欺骗手段骗取批准,非法占用土地的,由县级以上人民政府自然资源主管部门责令退还非法占用的土地,对违反土地利用总体规划擅自将农用地改为建设用地的,限期拆除在非法占用的土地上新建的建筑物和其他设施,恢复土地原状,对符合土地利用总体规划的,没收在非法占用的土地上新建的建筑物和其他设施,可以并处罚款;对非法占用土地单位的直接负责的主管人员和其他直接责任人员,依法给予处分;构成犯罪的,依法追究刑事责任。

超过批准的数量占用土地,多占的土地以非法占用土地论处。

(5)无权批准征收、使用土地的单位或者个人非法批准占用土地的,超越批准权限非法批准占用土地的,不按照土地利用总体规划确定的用途批准用地的,或者违反法律规定的程序批准占用、征收土地的,其批准文件无效,对非法批准征收、使用土地的直接负责的主管人员和其他直接责任人员,依法给予处分;构成犯罪的,依法追究刑事责任。非法批准、使用的土地应当收回,有关当事人拒不归还的,以非法占用土地论处。

非法批准征收、使用土地,对当事人造成损失的,依法应当承担赔偿责任。

(6) 侵占、挪用被征收土地单位的征地补偿费用和其他有关费用,构成犯罪的,依法追究刑事责任;尚不构成犯罪的,依法给予处分。

(7) 依法收回国有土地使用权当事人拒不交出土地的,临时使用土地期满拒不归还的,或者不按照批准的用途使用国有土地的,由县级以上人民政府自然资源主管部门责令交还土地,处以罚款。

(8) 依照《土地管理法》规定,责令限期拆除在非法占用的土地上新建的建筑物和其他设施的,建设单位或者个人必须立即停止施工,自行拆除;对继续施工的,作出处罚决定的机关有权制止。建设单位或者个人对责令限期拆除的行政处罚决定不服的,可以在接到责令限期拆除决定之日起十五日内,向人民法院起诉;期满不起诉又不自行拆除的,由作出处罚决定的机关依法申请人民法院强制执行,费用由违法者承担。

(9) 自然资源主管部门、农业农村主管部门的工作人员玩忽职守、滥用职权、徇私舞弊,构成犯罪的,依法追究刑事责任;尚不构成犯罪的,依法给予处分。

【案例回顾】

首先,按照《土地管理法》的规定,建设占用土地,涉及农用地转为建设用地的,应当办理农用地转用审批手续。永久基本农田转为建设用地的,由国务院批准。常州市高新区管委会采用化整为零的方法拆分项目用地进行申报,严重违法;省国土资源部门在审批铁本钢铁有限公司 14 个用地项目时严重失职;在铁本钢铁有限公司尚未办理用地审批手续的情况下,常州市自然资源和规划局新北分局、新北区魏村镇政府和扬中市西来桥镇便启动土地征用和拆迁工作,程序违法。

其次,铁本钢铁有限公司严重违反《土地管理法》的规定,在土地审批手续尚未获批的情况下,先行进场开工建设,造成大量耕地永久性毁损,不可复垦。这种先上车后买票的行为严重违反了法定程序,架空了土地管理法,对有限的土地资源造成了不可挽回的损失。

【讨论题】

(1) 目前,对于违法用地的建设项目的处罚,土地管理法基本是以"责令限期拆除""没收违法收入"为主,以"罚款"为辅。虽然罚款较易执行,但罚款数额相对违法收益明显偏低,往往起不到预期立法效果。对于违法行为人未能在限期内自行拆除的,自然资源执法部门因无强制执行权,必须依法申请人民法院强制执行,但实践中申请经常被人民法院拒收退回,实施效果不太理想。请你从法律视角给出建议。

(2) 对于屡禁不绝的小产权房建设,你有什么好的法律治理措施建议?

【思考题参考答案】

【参考答案 2-1】国土空间规划是对国土空间开发保护举措,包括总体规划、详细规划和专项规划。国土空间规划将原来分散的主体功能区规划、土地利用总体规划、城乡规划等空间规划整合为一体,融合统一的规划,实现了"多规合一",从而使规划编制更科学,监管更严格。

【参考答案 2-2】建设项目需要使用土地的,建设单位原则上应当一次申请,办理建设用地审批手续,确需分期建设的项目,可以根据可行性研究报告确定的方案,分期申请建设用地,分期办理建设用地审批手续。建设过程中用地范围确需调整的,应当依法办理建设用地审批手续。

农用地转用涉及征收土地的,还应当依法办理征收土地手续。

【参考答案 2-3】国有土地有偿使用的方式包括:(1)国有土地使用权出让;(2)国有土地租赁;(3)国有土地使用权作价出资或者入股。

3 城乡规划法律制度

【案例导入】

某市新建一处占地 160 公顷的城市绿地公园,现已初具规模。出于管理公园的需要,市园林行政主管部门拟在公园总体规划已确定的管理用房位置,向市规划行政主管部门提出申请,兴建一栋三层办公管理用房,经市规划行政主管部门研究同意该项申请,并核发建筑工程规划许可证。

该工程建设期间,市规划行政主管部门两名执法人员现场监督检查时发现,现场正在进行第四层墙体的砌筑;同时,还发现地下擅自增建了一层地下室,并且还在该楼的每个房间内增设了一个卫生间。执法人员在核对、查清事实后,对该项目发出了停工通知书,责令该工程立即停工,听候处理。

问题:(1)该工程被查令立即停工的具体原因是什么?

(2)若你是市规划行政主管部门执法人员,应该如何处理此案?

1984 年 1 月,国务院颁布《城市规划条例》,这是继 20 世纪 50 年代《城市规划编制办法》颁布以来指导我国城市规划的第一部行政法规。

1989 年 12 月,第七届全国人民代表大会常务委员会第十一次会议通过《中华人民共和国城市规划法》,并于次年 4 月 1 日开始实施。这部法律在城乡二元结构的框架下,为城市规划工作提供了法律依据。

为了指导村庄和集镇的规划建设工作,国务院于 1993 年 6 月颁布了《村庄和集镇规划建设管理条例》(国务院令第 116 号),并于 1993 年 11 月 1 日开始实施。

实践中,这种城乡二元分治体系一方面给城乡一体化发展带来的障碍,另一方面使得城乡接合部以及开发区的规划与开发无法可依。2007 年 10 月,第十届全国人民代表大会常务委员会第三十次会议通过了《中华人民共和国城乡规划法》(以下简称《城乡规划法》),自 2008 年 1 月 1 日开始实施。该法由原来偏重技术管理转向城乡规划的公共政策管理。

2015 年 4 月,第十二届全国人民代表大会常务委员会第十四次会议对《城乡规划法》进行了第一次修正。2019 年,第十三届全国人民代表大会常务委员会第十次会议对《城乡规划法》进行了第二次修正。

3.1 概述

3.1.1 立法目的

为了加强城乡规划管理,协调城乡空间布局,改善人居环境,促进城乡经济社会全面协调可持续发展,制定本法。

3.1.2 调整范围

(1)制定和实施城乡规划,在规划区内进行建设活动,必须遵守《城乡规划法》。其中,规划区是指城市、镇和村庄的建成区以及因城乡建设和发展需要,必须实行规划控制的区域。

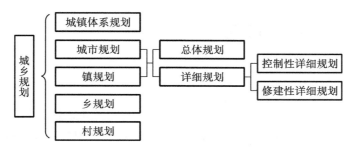

图 3-1 城乡规划体系

(2)城市和镇应当依照《城乡规划法》制定城市规划和镇规划。城市、镇规划区内的建设活动应当符合规划要求。

县级以上地方人民政府根据本地农村经济社会发展水平,按照因地制宜、切实可行的原则,确定应当制定乡规划、村庄规划的区域。

3.1.3 基本规定

一、基本要求

制定和实施城乡规划,应当满足以下基本要求:
(1)遵循城乡统筹、合理布局、节约土地、集约发展和先规划后建设的原则;
(2)改善生态环境,促进资源、能源节约和综合利用;
(3)保护耕地等自然资源和历史文化遗产,保持地方特色、民族特色和传统风貌;
(4)防止污染和其他公害,并符合区域人口发展、国防建设、防灾减灾和公共卫生、公共安全的需要。

二、依法进行建设活动

在规划区内进行建设活动,应当遵守:
(1)土地管理、自然资源和环境保护等法律、法规的规定;
(2)县级以上地方人民政府应当根据当地经济社会发展的实际,在城市总体规划、镇总体规划中合理确定城市、镇的发展规模、步骤和建设标准。

三、规划衔接

城市总体规划、镇总体规划以及乡规划和村庄规划的编制,应当依据国民经济和社会发展规划,并与土地利用总体规划相衔接。

经依法批准的城乡规划,是城乡建设和规划管理的依据,未经法定程序不得修改。

城乡规划组织编制机关应当及时公布经依法批准的城乡规划,但是,法律、行政法规规定不得公开的内容除外。

3.1.4 行政职责

国务院城乡规划主管部门负责全国的城乡规划管理工作。县级以上地方人民政府城乡规划主管部门负责本行政区域内的城乡规划管理工作。

3.2 城乡规划的制定与审批

3.2.1 全国城镇体系规划

国务院城乡规划主管部门会同国务院有关部门组织编制全国城镇体系规划,用于指导省域城镇体系规划、城市总体规划的编制。全国城镇体系规划由国务院城乡规划主管部门报国务院审批。

3.2.2 省域体系规划

省、自治区人民政府组织编制省域城镇体系规划,报国务院审批。省域城镇体系规划的内容应当包括城镇空间布局和规模控制,重大基础设施的布局,为保护生态环境、资源等需要严格控制的区域。

3.2.3 城市总体规划

城市人民政府组织编制城市总体规划。直辖市的城市总体规划由直辖市人民政府报国务院审批。省、自治区人民政府所在地的城市以及国务院确定的城市总体规划,由省、自治区人民政府审查同意后,报国务院审批。其他城市的总体规划,由城市人民政府报省、自治区人民政府审批。

3.2.4 镇总体规划

县人民政府组织编制县人民政府所在地镇的总体规划,报上一级人民政府审批。其他镇的总体规划由镇人民政府组织编制,报上一级人民政府审批。

3.2.5 报送与审批

省、自治区人民政府组织编制的省域城镇体系规划,城市、县人民政府组织编制的总体规划,在报上一级人民政府审批前,应当先经本级人民代表大会常务委员会审议,常务委员会组成人员的审议意见交由本级人民政府研究处理。镇人民政府组织编制的镇总体规划,在报上一级人民政府审批前,应当先经镇人民代表大会审议,代表的审议意见交由本级人民政府研究处理。规划的组织编制机关报送审批省域城镇体系规划、城市总体规划或者镇总体规划,应当将本级人民代表大会常务委员会组成人员或者镇人民代表大会代表的审议意见和根据审议意见修改规划的情况一并报送。

3.2.6 城市总体规划、镇总体规划的内容

城市总体规划、镇总体规划的内容:城市、镇的发展布局,功能分区,用地布局,综合交通体系,禁止、限制和适宜建设的地域范围,各类专项规划等。规划区范围、规划区内建设用地规模、基础设施和公共服务设施用地、水源地和水系、基本农田和绿化用地、环境保护、自然与历史文化遗产保护以及防灾减灾等内容,应当作为城市总体规划、镇总体规划的强制性内容。

城市总体规划、镇总体规划的规划期限一般为20年。城市总体规划还应当对城市更长远的发展作出预测性安排。

3.2.7 控制性详细规划

城市人民政府城乡规划主管部门根据城市总体规划的要求,组织编制城市的控制性详细规划,经本级人民政府批准后,报本级人民代表大会常务委员会和上一级人民政府备案。

镇人民政府根据镇总体规划的要求,组织编制镇的控制性详细规划,报上一级人民政府审批。县人民政府所在地镇的控制性详细规划,由县人民政府城乡规划主管部门根据镇总体规划的要求组织编制,经县人民政府批准后,报本级人民代表大会常务委员会和上一级人民政府备案。

3.2.8 修建性详细规划

城市、县人民政府城乡规划主管部门和镇人民政府可以组织编制重要地块的修建性详细规划。修建性详细规划应当符合控制性详细规划的需求。

乡、镇人民政府组织编制乡规划、村庄规划,报上一级人民政府审批。村庄规划在报送审批前,应当经村民会议或者村民代表会议讨论同意。

3.2.9 城乡规划编制机关

城乡规划组织编制机关应当委托具有相应资质等级的单位承担城乡规划的具体编制工作。

城乡规划报送审批前,组织编制机关应当依法将城乡规划草案予以公告,并采取论证会、听证会或者其他方式征求专家和公众的意见。公告的时间不得少于30日。组织编制机关应当充分考虑专家和公众的意见,并在报送审批的材料中附具意见采纳情况及理由。

省域城镇体系规划、城市总体规划、镇总体规划批准前,审批机关应当组织专家和有关部门进行审查。

3.3 城乡规划的实施

3.3.1 原则要求

地方各级人民政府应当根据当地经济社会发展水平,量力而行,尊重群众意愿,有计划、分步骤地组织实施城乡规划。

城乡建设和发展,应当依法保护和合理利用风景名胜资源,统筹安排风景名胜区及周边乡、镇、村庄的建设。

3.3.2 城乡开发与建设

一、优先顺序

城市的建设和发展,应当优先安排基础设施以及公共服务设施的建设,妥善处理新区开发与旧区改造的关系,统筹兼顾进城务工人员生活和周边农村经济社会发展、村民生产与生活的需要。

【思考3-1】旧城区改建应该注意哪些问题?

镇的建设和发展,应当结合农村经济社会发展和产业结构调整,优先安排供水、排水、供电、供气、道路、通信、广播电视等基础设施和学校、卫生院、文化站、幼儿园、福利院等公共服务设施的建设,为周边农村提供服务。

乡、村庄的建设和发展,应当因地制宜、节约用地,发挥村民自治组织的作用,引导村民合理进行建设,改善农村生产、生活条件。

二、禁止性要求

城市新区的开发和建设,应当合理确定建设规模和时序,充分利用现有市政基础设施和公共服务设施,严格保护自然资源和生态环境,体现地方特色。在城市总体规划、镇总体规划确定的建设用地范围外,不得设立各类开发区和城市新区。

三、城市地下空间开发和利用

城市地下空间的开发和利用,应当与经济和技术发展水平相适应,遵循统筹安排、综合开发、合理利用的原则,充分考虑防灾减灾、人民防空和通信等需要,并符合城市规划要求,履行规划审批手续。

四、建设规划

城市、县、镇人民政府应当根据城市总体规划、镇总体规划、土地利用总体规划和年度计划以及国民经济和社会发展规划,制定近期建设规划,报总体规划审批机关备案。近期建设规划的规划期限为5年。

3.3.3 项目建设用地规划许可与工程规划许可

一、项目建设用地规划许可证

(一)以划拨方式提供国有土地使用权的

按照国家规定需要有关部门批准或者核准的建设项目,建设单位在报送有关部门批准或者核准前,应当向城乡规划主管部门申请核发选址意见书。其他建设项目不需要申请选址意见书。

在城市、镇规划区内以划拨方式提供国有土地使用权的建设项目,经有关部门批准、核准、备案后,建设单位应当向城市、县人民政府城乡规划主管部门提出建设用地规划许可申请,由城市、县人民政府城乡规划主管部门依据控制性详细规划核定建设用地的位置、面积、允许建设的范围,核发建设用地规划许可证。建设单位在取得建设用地规划许可证后,方可向县级以上地方人民政府土地主管部门申请用地,经县级以上人民政府审批后,由土地主管部门划拨土地。

(二)以出让方式提供国有土地使用权的

在城市、镇规划区内以出让方式提供国有土地使用权的,在国有土地使用权出让前,城市、县人民政府城乡规划主管部门应当依据控制性详细规划,提出出让地块的位置、使用性质、开发强度等规划条件,作为国有土地使用权出让合同的组成部分。以出让方式取得国有土地使用权的建设项目,在签订国有土地使用权出让合同后,建设单位应当持建设项目的批准、核准、备案文件和国有土地使用权出让合同,向城市、县人民政府城乡规划主管部门领取建设用地规划许可证。城市、县人民政府城乡规划主管部门不得在建设用地规划许可证中,擅自改变作为国有土地使用权出让合同组成部分的规划条件。

【思考3-2】如果规划条件未纳入国有土地使用权出让合同,那么是否会影响该国有土地使用权合同的效力?建设单位未取得建设用地规划许可证,但土地主管部门给予用地批准的,应当如何处理?

二、工程规划许可证

在城市、镇规划区内进行建筑物、构筑物、道路、管线和其他工程建设的,建设单位或者个人应当向城市、县人民政府城乡规划主管部门或者省、自治区、直辖市人民政府确定的镇人民政府申请办理建设工程规划许可证。城市、县人民政府城乡规划主管部门或者省、自治区、直辖市人民政府确定的镇人民政府应当依法将经审定的修建性详细规划、建设工程设计方案的总平面图予以公布。

在乡、村庄规划区内进行乡镇企业、乡村公共设施和公益事业建设的,建设单位或者个人应当向乡、镇人民政府提出申请,由乡、镇人民政府报城市、县人民政府城乡规划主管部门核发乡村建设规划许可证。

需要注意的是,在乡、村庄规划区内进行乡镇企业、乡村公共设施和公益事业建设以及农村村民住宅建设,不得占用农用地;确需占用农用地的,应当依照《土地管理法》有关规定办理农用地转用审批手续后,由城市、县人民政府城乡规划主管部门核发乡村建设规划许可证。建设单位或者个人在取得乡村建设规划许可证后,方可办理用地审批手续。

3.3.4 规划变更

城乡规划主管部门不得在城乡规划确定的建设用地范围以外作出规划许可。建设单位应当按照规划条件进行建设;确需变更的,必须向城市、县人民政府城乡规划主管部门提出申请。变更内容不符合控制性详细规划的,城乡规划主管部门不得批准。城市、县人民政府城乡规划主管部门应当及时将依法变更后的规划条件通报同级土地主管部门并公示。建设单位应当及时将依法变更后的规划条件报有关人民政府土地主管部门备案。

3.3.5 临时建设

在城市、镇规划区内进行临时建设的,应当经城市、县人民政府城乡规划主管部门批准。临时建设影响近期建设规划或者控制性详细规划的实施以及交通、市容、安全等的,不得批准。临时建设应当在批准的使用期限内自行拆除。

3.3.6 项目竣工规划验收

县级以上地方人民政府城乡规划主管部门按照国务院规定对建设工程是否符合规划条件予以核实。未经核实或者经核实不符合规划条件的,建设单位不得组织竣工验收。建设单位应当在竣工验收后6个月内向城乡规划主管部门报送有关竣工验收资料。

3.4 城乡规划的修改

3.4.1 城乡规划评估

省域城镇体系规划、城市总体规划、镇总体规划的组织编制机关,应当组织有关部门和专家定期对规划实施情况进行评估,并采取论证会、听证会或者其他方式征求公众意见。组织编制机关应当向本级人民代表大会常务委员会、镇人民代表大会和原审批机关提出评估报告并附具征求意见的情况。

3.4.2 适用情形

有下列情形之一的,组织编制机关方可按照规定的权限和程序修改省域城镇体系规划、城市总体规划、镇总体规划:

(1)上级人民政府制定的城乡规划发生变更,提出修改规划要求的;
(2)行政区划调整确需修改规划的;
(3)因国务院批准重大建设工程确需修改规划的;
(4)经评估确需修改规划的;
(5)城乡规划的审批机关认为应当修改规划的其他情形。

3.4.3 修改程序

一、省域城镇体系规划、城市总体规划、镇总体规划

修改省域城镇体系规划、城市总体规划、镇总体规划前,组织编制机关应当对原规划的实施情况进行总结,并向原审批机关报告;修改涉及城市总体规划、镇总体规划强制性内容的,应当先向原审批机关提出专题报告,经同意后,方可编制修改方案。修改后的省域城镇体系规划、城市总体规划、镇总体规划,应当依照《城乡规划法》规定的审批程序报批。

二、控制性详细规划

修改控制性详细规划的,组织编制机关应当对修改的必要性进行论证,征求规划地段内利害关系人的意见,并向原审批机关提出专题报告,经原审批机关同意后,方可编制修改方案。修改后的控制性详细规划,应当依照《城乡规划法》规定的审批程序报批。

三、控制性详细规划

控制性详细规划修改涉及城市总体规划、镇总体规划的强制性内容的,应当先修改总体规划。修改乡规划、村庄规划的,应当依照《城乡规划法》规定的审批程序报批。

四、近期建设规划

城市、县、镇人民政府修改近期建设规划的,应当将修改后的近期建设规划报总体规划审批机关备案。

【思考 3-3】因依法修改规划给利害关系人合法权益造成损失的,城乡规划主管部门是否应当给予补偿?

3.5 监督检查

3.5.1 行政机关监督

县级以上人民政府及其城乡规划主管部门应当加强对城乡规划编制、审批、实施、修改的监督检查。

县级以上人民政府城乡规划主管部门对城乡规划的实施情况进行监督检查,有权采取以下措施:

(1)要求有关单位和人员提供与监督事项有关的文件、资料,并进行复制;
(2)要求有关单位和人员就监督事项涉及的问题作出解释和说明,并根据需要进入现场进行勘测;

(3)责令有关单位和人员停止违反有关城乡规划的法律、法规的行为。城乡规划主管部门的工作人员履行前款规定的监督检查职责,应当出示执法证件。被监督检查的单位和人员应当予以配合,不得妨碍和阻挠依法进行的监督检查活动。

监督检查情况和处理结果应当依法公开,供公众查阅和监督。

3.5.2 人大监督

地方各级人民政府应当向本级人民代表大会常务委员会或者乡、镇人民代表大会报告城乡规划的实施情况,并接受监督。

3.5.3 社会监督

任何单位和个人都有权利对违反城乡规划法的行为进行监督、举报和督促改正。

3.6 法律责任

(1)对依法应当编制城乡规划而未组织编制,或者未按法定程序编制、审批、修改城乡规划的,由上级人民政府责令改正,通报批评;对有关人民政府负责人和其他直接责任人员依法给予处分。

(2)城乡规划组织编制机关委托不具有相应资质等级的单位编制城乡规划的,由上级人民政府责令改正,通报批评;对有关人民政府负责人和其他直接责任人员依法给予处分。

(3)镇人民政府或者县级以上人民政府城乡规划主管部门有下列行为之一的,由本级人民政府、上级人民政府城乡规划主管部门或者监察机关依据职权责令改正,通报批评;对直接负责的主管人员和其他直接责任人员依法给予处分:①未依法组织编制城市的控制性详细规划、县人民政府所在地镇的控制性详细规划的;②超越职权或者对不符合法定条件的申请人核发选址意见书、建设用地规划许可证、建设工程规划许可证、乡村建设规划许可证的;③对符合法定条件的申请人未在法定期限内核发选址意见书、建设用地规划许可证、建设工程规划许可证、乡村建设规划许可证的;④未依法对经审定的修建性详细规划、建设工程设计方案的总平面图予以公布的;⑤同意修改修建性详细规划、建设工程设计方案的总平面图前未采取听证会等形式听取利害关系人的意见的;⑥发现未依法取得规划许可或者违反规划许可的规定在规划区内进行建设的行为,而不予查处或者接到举报后不依法处理的。

(4)县级以上人民政府有关部门有下列行为之一的,由本级人民政府或者上级人民政府有关部门责令改正,通报批评;对直接负责的主管人员和其他直接责任人员依法给予处分:①对未依法取得选址意见书的建设项目核发建设项目批准文件的;②未依法在国有土地使用权出让合同中确定规划条件或者改变国有土地使用权出让合同中依法确定的规划条件的;③对未依法取得建设用地规划许可证的建设单位划拨国有土地使用权的。

(5)城乡规划编制单位有下列行为之一的,由所在地城市、县人民政府城乡规划主管部门责令限期改正,处合同约定的规划编制费一倍以上两倍以下的罚款;情节严重的,责令停业整顿,由原发证机关降低资质等级或者吊销资质证书;造成损失的,依法承担赔偿责任:①超越资质等级许可的范围承揽城乡规划编制工作的;②违反国家有关标准编制城乡规划的。未依法取得资质证书承揽城乡规划编制工作的,由县级以上地方人民政府城乡规划主管部门责令停止违法行为,依照前款规定处以罚款;造成损失的,依法承担赔偿责任。以欺骗手段取得资质证书承揽城乡规划编制工作的,由原发证机关吊销资质证书,依照本条第一款规定处以罚款;造成损失的,依法承担赔偿责任。

(6)城乡规划编制单位取得资质证书后,不再符合相应的资质条件的,由原发证机关责令限期改正;逾期不改正的,降低资质等级或者吊销资质证书。

(7)未取得建设工程规划许可证或者未按照建设工程规划许可证的规定进行建设的,由县级以上地方人民政府城乡规划主管部门责令停止建设;尚可采取改正措施消除对规划实施的影响的,限期改正,处建设工程造价百分之五以上百分之十以下的罚款;无法采取改正措施消除影响的,限期拆除,不能拆除的,没收实物或者违法收入,可以并处建设工程造价百分之十以下的罚款。

(8)在乡、村庄规划区内未依法取得乡村建设规划许可证或者未按照乡村建设规划许可证的规定进行建设的,由乡、镇人民政府责令停止建设、限期改正;逾期不改正的,可以拆除。

(9)建设单位或者个人有下列行为之一的,由所在地城市、县人民政府城乡规划主管部门责令限期拆除,可以并处临时建设工程造价一倍以下的罚款:①未经批准进行临时建设的;②未按照批准内容进行临时建设的;③临时建筑物、构筑物超过批准期限不拆除的。

(10)建设单位未在建设工程竣工验收后六个月内向城乡规划主管部门报送有关竣工验收资料的,由所在地城市、县人民政府城乡规划主管部门责令限期补报;逾期不补报的,处一万元以上五万元以下的罚款。

(11)城乡规划主管部门作出责令停止建设或者限期拆除的决定后,当事人不停止建设或者逾期不拆除的,建设工程所在地县级以上地方人民政府可以责成有关部门采取查封施工现场、强制拆除等措施。

(12)违反《城乡规划法》规定,构成犯罪的,依法追究刑事责任。

【案例回顾】

(1)擅自改变建筑工程规划许可证内容(擅自改变标准、设计图纸,自行增加层数以扩大面积,擅自增加卫生间,改变建筑使用性质)。

(2)拆除第四层墙体和增设的卫生间;对地下室依法罚款后,补办审批手续;对建设单位处以行政处罚、对工程主要负责人建议给予行政处分。

【讨论题】

(1)城乡规划具有鲜明的公共政策属性,谁应该是城乡规划活动的主角?城乡规划如何体现公平、公正?

(2)在重审批、轻监管的管理惯性下,在取得建设工程规划许可证后,许多房地产开发商为谋取更多经济利益,往往置许可于不顾,超许可范围建设,请给出治理措施。

【思考题参考答案】

【参考答案3-1】旧城区的改建,应当保护历史文化遗产和传统风貌,合理确定拆迁和建设规模,有计划地对危房集中、基础设施落后等地段进行改建。

【参考答案3-2】规划条件未纳入国有土地使用权出让合同的,该国有土地使用权出让合同无效;对未取得建设用地规划许可证的建设单位批准用地的,由县级以上人民政府撤销有关批准文件;占用土地的,应当及时退回;给当事人造成损失的,应当依法给予赔偿。

【参考答案 3-3】在选址意见书、建设用地规划许可证、建设工程规划许可证或者乡村建设规划许可证发放后,因依法修改城乡规划给被许可人合法权益造成损失的,应当依法给予补偿。依法审定的修建性详细规划、建设工程设计方案的总平面图不得随意修改;确需修改的,城乡规划主管部门应当采取听证会等形式,听取利害关系人的意见;因修改给利害关系人合法权益造成损失的,应当依法给予补偿。

4 城市房地产管理法律制度

【案例导入】

某商品住宅开发项目一期由11栋住宅楼组成,共计800余套住宅。项目主体虽已竣工封顶,但尚未取得"商品房预售许可证"。2022年初,该项目房地产开发企业为销售蓄势,联合某房地产销售代理公司在项目1号楼前广场举办商品房营销推介活动:支付认筹金10万元可参加内部登记,享受开盘九七折优惠,同时享有开盘优先选房权;支付意向金3万元,开盘可抵扣6万元购房款;支付意向金5万元,开盘可享九八折优惠等。市住房和城乡建设局得知线索后,派执法人员现场进行核实、调查取证,签发了"责令停止违法行为通知书",责令有关责任方立即停止举办相关活动。2022年2月8日,市住房和城乡建设局对该案进行立案调查。根据收集的银行电子收付回单以及认筹金协议等证据,市住房和城乡建设局认定该房地产开发企业共收款1232万元。2022年4月2日,市住房和城乡建设局依据《城市房地产开发经营管理条例》第三十六条的规定作出行政处罚决定书,责令该房地产开发企业停止违规销售商品房活动,退还已收取款项,罚款人民币123.2万元。房地产开发企业认为,企业与准消费者之间并未签订《商品房买卖合同》,推介活动实际上只是一种销售暖场行为,不属于预售行为,市住房和城乡建设局"行政处罚决定书"认定事实不清,适用法律错误,应当予以撤销。

问题:
(1)房地产开发企业推介活动是否合法?
(2)市住房和城乡建设局对房地产开发企业所作出的行政处罚是否得当?

国家根据社会、经济发展水平,扶持发展居民住宅建设,逐步改善居民的居住条件。随着城市化进程的推进,我国城市房地产市场呈现出供需两旺的特点,为了加强对城市房地产的管理,维护房地产市场秩序,保障房地产权利人的合法权益,促进房地产业的健康发展,第八届全国人民代表大会常务委员会第八次会议于1994年通过《中华人民共和国城市房地产管理法》(以下简称《城市房地产管理法》),并分别于2007年、2009年和2019年进行三次修正。

在住宅商品化政策背景下,为了规范房地产开发经营行为,加强对城市房地产开发经营活动的监督管理,促进和保障房地产业的健康发展,1998年7月国务院根据《城市房地产管理法》发布了《城市房地产开发经营管理条例》(国务院令第248号),并分别于2011年、2018年、2019年、2020年3月和2020年11月进行了五次修订。

除了上述法律、行政法规,住房和城乡建设部出台了《房地产开发企业资质管理规定》《商品房销售管理办法》《城市商品房预售管理办法》等部门规章,各地方人大及常委会及地方政府还出台了相应的地方性法规和地方政府规章。

4.1 概述

4.1.1 调整范围

在中华人民共和国城市规划区国有土地(以下简称"国有土地")范围内取得房地产开发用地的土地使用权,从事房地产开发、房地产交易,实施房地产管理,都在《城市房地产管理法》《城市房地产开发经营管理条例》的调整范围。

在城市规划区外的国有土地范围内取得房地产开发用地的土地使用权,从事房地产开发、交易活动以及实施房地产管理,参照《城市房地产管理法》。

4.1.2 相关概念

房屋是指土地上的房屋等建筑物及构筑物。

房地产开发是指在依据《城市房地产管理法》取得国有土地使用权的土地上进行基础设施、房屋建设的行为。

房地产开发企业是指依法设立、具有企业法人资格的经济实体。

房地产交易包括房地产转让、房地产抵押和房屋租赁。

房地产开发经营是指房地产开发企业在城市规划区内国有土地上进行基础设施建设、房屋建设,并转让房地产开发项目或者销售、出租商品房的行为。

商品房预售是指房地产开发企业(以下简称"开发企业")将正在建设中的房屋预先出售给承购人,由承购人支付定金或房价款的行为。

4.1.3 基本制度

一、土地有偿使用制度

国家依法实行国有土地有偿、有限期使用制度,但是,国家在《城市房地产管理法》规定的范围内划拨国有土地使用权的除外。

二、权利、义务法定制度

房地产权利人应当遵守法律和行政法规,依法纳税。房地产权利人的合法权益受法律保护,任何单位和个人不得侵犯。

三、依法征收制度

为了公共利益的需要,国家可以征收国有土地上单位和个人的房屋,并依法给予拆迁补偿,维护被征收人的合法权益;征收个人住宅的,还应当保障被征收人的居住条件。具体办法由国务院规定。

四、商品房预售许可制度

商品房销售包括商品房现售和商品房预售。

商品房预售实行许可制度。开发企业进行商品房预售,应当向房地产管理部门申请预售许可,取得"商品房预售许可证"。未取得"商品房预售许可证"的,不得进行商品房预售。

4.1.4 管理主体

《城市房地产管理法》规定,国务院建设行政主管部门、土地管理部门依照国务院规定的职权划分,各司其职,密切配合,管理全国房地产工作。

县级以上地方人民政府房产管理、土地管理部门的机构设置及其职权由省、自治区、直辖市人民政府确定。

《城市房地产开发经营条例》进一步明确规定,国务院建设行政主管部门负责全国房地产开发经营活动的监督管理工作。

县级以上地方人民政府房地产开发主管部门负责本行政区域内房地产开发经营活动的监督管理

工作。

县级以上人民政府负责土地管理工作的部门依照有关法律、行政法规的规定,负责与房地产开发经营有关的土地管理工作。

4.2 房地产开发用地

4.2.1 土地使用权出让

房地产开发用地应当以出让方式取得,法律和国务院规定可以采用划拨方式的除外。

一、概念

土地使用权出让是指国家将国有土地使用权(以下简称"土地使用权")在一定年限内出让给土地使用者,由土地使用者向国家支付土地使用权出让金的行为。

【思考 4-1】城市规划区内的集体所有的土地能否用于房地产开发？城市规划区以外的国有土地能否用于房地产开发经营？

二、出让计划、方案与批准、实施

土地使用权出让必须符合土地利用总体规划、城市规划和年度建设用地计划。

县级以上地方人民政府出让土地使用权用于房地产开发的,须根据省级以上人民政府下达的控制指标拟订年度出让土地使用权总面积方案,按照国务院规定,报国务院或者省级人民政府批准。

土地使用权出让由市、县人民政府有计划、有步骤地进行。出让的每幅地块、用途、年限和其他条件,由市、县人民政府土地管理部门会同城市规划、建设、房产管理部门共同拟订方案,按照国务院规定,报经有批准权的人民政府批准后,由市、县人民政府土地管理部门实施。

直辖市的县人民政府及其有关部门行使前款规定的权限,由直辖市人民政府规定。

违反前述规定擅自批准出让或者擅自出让土地使用权用于房地产开发的,由上级机关或者所在单位给予有关责任人员行政处分。

三、出让方式

土地使用权出让可以采取拍卖、招标或者双方协议的方式。

商业、旅游、娱乐和豪华住宅用地,有条件的,必须采取拍卖、招标方式；没有条件,不能采取拍卖、招标方式的,可以采取双方协议的方式。

采取双方协议方式出让土地使用权的出让金不得低于按国家规定所确定的最低价。

土地使用权出让最高年限由国务院规定。

土地使用权出让应当签订书面出让合同。

土地使用权出让合同由市、县人民政府土地管理部门与土地使用者签订。

四、出让金

土地使用者必须按照出让合同约定,支付土地使用权出让金；未按照出让合同约定支付土地使用权出让金的,土地管理部门有权解除合同,并可以请求违约赔偿。

土地使用者按照出让合同约定支付土地使用权出让金的,市、县人民政府土地管理部门必须按照出让合同约定,提供出让的土地；未按照出让合同约定提供出让的土地的,土地使用者有权解除合同,由土地管理部门返还土地使用权出让金,同时土地使用者可以请求违约赔偿。

土地使用权出让金应当全部上缴财政,列入预算,用于城市基础设施建设和土地开发。土地使用权出让金上缴和使用的具体办法由国务院规定。

五、土地用途变更

土地使用者需要改变土地使用权出让合同约定的土地用途的,必须取得出让方和市、县人民政府城市规划行政主管部门的同意,签订土地使用权出让合同变更协议或者重新签订土地使用权出让合同,相应调整土地使用权出让金。

六、土地使用权的收回

国家对土地使用者依法取得的土地使用权,在出让合同约定的使用年限届满前不收回;在特殊情况下,根据社会公共利益的需要,可以依照法律程序提前收回,并根据土地使用者使用土地的实际年限和开发土地的实际情况给予相应的补偿。

土地使用权因土地灭失而终止。

七、土地使用权续期

土地使用权出让合同约定的使用年限届满,土地使用者需要继续使用土地的,应当至迟于届满前一年申请续期,除了根据社会公共利益需要收回该幅土地的,应当予以批准。经批准准予续期的,应当重新签订土地使用权出让合同,依照规定支付土地使用权出让金。

土地使用权出让合同约定的使用年限届满,土地使用者未申请续期或者虽申请续期但依照前款规定未获批准的,土地使用权由国家无偿收回。

4.2.2　土地使用权划拨

一、概念

土地使用权划拨是指县级以上人民政府依法批准,在土地使用者缴纳补偿、安置等费用后将该幅土地交付其使用,或者将土地使用权无偿交付给土地使用者使用的行为。

【思考4-2】土地使用权划拨有没有最高使用期限限制?

二、划拨范围

下列建设用地的土地使用权,确属必需的,可以由县级以上人民政府依法批准划拨:

(1)国家机关用地和军事用地;

(2)城市基础设施用地和公益事业用地;

(3)国家重点扶持的能源、交通、水利等项目用地;

(4)法律、行政法规规定的其他用地。

4.2.3　出让或划拨的依据

土地使用权出让或者划拨前,县级以上地方人民政府城市规划行政主管部门和房地产开发主管部门应当对下列事项提出书面意见,作为土地使用权出让或者划拨的依据之一:

(1)房地产开发项目的性质、规模和开发期限;

(2)城市规划设计条件;

(3)基础设施和公共设施的建设要求;

(4)基础设施建成后的产权界定;
(5)项目拆迁补偿、安置要求。

4.3 房地产开发

4.3.1 基本规定

(1)房地产开发必须严格执行城市规划,按照经济效益、社会效益、环境效益相统一的原则,实行全面规划、合理布局、综合开发、配套建设。

(2)确定房地产开发项目,应当符合土地利用总体规划、年度建设用地计划和城市规划、房地产开发年度计划的要求;按照国家有关规定需要经计划主管部门批准的,还应当报计划主管部门批准,并纳入年度固定资产投资计划。

(3)确定房地产开发项目,应当坚持旧区改建和新区建设相结合的原则,注重开发基础设施薄弱、交通拥挤、环境污染严重以及危旧房屋集中的区域,保护和改善城市生态环境,保护历史文化遗产。

(4)房地产开发项目的开发建设应当统筹安排配套基础设施,并根据先地下、后地上的原则实施。房地产开发项目的设计、施工,必须符合国家的有关标准和规范。房地产开发项目竣工,经验收合格后,方可交付使用。

(5)房地产开发企业应当将房地产开发项目建设过程中的主要事项记录在房地产开发项目手册中,并定期送房地产开发主管部门备案。

(6)依法取得的土地使用权,可以依照《城市房地产管理法》和有关法律、行政法规的规定,作价入股,合资、合作开发经营房地产。

(7)国家采取税收等方面的优惠措施鼓励和扶持房地产开发企业开发建设居民住宅。

4.3.2 未按期动工开发的规定

以出让方式取得土地使用权进行房地产开发的,必须按照土地使用权出让合同约定的土地用途、动工开发期限开发土地。超过出让合同约定的动工开发日期满一年未动工开发的,可以征收相当于土地使用权出让金百分之二十以下的土地闲置费;满两年未动工开发的,可以无偿收回土地使用权;但是,因不可抗力,政府、政府有关部门的行为,或者动工开发必需的前期工作造成动工开发迟延的除外。

4.3.3 房地产开发企业的设立

一、设立条件

《城市房地产管理法》规定,房地产开发企业是以营利为目的,从事房地产开发和经营的企业。设立房地产开发企业,应当具备下列条件:

(1)有自己的名称和组织机构;
(2)有固定的经营场所;
(3)有符合国务院规定的注册资本;
(4)有足够的专业技术人员;

(5)法律、行政法规规定的其他条件。

在此基础上,《城市房地产开发经营管理条例》规定,设立房地产开发企业,除应当符合有关法律、行政法规规定的企业设立条件外,还应当具备下列条件:

(1)有100万元以上的注册资本;

(2)有4名以上持有资格证书的房地产专业、建筑工程专业的专职技术人员,2名以上持有资格证书的专职会计人员。

省、自治区、直辖市人民政府可以根据当地的实际情况,对设立房地产开发企业的注册资本和专业技术人员的条件作出高于前款的规定。

外商投资设立房地产开发企业的,除应当符合上述规定,还应当符合外商投资法律、行政法规的规定。

二、登记与备案

设立房地产开发企业,应当向县级以上工商行政管理部门申请登记。工商行政管理部门对符合上述规定条件的,应当自收到申请之日起30日内予以登记,发给营业执照;对不符合条件不予登记的,应当说明理由。

需要指出的是,工商行政管理部门在对设立房地产开发企业申请登记进行审查时,应当听取同级房地产开发主管部门的意见。

设立有限责任公司、股份有限公司,从事房地产开发经营的,还应当执行公司法的有关规定。

房地产开发企业在领取营业执照后的一个月内,应当到登记机关所在地的县级以上地方人民政府规定的部门备案。

【思考4-3】房地产开发企业应向哪个部门备案?备案内容是什么?

三、开发资质

房地产开发主管部门应当根据房地产开发企业的资产、专业技术人员和开发经营业绩等,对备案的房地产开发企业核定资质等级。房地产开发企业应当按照核定的资质等级,承担相应的房地产开发项目。未取得房地产开发资质等级证书(以下简称"资质证书")的企业,不得从事房地产开发经营业务。

《房地产开发企业资质管理规定》将房地产开发企业按照企业条件分为以下两个资质等级,各资质等级企业的申请条件和应提交的资料如下。

(一)一级资质

(1)申请条件。

①从事房地产开发经营5年以上;

②近3年房屋建筑面积累计竣工30万平方米以上,或者累计完成与此相当的房地产开发投资额;

③连续5年建筑工程质量合格率达100%;

④上一年房屋建筑施工面积在15万平方米以上,或者完成与此相当的房地产开发投资额;

⑤有职称的建筑、结构、财务、房地产及有关经济类的专业管理人员不少于40人,其中具有中级以上职称的管理人员不少于20人,专职会计人员不少于4人;

⑥工程技术、财务、统计等业务负责人具有相应专业中级以上职称;

⑦具有完善的质量保证体系,商品住宅销售中实行了"住宅质量保证书"和"住宅使用说明书"制度;

⑧未发生过重大工程质量事故。

(2)应提交的材料。
①企业资质等级申报表;
②专业管理、技术人员的职称证件;
③已开发经营项目的有关材料;
④"住宅质量保证书""住宅使用说明书"执行情况报告,建立质量管理制度、具有质量管理部门及相应质量管理人员等质量保证体系情况说明。

(二)二级资质
(1)申请条件。
①有职称的建筑、结构、财务、房地产及有关经济类的专业管理人员不少于5人,其中专职会计人员不少于2人;
②工程技术负责人具有相应专业中级以上职称,财务负责人具有相应专业初级以上职称,配有统计人员;
③具有完善的质量保证体系。

【思考4-4】某房地产开发企业专业管理人员7人,其中3人为兼职者,其是否满足申请二级资质的条件?

(2)应提交的材料。
①企业资质等级申报表;
②专业管理、技术人员的职称证件;
③建立质量管理制度、具有质量管理部门及相应质量管理人员等质量保证体系情况说明。

(三)审批
房地产开发企业资质等级实行分级审批。
一级资质由省、自治区、直辖市人民政府住房和城乡建设主管部门初审,报国务院住房和城乡建设主管部门审批。
二级资质由省、自治区、直辖市人民政府住房和城乡建设主管部门或者其确定的设区的市级人民政府房地产开发主管部门审批。
经资质审查合格的企业,由资质审批部门发给相应等级的资质证书。资质证书有效期为3年。
申请核定资质的房地产开发企业,应当通过相应的政务服务平台提出申请。
资质证书由国务院住房和城乡建设主管部门统一制作。资质证书分为正本和副本,资质审批部门可以根据需要核发资质证书副本若干份。

(四)资质证书的管理
任何单位和个人不得涂改、出租、出借、转让、出卖资质证书。企业遗失资质证书,必须在新闻媒体上声明作废后,方可补领。
企业发生分立、合并的,应当在向市场监督管理部门办理变更手续后的30日内,到原资质审批部门申请办理资质证书注销手续,并重新申请资质等级。
企业变更名称、法定代表人和主要管理、技术负责人,应当在变更30日内,向原资质审批部门办理变更手续。
企业破产、歇业或者因其他原因终止业务时,应当在向市场监督管理部门办理注销营业执照后的

15日内,到原资质审批部门注销资质证书。

(五)开发规模

一级资质的房地产开发企业承担房地产项目的建筑规模不受限制。

二级资质的房地产开发企业可以承担建筑面积25万平方米以下的开发建设项目。

各资质等级企业应当在规定的业务范围内从事房地产开发经营业务,不得越级承担任务。

四、投资额规定

房地产开发企业的注册资本与投资总额的比例应当符合国家有关规定。

房地产开发企业分期开发房地产的,分期投资额应当与项目规模相适应,并按照土地使用权出让合同的约定,按期投入资金,用于项目建设。

房地产开发项目应当建立资本金制度,资本金占项目总投资的比例不得低于20%。

4.4 房地产交易

4.4.1 一般规定

一、房地不分离

房地产转让、抵押时,房屋的所有权和该房屋占用范围内的土地使用权同时转让、抵押。

二、地价与房价

基准地价、标定地价和各类房屋的重置价格应当定期确定并公布。具体办法由国务院规定。

三、房地产价格评估

国家实行房地产价格评估制度。

房地产价格评估应当遵循公正、公平、公开的原则,按照国家规定的技术标准和评估程序,以基准地价、标定地价和各类房屋的重置价格为基础,参照当地的市场价格进行评估。

四、房地产成交价格申报

国家实行房地产成交价格申报制度。

房地产权利人转让房地产,应当向县级以上地方人民政府规定的部门如实申报成交价,不得瞒报或者作不实的申报。

五、权属登记

房地产转让、抵押,当事人应当依照相关规定办理权属登记。

4.4.2 房地产转让

一、概念

房地产转让是指房地产权利人通过买卖、赠予或者其他合法方式将其房地产转移给他人的行为。

二、房地产转让的条件

以出让方式取得土地使用权的,转让房地产时,应当符合下列条件:

(1)按照出让合同约定已经支付全部土地使用权出让金,并取得土地使用权证书;

(2)按照出让合同约定进行投资开发,属于房屋建设工程的,完成开发投资总额的25%以上,属于成片开发土地的,形成工业用地或者其他建设用地条件。

违反前述规定转让土地使用权的,由县级以上人民政府土地管理部门没收违法所得,可以并处罚款。

转让房地产时房屋已经建成的,还应当持有房屋所有权证书。

三、房地产开发项目转让

转让房地产开发项目,转让人和受让人应当自土地使用权变更登记手续办理完毕之日起30日内,持房地产开发项目转让合同到房地产开发主管部门备案。

房地产开发企业转让房地产开发项目时,尚未完成拆迁补偿安置的,原拆迁补偿安置合同中有关的权利、义务随之转移给受让人。项目转让人应当书面通知被拆迁人。

四、不得转让的房地产类型

(1)以出让方式取得土地使用权的,不符合前款相关房地产转让的条件的;
(2)司法机关和行政机关依法裁定、决定查封或者以其他形式限制房地产权利的;
(3)依法收回土地使用权的;
(4)共有房地产,未经其他共有人书面同意的;
(5)权属有争议的;
(6)未依法登记领取权属证书的;
(7)法律、行政法规规定禁止转让的其他情形。

【思考 4-5】以划拨方式取得土地使用权的房地产能否转让?

五、转让合同

房地产转让,应当签订书面转让合同,合同中应当载明土地使用权取得的方式。

房地产转让时,土地使用权出让合同载明的权利、义务随之转移。

以出让方式取得土地使用权的,转让房地产后,其土地使用权的使用年限为原土地使用权出让合同约定的使用年限减去原土地使用者已经使用年限后的剩余年限。

以出让方式取得土地使用权的,转让房地产后,受让人改变原土地使用权出让合同约定的土地用途的,必须取得原出让方和市、县人民政府城市规划行政主管部门的同意,签订土地使用权出让合同变更协议或者重新签订土地使用权出让合同,相应调整土地使用权出让金。

4.4.3 商品房预售

一、预售条件

商品房预售,应当符合下列条件:
(1)已交付全部土地使用权出让金,取得土地使用权证书;
(2)持有建设工程规划许可证和施工许可证;
(3)按提供预售的商品房计算,投入开发建设的资金达到工程建设总投资的25%以上,并已经确定施工进度和竣工交付日期;
(4)向县级以上人民政府房产管理部门办理预售登记,取得商品房预售许可证明。

商品房预售人应当按照国家有关规定将预售合同报县级以上人民政府房产管理部门和土地管理部门登记备案。

违反上述规定预售商品房的,由县级以上人民政府房产管理部门责令停止预售活动,没收违法所得,可以并处罚款。

商品房预售所得款项,必须用于有关的工程建设。

【思考 4-6】预购人能否将其购买的未竣工的预售商品房再行转让?

二、预售登记应提交文件

房地产开发企业申请办理商品房预售登记,应当提交下列文件:

(1)上述预售条件(1)~(3)项规定的证明材料;
(2)营业执照和资质等级证书;
(3)工程施工合同;
(4)预售商品房分层平面图;
(5)商品房预售方案。

三、预售许可

房地产开发主管部门应当自收到商品房预售申请之日起 10 日内,作出同意预售或者不同意预售的答复。同意预售的,应当核发商品房预售许可证明;不同意预售的,应当说明理由。

房地产开发企业不得进行虚假广告宣传,商品房预售广告中应当载明商品房预售许可证明的文号。

房地产开发企业预售商品房时,应当向预购人出示商品房预售许可证明。未取得"商品房预售许可证"的,不得进行商品房预售。

四、预售合同

商品房销售,当事人双方应当签订书面合同。合同应当载明商品房的建筑面积和使用面积、价格、交付日期、质量要求、物业管理方式以及双方的违约责任。房地产开发项目转让和商品房销售价格,由当事人协商议定;但是,享受国家优惠政策的居民住宅价格,应当实行政府指导价或者政府定价。

房地产开发企业应当自商品房预售合同签订之日起 30 日内,到商品房所在地的县级以上人民政府房地产开发主管部门和负责土地管理工作的部门备案。

【思考 4-7】房地产开发企业委托中介机构代理销售商品房的,有哪些注意事项?

【思考 4-8】某房地产开发企业能否将 A 商品房开发项目预售所得款用于支付 B 商品房开发项目的工程进度款?

4.4.4 商品房验收与交付

(一)验收

房地产开发项目竣工后,房地产开发企业应当向项目所在地的县级以上地方人民政府房地产开发主管部门提出竣工验收申请。房地产开发主管部门应当自收到竣工验收申请之日起 30 日内,对涉及公共安全的内容,组织工程质量监督、规划、消防、人防等有关部门或者单位进行验收。

住宅小区等群体房地产开发项目竣工,应当依照上述规定和下列要求进行综合验收:

(1)城市规划设计条件的落实情况;
(2)城市规划要求配套的基础设施和公共设施的建设情况;
(3)单项工程的工程质量验收情况;
(4)拆迁安置方案的落实情况;

(5)物业管理的落实情况。

住宅小区等群体房地产开发项目实行分期开发的,可以分期验收。房地产开发项目的设计、施工,必须符合国家有关标准和规范的要求。

房地产开发项目竣工,经验收合格后,方可交付使用。

(二)交付

房地产开发企业应当在商品房交付使用时,向购买人提供住宅质量保证书和住宅使用说明书。住宅质量保证书应当列明工程质量监督单位核验的质量等级、保修范围、保修期和保修单位等内容。房地产开发企业应当按照住宅质量保证书的约定,承担商品房保修责任。保修期内,因房地产开发企业对商品房进行维修,致使房屋原使用功能受到影响,给购买人造成损失的,应当依法承担赔偿责任。

【思考 4-9】商品房交付时,承购人发现房屋与样板房有较大差别,此时应如何处理?

商品房交付使用后,购买人认为主体结构质量不合格的,可以向工程质量监督单位申请重新核验。经核验,确属主体结构质量不合格的,购买人有权退房;给购买人造成损失的,房地产开发企业应当依法承担赔偿责任。

【思考 4-10】商品房套内建筑面积或者建筑面积与买卖合同约定面积不符,应该如何处理?

(三)逾期交房或逾期付款

房地产开发企业应当按照合同约定,将符合交付使用条件的商品房按期交付给买受人。未能按期交付的,房地产开发企业应当承担违约责任。因不可抗力或者当事人在合同中约定的其他原因,需延期交付的,房地产开发企业应当及时告知买受人。

出卖人延迟交付房屋或者买受人延迟支付购房款,经催告后在三个月的合理期限内仍未履行,当事人一方请求解除合同的,应予支持,但当事人另有约定的除外。法律没有规定或者当事人没有约定,经对方当事人催告后,解除权行使的合理期限为三个月。对方当事人没有催告的,解除权应当在解除权发生之日起一年内行使;逾期不行使的,解除权消灭。当事人以约定的违约金过高为由请求减少的,应当以违约金超过造成的损失 30% 为标准适当减少;当事人以约定的违约金低于造成的损失为由请求增加的,应当以违约造成的损失确定违约金数额。商品房买卖合同没有约定违约金数额或者损失赔偿额计算方法,违约金数额或者损失赔偿额可以参照以下标准确定:逾期付款的,按照未付购房款总额,参照中国人民银行规定的金融机构计收逾期贷款利息的标准计算;逾期交付使用房屋的,按照逾期交付使用房屋期间有关主管部门公布或者有资格的房地产评估机构评定的同地段同类房屋租金标准确定。

4.4.5 房地产抵押

一、概念

房地产抵押,是指抵押人以其合法的房地产以不转移占有的方式向抵押权人提供债务履行担保的行为。债务人不履行债务时,抵押权人有权依法以抵押的房地产拍卖所得的价款优先受偿。

二、抵押范围

依法取得的房屋所有权连同该房屋占用范围内的土地使用权,可以设定抵押权。

以出让方式取得的土地使用权,可以设定抵押权。

【思考 4-11】以划拨方式取得土地使用权的房地产能否设定抵押?

三、抵押合同

房地产抵押,应当凭土地使用权证书、房屋所有权证书办理。

房地产抵押,抵押人和抵押权人应当签订书面抵押合同。

【思考 4-12】房地产抵押合同签订后,土地上新增的房屋是否属于抵押财产?抵押权人对新增房屋拍卖所得是否有权优先受偿?

4.4.6 房屋租赁

房屋租赁是指房屋所有权人作为出租人将其房屋出租给承租人使用,由承租人向出租人支付租金的行为。

房屋租赁,出租人和承租人应当签订书面租赁合同,约定租赁期限、租赁用途、租赁价格、修缮责任等条款,以及双方的其他权利和义务,并向房产管理部门登记备案。

住宅用房的租赁,应当执行国家和房屋所在城市人民政府规定的租赁政策。租用房屋从事生产、经营活动的,由租赁双方协商议定租金和其他租赁条款。

以营利为目的,房屋所有权人将以划拨方式取得使用权的国有土地上建成的房屋出租的,应当将租金中所含土地收益上缴国家。具体办法由国务院规定。

4.4.7 中介服务机构

房地产中介服务机构包括房地产咨询机构、房地产价格评估机构、房地产经纪机构等。

房地产中介服务机构应当具备下列条件:

(1)有自己的名称和组织机构;

(2)有固定的服务场所;

(3)有必要的财产和经费;

(4)有足够数量的专业人员;

(5)法律、行政法规规定的其他条件。

设立房地产中介服务机构,应当向工商行政管理部门申请设立登记,领取营业执照后,方可开业。

国家实行房地产价格评估人员资格认证制度。

违反本项规定,未取得营业执照擅自从事房地产中介服务业务的,由县级以上人民政府工商行政管理部门责令停止房地产中介服务业务活动,没收违法所得,可以并处罚款。

4.5 房地产权属登记管理

国家实行土地使用权和房屋所有权登记发证制度。

4.5.1 土地使用权证

以出让或者划拨方式取得土地使用权,应当向县级以上地方人民政府土地管理部门申请登记,经县级以上地方人民政府土地管理部门核实,由同级人民政府颁发土地使用权证书。

4.5.2 房屋所有权证

在依法取得的房地产开发用地上建成房屋的,应当凭土地使用权证书向县级以上地方人民政府房产管理部门申请登记,由县级以上地方人民政府房产管理部门核实并颁发房屋所有权证书。

房地产转让或者变更时,应当向县级以上地方人民政府房产管理部门申请房产变更登记,并凭变更后的房屋所有权证书向同级人民政府土地管理部门申请土地使用权变更登记,经同级人民政府土地管理部门核实,由同级人民政府更换或者更改土地使用权证书。

法律另有规定的,依照有关法律的规定办理。

【思考 4-13】由于出卖人(房地产开发企业)的原因,商品房买受人未能如期取得房屋权属证书的,出卖人应承担什么责任?

4.5.3 房地产抵押登记

房地产抵押时,应当向县级以上地方人民政府规定的部门办理抵押登记。

因处分抵押房地产而取得土地使用权和房屋所有权的,应当依照相关规定办理过户登记。

4.5.4 登记管理机关

经省、自治区、直辖市人民政府确定,县级以上地方人民政府由一个部门统一负责房产管理和土地管理工作的,可以制作、颁发统一的房地产权证书,依照相关的规定,将房屋的所有权和该房屋占用范围内的土地使用权的确认和变更,分别载入房地产权证书。

4.6 行政机关及其工作人员法律责任

(1)没有法律、法规的依据,向房地产开发企业收费的,上级机关应当责令退回所收取的钱款;情节严重的,由上级机关或者所在单位给予直接责任人员行政处分。

(2)房产管理部门、土地管理部门工作人员玩忽职守、滥用职权,构成犯罪的,依法追究刑事责任;不构成犯罪的,给予行政处分。

房产管理部门、土地管理部门工作人员利用职务上的便利,索取他人财物,或者非法收受他人财物为他人谋取利益,构成犯罪的,依法追究刑事责任;不构成犯罪的,给予行政处分。

【案例回顾】

(1)推介活动不合法。《城市房地产开发经营管理条例》第二十二条第(四)项规定,房地产开发企业预售商品房,应当符合下列条件:已办理预售登记,取得商品房预售许可证明。《城市商品房预售管理办法》规定商品房预售实行许可制度。开发企业进行商品房预售,应当向房产管理部门申请预售许可,取得"商品房预售许可证"。未取得"商品房预售许可证"的,不得进行商品房预售。根据《商品房销售管理办法》第四十二条规定,不符合商品房销售条件,向买受人收取预订款性质费用的,属于违法行为。本案中,房地产开发企业收取的认筹金、意向金等均属于预订款性质费用。因此,房地产开发企业推介活动可以认定为预售行为,违反了上述《城市房地产开发经营管理条例》《城市商品房预售管理办法》和《商品房销售管理办法》的规定。

(2)《城市房地产开发经营管理条例》第三十六条规定,违反本条例规定,擅自预售商品房的,由县级以上人民政府房地产开发主管部门责令停止违法行为,没收违法所得,可以并处已收取的预付款1%以下的罚款。市住房和城乡建设局处罚决定合法得当。

【讨论题】

(1)对于购房人而言,商品房预售制度的风险有哪些?

(2)对于房地产开发企业屡屡挪用资金监管账户中商品房预售款的现象,你有什么好的解决方案?

【思考题参考答案】

【参考答案 4-1】城市规划区内的集体所有的土地不能直接用于房地产开发。城市规划区内的集体所有的土地,经依法征收转为国有土地后,该幅国有土地的使用权方可有偿出让,用于房地产开发经营,但法律另有规定的除外。

城市规划区以外的国有土地可以用于房地产开发经营,并参照《城市房地产管理法》《城市房地产开发经营条例》实施监督管理。

【参考答案 4-2】《城市房地产管理法》规定,以划拨方式取得土地使用权的,除法律、行政法规另有规定外,没有使用期限的限制。

【参考答案 4-3】房地产开发企业应当自领取营业执照之日起30日内,提交下列纸质或者电子材料,向登记机关所在地的房地产开发主管部门备案:

(1)营业执照复印件;

(2)企业章程;

(3)专业技术人员的资格证书和聘用合同。

【参考答案 4-4】不满足。临时聘用或者兼职的管理、技术人员不得计入企业管理、技术人员总数。

【参考答案 4-5】以划拨方式取得土地使用权的,转让房地产时,应当按照国务院规定,报有批准权的人民政府审批。有批准权的人民政府准予转让的,应当由受让方办理土地使用权出让手续,并依照国家有关规定缴纳土地使用权出让金。

以划拨方式取得土地使用权的,转让房地产报批时,有批准权的人民政府按照国务院规定决定可以不办理土地使用权出让手续的,转让方应当按照国务院规定将转让房地产所获收益中的土地收益上缴国家或者作其他处理。

【参考答案 4-6】商品房预售的,商品房预购人将购买的未竣工的预售商品房再行转让的问题,由国务院规定。目前,国务院尚未出台相应的行政法规。但是,各地对此有不同的具体规定。有的城市规定,在未取得商品房所有权证之前不得转让;有的城市规定,转让须办理相应的转让合同备案登记。

【参考答案 4-7】房地产开发企业委托中介机构代理销售商品房的,应当向中介机构出具委托书。中介机构销售商品房时,应当向商品房购买人出示商品房的有关证明文件和商品房销售委托书。

【参考答案 4-8】开发企业进行商品房预售所得的款项必须用于有关的工程建设。城市、县房地产管理部门应当制定对商品房预售款监管的有关制度。

【参考答案 4-9】房地产开发企业销售商品房时设置样板房的,应当说明实际交付的商品房质量、设备及装修与样板房是否一致,未作说明的,实际交付的商品房应当与样板房一致。

【参考答案 4-10】出卖人交付使用的房屋套内建筑面积或者建筑面积与商品房买卖合同约定面积不

符,合同有约定的,按照约定处理;合同没有约定或者约定不明确的,按照以下原则处理:

(1)面积误差比绝对值在3%以内(含3%),按照合同约定的价格据实结算,买受人请求解除合同的,不予支持;

(2)面积误差比绝对值超出3%,买受人请求解除合同、返还已付购房款及利息的,应予支持。买受人同意继续履行合同,房屋实际面积大于合同约定面积的,面积误差比在3%以内(含3%)部分的房价款由买受人按照约定的价格补足,面积误差比超出3%部分的房价款由出卖人承担,所有权归买受人;房屋实际面积小于合同约定面积的,面积误差比在3%以内(含3%)部分的房价款及利息由出卖人返还买受人,面积误差比超过3%部分的房价款由出卖人双倍返还买受人。

【参考答案 4-11】设定房地产抵押权的土地使用权是以划拨方式取得的,依法拍卖该房地产后,应当从拍卖所得的价款中缴纳相当于应缴纳的土地使用权出让金的款额后,抵押权人方可优先受偿。

【参考答案 4-12】房地产抵押合同签订后,土地上新增的房屋不属于抵押财产。需要拍卖该抵押的房地产时,可以依法将土地上新增的房屋与抵押财产一同拍卖,但对拍卖新增房屋所得,抵押权人无权优先受偿。

【参考答案 4-13】由于出卖人的原因,买受人在下列期限届满未能取得房屋权属证书的,除当事人有特殊约定外,出卖人应当承担违约责任:

(1)商品房买卖合同约定的办理房屋所有权登记的期限;

(2)商品房买卖合同的标的物为尚未建成房屋的,自房屋交付使用之日起90日;

(3)商品房买卖合同的标的物为已竣工房屋的,自合同订立之日起90日。

合同没有约定违约金或者损失数额难以确定的,可以按照已付购房款总额,参照中国人民银行规定的金融机构计收逾期贷款利息的标准计算。

5 工程建设法律制度

【案例导入】

2014年5月,李某将北京市西城区德内大街93号院的改造工程发包给了包工头卢某,改造内容是建造地下室。卢某指派王某负责施工现场的管理。在施工期间,施工人员曾指出基坑开挖中的事故隐患,但李某、卢某均未采取任何措施,依然继续施工。2015年1月24日凌晨,施工现场发生坍塌,现场出现长15米、宽5米、深10米的大坑。事故造成德胜门内大街道路坍塌,毗邻民房及办公楼等建筑物受损,周围交通中断。经鉴定,事故直接原因是基坑支护结构不合理、地下水控制不力,事故造成直接经济损失5835234元。后经查证,在开工之前,李某未申请建设工程规划许可证和建设工程施工许可证。

问题:请指出本案例中涉及的违法行为。

工程建设法律制度涉及《中华人民共和国建筑法》(以下简称《建筑法》)、《中华人民共和国招标投标法》(以下简称《招标投标法》)等相关法律,《建设工程质量管理条例》《建设工程安全生产管理条例》等行政法规,以及《建筑工程施工许可管理办法》《建筑业企业资质管理规定》等行政规章。

5.1 建筑许可法律制度

建筑活动专业性强,社会经济影响大,事关人们生命和财产安全,为了确保建筑工程质量和安全,维护建筑市场秩序,加强对建筑活动的监督管理,要求对建筑活动主体实施许可制度,包括施工许可制度、资质许可制度和执业资格制度。本章重点介绍施工许可制度和资质许可制度。

5.1.1 建筑工程施工许可制度

鉴于建筑活动涉及公共安全,国家授权建设行政主管部门对建设工程是否具备法定开工条件进行审核。对于符合开工条件的建设工程,建设行政主管部门给建设单位颁发行政许可,允许建设工程开工建设。

一、施工许可证的申请主体

《建筑法》第七条规定,建筑工程开工前,建设单位应当按照国家有关规定向工程所在地县级以上人民政府建设行政主管部门申请领取施工许可证。

施工许可证应当放置在施工现场备查,并按规定在施工现场公开。

二、应当办理施工许可证的建设工程

根据住房和城乡建设部颁发的《建筑工程施工许可管理办法》规定,在中华人民共和国境内从事各类房屋建筑及其附属设施的建造、装修装饰和与其配套的线路、管道、设备的安装,以及城镇市政基础设施工程的施工,建设单位在开工前应当依照本办法的规定,向工程所在地的县级以上地方人民政府住房城乡建设主管部门申请领取施工许可证。

本办法规定应当申请领取施工许可证的建筑工程未取得施工许可证的,一律不得开工。

任何单位和个人不得将应当申请领取施工许可证的工程项目分解为若干限额以下的工程项目,规避申请领取施工许可证。

【思考5-1】 某建筑工程在施工过程中,因原施工单位甲非法转包工程,建设单位依法与其解除了施工承包合同。随后,建设单位甲又与施工单位乙订立施工承包合同,完成余下工程。建设单位认为前期施工许可证仍在有效期内,现在只要办理施工许可证变更手续即可。这种观点是否正确?

三、可以不办理施工许可证的建设工程

(一)限额以下的小型工程

根据《建筑法》的规定,国务院建设行政主管部门确定的限额以下的小型工程可以不办理施工许可证。在此基础上,《建筑工程施工许可管理办法》进一步规定,工程投资额在30万元以下或者建筑面积在300平方米以下的建筑工程,可以不申请办理施工许可证。省、自治区、直辖市人民政府住房城乡建设主管部门可以根据当地的实际情况,对限额进行调整,并报国务院住房城乡建设主管部门备案。

(二)特殊工程

抢险救灾及其他临时性房屋建筑和农民自建低层住宅的建筑活动,不适用《建筑法》的规定。

(三)有开工报告的建设工程

根据《政府投资条例》规定,国务院规定应当审批开工报告的重大政府投资项目,按照规定办理开工报告审批手续后方可开工建设。开工报告制度是施工许可制度的例外制度安排,因此按照国务院规定的权限和程序批准开工报告的建筑工程,不再领取施工许可证。

(四)军用房屋建筑工程

军用房屋建筑工程建筑活动的具体管理办法,由国务院、中央军事委员会依据《建筑法》制定。

四、申请施工许可证的法定条件

《建筑法》第八条规定,申请领取施工许可证,应当具备下列条件:

(1)已经办理该建筑工程用地批准手续;

(2)依法应当办理建设工程规划许可证的,已经取得建设工程规划许可证;

(3)需要拆迁的,其拆迁进度符合施工要求;

(4)已经确定建筑施工企业;

(5)有满足施工需要的资金安排、施工图纸及技术资料;

(6)有保证工程质量和安全的具体措施。

建设行政主管部门应当自收到申请之日起七日内,对符合条件的申请颁发施工许可证。

对于建设单位申请施工许可证的法定条件,《建筑工程施工许可管理办法》第四条进一步规定,建设单位申请领取施工许可证,应当具备下列条件,并提交相应的证明文件。

(1)依法应当办理用地批准手续的,已经办理该建筑工程用地批准手续。

(2)依法应当办理建设工程规划许可证的,已经取得建设工程规划许可证。

(3)施工场地已经基本具备施工条件,需要征收房屋的,其进度符合施工要求。

(4)已经确定施工企业。按照规定应当招标的工程没有招标,应当公开招标的工程没有公开招标,或者肢解发包工程,以及将工程发包给不具备相应资质条件的企业的,所确定的施工企业无效。

(5)有满足施工需要的资金安排、施工图纸及技术资料,建设单位应当提供建设资金已经落实承诺书,施工图设计文件已按规定审查合格。

(6)有保证工程质量和安全的具体措施。施工企业编制的施工组织设计中有根据建筑工程特点制定的相应质量、安全技术措施。建立工程质量安全责任制并落实到人。专业性较强的工程项目编制了专项质量、安全施工组织设计,并按照规定办理了工程质量、安全监督手续。

县级以上地方人民政府住房城乡建设主管部门不得违反法律法规规定,增设办理施工许可证的其

他条件。

五、申请办理施工许可证的程序

(1)建设单位向发证机关领取"建筑工程施工许可证申请表"。

(2)建设单位持加盖单位及法定代表人印鉴的"建筑工程施工许可证申请表",并按照法定条件规定的证明文件,向发证机关提出申请。

(3)发证机关在收到建设单位报送的"建筑工程施工许可证申请表"和所附证明文件后,对于符合条件的,应当自收到申请之日起七日内颁发施工许可证;对于证明文件不齐全或者失效的,应当当场或者五日内一次告知建设单位需要补正的全部内容,审批时间可以自证明文件补正齐全后作相应顺延;对于不符合条件的,应当自收到申请之日起七日内书面通知建设单位,并说明理由。

六、施工许可证的管理

建设单位应当自领取施工许可证之日起三个月内开工。因故不能按期开工的,应当向发证机关申请延期;延期以两次为限,每次不超过三个月。既不开工又不申请延期或者超过延期时限的,施工许可证自行废止。

在建的建筑工程因故中止施工的,建设单位应当自中止施工之日起一个月内,向发证机关报告,并按照规定做好建筑工程的维护管理工作。

建筑工程恢复施工时,应当向发证机关报告;中止施工满一年的工程恢复施工前,建设单位应当报发证机关核验施工许可证。

按照国务院有关规定批准开工报告的建筑工程,因故不能按期开工或者中止施工的,应当及时向批准机关报告情况。因故不能按期开工超过六个月的,应当重新办理开工报告的批准手续。

5.1.2 资质许可制度

从事建筑活动的建筑业企业应当依法取得相应等级的资质证书,并在其资质等级许可的范围内承揽工程。

一、申请建筑业企业的法定条件

《建筑业企业资质管理规定》第三条规定,企业应当按照其拥有的资产、主要人员、已完成的工程业绩和技术装备等条件申请建筑业企业资质,经审查合格,取得建筑业企业资质证书后,方可在资质许可的范围内从事建筑施工活动。

【思考5-2】建筑业企业具体是指哪些企业?

建筑业企业申请资质须具备以下四个法定条件:

(1)有符合规定的净资产;

(2)有符合规定的主要人员;

(3)有符合规定的已完成工程业绩;

(4)有符合规定的技术装备。

【思考5-3】在资质证书有效期内,建筑业企业不再符合建筑业资质标准要求条件的,应如何处理?

二、施工企业资质类别

建筑业企业资质分为施工总承包资质、专业承包资质、施工劳务资质三个序列。

施工总承包资质、专业承包资质按照工程性质和技术特点分别划分为若干资质类别,各资质类别按照规定的条件划分为若干资质等级。施工劳务资质不分类别与等级。

三、资质管理分工

国务院住房城乡建设主管部门负责全国建筑业企业资质的统一监督管理。国务院交通运输、水利、工业信息化等有关部门配合国务院住房城乡建设主管部门实施相关资质类别建筑业企业资质的管理工作。省、自治区、直辖市人民政府住房城乡建设主管部门负责本行政区域内建筑业企业资质的统一监督管理。省、自治区、直辖市人民政府交通运输、水利、通信等有关部门配合同级住房城乡建设主管部门实施本行政区域内相关资质类别建筑业企业资质的管理工作。

四、资质证书的许可权限与程序

(一)由国务院住房城乡建设主管部门许可的建筑业企业资质

(1)施工总承包资质序列特级资质、一级资质及铁路工程施工总承包二级资质;

(2)专业承包资质序列公路、水运、水利、铁路、民航方面的专业承包一级资质及铁路、民航方面的专业承包二级资质;涉及多个专业的专业承包一级资质。

申请以上资质的企业可以向企业工商注册所在地省、自治区、直辖市人民政府住房城乡建设主管部门提交申请材料。

省、自治区、直辖市人民政府住房城乡建设主管部门收到申请材料后,应当在五日内将全部申请材料报审批部门。

国务院住房城乡建设主管部门在收到申请材料后,应当依法作出是否受理的决定,并出具凭证;申请材料不齐全或者不符合法定形式的,应当在五日内一次性告知申请人需要补正的全部内容。逾期不告知的,自收到申请材料之日起即为受理。

国务院住房城乡建设主管部门应当自受理之日起二十个工作日内完成审查。自作出决定之日起十日内公告审批结果。其中,涉及公路、水运、水利、通信、铁路、民航等方面资质的,由国务院住房城乡建设主管部门会同国务院有关部门审查。

需要组织专家评审的,所需时间不计算在许可时限内,但应当明确告知申请人。

(二)由企业工商注册所在地省、自治区、直辖市人民政府住房城乡建设主管部门许可的建筑业企业资质

(1)施工总承包资质序列二级资质及铁路、通信工程施工总承包三级资质;

(2)专业承包资质序列一级资质(不含公路、水运、水利、铁路、民航方面的专业承包一级资质及涉及多个专业的专业承包一级资质);

(3)专业承包资质序列二级资质(不含铁路、民航方面的专业承包二级资质);铁路方面专业承包三级资质;特种工程专业承包资质。

上述资质许可程序由省、自治区、直辖市人民政府住房城乡建设主管部门依法确定,并向社会公布。

3.由企业工商注册所在地设区的市人民政府住房城乡建设主管部门许可的建筑业企业资质

(1)施工总承包资质序列三级资质(不含铁路、通信工程施工总承包三级资质);

(2)专业承包资质序列三级资质(不含铁路方面专业承包资质)及预拌混凝土、模板脚手架专业承包资质;

(3)施工劳务资质;

(4)燃气燃烧器具安装、维修企业资质。

上述资质许可程序由设区的市级人民政府住房城乡建设主管部门依法确定,并向社会公布。

【思考5-4】企业首次申请或增项申请资质时,应申请什么资质?

五、资质证书的延续与变更

(一)资质证书的延续

建筑业企业资质证书分为正本和副本,具备同等法律效力。资质证书有效期为五年。

建筑业企业资质证书有效期届满,企业继续从事建筑施工活动的,应当于资质证书有效期届满三个月前,向原资质许可机关提出延续申请。

资质许可机关应当在建筑业企业资质证书有效期届满前作出是否准予延续的决定;逾期未作出决定的,视为准予延续。

(二)资质证书的变更

企业在建筑业企业资质证书有效期内名称、地址、注册资本、法定代表人等发生变更的,应当在工商部门办理变更手续后一个月内办理资质证书变更手续。

由国务院住房城乡建设主管部门颁发的建筑业企业资质证书的变更,企业应当向企业工商注册所在地省、自治区、直辖市人民政府住房城乡建设主管部门提出变更申请,省、自治区、直辖市人民政府住房城乡建设主管部门应当自受理申请之日起两日内将有关变更证明材料报国务院住房城乡建设主管部门,由国务院住房城乡建设主管部门在两日内办理变更手续。

前款规定以外的资质证书的变更,由企业工商注册所在地的省、自治区、直辖市人民政府住房城乡建设主管部门或者设区的市人民政府住房城乡建设主管部门依法另行规定。变更结果应当在资质证书变更后十五日内,报国务院住房城乡建设主管部门备案。涉及公路、水运、水利、通信、铁路、民航等方面的建筑业企业资质证书的变更,办理变更手续的住房城乡建设主管部门应当将建筑业企业资质证书变更情况告知同级有关部门。

【思考5-5】企业发生合并、分立、重组以及改制等事项,可以承继原建筑业企业资质吗?

六、资质升级、增项不予批准申请的情形

企业申请建筑业企业资质升级、资质增项,在申请之日起前一年至资质许可决定作出前,有下列情形之一的,资质许可机关不予批准其建筑业企业资质升级申请和增项申请:

(1)超越本企业资质等级或以其他企业的名义承揽工程,或允许其他企业或个人以本企业的名义承揽工程的;

(2)与建设单位或企业之间相互串通投标,或以行贿等不正当手段谋取中标的;

(3)未取得施工许可证擅自施工的;

(4)将承包的工程转包或违法分包的;

(5)违反国家工程建设强制性标准施工的;

(6)恶意拖欠分包企业工程款或者劳务人员工资的;

(7)隐瞒或谎报、拖延报告工程质量安全事故,破坏事故现场、阻碍事故调查的;

(8)按照国家法律、法规和标准规定需要持证上岗的现场管理人员和技术工种作业人员未取得证书上岗的;

(9)未依法履行工程质量保修义务或拖延履行保修义务的;

(10)伪造、变造、倒卖、出租、出借或者以其他形式非法转让建筑业企业资质证书的;

(11)发生过较大以上质量安全事故或者发生过两起以上一般质量安全事故的；
(12)其他违反法律、法规的行为。

【思考5-6】发现企业违法从事建筑活动的,由哪个部门负责查处？

七、资质证书的撤销与注销

(一)资质证书的撤销

有下列情形之一的,资质许可机关应当撤销建筑业企业资质：
(1)资质许可机关工作人员滥用职权、玩忽职守准予资质许可的；
(2)超越法定职权准予资质许可的；
(3)违反法定程序准予资质许可的；
(4)对不符合资质标准条件的申请企业准予资质许可的；
(5)依法可以撤销资质许可的其他情形。

以欺骗、贿赂等不正当手段取得资质许可的,应当予以撤销。

(二)资质证书的注销

有下列情形之一的,资质许可机关应当依法注销建筑业企业资质,并向社会公布其建筑业企业资质证书作废,企业应当及时将建筑业企业资质证书交回资质许可机关：
(1)资质证书有效期届满,未依法申请延续的；
(2)企业依法终止的；
(3)资质证书依法被撤回、撤销或吊销的；
(4)企业提出注销申请的；
(5)法律、法规规定的应当注销建筑业企业资质的其他情形。

5.2 建设工程发承包法律制度

建设工程发包与承包是建筑市场最基本的交易活动。该交易标的物关系社会公共利益和公共安全,所以立法和行政机关出台了一系列法律、法规和规章予以规范和约束,主要包括《建筑法》、《民法典》、《招标投标法》、《中华人民共和国招标投标法实施条例》(以下简称《招标投标法实施条例》)、《建设工程质量管理条例》及《建筑工程施工发包与承包违法行为认定查处管理办法》等。

建设工程发包是指建设单位或总承包单位将建设工程任务(勘察、设计、施工等)交由具备相应资质的建筑业企业完成,并按照合同约定支付相应报酬的活动。

建设工程承包是指具备相应资质的建筑业企业依法承揽建设工程任务,通过交付约定工作成果获取相应工作报酬的活动。

5.2.1 建设工程发包制度

建设工程发包有两种方式:一是招标发包,二是直接发包。招标发包是发包人通过法定程序和公平竞争从若干承包人中选取最优承揽者,明确双方合同权利和义务,来完成某项建设工程成果的行为。直接发包是发包人与承包人通过一对一交易性谈判,商定合同权利与义务,交付工作成果并支付对价的行为。法律、行政法规以及部门规章规定了必须招标的项目范围和规模标准,除了必须招标的建设项目之外,发包人可以自主决定招标发包或者直接发包。本书仅围绕常见的招标发包展开论述。

一、一般规定

招标投标活动应当遵循公开、公平、公正和诚实信用的原则。

依法必须进行招标的项目,其招标投标活动不受地区或者部门的限制。任何单位和个人不得违法限制或者排斥本地区、本系统以外的法人或者其他组织参加投标,不得以任何方式非法干涉招标投标活动。

招标投标活动及其当事人应当接受依法实施的监督。

有关行政监督部门依法对招标投标活动实施监督,依法查处招标投标活动中的违法行为。

对招标投标活动的行政监督及有关部门的具体职权划分,由国务院规定。

二、必须招标的建设工程项目

(一)必须招标的建设项目范围

《招标投标法》第三条规定,在中华人民共和国境内进行下列工程建设项目(包括项目的勘察、设计、施工、监理,以及与工程建设有关的重要设备、材料等的采购)必须进行招标:

(1)大型基础设施、公用事业等关系社会公共利益、公众安全的项目;

(2)全部或者部分使用国有资金投资或者国家融资的项目;

(3)使用国际组织或者外国政府贷款、援助资金的项目。

前款所列项目的具体范围和规模标准,由国务院发展计划部门会同国务院有关部门制定,报国务院批准。

法律或者国务院对必须进行招标的其他项目的范围有规定的,依照其规定。

【思考 5-7】工程建设项目具体包括哪些项目内容?

【思考 5-8】全部或部分使用国有资金投资或者国家融资的项目有何量化标准?

【思考 5-9】使用国际组织或者外国政府贷款、援助资金的项目具体指什么?

(二)必须招标的规模标准

必须招标范围内的项目,其勘察、设计、施工、监理以及与工程建设有关的重要设备、材料等的采购达到下列标准之一的,必须招标:

(1)施工单项合同估算价在 400 万元人民币以上;

(2)重要设备、材料等货物的采购,单项合同估算价在 200 万元人民币以上;

(3)勘察、设计、监理等服务的采购,单项合同估算价在 100 万元人民币以上。

【思考 5-10】同一建设项目,若其勘察、设计、施工、监理以及与工程建设有关的重要设备、材料等合并采购,如何适用上述规模标准?

【思考 5-11】招标人通过将工程建设项目化整为零的方法规避招标,是否合法?

(三)例外情形

如果工程建设项目在上述必须招标范围内且达到上述规模标准,那么有没有可能不进行招标?对此,《招标投标法》以及《招标投标法实施条例》均作出了列举式规定。

《招标投标法》第六十六条规定,涉及国家安全、国家秘密、抢险救灾或者属于利用扶贫资金实行以工代赈、需要使用农民工等特殊情况,不适宜进行招标的项目,按照国家有关规定可以不进行招标。

除此之外,《招标投标法实施条例》第九条又作出了补充性规定,有下列情形之一的,可以不进行招标:

(1)需要采用不可替代的专利或者专有技术；
(2)采购人依法能够自行建设、生产或者提供；
(3)已通过招标方式选定的特许经营项目投资人依法能够自行建设、生产或者提供；
(4)需要向原中标人采购工程、货物或者服务，否则将影响施工或者功能配套要求；
(5)国家规定的其他特殊情形。

【思考 5-12】 招标人为适用上述规定弄虚作假的，该行为应如何定性？

三、招标

(一)审批、核准

按照国家有关规定需要履行项目审批、核准手续的依法必须进行招标的项目，其招标范围、招标方式、招标组织形式应当报项目审批、核准部门审批、核准。项目审批、核准部门应当及时将审批、核准确定的招标范围、招标方式、招标组织形式通报有关行政监督部门。

(二)招标方式

招标分为公开招标和邀请招标。公开招标是指招标人以招标公告的方式邀请不特定的法人或者其他组织投标。邀请招标，是指招标人以投标邀请书的方式邀请特定的法人或者其他组织投标。

根据《招标投标法》的规定，国务院发展计划部门确定的国家重点项目和省、自治区、直辖市人民政府确定的地方重点项目应当公开招标。《招标投标法实施条例》又规定，国有资金占控股或者主导地位的依法必须进行招标的项目应当公开招标。除此之外，招标人可以自主决定是进行公开招标还是邀请招标。

但是，对于上述必须公开招标的项目，符合一定条件也可以进行邀请招标。对于国务院发展计划部门确定的国家重点项目和省、自治区、直辖市人民政府确定的地方重点项目不适宜公开招标的，经国务院发展计划部门或者省、自治区、直辖市人民政府批准，可以进行邀请招标。对于国有资金占控股或者主导地位的依法必须进行招标的项目，有下列情形之一的，可以邀请招标：

(1)技术复杂、有特殊要求或者受自然环境限制，只有少量潜在投标人可供选择；
(2)采用公开招标方式的费用占项目合同金额的比例过大。

上述情形(2)，若属于按照国家有关规定需要履行项目审批、核准手续的项目，由项目审批、核准部门在审批、核准项目时作出认定；其他项目由招标人申请有关行政监督部门作出认定。

(三)编制招标文件

招标文件招标人应当根据招标项目的特点和需要编制招标文件。招标文件应当包括招标项目的技术要求、对投标人资格审查的标准、投标报价要求和评标标准等所有实质性要求和条件以及拟签订合同的主要条款。国家对招标项目的技术、标准有规定的，招标人应当按照其规定在招标文件中提出相应要求。招标项目需要划分标段、确定工期的，招标人应当合理划分标段、确定工期，并在招标文件中载明。

招标人应当确定投标人编制投标文件所需要的合理时间；但是，依法必须进行招标的项目，自招标文件开始发出之日起至投标人提交投标文件截止之日止，最短不得少于二十日。

招标人应当在招标文件中载明投标有效期。投标有效期从提交投标文件的截止之日起算。

招标人在招标文件中要求投标人提交投标保证金的，投标保证金不得超过招标项目估算价的百分之二。投标保证金有效期应当与投标有效期一致。依法必须进行招标的项目的境内投标单位，以现金或者支票形式提交的投标保证金应当从其基本账户转出。招标人不得挪用投标保证金。

招标人可以自行决定是否编制标底。一个招标项目只能有一个标底。标底必须保密。招标人设有最高投标限价的,应当在招标文件中明确最高投标限价或者最高投标限价的计算方法。招标人不得规定最低投标限价。

招标文件不得要求或者标明特定的生产供应者以及含有倾向或者排斥潜在投标人的其他内容。

【思考5-13】拟招标项目若技术复杂或者无法精确拟定技术规格,如何进行招标?

【思考5-14】招标人能否对已发出的招标文件进行必要的澄清或者修改?

(四)发布招标公告或投标邀请书

招标人采用公开招标方式的,应当发布招标公告;采用邀请招标方式招标的,应当向三个以上具备承担招标项目能力、资信良好的特定的法人或者其他组织发出投标邀请书。

依法必须进行招标的项目的资格预审公告和招标公告,应当在国务院发展改革部门依法指定的媒介发布。在不同媒介发布的同一招标项目的资格预审公告或者招标公告的内容应当一致。指定媒介发布依法必须进行招标的项目的境内资格预审公告、招标公告,不得收取费用。

招标人应当按照资格预审公告、招标公告或者投标邀请书规定的时间、地点发售资格预审文件或者招标文件。资格预审文件或者招标文件的发售期不得少于五日。

招标人发售资格预审文件、招标文件收取的费用应当限于补偿印刷、邮寄的成本支出,不得以营利为目的。

【思考5-15】招标人能否组织潜在投标人踏勘项目现场?

(五)资格审查

资格审查分为资格预审和资格后审。

(1)资格预审。

招标人采用资格预审办法对潜在投标人进行资格审查的,应当发布资格预审公告、编制资格预审文件。

招标人应当合理确定提交资格预审申请文件的时间。依法必须进行招标的项目提交资格预审申请文件的时间,自资格预审文件停止发售之日起不得少于五日。

资格预审应当按照资格预审文件载明的标准和方法进行。

国有资金控股或者占主导地位的依法必须进行招标的项目,招标人应当组建资格审查委员会审查资格预审申请文件。资格审查委员会及其成员应当遵守招标投标法和本条例有关评标委员会及其成员的规定。

资格预审结束后,招标人应当及时向资格预审申请人发出资格预审结果通知书。未通过资格预审的申请人不具有投标资格。

通过资格预审的申请人少于三个的,应当重新招标。

招标人可以对已发出的资格预审文件或者招标文件进行必要的澄清或者修改。澄清或者修改的内容可能影响资格预审申请文件或者投标文件编制的,招标人应当在提交资格预审申请文件截止时间至少三日前,或者投标截止时间至少十五日前,以书面形式通知所有获取资格预审文件或者招标文件的潜在投标人;不足三日或者十五日的,招标人应当顺延提交资格预审申请文件或者投标文件的截止时间。

潜在投标人或者其他利害关系人对资格预审文件有异议的,应当在提交资格预审申请文件截止时间两日前提出;对招标文件有异议的,应当在投标截止时间十日前提出。招标人应当自收到异议之日起三日内作出答复;作出答复前,应当暂停招标投标活动。

招标人编制的资格预审文件、招标文件的内容违反法律、行政法规的强制性规定,违反公开、公平、公正和诚实信用原则,影响资格预审结果或者潜在投标人投标的,依法必须进行招标的项目的招标人应当在修改资格预审文件或者招标文件后重新招标。

(2)资格后审。

招标人采用资格后审办法对投标人进行资格审查的,应当在开标后由评标委员会按照招标文件规定的标准和方法对投标人的资格进行审查。

四、投标

(一)投标人

投标人应当具备承担招标项目的能力;国家有关规定对投标人资格条件或者招标文件对投标人资格条件有规定的,投标人应当具备规定的资格条件。

投标人不得以低于成本的报价竞标,也不得以他人名义投标或者以其他方式弄虚作假,骗取中标。

【思考5-16】如何认定"以他人名义投标",以及"以其他方式弄虚作假"?

投标人参加依法必须进行招标的项目的投标,不受地区或者部门的限制,任何单位和个人不得非法干涉。

与招标人存在利害关系可能影响招标公正性的法人、其他组织或者个人,不得参加投标。

单位负责人为同一人或者存在控股、管理关系的不同单位,不得参加同一标段投标或者未划分标段的同一招标项目投标。

(二)投标文件

投标人应当按照招标文件的要求编制投标文件。投标文件应当对招标文件提出的实质性要求和条件作出响应。招标项目属于建设施工的,投标文件的内容应当包括拟派出的项目负责人与主要技术人员的简历、业绩和拟用于完成招标项目的机械设备等。

投标人根据招标文件载明的项目实际情况,拟在中标后将中标项目的部分非主体、非关键性工作进行分包的,应当在投标文件中载明。

【思考5-17】投标人发生合并、分立、破产等重大变化的,其投标文件应如何处理?

【思考5-18】什么情形下,招标人应拒收投标人的投标文件?

(三)投标时间

投标人应当在招标文件要求提交投标文件的截止时间前,将投标文件送达投标地点。招标人收到投标文件后,应当签收保存,不得开启。投标人少于三个的,招标人应当依照《招标投标法》重新招标。在招标文件要求提交投标文件的截止时间后送达的投标文件,招标人应当拒收。

(四)投标文件的补充、修改或者撤回

投标人在招标文件要求提交投标文件的截止时间前,可以补充、修改或者撤回已提交的投标文件,并书面通知招标人。补充、修改的内容为投标文件的组成部分。

【思考5-19】投标人撤回或者撤销投标文件的,其所提交的投标保证金怎么处理?

(五)联合体投标

招标人应当在资格预审公告、招标公告或者投标邀请书中载明是否接受联合体投标。

两个以上法人或者其他组织可以组成一个联合体,以一个投标人的身份共同投标。联合体各方均应当具备承担招标项目的相应能力；国家有关规定或者招标文件对投标人资格条件有规定的，联合体各方均应当具备规定的资格条件。由同一专业的单位组成的联合体，按照资质等级较低的单位确定资质等级。联合体各方应当签订共同投标协议，明确约定各方拟承担的工作和责任，并将共同投标协议连同投标文件一并提交招标人。联合体中标的，联合体各方应当共同与招标人签订合同，就中标项目向招标人承担连带责任。招标人不得强制投标人组成联合体共同投标，不得限制投标人之间的竞争。

【思考 5-20】联合体应在什么时候组建？联合体成员能否增减、更换？

【思考 5-21】甲、乙、丙三方组成联合体并通过资格预审，甲能否以自己的名义单独投标同一招标项目？甲能否再与丁组建另一联合体对同一招标项目进行投标？

（六）串通投标

投标人不得相互串通投标报价，不得排挤其他投标人的公平竞争，损害招标人或者其他投标人的合法权益。投标人不得与招标人串通投标，损害国家利益、社会公共利益或者他人的合法权益。禁止投标人以向招标人或者评标委员会成员行贿的手段谋取中标。这里所指的串通投标既包括投标人之间相互串通投标，也包括招标人与投标人之间相互串通投标。

【思考 5-22】如何认定串通投标行为？

五、开标

招标人应当按照招标文件规定的时间、地点开标。

投标人少于三个的，不得开标；招标人应当重新招标。

投标人对开标有异议的，应当在开标现场提出，招标人应当当场作出答复，并制作记录。

六、评标

（一）评标专家

国家实行统一的评标专家专业分类标准和管理办法。具体标准和办法由国务院发展改革部门会同国务院有关部门制定。

省级人民政府和国务院有关部门应当组建综合评标专家库。

（二）评标委员会的组成

依法必须进行招标的项目，其评标委员会由招标人的代表和有关技术、经济等方面的专家组成，成员人数为五人以上单数，其中技术、经济等方面的专家不得少于成员总数的三分之二。

前款专家应当从事相关领域工作满八年并具有高级职称或者具有同等专业水平，由招标人从国务院有关部门或者省、自治区、直辖市人民政府有关部门提供的专家名册或者招标代理机构的专家库内的相关专业的专家名单中确定；一般招标项目可以采取随机抽取方式，特殊招标项目可以由招标人直接确定。

【思考 5-23】特殊招标项目指的是哪些项目？

【注意事项】除特殊招标项目外，依法必须进行招标的项目，其评标委员会的专家成员应当从评标专家库内相关专业的专家名单中以随机抽取方式确定。任何单位和个人不得以明示、暗示等任何方式指定或者变相指定参加评标委员会的专家成员。

评标委员会成员的名单在中标结果确定前应当保密。

【思考 5-24】招标人应当更换依法确定的评标委员会成员的事由有哪些？若评标过程中更换成员，则此前评审结论是否继续有效？

(三)评标标准和方法

评标委员会成员应当依照《招标投标法》和《招标投标法实施条例》的规定,按照招标文件规定的评标标准和方法,客观、公正地对投标文件提出评审意见。招标文件没有规定的评标标准和方法不得作为评标的依据。

招标人应当向评标委员会提供评标所必需的信息,但不得明示或者暗示其倾向或者排斥特定投标人。

招标人应当根据项目规模和技术复杂程度等因素合理确定评标时间。超过三分之一的评标委员会成员认为评标时间不够的,招标人应当适当延长。

【思考 5-25】有人认为,"标底的作用是招标人确定中标人的重要条件,投标报价越逼近标底,投标人中标的可能性就越大",对于这种说法你的观点是什么?

(四)否决投标的情形

有下列情形之一的,评标委员会应当否决其投标:

(1)投标文件未经投标单位盖章和单位负责人签字;
(2)投标联合体没有提交共同投标协议;
(3)投标人不符合国家或者招标文件规定的资格条件;
(4)同一投标人提交两个以上不同的投标文件或者投标报价,但招标文件要求提交备选投标的除外;
(5)投标报价低于成本或者高于招标文件设定的最高投标限价;
(6)投标文件没有对招标文件的实质性要求和条件作出响应;
(7)投标人有串通投标、弄虚作假、行贿等违法行为。

(五)评标委员会成员禁止行为

评标委员会成员应当客观、公正地履行职务,遵守职业道德,对所提出的评审意见承担个人责任。

评标委员会成员不得私下接触投标人,不得收受投标人给予的财物或者其他好处,不得向招标人征询确定中标人的意向,不得接受任何单位或者个人明示或者暗示提出的倾向或者排斥特定投标人的要求,不得有其他不客观、不公正履行职务的行为。

评标委员会成员和参与评标的有关工作人员不得透露对投标文件的评审和比较、中标候选人的推荐情况以及与评标有关的其他情况。

【思考 5-26】若发现投标文件有含义不明确的内容、明显文字或者计算错误,评标委员会能否自行作出必要澄清、说明?

(六)评标报告

评标完成后,评标委员会应当向招标人提交书面评标报告和中标候选人名单。中标候选人应当不超过三个,并标明排序。

评标报告应当由评标委员会全体成员签字。对评标结果有不同意见的评标委员会成员应当以书面形式说明其不同意见和理由,评标报告应当注明该不同意见。评标委员会成员拒绝在评标报告上签字又不书面说明其不同意见和理由的,视为同意评标结果。

(七)行政监督

有关行政监督部门应当按照规定的职责分工,对评标委员会成员的确定方式、评标专家的抽取和评标活动进行监督。行政监督部门的工作人员不得担任本部门负责监督项目的评标委员会成员。

七、中标

（一）中标候选人

依法必须进行招标的项目,招标人应当自收到评标报告之日起三日内公示中标候选人,公示期不得少于三日。

投标人或者其他利害关系人对依法必须进行招标的项目的评标结果有异议的,应当在中标候选人公示期间提出。招标人应当自收到异议之日起三日内作出答复;作出答复前,应当暂停招标投标活动。

（二）中标人

国有资金控股或者占主导地位的依法必须进行招标的项目,招标人应当确定排名第一的中标候选人为中标人。

【思考5-27】对于依法必须招标的项目,招标人是否可以授权评标委员会直接确定中标人？

【思考5-28】排名第一的中标候选人出现"放弃中标""因不可抗力不能履行合同"等情形,招标人应如何处理？

【思考5-29】中标候选人的经营、财务状况发生较大变化或者存在违法行为,招标人认为可能影响其履约能力的,招标人能否按照中标候选人名单排序依次确定其他中标候选人为中标人？

中标人确定后,招标人应当向中标人发出中标通知书,并同时将中标结果通知所有未中标的投标人。

中标通知书对招标人和中标人具有法律效力。中标通知书发出后,招标人改变中标结果的,或者中标人放弃中标项目的,应当依法承担法律责任。

八、签订合同

招标人和中标人应当自中标通知书发出之日起三十日内,按照招标文件和中标人的投标文件订立书面合同。招标人和中标人不得再行订立背离合同实质性内容的其他协议。

【思考5-30】"合同实质性内容"指的是什么？

【思考5-31】签订合同后,投标保证金应如何处理？

招标文件要求中标人提交履约保证金的,中标人应当按照招标文件的要求提交。履约保证金不得超过中标合同金额的10%。

【思考5-32】中标人能否将中标项目部分转让给他人？

九、投诉与处理

（一）投诉时限

投标人或者其他利害关系人认为招标投标活动不符合法律、行政法规规定的,可以自知道或者应当知道之日起十日内向有关行政监督部门投诉。投诉应当有明确的请求和必要的证明材料。

就下列事项投诉的,应当先向招标人提出异议,异议答复期间不计算在前款规定的期限内。

(1)潜在投标人或者其他利害关系人对资格预审文件有异议的;

(2)投标人对开标有异议的;

(3)进行招标的项目的评标结果有异议的。

（二）处理

行政监督部门应当自收到投诉之日起三个工作日内决定是否受理投诉,并自受理投诉之日起三十个工作日内作出书面处理决定；需要检验、检测、鉴定、专家评审的，所需时间不计算在内。

投诉人捏造事实、伪造材料或者以非法手段取得证明材料进行投诉的，行政监督部门应当予以驳回。

【思考 5-33】 如果投诉人就同一事项向两个以上有权受理的行政监督部门投诉，那么应该由哪个部门负责处理？

行政监督部门处理投诉，有权查阅、复制有关文件、资料，调查有关情况，相关单位和人员应当予以配合。必要时，行政监督部门可以责令暂停招标投标活动。

行政监督部门的工作人员对监督检查过程中知悉的国家秘密、商业秘密，应当依法予以保密。

5.2.2 建设工程承包制度

建设工程承包方式分为总承包、共同承包、专业承包和专业分包等。不论是哪种形式的承包，承包建筑工程的单位应当持有依法取得的资质证书，并在其资质等级许可的业务范围内承揽工程。禁止建筑施工企业超越本企业资质等级许可的业务范围或者以任何形式用其他建筑施工企业的名义承揽工程。禁止建筑施工企业以任何形式允许其他单位或者个人使用本企业的资质证书、营业执照，以本企业的名义承揽工程。

一、总承包

《建筑法》规定，提倡对建筑工程实行总承包，禁止将建筑工程肢解发包。

【思考 5-34】 什么是"肢解发包"？

总承包又分为工程总承包和施工总承包。工程总承包是指发包单位将某工程项目的勘察、设计、施工、设备采购中的两项以上任务发包给一个承包单位的行为。施工总承包是指发包单位将某工程项目的施工任务发包给一个承包单位的行为。

建筑工程的发包单位可以将建筑工程的勘察、设计、施工、设备采购一并发包给一个工程总承包单位，也可以将建筑工程勘察、设计、施工、设备采购的一项或者多项发包给一个工程总承包单位；但是，不得将应当由一个承包单位完成的建筑工程肢解成若干部分发包给几个承包单位。

建筑工程总承包单位按照共承包合同的约定对建设单位负责；分包单位按照分包合同的约定对总承包单位负责。总承包单位和分包单位就分包工程对建设单位承担连带责任。

二、共同承包

共同承包是指两个或两个以上具备承包资格的单位组成一个联合体，以联合体的名义对发包工程进行承包的行为。

《建筑法》规定，大型建筑工程或者结构复杂的建筑工程，可以由两个以上的承包单位联合共同承包。共同承包的各方对承包合同的履行承担连带责任。

两个以上不同资质等级的单位实行联合共同承包的，应当按照资质等级低的单位的业务许可范围承揽工程。

三、分包

分包是指总承包单位将自己所承揽工程中的部分工程发包给其他具备相应资质条件的分包单位的行为。建设工程施工分包分为专业工程分包和劳务作业分包。

（一）分包的条件

《建筑法》规定，建筑工程总承包单位可以将承包工程中的部分工程发包给具有相应资质条件的分包单位；但是，除总承包合同中约定的分包外，必须经建设单位认可。从上述规定可以看出，分包需要具备以下两个条件之一：其一是总承包合同中已有专门分包条款对分包作出了约定；其二，总承包合同对分包没有约定，在总承包合同履行过程中，总承包单位欲将其中部分工程实施分包的，须经建设单位认可。

【思考 5-35】分包单位是与建设单位签订分包合同还是与总承包单位签订分包合同？建设单位是否可以直接指定分包人？

（二）违法分包

《建设工程质量管理条例》第七十八条规定，违法分包包括下列行为：

(1)总承包单位将建设工程分包给不具备相应资质条件的单位的；

(2)建设工程总承包合同中未有约定，又未经建设单位认可，承包单位将其承包的部分建设工程交由其他单位完成的；

(3)施工总承包单位将建设工程主体结构的施工分包给其他单位的；

(4)分包单位将其承包的建设工程再分包的。

需要补充的是，对于情形(1)，总承包单位将其承包的建设工程分包给个人也属于违法分包；情形(2)存在一个例外，即劳务作业分包在未有合同约定同时又未经建设单位认可的情况下可以分包给具有相应资质的分包单位；情形(3)存在一个例外，即施工总承包单位可以将钢结构工程主体结构的施工分包给其他单位；情形(4)也存在一个例外，即专业分包单位可以将其承包的专业工程中劳务作业再分包，但是非劳务作业部分不得再分包。

【思考 5-36】总承包单位能否将其承揽的工程全部分包给具有相应资质的一个或几个承包单位？

（三）总承包单位与分包单位的责任

建筑工程总承包单位按照总承包合同的约定对建设单位负责；分包单位按照分包合同的约定对总承包单位负责。总承包单位和分包单位就分包工程对建设单位承担连带责任。

5.3 建设工程安全生产法律制度

建设工程安全生产最直接的法律依据是《建筑法》和《建设工程安全生产管理条例》。《建设工程安全生产管理条例》调整对象主要是工程建设活动，其上位法《中华人民共和国安全生产法》以及同位法《安全生产许可证条例》调整对象更为广泛，适用于所有生产经营单位，因此《中华人民共和国安全生产法》与《安全生产许可证条例》的内容将另在本书第 6 章予以阐述。

建设工程施工作业环境复杂，现场作业、交叉作业以及不规范作业使得安全生产事故频频发生，为保障公众生命安全与财产安全，根据《建筑法》，国务院于 2003 年 11 月 24 日发布了《建设工程安全生产管理条例》，并于 2004 年 2 月 1 日施行。

建设工程安全生产管理，坚持安全第一、预防为主的方针。建立健全安全生产责任制度和群防群治制度。

5.3.1 调整范围

《建筑法》的调整范围仅限于建筑工程,但是《建设工程安全生产管理条例》又进一步拓展为建设工程,即土木工程、建筑工程、线路管道和设备安装工程及装修工程。鉴于《建设工程安全生产管理条例》具有更大的调整幅度以及可操作性,因此本节主要围绕《建设工程安全生产管理条例》展开,即针对"在中华人民共和国境内从事建设工程的新建、扩建、改建和拆除等有关活动及实施对建设工程安全生产的监督管理"。

建设单位、勘察单位、设计单位、施工单位、工程监理单位及其他与建设工程安全生产有关的单位,必须遵守安全生产法律、法规的规定,保证建设工程安全生产,依法承担建设工程安全生产责任。

国家鼓励建设工程安全生产的科学技术研究和先进技术的推广应用,推进建设工程安全生产的科学管理。

5.3.2 建设单位的安全责任

一、依法办理申请批准手续

《建筑法》第四十二条规定,有下列情形之一的,建设单位应当按照国家有关规定办理申请批准手续:

(1)需要临时占用规划批准范围以外场地的;
(2)可能损坏道路、管线、电力、邮电通讯等公共设施的;
(3)需要临时停水、停电、中断道路交通的;
(4)需要进行爆破作业的;
(5)法律、法规规定需要办理报批手续的其他情形。

二、向施工单位提供资料的责任

《建设工程安全生产管理条例》第六条规定,建设单位应当向施工单位提供施工现场及毗邻区域内供水、排水、供电、供气、供热、通信、广播电视等地下管线资料,气象和水文观测资料,相邻建筑物和构筑物、地下工程的有关资料,并保证资料的真实、准确、完整。

建设单位因建设工程需要,向有关部门或者单位查询前款规定的资料时,有关部门或者单位应当及时提供。

三、依法履行合同的责任

《建设工程安全生产管理条例》第七条规定,建设单位不得对勘察、设计、施工、工程监理等单位提出不符合建设工程安全生产法律、法规和强制性标准规定的要求,不得压缩合同约定的工期。

四、提供安全生产费用的责任

《建设工程安全生产管理条例》第八条规定,建设单位在编制工程概算时,应当确定建设工程安全作业环境及安全施工措施所需费用。

安全文明措施费是工程造价中措施费中一项非竞争性费用,由建设单位提供,列入概算,设立安全生产费用专用账户,施工单位必须专款专用。

五、不得推销劣质材料设备的责任

《建设工程安全生产管理条例》第九条规定,建设单位不得明示或者暗示施工单位购买、租赁、使用不符合安全施工要求的安全防护用具、机械设备、施工机具及配件、消防设施和器材。

六、提供安全施工措施资料的责任

《建设工程安全生产管理条例》第十条规定,建设单位在申请领取施工许可证时,应当提供建设工程有关安全施工措施的资料。依法批准开工报告的建设工程,建设单位应当自开工报告批准之日起十五日内,将保证安全施工的措施报送建设工程所在地的县级以上地方人民政府建设行政主管部门或者其他有关部门备案。

七、对拆除工程进行备案的责任

《建设工程安全生产管理条例》第十一条规定,建设单位应当将拆除工程发包给具有相应资质等级的施工单位。

建设单位应当在拆除工程施工十五日前,将下列资料报送建设工程所在地的县级以上地方人民政府建设行政主管部门或者其他有关部门备案:

(1)施工单位资质等级证明;
(2)拟拆除建筑物、构筑物及可能危及毗邻建筑的说明;
(3)拆除施工组织方案;
(4)堆放、清除废弃物的措施。

实施爆破作业的,应当遵守国家有关民用爆炸物品管理的规定。

5.3.3 施工单位的安全责任

一、基本安全制度

(一)依法承揽工程

施工单位从事建设工程的新建、扩建、改建和拆除等活动,应当具备国家规定的注册资本、专业技术人员、技术装备和安全生产等条件,依法取得相应等级的资质证书,并在其资质等级许可的范围内承揽工程。

(二)安全生产责任到人

施工单位主要负责人依法对本单位的安全生产工作全面负责。施工单位应当建立健全安全生产责任制度和安全生产教育培训制度,制定安全生产规章制度和操作规程,保证本单位安全生产条件所需资金的投入,对所承担的建设工程进行定期和专项安全检查,并做好安全检查记录。

施工单位的项目负责人应当由取得相应执业资格的人员担任,对建设工程项目的安全施工负责,落实安全生产责任制度、安全生产规章制度和操作规程,确保安全生产费用的有效使用,并根据工程的特点组织制定安全施工措施,消除安全事故隐患,及时、如实报告生产安全事故。

【思考5-37】"施工单位主要负责人"是否专指施工单位法人代表?"施工单位的项目负责人"指的又是谁?

(三)安全生产费用专款专用

施工单位对列入建设工程概算的安全作业环境及安全施工措施所需费用,应当用于施工安全防护用具及设施的采购和更新、安全施工措施的落实、安全生产条件的改善,不得挪作他用。

(四)设置安全管理机构、配备专职安全生产管理人员

施工单位应当设立安全生产管理机构,配备专职安全生产管理人员。

专职安全生产管理人员负责对安全生产进行现场监督检查。发现安全事故隐患,应当及时向项目负责人和安全生产管理机构报告;对违章指挥、违章操作的,应当立即制止。

(五)安全教育培训

施工单位的主要负责人、项目负责人、专职安全生产管理人员应当经建设行政主管部门或者其他有关部门考核合格后方可任职。

施工单位应当对管理人员和作业人员每年至少进行一次安全生产教育培训,其教育培训情况记入个人工作档案。安全生产教育培训考核不合格的人员,不得上岗。

作业人员进入新的岗位或者新的施工现场前,应当接受安全生产教育培训。未经教育培训或者教育培训考核不合格的人员,不得上岗作业。

施工单位在采用新技术、新工艺、新设备、新材料时,应当对作业人员进行相应的安全生产教育培训。

【思考5-38】总承包单位与分包单位的安全责任如何界定?

【思考5-39】总承包单位与分包单位是否可以在分包合同中约定其中一方免除安全生产责任?

【思考5-40】如果分包单位不服从总承包单位的安全生产管理,导致分包工程发生安全生产事故,那么总承包单位是否可以免除责任?

二、施工现场安全生产责任

(一)特种作业持证上岗

垂直运输机械作业人员、安装拆卸工、爆破作业人员、起重信号工、登高架设作业人员等特种作业人员,必须按照国家有关规定经过专门的安全作业培训,并取得特种作业操作资格证书后,方可上岗作业。

(二)编制安全专项施工方案

施工单位应当在施工组织设计中编制安全技术措施和施工现场临时用电方案,对下列达到一定规模的危险性较大的分部分项工程编制专项施工方案,并附具安全验算结果,经施工单位技术负责人、总监理工程师签字后实施,由专职安全生产管理人员进行现场监督:

(1)基坑支护与降水工程;

(2)土方开挖工程;

(3)模板工程;

(4)起重吊装工程;

(5)脚手架工程;

(6)拆除、爆破工程;

(7)国务院建设行政主管部门或者其他有关部门规定的其他危险性较大的工程。

对前款所列工程中涉及深基坑、地下暗挖工程、高大模板工程的专项施工方案,施工单位还应当组织专家进行论证、审查。

(三)安全施工技术交底

建设工程施工前,施工单位负责项目管理的技术人员应当对有关安全施工的技术要求向施工作业班组、作业人员作出详细说明,并由双方签字确认。

(四)设置安全防护措施

施工单位应当在施工现场入口处、施工起重机械、临时用电设施、脚手架、出入通道口、楼梯口、电梯井口、孔洞口、桥梁口、隧道口、基坑边沿、爆破物及有害危险气体和液体存放处等危险部位,设置明显的安全警示标志。安全警示标志必须符合国家标准。

施工单位应当根据不同施工阶段和周围环境及季节、气候的变化,在施工现场采取相应的安全施工措施。施工现场暂时停止施工的,施工单位应当做好现场防护,所需费用由责任方承担,或者按照合同约定执行。

(五)施工现场平面布置

施工单位应当将施工现场的办公区、生活区与作业区分开设置,并保持安全距离;办公区、生活区的选址应当符合安全性要求。职工的饮食、饮水、休息场所等应当符合卫生标准。施工单位不得在尚未竣工的建筑物内设置员工集体宿舍。

施工现场临时搭建的建筑物应当符合安全使用要求。施工现场使用的装配式活动房屋应当具有产品合格证。

(六)采取专项防护措施

施工单位对因建设工程施工可能造成损害的毗邻建筑物、构筑物和地下管线等,应当采取专项防护措施。

施工单位应当遵守有关环境保护法律、法规的规定,在施工现场采取措施,防止或者减少粉尘、废气、废水、固体废物、噪声、振动和施工照明对人的危害和对环境的污染。

在城市市区内的建设工程,施工单位应当对施工现场实行封闭围挡。

(七)采取消防安全措施

施工单位应当在施工现场建立消防安全责任制度,确定消防安全责任人,制定用火、用电,以及使用易燃易爆材料等各项消防安全管理制度和操作规程,设置消防通道、消防水源,配备消防设施和灭火器材,并在施工现场入口处设置明显标志。

(八)作业人员安全生产权利与义务

施工单位应当向作业人员提供安全防护用具和安全防护服装,并书面告知危险岗位的操作规程和违章操作的危害。

作业人员有权对施工现场的作业条件、作业程序和作业方式中存在的安全问题提出批评、检举和控告,有权拒绝违章指挥和强令冒险作业。

在施工中发生危及人身安全的紧急情况时,作业人员有权立即停止作业或者在采取必要的应急措施后撤离危险区域。

作业人员应当遵守安全施工的强制性标准、规章制度和操作规程,正确使用安全防护用具、机械设备等。

(九)采购、租赁等安全要求

施工单位采购、租赁的安全防护用具、机械设备、施工机具及配件,应当具有生产(制造)许可证、产品合格证,并在进入施工现场前进行查验。

施工现场的安全防护用具、机械设备、施工机具及配件必须由专人管理,定期进行检查、维修和保养,建立相应的资料档案,并按照国家有关规定及时报废。

施工单位在使用施工起重机械和整体提升脚手架、模板等自升式架设设施前,应当组织有关单位进行验收,也可以委托具有相应资质的检验检测机构进行验收;使用承租的机械设备和施工机具及配件的,由施工总承包单位、分包单位、出租单位和安装单位共同进行验收。验收合格的方可使用。

《特种设备安全监察条例》规定,施工起重机械在验收前应当经有相应资质的检验检测机构监督检验合格。

施工单位应当自施工起重机械和整体提升脚手架、模板等自升式架设设施验收合格之日起三十日内,向建设行政主管部门或者其他有关部门登记。登记标志应当置于或者附着于该设备的显著位置。

(十)办理意外伤害保险

施工单位应当为施工现场从事危险作业的人员办理意外伤害保险。

意外伤害保险费由施工单位支付。实行施工总承包的,由总承包单位支付意外伤害保险费。意外伤害保险期限自建设工程开工之日起至竣工验收合格止。

5.3.4 勘察、设计、工程监理及其他相关单位的安全责任

一、勘察单位的安全责任

勘察单位应当按照法律、法规和工程建设强制性标准进行勘察,提供的勘察文件应当真实、准确,满足建设工程安全生产的需要。

勘察单位在勘察作业时,应当严格执行操作规程,采取措施保证各类管线、设施和周边建筑物、构筑物的安全。

二、设计单位的安全责任

设计单位应当按照法律、法规和工程建设强制性标准进行设计,防止因设计不合理发生生产安全事故。

设计单位应当考虑施工安全操作和防护的需要,对涉及施工安全的重点部位和环节在设计文件中注明,并对防范生产安全事故提出指导意见。

采用新结构、新材料、新工艺的建设工程和特殊结构的建设工程,设计单位应当在设计中提出保障施工作业人员安全和预防生产安全事故的措施建议。

设计单位和注册建筑师等注册执业人员应当对其设计负责。

三、工程监理单位的安全责任

(一)审查施工组织设计

工程监理单位应当审查施工组织设计中的安全技术措施或者专项施工方案是否符合工程建设强制性标准。

(二)安全隐患报告

工程监理单位在实施监理过程中,发现存在安全事故隐患的,应当要求施工单位整改;情况严重的,应当要求施工单位暂时停止施工,并及时报告建设单位。施工单位拒不整改或者不停止施工的,工程监理单位应当及时向有关主管部门报告。

(三)依法监理

工程监理单位和监理工程师应当按照法律、法规和工程建设强制性标准实施监理,并对建设工程安全生产承担监理责任。

根据《建设工程安全生产管理条例》,工程监理单位违反上述三项法定义务,视情形将可能分别受到责令停业整顿并处罚款、降低资质等级、吊销资质证书等行政处罚;构成犯罪的,其直接责任人员要承担

刑事责任；造成损失的，工程监理单位还要依法承担民事赔偿责任。

四、其他相关单位的安全责任

(一)提供机械设备、配件单位的责任

为建设工程提供机械设备和配件的单位，应当按照安全施工的要求配备齐全有效的保险、限位等安全设施和装置。

(二)出租机械设备等单位的责任

出租的机械设备和施工机具及配件，应当具有生产(制造)许可证、产品合格证。

出租单位应当对出租的机械设备和施工机具及配件的安全性能进行检测，在签订租赁协议时，应当出具检测合格证明。

禁止出租检测不合格的机械设备和施工机具及配件。

(三)安装、拆卸起重机械等单位的责任

在施工现场安装、拆卸施工起重机械和整体提升脚手架、模板等自升式架设设施，必须由具有相应资质的单位承担。

安装、拆卸施工起重机械和整体提升脚手架、模板等自升式架设设施，应当编制拆装方案、制定安全施工措施，并由专业技术人员现场监督。

施工起重机械和整体提升脚手架、模板等自升式架设设施安装完毕后，安装单位应当自检，出具自检合格证明，并向施工单位进行安全使用说明，办理验收手续并签字。

施工起重机械和整体提升脚手架、模板等自升式架设设施的使用达到国家规定的检验检测期限的，必须经具有专业资质的检验检测机构检测。经检测不合格的，不得继续使用。

检验检测机构对检测合格的施工起重机械和整体提升脚手架、模板等自升式架设设施，应当出具安全合格证明文件，并对检测结果负责。

5.4 建设工程质量管理法律制度

5.4.1 五方责任主体

为确保工程质量，从事建设工程活动必须严格执行基本建设程序，坚持先勘察、后设计、再施工的原则。县级以上人民政府及其有关部门不得超越权限审批建设项目或者擅自简化基本建设程序。

建设单位、勘察单位、设计单位、施工单位、工程监理单位依法对建设工程质量负责。县级以上人民政府建设行政主管部门和其他有关部门应当加强对建设工程质量的监督管理。

5.4.2 建设单位的质量责任和义务

一、依法发包工程

建设单位应当将工程发包给具有相应资质等级的单位。建设单位不得将建设工程肢解发包。

建设单位应当依法对工程建设项目的勘察、设计、施工、监理以及与工程建设有关的重要设备、材料等的采购进行招标。

二、提供原始资料

建设单位必须向有关的勘察、设计、施工、工程监理等单位提供与建设工程有关的原始资料。原始资料必须真实、准确、齐全。

三、不得提出违法要求

建设工程发包单位不得迫使承包方以低于成本的价格竞标,不得任意压缩合理工期。

建设单位不得明示或者暗示设计单位或者施工单位违反工程建设强制性标准,降低建设工程质量。

四、依法报审施工图设计文件

施工图设计文件审查的具体办法,由国务院建设行政主管部门、国务院其他有关部门制定。

施工图设计文件未经审查批准的,不得使用。

五、依法委托监理

实行监理的建设工程,建设单位应当委托具有相应资质等级的工程监理单位进行监理,也可以委托具有工程监理相应资质等级并与被监理工程的施工承包单位没有隶属关系或者其他利害关系的该工程的设计单位进行监理。

【思考 5-41】实行强制性监理的建设工程都有哪些?

六、办理质量监督手续

建设单位在开工前,应当按照国家有关规定办理工程质量监督手续,工程质量监督手续可以与施工许可证或者开工报告合并办理。

七、依法采购材料设备

按照合同约定,由建设单位采购建筑材料、建筑构配件和设备的,建设单位应当保证建筑材料、建筑构配件和设备符合设计文件和合同要求。

建设单位不得明示或者暗示施工单位使用不合格的建筑材料、建筑构配件和设备。

八、依法装修

涉及建筑主体和承重结构变动的装修工程,建设单位应当在施工前委托原设计单位或者具有相应资质等级的设计单位提出设计方案;没有设计方案的,不得施工。

房屋建筑使用者在装修过程中,不得擅自变动房屋建筑主体和承重结构。

九、依法组织竣工验收

建设单位收到建设工程竣工报告后,应当组织设计、施工、工程监理等有关单位进行竣工验收。建设工程经验收合格的,方可交付使用。

【思考 5-42】建设工程竣工验收应具备什么条件?

十、依法移交建设项目档案

建设单位应当严格按照国家有关档案管理的规定,及时收集、整理建设项目各环节的文件资料,建立、健全建设项目档案,并在建设工程竣工验收后,及时向建设行政主管部门或者其他有关部门移交建设项目档案。

5.4.3 勘察、设计单位的质量责任和义务

一、依法承揽工程

从事建设工程勘察、设计的单位应当依法取得相应等级的资质证书,并在其资质等级许可的范围内承揽工程。

禁止勘察、设计单位超越其资质等级许可的范围或者以其他勘察、设计单位的名义承揽工程。禁止

勘察、设计单位允许其他单位或者个人以本单位的名义承揽工程。

勘察、设计单位不得转包或者违法分包所承揽的工程。

二、对勘察、设计工程负责

勘察、设计单位必须按照工程建设强制性标准进行勘察、设计,并对其勘察、设计的质量负责。

注册建筑师、注册结构工程师等注册执业人员应当在设计文件上签字,对设计文件负责。

勘察单位提供的地质、测量、水文等勘察成果必须真实、准确。

三、根据勘察成果进行设计

设计单位应当根据勘察成果文件进行建设工程设计。

设计文件应当符合国家规定的设计深度要求,注明工程合理使用年限。

四、设计文件不得指定生产厂、供应商

设计单位在设计文件中选用的建筑材料、建筑构配件和设备,应当注明规格、型号、性能等技术指标,其质量要求必须符合国家规定的标准。

除了有特殊要求的建筑材料、专用设备、工艺生产线等,设计单位不得指定生产厂、供应商。

五、对设计文件进行设计交底

设计单位应当就审查合格的施工图设计文件向施工单位作出详细说明。

六、依法参与建设工程质量事故分析

设计单位应当参与建设工程质量事故分析,并对因设计造成的质量事故,提出相应的技术处理方案。

5.4.4 施工单位的质量责任和义务

一、依法承揽工程

施工单位应当依法取得相应等级的资质证书,并在其资质等级许可的范围内承揽工程。

禁止施工单位超越本单位资质等级许可的业务范围或者以其他施工单位的名义承揽工程。禁止施工单位允许其他单位或者个人以本单位的名义承揽工程。

施工单位不得转包或者违法分包工程。

二、对施工质量负责

施工单位对建设工程的施工质量负责。

施工单位应当建立质量责任制,确定工程项目的项目经理、技术负责人和施工管理负责人。

建设工程实行总承包的,总承包单位应当对全部建设工程质量负责;建设工程勘察、设计、施工、设备采购的一项或者多项实行总承包的,总承包单位应当对其承包的建设工程或者采购的设备的质量负责。

二、总分包单位的质量责任

总承包单位依法将建设工程分包给其他单位的,分包单位应当按照分包合同的约定对其分包工程的质量向总承包单位负责,总承包单位与分包单位对分包工程的质量承担连带责任。

三、按照设计图纸施工

施工单位必须按照工程设计图纸和施工技术标准施工,不得擅自修改工程设计,不得偷工减料。

施工单位在施工过程中发现设计文件和图纸有差错的,应当及时提出意见和建议。

四、对材料、构配件等进行检验

施工单位必须按照工程设计要求、施工技术标准和合同约定,对建筑材料、建筑构配件、设备和商品混凝土进行检验,检验应当有书面记录和专人签字;未经检验或者检验不合格的,不得使用。

施工人员对涉及结构安全的试块、试件以及有关材料,应当在建设单位或者工程监理单位监督下现场取样,并送具有相应资质等级的质量检测单位进行检测。

五、对施工质量进行检验

施工单位必须建立、健全施工质量的检验制度,严格管理工序,做好隐蔽工程的质量检查和记录。隐蔽工程在隐蔽前,施工单位应当通知建设单位和建设工程质量监督机构。

六、返修

施工单位对施工中出现质量问题的建设工程或者竣工验收不合格的建设工程,应当负责返修。

七、教育培训

施工单位应当建立、健全教育培训制度,加强对职工的教育培训;未经教育培训或者考核不合格的人员,不得上岗作业。

5.4.5 工程监理单位的质量责任和义务

一、依法承揽监理业务

工程监理单位应当依法取得相应等级的资质证书,并在其资质等级许可的范围内承担工程监理业务。

禁止工程监理单位超越本单位资质等级许可的范围或者以其他工程监理单位的名义承担工程监理业务。禁止工程监理单位允许其他单位或者个人以本单位的名义承担工程监理业务。

工程监理单位不得转让工程监理业务。

二、利害关系回避

工程监理单位与被监理工程的施工承包单位以及建筑材料、建筑构配件和设备供应单位有隶属关系或者其他利害关系的,不得承担该项建设工程的监理业务。

三、依法监理、承担监理责任

工程监理单位应当依照法律、法规以及有关技术标准、设计文件和建设工程承包合同,代表建设单位对施工质量实施监理,并对施工质量承担监理责任。

四、监理权限与监理形式

工程监理单位应当选派具备相应资格的总监理工程师和监理工程师进驻施工现场。

未经监理工程师签字,建筑材料、建筑构配件和设备不得在工程上使用或者安装,施工单位不得进行下一道工序的施工。未经总监理工程师签字,建设单位不得拨付工程款,不得进行竣工验收。

监理工程师应当按照工程监理规范的要求,采取旁站、巡视和平行检验等形式,对建设工程实施监理。

5.4.6 建设工程质量保修制度

建设工程实行质量保修制度。

一、质量保修书

建设工程承包单位在向建设单位提交工程竣工验收报告时,应当向建设单位出具质量保修书。质量保修书中应当明确建设工程的保修范围、保修期限和保修责任等。

二、法定最低保修期限

在正常使用条件下,建设工程的最低保修期限为:

(1)基础设施工程、房屋建筑的地基基础工程和主体结构工程,为设计文件规定的该工程的合理使用年限;

(2)屋面防水工程、有防水要求的卫生间、房间和外墙面的防渗漏,为五年;

(3)供热与供冷系统,为两个采暖期、供冷期;

(4)电气管线、给排水管道、设备安装和装修工程,为两年。

其他项目的保修期限由发包方与承包方约定。

建设工程的保修期,自竣工验收合格之日起计算。

三、保修责任与损失赔偿

建设工程在保修范围和保修期限内发生质量问题的,施工单位应当履行保修义务,并对造成的损失承担赔偿责任。

5.5 监督管理

国家实行建设工程质量监督管理制度。

5.5.1 监管部门与职责

一、建设行政主管部门及有关专业建设工程质量监管部门

国务院建设行政主管部门对全国的建设工程质量实施统一监督管理。国务院铁路、交通、水利等有关部门按照国务院规定的职责分工,负责对全国的有关专业建设工程质量的监督管理。

县级以上地方人民政府建设行政主管部门对本行政区域内的建设工程质量实施监督管理。县级以上地方人民政府交通、水利等有关部门在各自的职责范围内,负责对本行政区域内的专业建设工程质量的监督管理。

国务院建设行政主管部门和国务院铁路、交通、水利等有关部门应当加强对有关建设工程质量的法律、法规和强制性标准执行情况的监督检查。

二、国务院发展计划部门

国务院发展计划部门按照国务院规定的职责,组织稽察特派员,对国家出资的重大建设项目实施监督检查。

三、国务院经济贸易主管部门

国务院经济贸易主管部门按照国务院规定的职责,对国家重大技术改造项目实施监督检查。

5.5.2 建设工程质量监督管理

一、建设工程质量监督机构

建设工程质量监督管理,可以由建设行政主管部门或者其他有关部门委托的建设工程质量监督机构具体实施。

从事房屋建筑工程和市政基础设施工程质量监督的机构,必须按照国家有关规定经国务院建设行政主管部门或者省、自治区、直辖市人民政府建设行政主管部门考核;从事专业建设工程质量监督的机构,必须按照国家有关规定经国务院有关部门或者省、自治区、直辖市人民政府有关部门考核。经考核合格后,方可实施质量监督。

二、建设行政主管部门监督检查

县级以上地方人民政府建设行政主管部门和其他有关部门应当加强对有关建设工程质量的法律、法规和强制性标准执行情况的监督检查。

县级以上人民政府建设行政主管部门和其他有关部门履行监督检查职责时,有权采取下列措施:

(1)要求被检查的单位提供有关工程质量的文件和资料;
(2)进入被检查单位的施工现场进行检查;
(3)发现有影响工程质量的问题时,责令改正。

三、竣工验收

建设单位应当自建设工程竣工验收合格之日起十五日内,将建设工程竣工验收报告和规划,以及公安消防、环保等部门出具的认可文件或者准许使用文件报建设行政主管部门或者其他有关部门备案。

建设行政主管部门或者其他有关部门发现建设单位在竣工验收过程中有违反国家有关建设工程质量管理规定行为的,责令停止使用,重新组织竣工验收。

四、单位和个人须配合检查

有关单位和个人对县级以上人民政府建设行政主管部门和其他有关部门进行的监督检查应当支持与配合,不得拒绝或者阻碍建设工程质量监督检查人员执法。

五、杜绝以权谋私

供水、供电、供气、公安消防等部门或者单位不得明示或者暗示建设单位、施工单位购买其指定的生产供应单位的建筑材料、建筑构配件和设备。

【案例回顾】

本案例主要涉及以下违法行为。

(1)违法发承包。根据《建筑法》《建设工程质量管理条例》的规定,李某应当将工程发包给具有相应资质的承包单位。

(2)违反《城乡规划法》《建筑法》,未取得建设工程规划许可证和施工许可证擅自开工。

(3)违反《建设工程安全生产管理条例》,安全生产制度未落实,施工现场安全措施缺失。

(4)李某、卢某和王某行为涉嫌构成重大责任事故罪,应当依据《刑法》追究其刑事责任。

【讨论题】

针对我国建筑市场普遍存在的违法分包和非法转包问题,请你为《建筑法》提出相应的修订建议。

【思考题参考答案】

【参考答案 5-1】不正确。建筑工程在施工过程中,建设单位或者施工单位发生变更的,应当重新申请领取施工许可证。

【参考答案 5-2】《建筑业企业资质管理规定》第二条规定,本规定所称建筑业企业,是指从事土木工程、建筑工程、线路管道设备安装工程的新建、扩建、改建等施工活动的企业。

【参考答案5-3】取得建筑业企业资质证书的企业,应当保持资产、主要人员、技术装备等方面满足相应建筑业企业资质标准要求的条件。

企业不再符合相应建筑业企业资质标准要求条件的,县级以上地方人民政府住房城乡建设主管部门、其他有关部门,应当责令其限期改正并向社会公告,整改期限最长不超过三个月;企业整改期间不得申请建筑业企业资质的升级、增项,不能承揽新的工程;逾期仍未达到建筑业企业资质标准要求条件的,资质许可机关可以撤回其建筑业企业资质证书。

被撤回建筑业企业资质证书的企业,可以在资质被撤回后三个月内,向资质许可机关提出核定低于原等级同类别资质的申请。

【参考答案5-4】企业首次申请或增项申请资质,应当申请最低等级资质。

【参考答案5-5】不可以。企业发生合并、分立、重组以及改制等事项,需承继原建筑业企业资质的,应当申请重新核定建筑业企业资质等级。

【参考答案5-6】企业违法从事建筑活动的,违法行为发生地的县级以上地方人民政府住房城乡建设主管部门或者其他有关部门应当依法查处,并将违法事实、处理结果或者处理建议及时告知该建筑业企业资质的许可机关。

【参考答案5-7】《招标投标法实施条例》规定,工程建设项目是指工程以及与工程建设有关的货物、服务。

工程是指建设工程,包括建筑物和构筑物的新建、改建、扩建及其相关的装修、拆除、修缮等;与工程建设有关的货物是指构成工程不可分割的组成部分,且为实现工程基本功能所必需的设备、材料等;与工程建设有关的服务是指为完成工程所需的勘察、设计、监理等服务。

【参考答案5-8】按照《必须招标的工程项目规定》,全部或者部分使用国有资金投资或者国家融资的项目如下:

(1)使用预算资金两百万元人民币以上,并且该资金占投资额百分之十以上的项目;

(2)使用国有企业事业单位资金,并且该资金占控股或者主导地位的项目。

【参考答案5-9】使用国际组织或者外国政府贷款、援助资金的项目如下:

(1)使用世界银行、亚洲开发银行等国际组织贷款、援助资金的项目;

(2)使用外国政府及其机构贷款、援助资金的项目。

【参考答案5-10】同一项目中可以合并进行的勘察、设计、施工、监理以及与工程建设有关的重要设备、材料等的采购,合同估算价合计达到相关规定标准的,必须招标。

【参考答案5-11】不合法。任何单位和个人不得将依法必须进行招标的项目化整为零或者以其他任何方式规避招标。

【参考答案5-12】招标人为适用相关规定弄虚作假的,属于《招标投标法》规定的规避招标;任何单位和个人不得将依法必须进行招标的项目化整为零或者以其他任何方式规避招标。

【参考答案5-13】对技术复杂或者无法精确拟定技术规格的项目,招标人可以分两阶段进行招标。

第一阶段,投标人按照招标公告或者投标邀请书的要求提交不带报价的技术建议,招标人根据投标人提交的技术建议确定技术标准和要求,编制招标文件。

第二阶段,招标人向在第一阶段提交技术建议的投标人提供招标文件,投标人按照招标文件的要求提交包括最终技术方案和投标报价的投标文件。

招标人要求投标人提交投标保证金的,应当在第二阶段提出。

【参考答案 5-14】招标人对已发出的招标文件进行必要的澄清或者修改的,应当在招标文件要求提交投标文件截止时间至少十五日前,以书面形式通知所有招标文件收受人。该澄清或者修改的内容为招标文件的组成部分。

【参考答案 5-15】《招标投标法》第二十一条规定,招标人根据招标项目的具体情况,可以组织潜在投标人踏勘项目现场。同时,《招标投标法实施条例》第二十八条规定,招标人不得组织单个或者部分潜在投标人踏勘项目现场。

【参考答案 5-16】"以他人名义投标"是指使用通过受让或者租借等方式获取的资格、资质证书投标的行为。

投标人有下列情形之一的,属于"以其他方式弄虚作假"的行为:
(1)使用伪造、变造的许可证件;
(2)提供虚假的财务状况或者业绩;
(3)提供虚假的项目负责人或者主要技术人员简历、劳动关系证明;
(4)提供虚假的信用状况;
(5)其他弄虚作假的行为。

【参考答案 5-17】投标人发生合并、分立、破产等重大变化的,应当及时书面告知招标人。投标人不再具备资格预审文件、招标文件规定的资格条件或者其投标影响招标公正性的,其投标无效。

【参考答案 5-18】未通过资格预审的申请人提交的投标文件,以及逾期送达或者不按照招标文件要求密封的投标文件,招标人应当拒收。

招标人应当如实记载投标文件的送达时间和密封情况,并存档备查。

【参考答案 5-19】投标人撤回已提交的投标文件,应当在投标截止时间前书面通知招标人。招标人已收取投标保证金的,应当自收到投标人书面撤回通知之日起 5 日内退还。

投标截止后投标人撤销投标文件的,招标人可以不退还投标保证金。

【参考答案 5-20】招标人接受联合体投标并进行资格预审的,联合体应当在提交资格预审申请文件前组成。资格预审后联合体增减、更换成员的,其投标无效。

【参考答案 5-21】不能。联合体各方在同一招标项目中以自己名义单独投标或者参加其他联合体投标的,相关投标均无效。

【参考答案 5-22】
(1)有下列情形之一的,属于投标人相互串通投标:
①投标人之间协商投标报价等投标文件的实质性内容;
②投标人之间约定中标人;
③投标人之间约定部分投标人放弃投标或者中标;
④属于同一集团、协会、商会等组织成员的投标人按照该组织要求协同投标;
⑤投标人之间为谋取中标或者排斥特定投标人而采取的其他联合行动。
(2)有下列情形之一的,视为投标人相互串通投标:
①不同投标人的投标文件由同一单位或者个人编制;

②不同投标人委托同一单位或者个人办理投标事宜；
③不同投标人的投标文件载明的项目管理成员为同一人；
④不同投标人的投标文件异常一致或者投标报价呈规律性差异；
⑤不同投标人的投标文件相互混装；
⑥不同投标人的投标保证金从同一单位或者个人的账户转出。
(3)有下列情形之一的，属于招标人与投标人串通投标：
①招标人在开标前开启投标文件并将有关信息泄露给其他投标人；
②招标人直接或者间接向投标人泄露标底、评标委员会成员等信息；
③招标人明示或者暗示投标人压低或者抬高投标报价；
④招标人授意投标人撤换、修改投标文件；
⑤招标人明示或者暗示投标人为特定投标人中标提供方便；
⑥招标人与投标人为谋求特定投标人中标而采取的其他串通行为。

【参考答案5-23】特殊招标项目是指技术复杂、专业性强或者国家有特殊要求，采取随机抽取方式确定的专家难以保证胜任评标工作的项目。

【参考答案5-24】评标过程中，评标委员会成员有回避事由(与投标人有利害关系的)、擅离职守或者因健康状况等不能继续评标的，应当及时更换。但需要注意的是，依法必须进行招标的项目的招标人非因招标投标法和相关条例规定的事由，不得更换依法确定的评标委员会成员。更换评标委员会的专家成员应当依照相关规定进行。

被更换的评标委员会成员作出的评审结论无效，由更换后的评标委员会成员重新进行评审。

【参考答案5-25】招标项目设有标底的，招标人应当在开标时公布。标底只能作为评标的参考，不得以投标报价是否接近标底作为中标条件，也不得以投标报价超过标底上下浮动范围作为否决投标的条件。

【参考答案5-26】投标文件中有含义不明确的内容、明显文字或者计算错误，评标委员会认为需要投标人作出必要澄清、说明的，应当书面通知该投标人。投标人的澄清、说明应当采用书面形式，并不得超出投标文件的范围或者改变投标文件的实质性内容。

评标委员会不得暗示或者诱导投标人作出澄清、说明，不得接受投标人主动提出的澄清、说明。

【参考答案5-27】招标人根据评标委员会提出的书面评标报告和推荐的中标候选人确定中标人。招标人也可以授权评标委员会直接确定中标人。

【参考答案5-28】排名第一的中标候选人放弃中标、因不可抗力不能履行合同、不按照招标文件要求提交履约保证金，或者被查实存在影响中标结果的违法行为等情形，不符合中标条件的，招标人可以按照评标委员会提出的中标候选人名单排序依次确定其他中标候选人为中标人，也可以重新招标。

【参考答案5-29】中标候选人的经营、财务状况发生较大变化或者存在违法行为，招标人认为可能影响其履约能力的，应当在发出中标通知书前由原评标委员会按照招标文件规定的标准和方法审查确认。

【参考答案5-30】招标人和中标人应当依照《招标投标法》和《招标投标法实施条例》的规定签订书面合同，合同的标的、价款、质量、履行期限等主要条款应当与招标文件和中标人的投标文件的内容一致。

【参考答案5-31】招标人最迟应当在书面合同签订后五日内向中标人和未中标的投标人退还投标保证金及银行同期存款利息。

【参考答案 5-32】中标人应当按照合同约定履行义务,完成中标项目。中标人不得向他人转让中标项目,也不得将中标项目肢解后分别向他人转让。

中标人按照合同约定或者经招标人同意,可以将中标项目的部分非主体、非关键性工作分包给他人完成。接受分包的人应当具备相应的资格条件,并不得再次分包。

中标人应当就分包项目向招标人负责,接受分包的人就分包项目承担连带责任。

【参考答案 5-33】投诉人就同一事项向两个以上有权受理的行政监督部门投诉时,由最先收到投诉的行政监督部门负责处理。

【参考答案 5-34】肢解发包是指建设单位将应当由一个承包单位完成的建设工程分解成若干部分发包给不同的承包单位的行为。

【参考答案 5-35】分包单位与总承包单位签订分包合同,建设单位不是分包合同当事人。虽然分包需要取得建设单位的同意或认可,但是建设单位不得直接指定分包工程承包人。对于建设单位推荐的分包单位,总承包单位有权选用决策权。

【参考答案 5-36】不能。这将导致高资质企业中标、低资质企业施工这种投机行为,直接影响到工程质量和安全,扰乱了公平竞争的市场秩序。总承包单位将其承揽的工程全部分包给具有相应资质的一个或几个承包单位的行为在法律上定性为转包行为。对此,《建设工程质量管理条例》第七十八条第二款明确规定,转包是指承包单位承包建设工程后,不履行合同约定的责任和义务,将其承包的全部建设工程转给他人或者将其承包的全部建设工程肢解以后以分包的名义分别转给其他单位承包的行为。《建筑法》第二十八条规定,禁止承包单位将其承包的全部建筑工程转包给他人,禁止承包单位将其承包的全部建筑工程肢解以后以分包的名义分别转包给他人。

【参考答案 5-37】"施工单位主要负责人"并不仅限于施工单位的法定代表人,而是指对施工单位全面负责、有生产经营决策权的人。

施工单位的项目负责人应当由取得相应执业资格的人员担任,对建设工程项目的安全施工负责。对施工单位而言,项目负责人主要是指项目经理,其应对建设工程项目的安全生产全面负责。项目经理须由取得相应建造师执业资格的人员担任。

【参考答案 5-38】建设工程实行施工总承包的,由总承包单位对施工现场的安全生产负总责。

总承包单位应当自行完成建设工程主体结构的施工。

总承包单位依法将建设工程分包给其他单位的,分包合同中应当明确各自的安全生产方面的权利、义务。总承包单位和分包单位对分包工程的安全生产承担连带责任。

【参考答案 5-39】不可以。总承包单位与分包单位就分包工程的安全生产承担连带责任,该责任为法定责任,当事人通过约定免除其中一方的安全生产责任违反了法律、行政法规的强制性规定,是无效的。

【参考答案 5-40】总承包单位不可以免除责任。分包单位应当服从总承包单位的安全生产管理,分包单位不服从管理导致安全生产事故的,由分包单位承担主要责任。

【参考答案 5-41】下列建设工程必须实行强制性监理:

(1)国家重点建设工程;

(2)大中型公用事业工程;

(3)成片开发建设的住宅小区工程;

(4)利用外国政府或者国际组织贷款、援助资金的工程;
(5)国家规定必须实行监理的其他工程。

【参考答案 5-42】建设工程竣工验收应当具备下列条件:
(1)完成建设工程设计和合同约定的各项内容;
(2)有完整的技术档案和施工管理资料;
(3)有工程使用的主要建筑材料、建筑构配件和设备的进场试验报告;
(4)有勘察、设计、施工、工程监理等单位分别签署的质量合格文件;
(5)有施工单位签署的工程保修书。

第三部分 城市社会管理法律制度

6　安全生产法律制度
7　环境保护法律制度
8　突发事件应对法律制度
9　劳动法及劳动者权益保护法律制度

6 安全生产法律制度

【案例导入】

2021年6月13日,湖北省十堰市张湾区艳湖社区集贸市场市场发生燃气爆炸事故。事故造成26人死亡,138人受伤,直接经济损失53954100元。事故发生的直接原因是,天然气中压钢管严重腐蚀破裂,泄漏的天然气在集贸市场涉事建筑物下方河道密闭空间聚集,遇餐饮商户排油烟管道排出的火星而发生爆炸。经查实,涉事燃气管道改造时违规将管道穿越集贸市场涉事建筑物下方,而且十堰市东风中燃公司持续五年未对集贸市场下方河道相对危险区域开展巡线。燃气公司在接到群众报警到爆炸发生后的1小时内,燃气公司及现场巡查处突人员未能及时疏散群众,未按预案设立警戒、禁绝火源、疏散人群,未立即控制管道上下游两端的燃气阀门、保持管道内正压,在未消除燃爆危险的情况下向相关救援人员提出结束处置、撤离现场的错误建议。

问题:(1)该起事故属于什么等级的事故?

(2)该起事故的主要教训是什么?

《中华人民共和国安全生产法》(以下简称《安全生产法》)于2002年6月29日第九届全国人民代表大会常务委员会第二十八次会议通过,分别于2009年、2014年和2021年进行了三次修正。

2004年国务院发布《安全生产许可证条例》(国务院令第397号),并分别于2013年和2014年进行了两次修订。

为了规范生产安全事故的报告和调查处理,落实生产安全事故责任追究制度,防止和减少生产安全事故,国务院于2007年3月公布了《生产安全事故报告和调查处理条例》(国务院令第493号),并于同年6月份开始施行。

6.1 安全生产许可证制度

《安全生产许可证条例》的立法目的在于严格规范安全生产条件,进一步加强安全生产监督管理,防止和减少生产安全事故。

6.1.1 适用范围

《安全生产许可证条例》第二条规定,国家对矿山企业、建筑施工企业和危险化学品、烟花爆竹、民用爆破器材生产企业实行安全生产许可制度。企业未取得安全生产许可证的,不得从事生产活动。

6.1.2 管理体制

一、非煤矿矿山企业和危险化学品等生产企业

国务院安全生产监督管理部门负责中央管理的非煤矿矿山企业和危险化学品、烟花爆竹生产企业安全生产许可证的颁发和管理。

省、自治区、直辖市人民政府安全生产监督管理部门负责前款规定以外的非煤矿矿山企业和危险化学品、烟花爆竹生产企业安全生产许可证的颁发和管理,并接受国务院安全生产监督管理部门的指导和监督。

二、煤矿企业

国家煤矿安全监察机构负责中央管理的煤矿企业安全生产许可证的颁发和管理。

在省、自治区、直辖市设立的煤矿安全监察机构负责前款规定以外的其他煤矿企业安全生产许可证的颁发和管理,并接受国家煤矿安全监察机构的指导和监督。

三、建筑施工企业

省、自治区、直辖市人民政府建设主管部门负责建筑施工企业安全生产许可证的颁发和管理,并接受国务院建设主管部门的指导和监督。

四、民用爆破物品生产企业

省、自治区、直辖市人民政府民用爆炸物品行业主管部门负责民用爆炸物品生产企业安全生产许可证的颁发和管理,并接受国务院民用爆炸物品行业主管部门的指导和监督。

6.1.3 安全生产许可证的取得条件

《安全生产许可证条例》第六条规定,企业取得安全生产许可证,应当具备下列安全生产条件:

(1)建立、健全安全生产责任制,制定完备的安全生产规章制度和操作规程;
(2)安全投入符合安全生产要求;
(3)设置安全生产管理机构,配备专职安全生产管理人员;
(4)主要负责人和安全生产管理人员经考核合格;
(5)特种作业人员经有关业务主管部门考核合格,取得特种作业操作资格证书;
(6)从业人员经安全生产教育和培训合格;
(7)依法参加工伤保险,为从业人员缴纳保险费;
(8)厂房、作业场所和安全设施、设备、工艺符合有关安全生产法律、法规、标准和规程的要求;
(9)有职业危害防治措施,并为从业人员配备符合国家标准或者行业标准的劳动防护用品;
(10)依法进行安全评价;
(11)有重大危险源检测、评估、监控措施和应急预案;
(12)有生产安全事故应急救援预案、应急救援组织或者应急救援人员,配备必要的应急救援器材、设备;
(13)法律、法规规定的其他条件。

安全生产许可证颁发管理部门可根据行业特点,在《安全生产许可证条例》的基础上细化相应申请条件,例如《建筑施工企业安全生产许可证管理规定》第四条规定,建筑施工企业取得安全生产许可证应当具备的安全生产条件如下:

(1)建立、健全安全生产责任制,制定完备的安全生产规章制度和操作规程;
(2)保证本单位安全生产条件所需资金的投入;
(3)设置安全生产管理机构,按照国家有关规定配备专职安全生产管理人员;
(4)主要负责人、项目负责人、专职安全生产管理人员经建设主管部门或者其他有关部门考核合格;
(5)特种作业人员经有关业务主管部门考核合格,取得特种作业操作资格证书;
(6)管理人员和作业人员每年至少进行一次安全生产教育培训并考核合格;
(7)依法参加工伤保险,依法为施工现场从事危险作业的人员办理意外伤害保险,为从业人员缴纳

保险费;

(8)施工现场的办公、生活区及作业场所和安全防护用具、机械设备、施工机具及配件符合有关安全生产法律、法规、标准和规程的要求;

(9)有职业危害防治措施,并为作业人员配备符合国家标准或者行业标准的安全防护用具和安全防护服装;

(10)有对危险性较大的分部分项工程及施工现场易发生重大事故的部位、环节的预防、监控措施和应急预案;

(11)有生产安全事故应急救援预案、应急救援组织或者应急救援人员,配备必要的应急救援器材、设备;

(12)法律、法规规定的其他条件。

6.1.4 安全生产许可证的管理规定

一、安全生产许可证的申请

企业进行生产前,应当依照《安全生产许可证条例》的规定向安全生产许可证颁发管理机关申请领取安全生产许可证,并提供相关的文件、资料。安全生产许可证颁发管理机关应当自收到申请之日起四十五日内审查完毕,经审查符合规定的安全生产条件的,颁发安全生产许可证;不符合规定的安全生产条件的,不予颁发安全生产许可证,书面通知企业并说明理由。

煤矿企业应当以矿(井)为单位,依照《安全生产许可证条例》的规定取得安全生产许可证。

二、安全生产许可证的有效期

《安全生产许可证条例》第九条规定,安全生产许可证的有效期为三年。安全生产许可证有效期满需要延期的,企业应当于期满前三个月向原安全生产许可证颁发管理机关办理延期手续。企业在安全生产许可证有效期内,严格遵守有关安全生产的法律法规,未发生死亡事故的,安全生产许可证有效期届满时,经原安全生产许可证颁发管理机关同意,不再审查,安全生产许可证有效期延期3年。

安全生产许可证颁发管理机关应当加强对取得安全生产许可证的企业的监督检查,发现其不再具备《安全生产许可证条例》规定的安全生产条件的,应当暂扣或者吊销安全生产许可证。

三、企业禁止性规定

(1)企业未取得安全生产许可证的,不得从事生产活动。例如,未取得安全生产许可证的,不得从事建筑施工活动。建设主管部门在审核发放施工许可证时,应当对已经确定的建筑施工企业是否有安全生产许可证进行审查,对没有取得安全生产许可证的,不得颁发施工许可证。

(2)企业不得转让、冒用安全生产许可证或者使用伪造的安全生产许可证。

(3)企业取得安全生产许可证后,不得降低安全生产条件,并应当加强日常安全生产管理,接受安全生产许可证颁发管理机关的监督检查。

6.1.5 监督管理与法律责任

(1)安全生产许可证颁发管理机关工作人员在安全生产许可证颁发、管理和监督检查工作中,不得索取或者接受企业的财物,不得谋取其他利益。

(2)监察机关依照《中华人民共和国行政监察法》的规定,对安全生产许可证颁发管理机关及其工作人员履行《安全生产许可证条例》规定的职责实施监察。

（3）任何单位或者个人对违反《安全生产许可证条例》规定的行为，有权向安全生产许可证颁发管理机关或者监察机关等有关部门举报。

（4）安全生产许可证颁发管理机关工作人员有下列行为之一的，给予降级或者撤职的行政处分；构成犯罪的，依法追究刑事责任：

①向不符合《安全生产许可证条例》规定的安全生产条件的企业颁发安全生产许可证的；

②发现企业未依法取得安全生产许可证擅自从事生产活动，不依法处理的；

③发现取得安全生产许可证的企业不再具备《安全生产许可证条例》规定的安全生产条件，不依法处理的；

④接到对违反《安全生产许可证条例》规定行为的举报后，不及时处理的；

⑤在安全生产许可证颁发、管理和监督检查工作中，索取或者接受企业的财物，或者谋取其他利益的。

（5）违反《安全生产许可证条例》规定，未取得安全生产许可证擅自进行生产的，责令停止生产，没收违法所得，并处 10 万元以上 50 万元以下的罚款；造成重大事故或者其他严重后果，构成犯罪的，依法追究刑事责任。

（6）违反《安全生产许可证条例》规定，安全生产许可证有效期满未办理延期手续，继续进行生产的，责令停止生产，限期补办延期手续，没收违法所得，并处 5 万元以上 10 万元以下的罚款；逾期仍不办理延期手续，继续进行生产的，依照《安全生产许可证条例》第十九条的规定处罚。

（7）违反《安全生产许可证条例》规定，转让安全生产许可证的，没收违法所得，处 10 万元以上 50 万元以下的罚款，并吊销其安全生产许可证；构成犯罪的，依法追究刑事责任；接受转让的，依照《安全生产许可证条例》第十九条的规定处罚。

冒用安全生产许可证或者使用伪造的安全生产许可证的，依照《安全生产许可证条例》第十九条的规定处罚。

（8）《安全生产许可证条例》规定的行政处罚，由安全生产许可证颁发管理机关决定。

6.2 安全生产基本制度

相较于《安全生产许可证条例》而言，《安全生产法》具有更广泛的适用范围：在中华人民共和国领域内从事生产经营活动的单位（以下统称"生产经营单位"）的安全生产，适用本法；有关法律、行政法规对消防安全和道路交通安全、铁路交通安全、水上交通安全、民用航空安全以及核与辐射安全、特种设备安全另有规定的，适用其规定。

6.2.1 安全生产责任制

安全生产工作实行管行业必须管安全、管业务必须管安全、管生产经营必须管安全，强化和落实生产经营单位主体责任与政府监管责任，建立生产经营单位负责、职工参与、政府监管、行业自律和社会监督的机制。

生产经营单位的主要负责人是本单位安全生产第一责任人，对本单位的安全生产工作全面负责。

其他负责人对职责范围内的安全生产工作负责。

生产经营单位的从业人员有依法获得安全生产保障的权利,并应当依法履行安全生产方面的义务。

工会依法对安全生产工作进行监督。生产经营单位的工会依法组织职工参加本单位安全生产工作的民主管理和民主监督,维护职工在安全生产方面的合法权益。生产经营单位制定或者修改有关安全生产的规章制度,应当听取工会的意见。

6.2.2 安全生产规划制度

国务院和县级以上地方各级人民政府应当根据国民经济和社会发展规划制定安全生产规划,并组织实施。安全生产规划应当与国土空间规划等相关规划相衔接。

各级人民政府应当加强安全生产基础设施建设和安全生产监管能力建设,所需经费列入本级预算。

县级以上地方各级人民政府应当组织有关部门建立完善安全风险评估与论证机制,按照安全风险管控要求,进行产业规划和空间布局,并对位置相邻、行业相近、业态相似的生产经营单位实施重大安全风险联防联控。

6.2.3 安全生产协调制度

国务院和县级以上地方各级人民政府应当加强对安全生产工作的领导,建立健全安全生产工作协调机制,支持、督促各有关部门依法履行安全生产监督管理职责,及时协调、解决安全生产监督管理中存在的重大问题。

乡镇人民政府和街道办事处,以及开发区、工业园区、港区、风景区等应当明确负责安全生产监督管理的有关工作机构及其职责,加强安全生产监管力量建设,按照职责对本行政区域或者管理区域内生产经营单位安全生产状况进行监督检查,协助人民政府有关部门或者按照授权依法履行安全生产监督管理职责。

6.2.4 安全生产综合监督管理制度

国务院应急管理部门依照本法,对全国安全生产工作实施综合监督管理;县级以上地方各级人民政府应急管理部门依照《安全生产法》,对本行政区域内安全生产工作实施综合监督管理。

国务院交通运输、住房和城乡建设、水利、民航等有关部门依照《安全生产法》和其他有关法律、行政法规的规定,在各自的职责范围内对有关行业、领域的安全生产工作实施监督管理;县级以上地方各级人民政府有关部门依照《安全生产法》和其他有关法律、法规的规定,在各自的职责范围内对有关行业、领域的安全生产工作实施监督管理。对新兴行业、领域的安全生产监督管理职责不明确的,由县级以上地方各级人民政府按照业务相近的原则确定监督管理部门。

应急管理部门和对有关行业、领域的安全生产工作实施监督管理的部门,统称负有安全生产监督管理职责的部门。负有安全生产监督管理职责的部门应当相互配合、齐抓共管、信息共享、资源共用,依法加强安全生产监督管理工作。

6.2.5 安全风险分级管控制度

生产经营单位应当建立安全风险分级管控制度,按照安全风险分级采取相应的管控措施。

6.2.6 安全事故隐患排查治理制度

生产经营单位应当建立健全并落实生产安全事故隐患排查治理制度，采取技术、管理措施，及时发现并消除事故隐患。事故隐患排查治理情况应当如实记录，并通过职工大会或者职工代表大会、信息公示栏等方式向从业人员通报。其中，重大事故隐患排查治理情况应当及时向负有安全生产监督管理职责的部门和职工大会或者职工代表大会报告。

县级以上地方各级人民政府负有安全生产监督管理职责的部门应当将重大事故隐患纳入相关信息系统，建立健全重大事故隐患治理督办制度，督促生产经营单位消除重大事故隐患。

6.2.7 生产安全事故责任追究制度

国家实行生产安全事故责任追究制度，依照《安全生产法》和有关法律、法规的规定，追究生产安全事故责任单位和责任人员的法律责任。

6.3 生产经营单位的安全生产保障

6.3.1 具备安全生产条件

生产经营单位应当具备《安全生产法》和有关法律、行政法规和国家标准或者行业标准规定的安全生产条件；不具备安全生产条件的，不得从事生产经营活动。

国务院有关部门应当按照保障安全生产的要求，依法及时制定有关的国家标准或者行业标准，并根据科技进步和经济发展适时修订。生产经营单位必须执行依法制定的保障安全生产的国家标准或者行业标准。

国务院有关部门按照职责分工负责安全生产强制性国家标准的项目提出、组织起草、征求意见、技术审查。国务院应急管理部门统筹提出安全生产强制性国家标准的立项计划。国务院标准化行政主管部门负责安全生产强制性国家标准的立项、编号、对外通报和授权批准发布工作。国务院标准化行政主管部门、有关部门依据法定职责对安全生产强制性国家标准的实施进行监督检查。

6.3.2 生产经营单位主要负责人的安全职责

生产经营单位的主要负责人对本单位安全生产工作负有下列职责：
(1)建立健全并落实本单位全员安全生产责任制，加强安全生产标准化建设；
(2)组织制定并实施本单位安全生产规章制度和操作规程；
(3)组织制定并实施本单位安全生产教育和培训计划；
(4)保证本单位安全生产投入的有效实施；
(5)组织建立并落实安全风险分级管控和隐患排查治理双重预防工作机制，督促、检查本单位的安全生产工作，及时消除生产安全事故隐患；
(6)组织制定并实施本单位的生产安全事故应急救援预案；
(7)及时、如实报告生产安全事故。

6.3.3 落实安全生产责任制

生产经营单位的全员安全生产责任制应当明确各岗位的责任人员、责任范围和考核标准等内容。生产经营单位应当建立相应的机制,加强对全员安全生产责任制落实情况的监督考核,保证全员安全生产责任制的落实。

6.3.4 确保安全生产资金投入

生产经营单位应当具备的安全生产条件所必需的资金投入,由生产经营单位的决策机构、主要负责人或者个人经营的投资人予以保证,并对由安全生产所必需的资金投入不足导致的后果承担责任。

有关生产经营单位应当按照规定提取和使用安全生产费用,专门用于改善安全生产条件。安全生产费用在成本中据实列支。安全生产费用提取、使用和监督管理的具体办法由国务院财政部门会同国务院应急管理部门征求国务院有关部门意见后制定。

6.3.5 设置安全生产管理机构、配备专职安全生产管理人员

一、一般规定

矿山、金属冶炼、建筑施工、运输单位和危险物品的生产、经营、储存、装卸单位,应当设置安全生产管理机构或者配备专职安全生产管理人员。其他生产经营单位,从业人员超过一百人的,应当设置安全生产管理机构或者配备专职安全生产管理人员;从业人员在一百人以下的,应当配备专职或者兼职的安全生产管理人员。

生产经营单位可以设置专职安全生产分管负责人,协助本单位主要负责人履行安全生产管理职责。

二、安全生产管理机构和安全生产管理人员职责

生产经营单位的安全生产管理机构以及安全生产管理人员履行下列职责:
(1)组织或者参与拟订本单位安全生产规章制度、操作规程和生产安全事故应急救援预案;
(2)组织或者参与本单位安全生产教育和培训,如实记录安全生产教育和培训情况;
(3)组织开展危险源辨识和评估,督促落实本单位重大危险源的安全管理措施;
(4)组织或者参与本单位应急救援演练;
(5)检查本单位的安全生产状况,及时排查生产安全事故隐患,提出改进安全生产管理的建议;
(6)制止和纠正违章指挥、强令冒险作业、违反操作规程的行为;
(7)督促落实本单位安全生产整改措施。

生产经营单位的安全生产管理机构以及安全生产管理人员应当恪尽职守,依法履行职责。生产经营单位作出涉及安全生产的经营决策,应当听取安全生产管理机构以及安全生产管理人员的意见。生产经营单位不得因安全生产管理人员依法履行职责而降低其工资、福利等待遇或者解除与其订立的劳动合同。危险物品的生产、储存单位以及矿山、金属冶炼单位的安全生产管理人员的任免,应当告知主管的负有安全生产监督管理职责的部门。

6.3.6 安全教育培训

一、单位主要负责人、安全生产管理人员培训考核

生产经营单位的主要负责人和安全生产管理人员必须具备与本单位所从事的生产经营活动相应的

安全生产知识和管理能力。

危险物品的生产、经营、储存、装卸单位以及矿山、金属冶炼、建筑施工、运输单位的主要负责人和安全生产管理人员,应当由主管的负有安全生产监督管理职责的部门对其安全生产知识和管理能力考核合格。考核不得收费。

危险物品的生产、储存、装卸单位以及矿山、金属冶炼单位应当有注册安全工程师从事安全生产管理工作。鼓励其他生产经营单位聘用注册安全工程师从事安全生产管理工作。注册安全工程师按专业分类管理,具体办法由国务院人力资源和社会保障部门、国务院应急管理部门会同国务院有关部门制定。

二、从业人员的安全生产教育和培训

生产经营单位应当对从业人员进行安全生产教育和培训,保证从业人员具备必要的安全生产知识,熟悉有关的安全生产规章制度和安全操作规程,掌握本岗位的安全操作技能,了解事故应急处理措施,知悉自身在安全生产方面的权利和义务。未经安全生产教育和培训合格的从业人员,不得上岗作业。

生产经营单位应当建立安全生产教育和培训档案,如实记录安全生产教育和培训的时间、内容、参加人员以及考核结果等情况。

【思考 6-1】如果生产经营单位使用被派遣劳动者的,是否需要对被派遣劳动者进行安全生产教育和培训?

【思考 6-2】如果生产经营单位接收学生实习的,是否需要对实习学生进行安全生产教育和培训?

生产经营单位采用新工艺、新技术、新材料或者使用新设备,必须了解、掌握其安全技术特性,采取有效的安全防护措施,并对从业人员进行专门的安全生产教育和培训。

生产经营单位的特种作业人员必须按照国家有关规定经专门的安全作业培训,取得相应资格,方可上岗作业。特种作业人员的范围由国务院应急管理部门会同国务院有关部门确定。

6.3.7 安全设施"三同时"制度

生产经营单位新建、改建、扩建工程项目(以下统称"建设项目")的安全设施,必须与主体工程同时设计、同时施工、同时投入生产和使用。安全设施投资应当纳入建设项目概算。

矿山、金属冶炼建设项目和用于生产、储存、装卸危险物品的建设项目,应当按照国家有关规定进行安全评价。

6.3.8 建设项目安全生产责任制

建设项目安全设施的设计人、设计单位应当对安全设施设计负责。

矿山、金属冶炼建设项目和用于生产、储存、装卸危险物品的建设项目的安全设施设计应当按照国家有关规定报经有关部门审查,审查部门及其负责审查的人员对审查结果负责。

矿山、金属冶炼建设项目和用于生产、储存、装卸危险物品的建设项目的施工单位必须按照批准的安全设施设计施工,并对安全设施的工程质量负责。

矿山、金属冶炼建设项目和用于生产、储存、装卸危险物品的建设项目竣工投入生产或者使用前,应当由建设单位负责组织对安全设施进行验收;验收合格后,方可投入生产和使用。负有安全生产监督管理职责的部门应当加强对建设单位验收活动和验收结果的监督核查。

6.3.9　安全警示标志

生产经营单位应当在有较大危险因素的生产经营场所和有关设施、设备上,设置明显的安全警示标志。

6.3.10　安全设备运行维护

安全设备的设计、制造、安装、使用、检测、维修、改造和报废,应当符合国家标准或者行业标准的要求。

生产经营单位必须对安全设备进行经常性维护、保养,并定期检测,保证正常运转。维护、保养、检测应当做好记录,并由有关人员签字。

生产经营单位不得关闭、破坏直接关系生产安全的监控、报警、防护、救生设备、设施,或者篡改、隐瞒、销毁其相关数据、信息。

餐饮等行业的生产经营单位使用燃气的,应当安装可燃气体报警装置,并保障其正常使用。

6.3.11　特种设备的安全管理

生产经营单位使用的危险物品的容器、运输工具,以及涉及人身安全、危险性较大的海洋石油开采特种设备和矿山井下特种设备,必须按照国家有关规定,由专业生产单位生产,并经具有专业资质的检测、检验机构检测、检验合格,取得安全使用证或者安全标志,方可投入使用。检测、检验机构对检测、检验结果负责。

6.3.12　淘汰危及生产安全的工艺、设备

国家对严重危及生产安全的工艺、设备实行淘汰制度,具体目录由国务院应急管理部门会同国务院有关部门制定并公布。法律、行政法规对目录的制定另有规定的,适用其规定。省、自治区、直辖市人民政府可以根据本地区实际情况制定并公布具体目录,对前款规定以外的危及生产安全的工艺、设备予以淘汰。生产经营单位不得使用应当淘汰的危及生产安全的工艺、设备。

6.3.13　危险物品的管理

生产、经营、运输、储存、使用危险物品或者处置废弃危险物品的,由有关主管部门依照有关法律、法规的规定和国家标准或者行业标准审批并实施监督管理。

生产经营单位生产、经营、运输、储存、使用危险物品或者处置废弃危险物品,必须执行有关法律、法规和国家标准或者行业标准,建立专门的安全管理制度,采取可靠的安全措施,接受有关主管部门依法实施的监督管理。

6.3.14　重大危险源管理

生产经营单位对重大危险源应当登记建档,进行定期检测、评估、监控,并制订应急预案,告知从业人员和相关人员在紧急情况下应当采取的应急措施。

生产经营单位应当按照国家有关规定将本单位重大危险源及有关安全措施、应急措施报有关地方

人民政府应急管理部门和有关部门备案。有关地方人民政府应急管理部门和有关部门应当通过相关信息系统实现信息共享。

6.3.15 生产经营场所与员工宿舍管理

生产、经营、储存、使用危险物品的车间、商店、仓库不得与员工宿舍在同一座建筑物内，并应当与员工宿舍保持安全距离。

生产经营场所和员工宿舍应当设有符合紧急疏散要求、标志明显、保持畅通的出口、疏散通道。禁止占用、锁闭、封堵生产经营场所或者员工宿舍的出口、疏散通道。

6.3.16 危险作业的安全管理

生产经营单位进行爆破、吊装、动火、临时用电以及国务院应急管理部门会同国务院有关部门规定的其他危险作业，应当安排专门人员进行现场安全管理，确保操作规程的遵守和安全措施的落实。

6.3.17 从业人员行为引导

生产经营单位应当教育和督促从业人员严格执行本单位的安全生产规章制度和安全操作规程；并向从业人员如实告知作业场所和工作岗位存在的危险因素、防范措施以及事故应急措施。

生产经营单位应当关注从业人员的身体状况、心理状况和行为习惯，加强对从业人员的心理疏导、精神慰藉，严格落实岗位安全生产责任，防范从业人员行为异常导致事故发生。

6.3.18 配备劳动防护用品

生产经营单位必须为从业人员提供符合国家标准或者行业标准要求的劳动防护用品，并监督、教育从业人员按照使用规则佩戴、使用。

生产经营单位应当安排用于配备劳动防护用品、进行安全生产培训的经费。

6.3.19 经常性安全检查

生产经营单位的安全生产管理人员应当根据本单位的生产经营特点，对安全生产状况进行经常性检查；对检查中发现的安全问题，应当立即处理；不能处理的，应当及时报告本单位有关负责人，有关负责人应当及时处理。检查及处理情况应当如实记录在案。

生产经营单位的安全生产管理人员在检查中发现重大事故隐患，依照前款规定向本单位有关负责人报告，有关负责人不及时处理的，安全生产管理人员可以向主管的负有安全生产监督管理职责的部门报告，接到报告的部门应当依法及时处理。

【思考6-3】如果有两个以上生产经营单位在同一作业区域内进行生产活动，应怎样保障安全生产？

6.3.20 发包或出租生产经营项目、场所、设备的规定

生产经营单位不得将生产经营项目、场所、设备发包或者出租给不具备安全生产条件或者相应资质的单位或者个人。

生产经营项目、场所发包或者出租给其他单位的，生产经营单位应当与承包单位、承租单位签订专门的安全生产管理协议，或者在承包合同、租赁合同中约定各自的安全生产管理职责；生产经营单位对

承包单位、承租单位的安全生产工作统一协调、管理,定期进行安全检查,发现安全问题的,应当及时督促整改。

矿山、金属冶炼建设项目和用于生产、储存、装卸危险物品的建设项目的施工单位应当加强对施工项目的安全管理,不得倒卖、出租、出借、挂靠或者以其他形式非法转让施工资质,不得将其承包的全部建设工程转包给第三人或者将其承包的全部建设工程肢解以后以分包的名义分别转包给第三人,不得将工程分包给不具备相应资质条件的单位。

6.3.21 依法参加工伤保险

生产经营单位必须依法参加工伤保险,为从业人员缴纳保险费。

国家鼓励生产经营单位投保安全生产责任保险;属于国家规定的高危行业、领域的生产经营单位,应当投保安全生产责任保险。具体范围和实施办法由国务院应急管理部门会同国务院财政部门、国务院保险监督管理机构和相关行业主管部门制定。

6.4 从业人员的安全生产权利和义务

6.4.1 安全生产权利

一、劳动者权益依法受到保护

生产经营单位与从业人员订立的劳动合同,应当载明有关保障从业人员劳动安全、防止职业危害的事项,以及依法为从业人员办理工伤保险的事项。

生产经营单位不得以任何形式与从业人员订立协议,免除或者减轻其对从业人员因生产安全事故伤亡依法应承担的责任。

二、知情权、建议权

生产经营单位的从业人员有权了解其作业场所和工作岗位存在的危险因素、防范措施及事故应急措施,有权对本单位的安全生产工作提出建议。

三、批评、检举、控告权和拒绝违章指挥权

从业人员有权对本单位安全生产工作中存在的问题提出批评、检举、控告;有权拒绝违章指挥和强令冒险作业。

生产经营单位不得因从业人员对本单位安全生产工作提出批评、检举、控告或者拒绝违章指挥、强令冒险作业而降低其工资、福利等待遇,或者解除与其订立的劳动合同。

四、紧急避险权

从业人员发现直接危及人身安全的紧急情况时,有权停止作业,或者在采取可能的应急措施后撤离作业场所。

生产经营单位不得因从业人员在前款紧急情况下停止作业或者采取紧急撤离措施而降低其工资、福利等待遇,或者解除与其订立的劳动合同。

五、请求民事赔偿权

生产经营单位发生生产安全事故后,应当及时采取措施救治有关人员。

因生产安全事故受到损害的从业人员,除依法享有工伤保险外,依照有关民事法律尚有获得赔偿的权利的,有权提出赔偿要求。

6.4.2 安全生产义务

一、遵守制度、规程

从业人员在作业过程中,应当严格落实岗位安全责任,遵守本单位的安全生产规章制度和操作规程,服从管理,正确佩戴和使用劳动防护用品。

二、接受安全生产教育和培训

从业人员应当接受安全生产教育和培训,掌握本职工作所需的安全生产知识,提高安全生产技能,增强事故预防和应急处理能力。

三、报告事故隐患

从业人员发现事故隐患或者其他不安全因素,应当立即向现场安全生产管理人员或者本单位负责人报告;接到报告的人员应当及时予以处理。

【思考6-4】在保障从业人员安全生产权利方面,工会可以在哪些方面有所作为?

【思考6-5】使用劳务派遣用工的,被派遣劳动者是否享有上述权利、承担上述义务?

6.5 安全生产的监督管理

6.5.1 职责分工

一、地方政府

县级以上地方各级人民政府应当根据本行政区域内的安全生产状况,组织有关部门按照职责分工,对本行政区域内容易发生重大生产安全事故的生产经营单位进行严格检查。

二、应急管理部门

应急管理部门应当按照分类分级监督管理的要求,制定安全生产年度监督检查计划,并按照年度监督检查计划进行监督检查,发现事故隐患,应当及时处理。

三、负有安全生产监督管理职责的部门

负有安全生产监督管理职责的部门依照有关法律、法规的规定,对涉及安全生产的事项需要审查批准(包括批准、核准、许可、注册、认证、颁发证照等,下同)或者验收的,必须严格依照有关法律、法规和国家标准或者行业标准规定的安全生产条件和程序进行审查;不符合有关法律、法规和国家标准或者行业标准规定的安全生产条件的,不得批准或者验收通过。对未依法取得批准或者验收合格的单位擅自从事有关活动的,负责行政审批的部门发现或者接到举报后应当立即予以取缔,并依法予以处理。对已经依法取得批准的单位,负责行政审批的部门发现其不再具备安全生产条件的,应当撤销原批准。

负有安全生产监督管理职责的部门对涉及安全生产的事项进行审查、验收,不得收取费用;不得要求接受审查、验收的单位购买其指定品牌或者指定生产、销售单位的安全设备、器材或者其他产品。

6.5.2 部门职权

应急管理部门和其他负有安全生产监督管理职责的部门依法开展安全生产行政执法工作,对生产经营单位执行有关安全生产的法律、法规和国家标准或者行业标准的情况进行监督检查,行使以下职权:

(1)进入生产经营单位进行检查,调阅有关资料,向有关单位和人员了解情况;

(2)对检查中发现的安全生产违法行为,当场予以纠正或者要求限期改正;对依法应当给予行政处罚的行为,依照《安全生产法》和其他有关法律、行政法规的规定作出行政处罚决定;

(3)对检查中发现的事故隐患,应当责令立即排除;重大事故隐患排除前或者排除过程中无法保证安全的,应当责令从危险区域内撤出作业人员,责令暂时停产停业或者停止使用相关设施、设备;重大事故隐患排除后,经审查同意,方可恢复生产经营和使用;

(4)对有根据认为不符合保障安全生产的国家标准或者行业标准的设施、设备、器材,以及违法生产、储存、使用、经营、运输的危险物品予以查封或者扣押,对违法生产、储存、使用、经营危险物品的作业场所予以查封,并依法作出处理决定。

监督检查不得影响被检查单位的正常生产经营活动。

6.5.3 联合检查

负有安全生产监督管理职责的部门在监督检查中,应当互相配合,实行联合检查;确需分别进行检查的,应当互通情况,发现存在的安全问题应当由其他有关部门进行处理的,应当及时移送其他有关部门并形成记录备查,接受移送的部门应当及时进行处理。

6.5.4 重大事故隐患处理

负有安全生产监督管理职责的部门依法对存在重大事故隐患的生产经营单位作出停产停业、停止施工、停止使用相关设施或者设备的决定,生产经营单位应当依法执行,及时消除事故隐患。生产经营单位拒不执行,有发生生产安全事故的现实危险的,在保证安全的前提下,经部门主要负责人批准,负有安全生产监督管理职责的部门可以采取通知有关单位停止供电、停止供应民用爆炸物品等措施,强制生产经营单位履行决定。通知应当采用书面形式,有关单位应当予以配合。

负有安全生产监督管理职责的部门依照前款规定采取停止供电措施,除有危及生产安全的紧急情形外,应当提前二十四小时通知生产经营单位。生产经营单位依法履行行政决定、采取相应措施消除事故隐患的,负有安全生产监督管理职责的部门应当及时解除前款规定的措施。

6.5.5 检查人员执法规定

一、被检查单位应予以配合

生产经营单位对负有安全生产监督管理职责的部门的监督检查人员(以下统称安全生产监督检查人员)依法履行监督检查职责,应当予以配合,不得拒绝、阻挠。

二、出示证件、保守秘密

安全生产监督检查人员应当忠于职守,坚持原则,秉公执法。

安全生产监督检查人员执行监督检查任务时,必须出示有效的行政执法证件;对涉及被检查单位的技术秘密和业务秘密,应当为其保密。

三、书面记录

安全生产监督检查人员应当将检查的时间、地点、内容、发现的问题及其处理情况,进行书面记录,并由检查人员和被检查单位的负责人签字;被检查单位的负责人拒绝签字的,检查人员应当将情况记录在案,并向负有安全生产监督管理职责的部门报告。

监察机关依照监察法的规定,对负有安全生产监督管理职责的部门及其工作人员履行安全生产监督管理职责实施监察。

6.5.6 对安全评价等机构的规定

承担安全评价、认证、检测、检验职责的机构应当具备国家规定的资质条件,并对其作出的安全评价、认证、检测、检验结果的合法性、真实性负责。资质条件由国务院应急管理部门会同国务院有关部门制定。

承担安全评价、认证、检测、检验职责的机构应当建立并实施服务公开和报告公开制度,不得租借资质、挂靠、出具虚假报告。

6.5.7 社会监督

负有安全生产监督管理职责的部门应当建立举报制度,公开举报电话、信箱或者电子邮件地址等网络举报平台,受理有关安全生产的举报;受理的举报事项经调查核实后,应当形成书面材料;需要落实整改措施的,报经有关负责人签字并督促落实。对不属于本部门职责,需要由其他有关部门进行调查处理的,转交其他有关部门处理。

涉及人员死亡的举报事项,应当由县级以上人民政府组织核查处理。

【思考6-6】对于社会监督或举报人,法律有哪些规定?

县级以上各级人民政府及其有关部门对报告重大事故隐患或者举报安全生产违法行为的有功人员,给予奖励。具体奖励办法由国务院应急管理部门会同国务院财政部门制定。

新闻、出版、广播、电影、电视等单位有进行安全生产公益宣传教育的义务,有对违反安全生产法律、法规的行为进行舆论监督的权利。

6.5.8 安全违法行为信息库

负有安全生产监督管理职责的部门应当建立安全生产违法行为信息库,如实记录生产经营单位及其有关从业人员的安全生产违法行为信息;对违法行为情节严重的生产经营单位及其有关从业人员,应当及时向社会公告,并通报行业主管部门、投资主管部门、自然资源主管部门、生态环境主管部门、证券监督管理机构以及有关金融机构。有关部门和机构应当对存在失信行为的生产经营单位及其有关从业人员采取加大执法检查频次、暂停项目审批、上调有关保险费率、行业或者职业禁入等联合惩戒措施,并向社会公示。

负有安全生产监督管理职责的部门应当加强对生产经营单位行政处罚信息的及时归集、共享、应用和公开,对生产经营单位作出处罚决定后七个工作日内在监督管理部门公示系统予以公开曝光,强化对违法失信生产经营单位及其有关从业人员的社会监督,提高全社会安全生产诚信水平。

6.6 生产安全事故的应急救援与调查处理

6.6.1 应急救援的规定

一、政府应急救援的规定

（一）应急救援队伍

国家加强生产安全事故应急能力建设，在重点行业、领域建立应急救援基地和应急救援队伍，并由国家安全生产应急救援机构统一协调指挥；鼓励生产经营单位和其他社会力量建立应急救援队伍，配备相应的应急救援装备和物资，提高应急救援的专业化水平。

（二）应急救援信息系统

国务院应急管理部门牵头建立全国统一的生产安全事故应急救援信息系统，国务院交通运输、住房和城乡建设、水利、民航等有关部门和县级以上地方人民政府建立健全相关行业、领域、地区的生产安全事故应急救援信息系统，实现互联互通、信息共享，通过推行网上安全信息采集、安全监管和监测预警，提升监管的精准化、智能化水平。

（三）应急救援体系

县级以上地方各级人民政府应当组织有关部门制定本行政区域内生产安全事故应急救援预案，建立应急救援体系。

乡镇人民政府和街道办事处，以及开发区、工业园区、港区、风景区等应当制定相应的生产安全事故应急救援预案，协助人民政府有关部门或者按照授权依法履行生产安全事故应急救援工作职责。

二、生产经营单位应急救援的规定

（一）制定应急救援预案

生产经营单位应当制定本单位生产安全事故应急救援预案，与所在地县级以上地方人民政府组织制定的生产安全事故应急救援预案相衔接，并定期组织演练。

（二）建立应急救援组织

危险物品的生产、经营、储存单位以及矿山、金属冶炼、城市轨道交通运营、建筑施工单位应当建立应急救援组织；生产经营规模较小的，可以不建立应急救援组织，但应当指定兼职的应急救援人员。

（三）配备应急救援器材、设备和物资

危险物品的生产、经营、储存、运输单位以及矿山、金属冶炼、城市轨道交通运营、建筑施工单位应当配备必要的应急救援器材、设备和物资，并进行经常性维护、保养，保证正常运转。

6.6.2 生产安全事故的抢救与报告

一、事故报告程序

生产经营单位发生生产安全事故后，事故现场有关人员应当立即报告本单位负责人。单位负责人接到事故报告后，应当迅速采取有效措施，组织抢救，防止事故扩大，减少人员伤亡和财产损失，并按照国家有关规定立即如实报告当地负有安全生产监督管理职责的部门，不得隐瞒不报、谎报或者迟报，不得故意破坏事故现场、毁灭有关证据。单位负责人不得在事故调查处理期间擅离职守。

负有安全生产监督管理职责的部门接到事故报告后,应当立即按照国家有关规定上报事故情况。负有安全生产监督管理职责的部门和有关地方人民政府对事故情况不得隐瞒不报、谎报或者迟报。

有关地方人民政府和负有安全生产监督管理职责的部门的负责人接到生产安全事故报告后,应当按照生产安全事故应急救援预案的要求立即赶到事故现场,组织事故抢救。参与事故抢救的部门和单位应当服从统一指挥,加强协同联动,采取有效的应急救援措施,并根据事故救援的需要采取警戒、疏散等措施,防止事故扩大和次生灾害的发生,减少人员伤亡和财产损失。事故抢救过程中应当采取必要措施,避免或者减少对环境造成的危害。任何单位和个人都应当支持、配合事故抢救,并提供一切便利条件。

【思考6-7】生产安全事故报告有何时限规定?

二、事故报告内容

报告事故应当包括下列内容:

(1)事故发生单位概况;

(2)事故发生的时间、地点以及事故现场情况;

(3)事故的简要经过;

(4)事故已经造成或者可能造成的伤亡人数(包括下落不明的人数)和初步估计的直接经济损失;

(5)已经采取的措施;

(6)其他应当报告的情况。

【思考6-8】如果事故报告后,现场伤亡人数发生变化的,应该怎么办?

三、事故的抢救

事故发生单位负责人接到事故报告后,应当立即启动事故相应应急预案,或者采取有效措施,组织抢救,防止事故扩大,减少人员伤亡和财产损失。

事故发生地有关地方人民政府、安全生产监督管理部门和负有安全生产监督管理职责的有关部门接到事故报告后,其负责人应当立即赶赴事故现场,组织事故救援。

事故发生后,有关单位和人员应当妥善保护事故现场以及相关证据,任何单位和个人不得破坏事故现场、毁灭相关证据。因抢救人员、防止事故扩大以及疏通交通等,需要移动事故现场物件的,应当作出标志,绘制现场简图并作出书面记录,妥善保存现场重要痕迹、物证。

事故发生地公安机关根据事故的情况,对涉嫌犯罪的,应当依法立案侦查,采取强制措施和侦查措施。犯罪嫌疑人逃匿的,公安机关应当迅速追捕归案。

安全生产监督管理部门和负有安全生产监督管理职责的有关部门应当建立值班制度,并向社会公布值班电话,受理事故报告和举报。

6.6.3 生产安全事故等级的划分

《生产安全事故报告和调查处理条例》第三条规定,根据生产安全事故(以下简称事故)造成的人员伤亡或者直接经济损失,事故一般分为以下等级:

(1)特别重大事故,是指造成三十人以上死亡,或者一百人以上重伤(包括急性工业中毒,下同),或者一亿元以上直接经济损失的事故;

(2)重大事故,是指造成十人以上三十人以下死亡,或者五十人以上一百人以下重伤,或者五千万元以上一亿元以下直接经济损失的事故；

（3）较大事故，是指造成三人以上十人以下死亡，或者十人以上五十人以下重伤，或者一千万元以上五千万元以下直接经济损失的事故；

（4）一般事故，是指造成三人以下死亡，或者十人以下重伤，或者一千万元以下直接经济损失的事故。

国务院安全生产监督管理部门可以会同国务院有关部门，制定事故等级划分的补充性规定。

本条第一款所称的"以上"包括本数，所称的"以下"不包括本数。

6.6.4　生产安全事故的调查处理

事故调查处理应当按照科学严谨、依法依规、实事求是、注重实效的原则，及时、准确地查清事故原因，查明事故性质和责任，评估应急处置工作，总结事故教训，提出整改措施，并对事故责任单位和人员提出处理建议。事故发生单位应当及时全面落实整改措施，负有安全生产监督管理职责的部门应当加强监督检查。

一、事故调查

特别重大事故由国务院或者国务院授权有关部门组织事故调查组进行调查。

重大事故、较大事故、一般事故分别由事故发生地省级人民政府、设区的市级人民政府、县级人民政府负责调查。省级人民政府、设区的市级人民政府、县级人民政府可以直接组织事故调查组进行调查，也可以授权或者委托有关部门组织事故调查组进行调查。

【思考6-9】对于一般事故，县级人民政府是否可以委托事故发生单位组织事故调查组进行调查？上级人民政府是否可以调查应当由下级人民政府负责调查的事故？

【思考6-10】事故发生之日起三十日内（道路交通事故、火灾事故自发生之日起7日内），因事故伤亡人数变化导致事故等级发生变化，应当由哪级人民政府负责调查？

【思考6-11】如果上海某家施工单位A公司在天津市承包了某体育馆工程项目，在施工中发生了重大事故，那么该事故应该由哪个地方政府负责调查？

二、事故调查组

（一）组成

事故调查组的组成应当遵循精简、效能的原则。

根据事故的具体情况，事故调查组由有关人民政府、安全生产监督管理部门、负有安全生产监督管理职责的有关部门、监察机关、公安机关以及工会派人组成，并应当邀请人民检察院派人参加。

事故调查组可以聘请有关专家参与调查。

事故调查组成员应当具有事故调查所需要的知识和专长，并与所调查的事故没有直接利害关系。

事故调查组组长由负责事故调查的人民政府指定。事故调查组组长主持事故调查组的工作。

（二）职责

事故调查组履行下列职责：

(1)查明事故发生的经过、原因、人员伤亡情况及直接经济损失；

(2)认定事故的性质和事故责任；

(3)提出对事故责任者的处理建议；

（4）总结事故教训，提出防范和整改措施；
（5）提交事故调查报告。

（三）权责

事故调查组有权向有关单位和个人了解与事故有关的情况，并要求其提供相关文件、资料，有关单位和个人不得拒绝。

事故发生单位的负责人和有关人员在事故调查期间不得擅离职守，并应当随时接受事故调查组的询问，如实提供有关情况。

事故调查中发现涉嫌犯罪的，事故调查组应当及时将有关材料或者其复印件移交司法机关处理。

事故调查中需要进行技术鉴定的，事故调查组应当委托具有国家规定资质的单位进行技术鉴定。必要时，事故调查组可以直接组织专家进行技术鉴定。技术鉴定所需时间不计入事故调查期限。

事故调查组成员在事故调查工作中应当诚信公正、恪尽职守，遵守事故调查组的纪律，保守事故调查的秘密。未经事故调查组组长允许，事故调查组成员不得擅自发布有关事故的信息。

三、事故调查报告

事故调查组应当自事故发生之日起六十日内提交事故调查报告；特殊情况下，经负责事故调查的人民政府批准，提交事故调查报告的期限可以适当延长，但延长的期限最长不超过六十日。

事故调查报告应当包括下列内容：
（1）事故发生单位概况；
（2）事故发生经过和事故救援情况；
（3）事故造成的人员伤亡和直接经济损失；
（4）事故发生的原因和事故性质；
（5）事故责任的认定以及对事故责任者的处理建议；
（6）事故防范和整改措施。

事故调查报告应当附具有关证据材料。事故调查组成员应当在事故调查报告上签名。

事故调查报告报送负责事故调查的人民政府后，事故调查工作即告结束。事故调查的有关资料应当归档保存。

四、事故处理

重大事故、较大事故、一般事故，负责事故调查的人民政府应当自收到事故调查报告之日起十五日内作出批复；特别重大事故，三十地日内作出批复，特殊情况下，批复时间可以适当延长，但延长的时间最长不超过三十日。

负责事故调查处理的国务院有关部门和地方人民政府应当在批复事故调查报告后一年内，组织有关部门对事故整改和防范措施落实情况进行评估，并及时向社会公开评估结果；对不履行职责导致事故整改和防范措施没有落实的有关单位和人员，应当按照有关规定追究责任。

【思考 6-12】 事故责任追究一般会涉及哪些单位和个人？

事故发生单位应当认真吸取事故教训，落实防范和整改措施，防止事故再次发生。防范和整改措施的落实情况应当接受工会和职工的监督。

安全生产监督管理部门和负有安全生产监督管理职责的有关部门应当对事故发生单位落实防范和整改措施的情况进行监督检查。

事故处理的情况由负责事故调查的人民政府或者其授权的有关部门、机构向社会公布,依法应当保密的除外。

6.7 法律责任

(1)事故发生单位主要负责人有下列行为之一的,处上一年年收入百分之四十至百分之八十的罚款;属于国家工作人员的,并依法给予处分;构成犯罪的,依法追究刑事责任:
①不立即组织事故抢救的;
②迟报或者漏报事故的;
③在事故调查处理期间擅离职守的。

(2)事故发生单位及其有关人员有下列行为之一的,对事故发生单位处一百万元以上五百万元以下的罚款;对主要负责人、直接负责的主管人员和其他直接责任人员处上一年年收入百分之六十至百分之百的罚款;属于国家工作人员的,并依法给予处分;构成违反治安管理行为的,由公安机关依法给予治安管理处罚;构成犯罪的,依法追究刑事责任:
①谎报或者瞒报事故的;
②伪造或者故意破坏事故现场的;
③转移、隐匿资金、财产,或者销毁有关证据、资料的;
④拒绝接受调查或者拒绝提供有关情况和资料的;
⑤在事故调查中作伪证或者指使他人作伪证的;
⑥事故发生后逃匿的。

(3)事故发生单位对事故发生负有责任的,依照下列规定处以罚款:
①发生一般事故的,处十万元以上二十万元以下的罚款;
②发生较大事故的,处二十万元以上五十万元以下的罚款;
③发生重大事故的,处五十万元以上两百万元以下的罚款;
④发生特别重大事故的,处两百万元以上五百万元以下的罚款。

(4)事故发生单位主要负责人未依法履行安全生产管理职责,导致事故发生的,依照下列规定处以罚款;属于国家工作人员的,并依法给予处分;构成犯罪的,依法追究刑事责任:
①发生一般事故的,处上一年年收入百分之三十的罚款;
②发生较大事故的,处上一年年收入百分之四十的罚款;
③发生重大事故的,处上一年年收入百分之六十的罚款;
④发生特别重大事故的,处上一年年收入百分之八十的罚款。

(5)有关地方人民政府、安全生产监督管理部门和负有安全生产监督管理职责的有关部门有下列行为之一的,对直接负责的主管人员和其他直接责任人员依法给予处分;构成犯罪的,依法追究刑事责任:
①不立即组织事故抢救的;
②迟报、漏报、谎报或者瞒报事故的;
③阻碍、干涉事故调查工作的;
④在事故调查中作伪证或者指使他人作伪证的。

(6)事故发生单位对事故发生负有责任的,由有关部门依法暂扣或者吊销其有关证照;对事故发生单位负有事故责任的有关人员,依法暂停或者撤销其与安全生产有关的执业资格、岗位证书;事故发生单位主要负责人受到刑事处罚或者撤职处分的,自刑罚执行完毕或者受处分之日起,五年内不得担任任何生产经营单位的主要负责人。

为发生事故的单位提供虚假证明的中介机构,由有关部门依法暂扣或者吊销其有关证照及其相关人员的执业资格;构成犯罪的,依法追究刑事责任。

(7)参与事故调查的人员在事故调查中有下列行为之一的,依法给予处分;构成犯罪的,依法追究刑事责任:

①对事故调查工作不负责任,致使事故调查工作有重大疏漏的;

②包庇、袒护负有事故责任的人员或者借机打击报复的。

【案例回顾】

(1)该起事故属于重大事故。

(2)主要教训:①生产安全事故隐患排查制度不健全。东风中燃公司违规将燃气管道穿越集贸市场涉事建筑物下方,形成重大事故隐患。②安全生产责任制形同虚设。东风中燃公司持续五年未对涉事区域巡线。事故发生前,东风中燃公司对燃气泄漏报警、管道压力传感器长时间处于故障状态等系统性隐患视而不见。③应对突发事件能力不足。东风中燃公司在接到燃气泄漏报警,现场应急处理措施错误。

【讨论题】

就安全生产管理法律制度而言,安全生产主体义务本位与安全生产监督权利本位是否应让位于社会公共利益本位?

【思考题参考答案】

【参考答案6-1】生产经营单位使用被派遣劳动者的,应当将被派遣劳动者纳入本单位从业人员统一管理,对被派遣劳动者进行岗位安全操作规程和安全操作技能的教育和培训。劳务派遣单位应当对被派遣劳动者进行必要的安全生产教育和培训。

【参考答案6-2】生产经营单位接收中等职业学校、高等学校学生实习的,应当对实习学生进行相应的安全生产教育和培训,提供必要的劳动防护用品。学校应当协助生产经营单位对实习学生进行安全生产教育和培训。

【参考答案6-3】两个以上生产经营单位在同一作业区域内进行生产经营活动,可能危及对方生产安全的,应当签订安全生产管理协议,明确各自的安全生产管理职责和应当采取的安全措施,并指定专职安全生产管理人员进行安全检查与协调。

【参考答案6-4】工会有权对建设项目的安全设施与主体工程同时设计、同时施工、同时投入生产和使用进行监督,提出意见。

工会对生产经营单位违反安全生产法律、法规,侵犯从业人员合法权益的行为,有权要求纠正;发现生产经营单位违章指挥、强令冒险作业或者发现事故隐患时,有权提出解决的建议,生产经营单位应当及时研究答复;发现危及从业人员生命安全的情况时,有权向生产经营单位建议组织从业人员撤离危险场所,生产经营单位必须立即作出处理。

工会有权依法参加事故调查,向有关部门提出处理意见,并要求追究有关人员的责任。

【参考答案6-5】生产经营单位使用被派遣劳动者的,被派遣劳动者享有规定的从业人员的权利,并应当履行规定的从业人员的义务。

【参考答案6-6】(1)任何单位或者个人对事故隐患或者安全生产违法行为,均有权向负有安全生产监督管理职责的部门报告或者举报。

(2)因安全生产违法行为造成重大事故隐患或者导致重大事故,致使国家利益或者社会公共利益受到侵害的,人民检察院可以根据民事诉讼法、行政诉讼法的相关规定提起公益诉讼。

(3)居民委员会、村民委员会发现其所在区域内的生产经营单位存在事故隐患或者安全生产违法行为时,应当向当地人民政府或者有关部门报告。

【参考答案6-7】事故发生后,事故现场有关人员应当立即向本单位负责人报告;单位负责人接到报告后,应当于一小时内向事故发生地县级以上人民政府安全生产监督管理部门和负有安全生产监督管理职责的有关部门报告。情况紧急时,事故现场有关人员可以直接向事故发生地县级以上人民政府安全生产监督管理部门和负有安全生产监督管理职责的有关部门报告。

安全生产监督管理部门和负有安全生产监督管理职责的有关部门接到事故报告后,应当依照下列规定上报事故情况,并通知公安机关、劳动保障行政部门、工会和人民检察院:

(1)特别重大事故、重大事故逐级上报至国务院安全生产监督管理部门和负有安全生产监督管理职责的有关部门;

(2)较大事故逐级上报至省、自治区、直辖市人民政府安全生产监督管理部门和负有安全生产监督管理职责的有关部门;

(3)一般事故上报至设区的市级人民政府安全生产监督管理部门和负有安全生产监督管理职责的有关部门。

安全生产监督管理部门和负有安全生产监督管理职责的有关部门依照前款规定上报事故情况,应当同时报告本级人民政府。国务院安全生产监督管理部门和负有安全生产监督管理职责的有关部门以及省级人民政府接到发生特别重大事故、重大事故的报告后,应当立即报告国务院。

必要时,安全生产监督管理部门和负有安全生产监督管理职责的有关部门可以越级上报事故情况。

安全生产监督管理部门和负有安全生产监督管理职责的有关部门逐级上报事故情况,每级上报的时间不得超过两小时。

【参考答案6-8】事故报告后出现新情况的,应当及时补报。

自事故发生之日起三十日内,事故造成的伤亡人数发生变化的,应当及时补报。道路交通事故、火灾事故自发生之日起七日内,事故造成的伤亡人数发生变化的,应当及时补报。

【参考答案6-9】未造成人员伤亡的一般事故,县级人民政府也可以委托事故发生单位组织事故调查组进行调查。

上级人民政府认为必要时,可以调查由下级人民政府负责调查的事故。

【参考答案6-10】自事故发生之日起三十日内(道路交通事故、火灾事故自发生之日起七日内),因事故伤亡人数变化导致事故等级发生变化,依照《生产安全事故报告和调查处理条例》规定应当由上级人民政府负责调查的,上级人民政府可以另行组织事故调查组进行调查。

【参考答案6-11】特别重大事故以下等级事故,事故发生地与事故发生单位不在同一个县级以上行政区域的,由事故发生地人民政府负责调查,事故发生单位所在地人民政府应当派人参加。因此,本案事故应由天津市人民政府负责调查。

【参考答案6-12】《安全生产法》规定,生产经营单位发生生产安全事故,经调查确定为责任事故的,除了应当查明事故单位的责任并依法予以追究外,还应当查明对安全生产的有关事项负有审查批准和监督职责的行政部门的责任,对有失职、渎职行为的,依照《安全生产法》的规定追究法律责任。

《生产安全事故报告和调查处理条例》进一步明确,有关机关应当按照人民政府的批复,依照法律、行政法规规定的权限和程序,对事故发生单位和有关人员进行行政处罚,对负有事故责任的国家工作人员进行处分。

事故发生单位应当按照负责事故调查的人民政府的批复,对本单位负有事故责任的人员进行处理。

负有事故责任的人员涉嫌犯罪的,依法追究刑事责任。

7 环境保护法律制度

【案例导入】

中山市某服装有限公司位于中山市三角高平化工区,主要从事梭织布及棉线染整、洗水、服装绣花的生产项目,执行《纺织染整工业水污染物排放标准》(GB 4287-2012)标准。

2020年7月21日,中山市环境监测站采样人员对中山市某服装有限公司的规排口外排生产废水进行采样。2020年9月22日,中山市环境监测站移交的环境监测报告((中山)环境监测(水)字(2020)第0018WY号)结果显示,7月21日当事人的外排生产废水中化学需氧量(COD)值为85 mg/L,许可排放限值为80 mg/L,超过了国家或者地方所规定的水污染物排放标准0.06倍。2020年9月29日,执法人员通知当事人改正,按国家或者地方规定的水污染物排放标准排放污染物。10月13日,执法人员对当事人进行复查,监测结果达标。

问题:(1)该服装有限公司超过水污染物排放标准排放水污染物的行为是否违法?

(2)因当事人按照要求改正后,水污染物排放达标,生态环境部门执法人员对当事人作出了不予行政处罚的处理决定,该处理决定是否合法?

经济和社会发展过程中,环境污染相伴而生。《宪法》第二十六条规定,国家保护和改善生活环境和生态环境,防治污染和其他公害。为保护和改善环境,防治污染和其他公害,保障公众健康,促进经济社会可持续发展,我国自1979年以来相继出台一系列法律、行政法规、行政规章等环境保护法律制度。

环境保护法律制度由《中华人民共和国环境保护法》(以下简称《环境保护法》)、《中华人民共和国环境影响评价法》(以下简称《环境影响评价法》)、《中华人民共和国水污染防治法》(以下简称《水污染防治法》)、《中华人民共和国大气污染防治法》(以下简称《大气污染防治法》)、《中华人民共和国环境噪声污染防治法》(以下简称《噪声污染防治法》)、《中华人民共和国固体废物污染环境防治法》(以下简称《固体废物污染环境防治法》)等法律,《地下水管理条例》《排污许可管理条例》《废弃电器电子产品回收处理管理条例》《建设项目环境保护管理条例》等行政法规,《危险废物转移管理办法》《建设项目环境影响评价行为准则与廉政规定》《碳排放权交易管理办法(试行)》等部门规章,以及一系列地方性法规、规章等组成。

7.1 环境保护概述

7.1.1 环境的概念

环境,是指影响人类生存和发展的各种天然的和经过人工改造的自然因素的总体,包括大气、水、海洋、土地、矿藏、森林、草原、湿地、野生生物、自然遗迹、人文遗迹、自然保护区、风景名胜区、城市和乡村等。

7.1.2 基本国策

保护环境是国家的基本国策。国家采取有利于节约和循环利用资源、保护和改善环境、促进人与自然和谐的经济、技术政策和措施,使经济社会发展与环境保护相协调。正是这个原因,《环境保护法》将每年 6 月 5 日定为环境日。

7.1.3 保护环境是法定义务

一切单位和个人都有保护环境的义务。

地方各级人民政府应当对本行政区域的环境质量负责。

企业事业单位和其他生产经营者应当防止、减少环境污染和生态破坏,对所造成的损害依法承担责任。

公民应当增强环境保护意识,采取低碳、节俭的生活方式,自觉履行环境保护义务。

7.1.4 基本原则与基本制度

一、基本原则

环境保护坚持保护优先、预防为主、综合治理、公众参与、损害担责的原则。

二、基本制度

(一)环境保护规划制度

县级以上人民政府应当将环境保护工作纳入国民经济和社会发展规划。

国务院环境保护主管部门会同有关部门,根据国民经济和社会发展规划编制国家环境保护规划,报国务院批准并公布实施。

县级以上地方人民政府环境保护主管部门会同有关部门,根据国家环境保护规划的要求,编制本行政区域的环境保护规划,报同级人民政府批准并公布实施。

环境保护规划的内容应当包括生态保护和污染防治的目标、任务、保障措施等,并与主体功能区规划、土地利用总体规划和城乡规划等相衔接。

(二)环境保护责任制度

排放污染物的企业事业单位,应当建立环境保护责任制度,明确单位负责人和相关人员的责任。

(三)排污收费制度

排放污染物的企业事业单位和其他生产经营者,应当按照国家有关规定缴纳排污费。排污费应当全部专项用于环境污染防治,任何单位和个人不得截留、挤占或者挪作他用。

依照法律规定征收环境保护税的,不再征收排污费。

(四)重点污染物排放总量控制制度

国家实行重点污染物排放总量控制制度。重点污染物排放总量控制指标由国务院下达,省、自治区、直辖市人民政府分解落实。企业事业单位在执行国家和地方污染物排放标准的同时,应当遵守分解落实到本单位的重点污染物排放总量控制指标。

对超过国家重点污染物排放总量控制指标或者未完成国家确定的环境质量目标的地区,省级以上人民政府环境保护主管部门应当暂停审批其新增重点污染物排放总量的建设项目环境影响评价文件。

(五)排污许可管理制度

国家依照法律规定实行排污许可管理制度。

实行排污许可管理的企业事业单位和其他生产经营者应当按照排污许可证的要求排放污染物;未取得排污许可证的,不得排放污染物。

（六）淘汰制度

国家对严重污染环境的工艺、设备和产品实行淘汰制度。任何单位和个人不得生产、销售或者转移、使用严重污染环境的工艺、设备和产品。

禁止引进不符合我国环境保护规定的技术、设备、材料和产品。

（七）信息公开制度

公民、法人和其他组织依法享有获取环境信息、参与和监督环境保护的权利。各级人民政府环境保护主管部门和其他负有环境保护监督管理职责的部门，应当依法公开环境信息、完善公众参与程序，为公民、法人和其他组织参与和监督环境保护提供便利。

国务院环境保护主管部门统一发布国家环境质量、重点污染源监测信息及其他重大环境信息。省级以上人民政府环境保护主管部门定期发布环境状况公报。

县级以上人民政府环境保护主管部门和其他负有环境保护监督管理职责的部门，应当依法公开环境质量、环境监测、突发环境事件以及环境行政许可、行政处罚、排污费的征收和使用情况等信息。

县级以上地方人民政府环境保护主管部门和其他负有环境保护监督管理职责的部门，应当将企业事业单位和其他生产经营者的环境违法信息记入社会诚信档案，及时向社会公布违法者名单。

重点排污单位应当如实向社会公开其主要污染物的名称、排放方式、排放浓度和总量、超标排放情况，以及防治污染设施的建设和运行情况，接受社会监督。

（八）公众参与制度

国务院有关部门和省、自治区、直辖市人民政府组织制定经济、技术政策，应当充分考虑对环境的影响，听取有关方面和专家的意见。

对依法应当编制环境影响报告书的建设项目，建设单位应当在编制时向可能受影响的公众说明情况，充分征求意见。

负责审批建设项目环境影响评价文件的部门在收到建设项目环境影响报告书后，除涉及国家秘密和商业秘密的事项外，应当全文公开；发现建设项目未充分征求公众意见的，应当责成建设单位征求公众意见。

（九）监督举报制度

公民、法人和其他组织发现任何单位和个人有污染环境和破坏生态行为的，有权向环境保护主管部门或者其他负有环境保护监督管理职责的部门举报。

公民、法人和其他组织发现地方各级人民政府、县级以上人民政府环境保护主管部门和其他负有环境保护监督管理职责的部门不依法履行职责的，有权向其上级机关或者监察机关举报。

接受举报的机关应当对举报人的相关信息予以保密，保护举报人的合法权益。

（十）环境污染公益诉讼制度

对污染环境、破坏生态，损害社会公共利益的行为，符合下列条件的社会组织可以向人民法院提起诉讼：

（1）依法在设区的市级以上人民政府民政部门登记；

（2）专门从事环境保护公益活动连续五年以上且无违法记录。

符合前款规定的社会组织向人民法院提起诉讼，人民法院应当依法受理。

提起诉讼的社会组织不得通过诉讼牟取经济利益。

(十一)环境监测制度

国家建立、健全环境监测制度。国务院环境保护主管部门制定监测规范,会同有关部门组织监测网络,统一规划国家环境质量监测站(点)的设置,建立监测数据共享机制,加强对环境监测的管理。

有关行业、专业等各类环境质量监测站(点)的设置应当符合法律法规规定和监测规范的要求。

监测机构应当使用符合国家标准的监测设备,遵守监测规范。监测机构及其负责人对监测数据的真实性和准确性负责。

省级以上人民政府应当组织有关部门或者委托专业机构,对环境状况进行调查、评价,建立环境资源承载能力监测预警机制。

重点排污单位应当按照国家有关规定和监测规范安装使用监测设备,保证监测设备正常运行,保存原始监测记录。

严禁通过暗管、渗井、渗坑、灌注或者篡改、伪造监测数据,或者不正常运行防治污染设施等逃避监管的方式违法排放污染物。

(十二)建设项目环境保护"三同时"制度

建设项目中防治污染的设施,应当与主体工程同时设计、同时施工、同时投产使用。防治污染的设施应当符合经批准的环境影响评价文件的要求,不得擅自拆除或者闲置。

(十三)环境影响评价制度

编制有关开发利用规划,建设对环境有影响的项目,应当依法进行环境影响评价。

未依法进行环境影响评价的开发利用规划,不得组织实施;未依法进行环境影响评价的建设项目,不得开工建设。

(十四)联合防治协调制度

国家建立跨行政区域的重点区域、流域环境污染和生态破坏联合防治协调机制,实行统一规划、统一标准、统一监测、统一的防治措施。

前款规定以外的跨行政区域的环境污染和生态破坏的防治,由上级人民政府协调解决,或者由有关地方人民政府协商解决。

(十五)生态保护补偿制度

国家建立、健全生态保护补偿制度。

国家加大对生态保护地区的财政转移支付力度。有关地方人民政府应当落实生态保护补偿资金,确保其用于生态保护补偿。

【思考 7-1】请举例说明生态保护补偿。

国家指导受益地区和生态保护地区人民政府通过协商或者按照市场规则进行生态保护补偿。

(十六)环境保护激励制度

国家采取财政、税收、价格、政府采购等方面的政策和措施,鼓励和支持环境保护技术装备、资源综合利用和环境服务等环境保护产业的发展。

企业事业单位和其他生产经营者,在污染物排放符合法定要求的基础上,进一步减少污染物排放的,人民政府应当依法采取财政、税收、价格、政府采购等方面的政策和措施予以鼓励和支持。

企业事业单位和其他生产经营者,为改善环境,依照有关规定转产、搬迁、关闭的,人民政府应当予以支持。

（十七）目标责任制和考核评价制度

国家实行环境保护目标责任制和考核评价制度。县级以上人民政府应当将环境保护目标完成情况纳入对本级人民政府负有环境保护监督管理职责的部门及其负责人和下级人民政府及其负责人的考核内容，作为对其考核评价的重要依据。考核结果应当向社会公开。例如在《水污染防治法》中，国家将水环境保护目标完成情况作为对地方人民政府及其负责人考核评价的内容。

县级以上人民政府应当每年向本级人民代表大会或者人民代表大会常务委员会报告环境状况和环境保护目标完成情况，对发生的重大环境事件应当及时向本级人民代表大会常务委员会报告，依法接受监督。

7.1.5 监督管理

国务院环境保护主管部门，对全国环境保护工作实施统一监督管理；县级以上地方人民政府环境保护主管部门，对本行政区域环境保护工作实施统一监督管理。

县级以上人民政府有关部门和军队环境保护部门，依照有关法律的规定对资源保护和污染防治等环境保护工作实施监督管理。

县级以上人民政府环境保护主管部门及其委托的环境监察机构和其他负有环境保护监督管理职责的部门，有权对排放污染物的企业事业单位和其他生产经营者进行现场检查。被检查者应当如实反映情况，提供必要的资料。实施现场检查的部门、机构及其工作人员应当为被检查者保守商业秘密。

企业事业单位和其他生产经营者违反法律法规规定排放污染物，造成或者可能造成严重污染的，县级以上人民政府环境保护主管部门和其他负有环境保护监督管理职责的部门，可以查封、扣押造成污染物排放的设施、设备。

7.2 环境影响评价

环境影响评价，是指对规划和建设项目实施后可能造成的环境影响进行分析、预测和评估，提出预防或者减轻不良环境影响的对策和措施，进行跟踪监测的方法与制度。环境影响评价主要是为了实施可持续发展战略，预防因规划和建设项目实施后对环境造成不良影响，促进经济、社会和环境的协调发展。

7.2.1 规划的环境影响评价

一、土地利用等有关规划中的环境影响评价

国务院有关部门、设区的市级以上地方人民政府及其有关部门，对其组织编制的土地利用的有关规划，区域、流域、海域的建设、开发利用规划，应当在规划编制过程中组织进行环境影响评价，编写该规划有关环境影响的篇章或者说明。

规划有关环境影响的篇章或者说明，应当对规划实施后可能造成的环境影响作出分析、预测和评估，提出预防或者减轻不良环境影响的对策和措施，作为规划草案的组成部分一并报送规划审批机关。

未编写有关环境影响的篇章或者说明的规划草案，审批机关不予审批。

二、专项规划中的环境影响评价

国务院有关部门、设区的市级以上地方人民政府及其有关部门,对其组织编制的工业、农业、畜牧业、林业、能源、水利、交通、城市建设、旅游、自然资源开发的有关专项规划(以下简称专项规划),应当在该专项规划草案上报审批前,组织进行环境影响评价,并向审批该专项规划的机关提出环境影响报告书。

(一)环境影响报告书内容

专项规划的环境影响报告书应当包括下列内容:
(1)实施该规划对环境可能造成影响的分析、预测和评估;
(2)预防或者减轻不良环境影响的对策和措施;
(3)环境影响评价的结论。

(二)征求意见

专项规划的编制机关对可能造成不良环境影响并直接涉及公众环境权益的规划,应当在该规划草案报送审批前,举行论证会、听证会,或者采取其他形式,征求有关单位、专家和公众对环境影响报告书草案的意见。但是,国家规定需要保密的情形除外。

编制机关应当认真考虑有关单位、专家和公众对环境影响报告书草案的意见,并应当在报送审查的环境影响报告书中附具对意见采纳或者不采纳的说明。

(三)审查

专项规划的编制机关在报批规划草案时,应当将环境影响报告书一并附送审批机关审查;未附送环境影响报告书的,审批机关不予审批。

设区的市级以上人民政府在审批专项规划草案,作出决策前,应当先由人民政府指定的生态环境主管部门或者其他部门召集有关部门代表和专家组成审查小组,对环境影响报告书进行审查。审查小组应当提出书面审查意见。

【思考 7-2】审查小组专家怎么确定?

由省级以上人民政府有关部门负责审批的专项规划,其环境影响报告书的审查办法,由国务院生态环境主管部门会同国务院有关部门制定。

审查小组提出修改意见的,专项规划的编制机关应当根据环境影响报告书结论和审查意见对规划草案进行修改完善,并对环境影响报告书结论和审查意见的采纳情况作出说明;不采纳的,应当说明理由。

设区的市级以上人民政府或者省级以上人民政府有关部门在审批专项规划草案时,应当将环境影响报告书结论以及审查意见作为决策的重要依据。在审批中未采纳环境影响报告书结论以及审查意见的,应当作出说明,并存档备查。

对环境有重大影响的规划实施后,编制机关应当及时组织环境影响的跟踪评价,并将评价结果报告审批机关;发现有明显不良环境影响的,应当及时提出改进措施。

7.2.2 建设项目的环境影响评价

一、分类管理

国家根据建设项目对环境的影响程度,对建设项目的环境影响评价实行分类管理。

建设单位应当按照下列规定组织编制环境影响报告书、环境影响报告表或者填报环境影响登记表（以下统称环境影响评价文件）：

(1)可能造成重大环境影响的,应当编制环境影响报告书,对产生的环境影响进行全面评价；

(2)可能造成轻度环境影响的,应当编制环境影响报告表,对产生的环境影响进行分析或者专项评价；

(3)对环境影响很小、不需要进行环境影响评价的,应当填报环境影响登记表。

建设项目的环境影响评价分类管理名录,由国务院生态环境主管部门制定并公布。

二、环境影响报告书内容

建设项目的环境影响报告书应当包括下列内容：

(1)建设项目概况；

(2)建设项目周围环境现状；

(3)建设项目对环境可能造成影响的分析、预测和评估；

(4)建设项目环境保护措施及其技术、经济论证；

(5)建设项目对环境影响的经济损益分析；

(6)对建设项目实施环境监测的建议；

(7)环境影响评价的结论。

环境影响报告表和环境影响登记表的内容和格式,由国务院生态环境主管部门制定。

【思考7-3】建设项目的环境影响评价与规划的环境影响评价之间存在什么关系？

三、环境影响评价文件的编制

建设单位可以委托技术单位对其建设项目开展环境影响评价,编制建设项目环境影响报告书、环境影响报告表；建设单位具备环境影响评价技术能力的,可以自行对其建设项目开展环境影响评价,编制建设项目环境影响报告书、环境影响报告表。编制建设项目环境影响报告书、环境影响报告表应当遵守国家有关环境影响评价标准、技术规范等规定。

【思考7-4】接受委托技术单位能否与审批部门存在利益关系？

建设单位应当对建设项目环境影响报告书、环境影响报告表的内容和结论负责,接受委托编制建设项目环境影响报告书、环境影响报告表的技术单位对其编制的建设项目环境影响报告书、环境影响报告表承担相应责任。

四、对编制单位的监督管理

设区的市级以上人民政府生态环境主管部门应当加强对建设项目环境影响报告书、环境影响报告表编制单位的监督管理和质量考核。

负责审批建设项目环境影响报告书、环境影响报告表的生态环境主管部门应当将编制单位、编制主持人和主要编制人员的相关违法信息记入社会诚信档案,并纳入全国信用信息共享平台和国家企业信用信息公示系统向社会公布。

任何单位和个人不得为建设单位指定编制建设项目环境影响报告书、环境影响报告表的技术单位。

五、征求意见

除国家规定需要保密的情形外,对环境可能造成重大影响、应当编制环境影响报告书的建设项目,建设单位应当在报批建设项目环境影响报告书前,举行论证会、听证会,或者采取其他形式,征求有关单位、专家和公众的意见。

建设单位报批的环境影响报告书应当附具对有关单位、专家和公众的意见采纳或者不采纳的说明。

六、审批与备案

建设项目的环境影响报告书、报告表，由建设单位按照国务院的规定报有审批权的生态环境主管部门审批。

海洋工程建设项目的海洋环境影响报告书的审批，依照《中华人民共和国海洋环境保护法》的规定办理。

【思考 7-5】有关审批权限有什么具体规定？

建设项目可能造成跨行政区域的不良环境影响，有关生态环境主管部门对该项目的环境影响评价结论有争议的，其环境影响评价文件由共同的上一级生态环境主管部门审批。

审批部门应当自收到环境影响报告书之日起六十日内，收到环境影响报告表之日起三十日内，分别作出审批决定并书面通知建设单位。

国家对环境影响登记表实行备案管理。

审核、审批建设项目环境影响报告书、报告表以及备案环境影响登记表，不得收取任何费用。

【思考 7-6】环境影响评价文件经批准后，建设项目发生重大变动的，原环境影响评价文件是否继续有效？

【思考 7-7】经批准的建设项目环境影响评价文件有没有时效？

建设项目的环境影响评价文件未依法经审批部门审查或者审查后未予批准的，建设单位不得开工建设。

七、建设、运行中应采取的措施

建设项目建设过程中，建设单位应当同时实施环境影响报告书、环境影响报告表以及环境影响评价文件审批部门审批意见中提出的环境保护对策措施。

在项目建设、运行过程中产生不符合经审批的环境影响评价文件的情形的，建设单位应当组织环境影响的后评价，采取改进措施，并报原环境影响评价文件审批部门和建设项目审批部门备案；原环境影响评价文件审批部门也可以责成建设单位进行环境影响的后评价，采取改进措施。

生态环境主管部门应当对建设项目投入生产或者使用后所产生的环境影响进行跟踪检查，对造成严重环境污染或者生态破坏的，应当查清原因、查明责任。对属于建设项目环境影响报告书、环境影响报告表存在基础资料明显不实，内容存在重大缺陷、遗漏或者虚假，环境影响评价结论不正确或者不合理等严重质量问题的，依照《环境影响评价法》的规定追究建设单位及其相关责任人员和接受委托编制建设项目环境影响报告书、环境影响报告表的技术单位及其相关人员的法律责任；属于审批部门工作人员失职、渎职，对依法不应批准的建设项目环境影响报告书、环境影响报告表予以批准的，依照《环境影响评价法》的规定追究其法律责任。

7.3　水污染防治法律制度

《水污染防治法》的调整范围包括中华人民共和国领域内的江河、湖泊、运河、渠道、水库等地表水体以及地下水体的污染防治。海洋污染防治适用《中华人民共和国海洋环境保护法》。

7.3.1 水污染防治的监督管理

一、依法进行环境影响评价

新建、改建、扩建直接或者间接向水体排放污染物的建设项目和其他水上设施,应当依法进行环境影响评价。

建设单位在江河、湖泊新建、改建、扩建排污口的,应当取得水行政主管部门或者流域管理机构同意;涉及通航、渔业水域的,环境保护主管部门在审批环境影响评价文件时,应当征求交通、渔业主管部门的意见。

建设项目的水污染防治设施,应当与主体工程同时设计、同时施工、同时投入使用。水污染防治设施应当符合经批准或者备案的环境影响评价文件的要求。

二、重点水污染物排放总量控制

重点水污染物排放总量控制指标,由国务院环境保护主管部门在征求国务院有关部门和各省、自治区、直辖市人民政府意见后,会同国务院经济综合宏观调控部门报国务院批准并下达实施。

省、自治区、直辖市人民政府应当按照国务院的规定削减和控制本行政区域的重点水污染物排放总量。具体办法由国务院环境保护主管部门会同国务院有关部门规定。

省、自治区、直辖市人民政府可以根据本行政区域水环境质量状况和水污染防治工作的需要,对国家重点水污染物之外的其他水污染物排放实行总量控制。

对超过重点水污染物排放总量控制指标或者未完成水环境质量改善目标的地区,省级以上人民政府环境保护主管部门应当会同有关部门约谈该地区人民政府的主要负责人,并暂停审批新增重点水污染物排放总量的建设项目的环境影响评价文件。约谈情况应当向社会公开。

三、排污许可

直接或者间接向水体排放工业废水和医疗污水以及其他按照规定应当取得排污许可证方可排放的废水、污水的企业事业单位和其他生产经营者,应当取得排污许可证;城镇污水集中处理设施的运营单位,也应当取得排污许可证。排污许可证应当明确排放水污染物的种类、浓度、总量和排放去向等要求。排污许可的具体办法由国务院规定。

禁止企业事业单位和其他生产经营者无排污许可证或者违反排污许可证的规定向水体排放前款规定的废水、污水。

四、排污口设置规定

向水体排放污染物的企业事业单位和其他生产经营者,应当按照法律、行政法规和国务院环境保护主管部门的规定设置排污口;在江河、湖泊设置排污口的,还应当遵守国务院水行政主管部门的规定。

【思考7-8】如何监测企业事业单位和其他生产经营者是否依法排污?

7.3.2 水污染防治措施

一、一般规定

(一)有毒有害水污染物风险管理

国务院环境保护主管部门应当会同国务院卫生主管部门,根据对公众健康和生态环境的危害和影响程度,公布有毒有害水污染物名录,实行风险管理。

排放规定名录中所列有毒有害水污染物的企业事业单位和其他生产经营者,应当对排污口和周边环境进行监测,评估环境风险,排查环境安全隐患,并公开有毒有害水污染物信息,采取有效措施防范环境风险。

(二)禁止向水体排放的污染物

(1)禁止向水体排放油类、酸液、碱液或者剧毒废液。禁止在水体清洗装贮过油类或者有毒污染物的车辆和容器。

(2)禁止向水体排放、倾倒放射性固体废物或者含有高放射性和中放射性物质的废水。向水体排放含低放射性物质的废水,应当符合国家有关放射性污染防治的规定和标准。

(3)向水体排放含热废水,应当采取措施,保证水体的水温符合水环境质量标准。

(4)含病原体的污水应当经过消毒处理;符合国家有关标准后,方可排放。

(5)禁止向水体排放、倾倒工业废渣、城镇垃圾和其他废弃物。禁止将含有汞、镉、砷、铬、铅、氰化物、黄磷等的可溶性剧毒废渣向水体排放、倾倒或者直接埋入地下。存放可溶性剧毒废渣的场所,应当采取防水、防渗漏、防流失的措施。

(6)禁止在江河、湖泊、运河、渠道、水库最高水位线以下的滩地和岸坡堆放、存贮固体废弃物和其他污染物。

(7)禁止利用渗井、渗坑、裂隙、溶洞,私设暗管,篡改、伪造监测数据,或者不正常运行水污染防治设施等逃避监管的方式排放水污染物。

(8)化学品生产企业以及工业集聚区、矿山开采区、尾矿库、危险废物处置场、垃圾填埋场等的运营、管理单位,应当采取防渗漏等措施,并建设地下水水质监测井进行监测,防止地下水污染。

加油站等的地下油罐应当使用双层罐或者采取建造防渗池等其他有效措施,并进行防渗漏监测,防止地下水污染。

禁止利用无防渗漏措施的沟渠、坑塘等输送或者存贮含有毒污染物的废水、含病原体的污水和其他废弃物。

(9)多层地下水的含水层水质差异大的,应当分层开采;对已受污染的潜水和承压水,不得混合开采。

(10)兴建地下工程设施或者进行地下勘探、采矿等活动,应当采取防护性措施,防止地下水污染。

报废矿井、钻井或者取水井等,应当实施封井或者回填。

(11)人工回灌补给地下水,不得恶化地下水质。

二、城镇水污染防治

(一)城镇污水应当集中处理

县级以上地方人民政府应当通过财政预算和其他渠道筹集资金,统筹安排建设城镇污水集中处理设施及配套管网,提高本行政区域城镇污水的收集率和处理率。

国务院建设主管部门应当会同国务院经济综合宏观调控、环境保护主管部门,根据城乡规划和水污染防治规划,组织编制全国城镇污水处理设施建设规划。县级以上地方人民政府组织建设、经济综合宏观调控、环境保护、水行政等部门编制本行政区域的城镇污水处理设施建设规划。县级以上地方人民政府建设主管部门应当按照城镇污水处理设施建设规划,组织建设城镇污水集中处理设施及配套管网,并加强对城镇污水集中处理设施运营的监督管理。

城镇污水集中处理设施的运营单位按照国家规定向排污者提供污水处理的有偿服务,收取污水处理费用,保证污水集中处理设施的正常运行。收取的污水处理费用应当用于城镇污水集中处理设施的建设运行和污泥处理处置,不得挪作他用。

城镇污水集中处理设施的污水处理收费、管理以及使用的具体办法,由国务院规定。

(二)水污染物达标排放

向城镇污水集中处理设施排放水污染物,应当符合国家或者地方规定的水污染物排放标准。

城镇污水集中处理设施的运营单位,应当对城镇污水集中处理设施的出水水质负责。

环境保护主管部门应当对城镇污水集中处理设施的出水水质和水量进行监督检查。

(三)污泥处置

城镇污水集中处理设施的运营单位或者污泥处理处置单位应当安全处理处置污泥,保证处理处置后的污泥符合国家标准,并对污泥的去向等进行记录。

三、饮用水水源和其他特殊水体保护

(一)国家建立饮用水水源保护区制度

饮用水水源保护区分为一级保护区和二级保护区;必要时,可以在饮用水水源保护区外围划定一定的区域作为准保护区。

饮用水水源保护区的划定,由有关市、县人民政府提出划定方案,报省、自治区、直辖市人民政府批准;跨市、县饮用水水源保护区的划定,由有关市、县人民政府协商提出划定方案,报省、自治区、直辖市人民政府批准;协商不成的,由省、自治区、直辖市人民政府环境保护主管部门会同同级水行政、国土资源、卫生、建设等部门提出划定方案,征求同级有关部门的意见后,报省、自治区、直辖市人民政府批准。

跨省、自治区、直辖市的饮用水水源保护区,由有关省、自治区、直辖市人民政府商有关流域管理机构划定;协商不成的,由国务院环境保护主管部门会同同级水行政、国土资源、卫生、建设等部门提出划定方案,征求国务院有关部门的意见后,报国务院批准。

国务院和省、自治区、直辖市人民政府可以根据保护饮用水水源的实际需要,调整饮用水水源保护区的范围,确保饮用水安全。有关地方人民政府应当在饮用水水源保护区的边界设立明确的地理界标和明显的警示标志。

(二)饮用水源保护区内禁止性规定

(1)在饮用水水源保护区内,禁止设置排污口。

(2)禁止在饮用水水源一级保护区内新建、改建、扩建与供水设施和保护水源无关的建设项目;已建成的与供水设施和保护水源无关的建设项目,由县级以上人民政府责令拆除或者关闭。禁止在饮用水水源一级保护区内从事网箱养殖、旅游、游泳、垂钓或者其他可能污染饮用水水体的活动。

(3)禁止在饮用水水源二级保护区内新建、改建、扩建排放污染物的建设项目;已建成的排放污染物的建设项目,由县级以上人民政府责令拆除或者关闭。

在饮用水水源二级保护区内从事网箱养殖、旅游等活动的,应当按照规定采取措施,防止污染饮用水水体。

(4)禁止在饮用水水源准保护区内新建、扩建对水体污染严重的建设项目;改建建设项目,不得增加排污量。

县级以上地方人民政府应当根据保护饮用水水源的实际需要,在准保护区内采取工程措施或者建

造湿地、水源涵养林等生态保护措施,防止水污染物直接排入饮用水水体,确保饮用水安全。

(三)饮用水源风险防范

县级以上地方人民政府应当组织环境保护等部门,对饮用水水源保护区、地下水型饮用水源的补给区及供水单位周边区域的环境状况和污染风险进行调查评估,筛查可能存在的污染风险因素,并采取相应的风险防范措施。

饮用水水源受到污染可能威胁供水安全的,环境保护主管部门应当责令有关企业事业单位和其他生产经营者采取停止排放水污染物等措施,并通报饮用水供水单位和供水、卫生、水行政等部门;跨行政区域的,还应当通报相关地方人民政府。

单一水源供水城市的人民政府应当建设应急水源或者备用水源,有条件的地区可以开展区域联网供水。

饮用水供水单位应当做好取水口和出水口的水质检测工作。发现取水口水质不符合饮用水水源水质标准或者出水口水质不符合饮用水卫生标准的,应当及时采取相应措施,并向所在地市、县级人民政府供水主管部门报告。供水主管部门接到报告后,应当通报环境保护、卫生、水行政等部门。饮用水供水单位应当对供水水质负责,确保供水设施安全可靠运行,保证供水水质符合国家有关标准。

(四)风景名胜区等特殊水体的保护

县级以上人民政府可以对风景名胜区水体、重要渔业水体和其他具有特殊经济文化价值的水体划定保护区,并采取措施,保证保护区的水质符合规定用途的水环境质量标准。

在风景名胜区水体、重要渔业水体和其他具有特殊经济文化价值的水体的保护区内,不得新建排污口。在保护区附近新建排污口,应当保证保护区水体不受污染。

7.4 大气污染防治法律制度

防治大气污染,应当以改善大气环境质量为目标,坚持源头治理,规划先行,转变经济发展方式,优化产业结构和布局,调整能源结构。

7.4.1 联合防治、协同控制

防治大气污染,应当加强对燃煤、工业、机动车船、扬尘、农业等大气污染的综合防治,推行区域大气污染联合防治,对颗粒物、二氧化硫、氮氧化物、挥发性有机物、氨等大气污染物和温室气体实施协同控制。

7.4.2 大气污染防治的监督管理

一、环境影响评价

企业事业单位和其他生产经营者建设对大气环境有影响的项目,应当依法进行环境影响评价、公开环境影响评价文件。

二、排污许可

排放工业废气或者国务院生态环境主管部门会同国务院卫生行政部门所公布的有毒有害大气污染物名录中所列有毒有害大气污染物的企业事业单位、集中供热设施的燃煤热源生产运营单位以及其他依法实行排污许可管理的单位,应当取得排污许可证。对于排污许可的具体办法和实施步骤,国务院于2020年12月公布了《排污许可管理条例》,并于2021年3月开始施行。

三、排放口设置

企业事业单位和其他生产经营者向大气排放污染物的,应当依照法律法规和国务院生态环境主管部门的规定设置大气污染物排放口。

禁止通过偷排、篡改或者伪造监测数据、以逃避现场检查为目的的临时停产、非紧急情况下开启应急排放通道、不正常运行大气污染防治设施等逃避监管的方式排放大气污染物。

四、总量控制与排污权交易

国家对重点大气污染物排放实行总量控制。

重点大气污染物排放总量控制目标,由国务院生态环境主管部门在征求国务院有关部门和各省、自治区、直辖市人民政府意见后,会同国务院经济综合主管部门报国务院批准并下达实施。

省、自治区、直辖市人民政府应当按照国务院下达的总量控制目标,控制或者削减本行政区域的重点大气污染物排放总量。省、自治区、直辖市人民政府可以根据本行政区域大气污染防治的需要,对国家重点大气污染物之外的其他大气污染物排放实行总量控制。

国家逐步推行重点大气污染物排污权交易。

【思考 7-9】某地区如果超过国家重点大气污染物排放总量控制指标或者未完成国家下达的大气环境质量改善目标,生态环境主管部门应该采取什么措施?

五、大气污染源监测

国务院生态环境主管部门负责制定大气环境质量和大气污染源的监测和评价规范,组织建设与管理全国大气环境质量和大气污染源监测网,组织开展大气环境质量和大气污染源监测,统一发布全国大气环境质量状况信息。

县级以上地方人民政府生态环境主管部门负责组织建设与管理本行政区域大气环境质量和大气污染源监测网,开展大气环境质量和大气污染源监测,统一发布本行政区域大气环境质量状况信息。

【思考 7-10】生产经营者排放工业废气或者大气污染物应如何检测?

禁止侵占、损毁或者擅自移动、改变大气环境质量监测设施和大气污染物排放自动监测设备。

六、淘汰污染严重的工艺、设备

国家对严重污染大气环境的工艺、设备和产品实行淘汰制度。

国务院经济综合主管部门会同国务院有关部门确定严重污染大气环境的工艺、设备和产品淘汰期限,并纳入国家综合性产业政策目录。

生产者、进口者、销售者或者使用者应当在规定期限内停止生产、进口、销售或者使用列入规定目录中的设备和产品。工艺的采用者应当在规定期限内停止采用列入前款规定目录中的工艺。

被淘汰的设备和产品,不得转让给他人使用。

七、监管部门职责与权限

生态环境主管部门及其环境执法机构和其他负有大气环境保护监督管理职责的部门,有权通过现场检查监测、自动监测、遥感监测、远红外摄像等方式,对排放大气污染物的企业事业单位和其他生产经营者进行监督检查。被检查者应当如实反映情况,提供必要的资料。实施检查的部门、机构及其工作人员应当为被检查者保守商业秘密。

企业事业单位和其他生产经营者违反法律法规规定排放大气污染物，造成或者可能造成严重大气污染，或者有关证据可能灭失或者被隐匿的，县级以上人民政府生态环境主管部门和其他负有大气环境保护监督管理职责的部门，可以对有关设施、设备、物品采取查封、扣押等行政强制措施。

7.4.3 扬尘污染防治

一、管理部门

地方各级人民政府应当加强对建设施工和运输的管理，保持道路清洁，控制料堆和渣土堆放，扩大绿地、水面、湿地和地面铺装面积，防治扬尘污染。

住房城乡建设、市容环境卫生、交通运输、国土资源等有关部门，应当根据本级人民政府确定的职责，做好扬尘污染防治工作。

二、建设项目扬尘污染防治

（一）建设单位责任

建设单位应当将防治扬尘污染的费用列入工程造价，并在施工承包合同中明确施工单位扬尘污染防治责任。施工单位应当制定具体的施工扬尘污染防治实施方案。

暂时不能开工的建设用地，建设单位应当对裸露地面进行覆盖；超过三个月的，应当进行绿化、铺装或者遮盖。

（二）施工单位责任

从事房屋建筑、市政基础设施建设、河道整治以及建筑物拆除等施工单位，应当向负责监督管理扬尘污染防治的主管部门备案。

施工单位应当在施工工地设置硬质围挡，并采取覆盖、分段作业、择时施工、洒水抑尘、冲洗地面和车辆等有效防尘降尘措施。建筑土方、工程渣土、建筑垃圾应当及时清运；在场地内堆存的，应当采用密闭式防尘网遮盖。工程渣土、建筑垃圾应当进行资源化处理。

施工单位应当在施工工地公示扬尘污染防治措施、负责人、扬尘监督管理主管部门等信息。

三、运输车辆扬尘污染防治规定

运输煤炭、垃圾、渣土、砂石、土方、灰浆等散装、流体物料的车辆应当采取密闭或者其他措施防止物料遗撒造成扬尘污染，并按照规定路线行驶。装卸物料应当采取密闭或者喷淋等方式防治扬尘污染。

城市人民政府应当加强道路、广场、停车场和其他公共场所的清扫保洁管理，推行清洁动力机械化清扫等低尘作业方式，防治扬尘污染。

四、裸露地面防尘措施

市政河道以及河道沿线、公共用地的裸露地面以及其他城镇裸露地面，有关部门应当按照规划组织实施绿化或者透水铺装。

五、贮存物料场所防尘措施

贮存煤炭、煤矸石、煤渣、煤灰、水泥、石灰、石膏、砂土等易产生扬尘的物料应当密闭；不能密闭的，应当设置不低于堆放物高度的严密围挡，并采取有效覆盖措施防治扬尘污染。

码头、矿山、填埋场和消纳场应当实施分区作业，并采取有效措施防治扬尘污染。

7.4.4 重污染天气应对

一、重污染天气监测预警

国家建立重污染天气监测预警体系。

国务院生态环境主管部门会同国务院气象主管机构等有关部门、国家大气污染防治重点区域内有关省、自治区、直辖市人民政府,建立重点区域重污染天气监测预警机制,统一预警分级标准。可能发生区域重污染天气的,应当及时向重点区域内有关省、自治区、直辖市人民政府通报。

省、自治区、直辖市、设区的市人民政府生态环境主管部门会同气象主管机构等有关部门建立本行政区域重污染天气监测预警机制。

二、大气环境质量预报与预警

省、自治区、直辖市、设区的市人民政府生态环境主管部门应当会同气象主管机构建立会商机制,进行大气环境质量预报。可能发生重污染天气的,应当及时向本级人民政府报告。省、自治区、直辖市、设区的市人民政府依据重污染天气预报信息,进行综合研判,确定预警等级并及时发出预警。预警等级根据情况变化及时调整。任何单位和个人不得擅自向社会发布重污染天气预报预警信息。

预警信息发布后,人民政府及其有关部门应当通过电视、广播、网络、短信等途径告知公众采取健康防护措施,指导公众出行和调整其他相关社会活动。

三、制定重污染天气应急预案

县级以上地方人民政府应当将重污染天气应对纳入突发事件应急管理体系。

省、自治区、直辖市、设区的市人民政府以及可能发生重污染天气的县级人民政府,应当制定重污染天气应急预案,向上一级人民政府生态环境主管部门备案,并向社会公布。

县级以上地方人民政府应当依据重污染天气的预警等级,及时启动应急预案,根据应急需要可以采取责令有关企业停产或者限产、限制部分机动车行驶、禁止燃放烟花爆竹、停止工地土石方作业和建筑物拆除施工、停止露天烧烤、停止幼儿园和学校组织的户外活动、组织开展人工影响天气作业等应急措施。

应急响应结束后,人民政府应当及时开展应急预案实施情况的评估,适时修改完善应急预案。

四、突发环境事件应急处置

发生造成大气污染的突发环境事件,人民政府及其有关部门和相关企业事业单位,应当依照《中华人民共和国突发事件应对法》《中华人民共和国环境保护法》的规定,做好应急处置工作。生态环境主管部门应当及时对突发环境事件产生的大气污染物进行监测,并向社会公布监测信息。

7.5 噪声污染防治法律制度

7.5.1 一般规定

一、基本概念

噪声,是指在工业生产、建筑施工、交通运输和社会生活中产生的干扰周围生活环境的声音。

【思考 7-11】噪声等同于噪声污染吗?

【思考 7-12】 因从事本职生产经营工作受到噪声危害的防治,是否适用《噪声污染防治法》?

二、基本原则

噪声污染防治应当坚持统筹规划、源头防控、分类管理、社会共治、损害担责的原则。

三、防治工作协调联动

县级以上地方人民政府应当依照《噪声污染防治法》和国务院的规定,明确有关部门的噪声污染防治监督管理职责,根据需要建立噪声污染防治工作协调联动机制,加强部门协同配合、信息共享,推进本行政区域噪声污染防治工作。

四、推进噪声污染防治标准体系建设

国务院生态环境主管部门和国务院其他有关部门,在各自职责范围内,制定和完善噪声污染防治相关标准,加强标准之间的衔接协调。声环境质量标准、噪声排放标准和其他噪声污染防治相关标准应当定期评估,并根据评估结果适时修订。

五、噪声污染防治规划

各级人民政府及其有关部门制定、修改国土空间规划和相关规划,应当依法进行环境影响评价,充分考虑城乡区域开发、改造和建设项目产生的噪声对周围生活环境的影响,统筹规划,合理安排土地用途和建设布局,防止、减轻噪声污染。有关环境影响篇章、说明或者报告书中应当包括噪声污染防治内容。

六、个人与单位的权利与义务

任何单位和个人都有保护声环境的义务,同时依法享有获取声环境信息、参与和监督噪声污染防治的权利。

排放噪声的单位和个人应当采取有效措施,防止、减轻噪声污染。

7.5.2 噪声污染防治的监督管理

国务院生态环境主管部门对全国噪声污染防治实施统一监督管理。地方人民政府生态环境主管部门对本行政区域噪声污染防治实施统一监督管理。

各级住房和城乡建设、公安、交通运输、铁路监督管理、民用航空、海事等部门,在各自职责范围内,对建筑施工、交通运输和社会生活噪声污染防治实施监督管理。

基层群众性自治组织应当协助地方人民政府及其有关部门做好噪声污染防治工作。

一、环境影响评价

新建、改建、扩建可能产生噪声污染的建设项目,应当依法进行环境影响评价。

二、"三同时"制度

建设项目的噪声污染防治设施应当与主体工程同时设计、同时施工、同时投产使用。

建设项目在投入生产或者使用之前,建设单位应当依照有关法律法规的规定,对配套建设的噪声污染防治设施进行验收,编制验收报告,并向社会公开。未经验收或者验收不合格的,该建设项目不得投入生产或者使用。

三、噪声敏感建筑物

建设噪声敏感建筑物,应当符合民用建筑隔声设计相关标准要求,不符合标准要求的,不得通过验

收、交付使用；在交通干线两侧、工业企业周边等地方建设噪声敏感建筑物，还应当按照规定间隔一定距离，并采取减少振动、降低噪声的措施。

四、约谈整改

对未完成声环境质量改善规划设定目标的地区以及噪声污染问题突出、群众反映强烈的地区，省级以上人民政府生态环境主管部门会同其他负有噪声污染防治监督管理职责的部门约谈该地区人民政府及其有关部门的主要负责人，要求其采取有效措施及时整改。约谈和整改情况应当向社会公开。

五、现场检查

生态环境主管部门和其他负有噪声污染防治监督管理职责的部门，有权对排放噪声的单位或者场所进行现场检查。被检查者应当如实反映情况，提供必要的资料，不得拒绝或者阻挠。实施检查的部门、人员对现场检查中知悉的商业秘密应当保密。

检查人员进行现场检查，不得少于两人，并应当主动出示执法证件。

排放噪声造成严重污染，被责令改正拒不改正的，生态环境主管部门或者其他负有噪声污染防治监督管理职责的部门，可以查封排放噪声的场所并扣押相关设施、设备、工具和物品。

六、社会监督

任何单位和个人都有权向生态环境主管部门或者其他负有噪声污染防治监督管理职责的部门举报造成噪声污染的行为。

生态环境主管部门和其他负有噪声污染防治监督管理职责的部门应当公布举报电话、电子邮箱等，方便公众举报。

接到举报的部门应当及时处理并对举报人的相关信息保密。举报事项属于其他部门职责的，接到举报的部门应当及时移送相关部门并告知举报人。举报人要求答复并提供有效联系方式的，处理举报事项的部门应当反馈处理结果等情况。

七、临时限制

在举行中等学校招生考试、高等学校招生统一考试等特殊活动期间，地方人民政府或者其指定的部门可以对可能产生噪声影响的活动，作出时间和区域的限制性规定，并提前向社会公告。

7.5.3 工业噪声污染防治

工业噪声是指在工业生产活动中产生的干扰周围生活环境的声音。

一、选址规定

工业企业选址应当符合国土空间规划以及相关规划要求，县级以上地方人民政府应当按照规划要求优化工业企业布局，防止工业噪声污染。

在噪声敏感建筑物集中区域，禁止新建排放噪声的工业企业，改建、扩建工业企业的，应当采取有效措施防止工业噪声污染。

二、排污许可或登记

排放工业噪声的企业事业单位和其他生产经营者，应当采取有效措施，减少振动、降低噪声，依法取得排污许可证或者填报排污登记表。

实行排污许可管理的单位，不得无排污许可证排放工业噪声，并应当按照排污许可证的要求进行噪声污染防治。

三、制定噪声重点排污单位名录

设区的市级以上地方人民政府生态环境主管部门应当按照国务院生态环境主管部门的规定,根据噪声排放、声环境质量改善要求等情况,制定本行政区域噪声重点排污单位名录,向社会公开并适时更新。

四、噪声监测

实行排污许可管理的单位应当按照规定,对工业噪声开展自行监测,保存原始监测记录,向社会公开监测结果,对监测数据的真实性和准确性负责。

噪声重点排污单位应当按照国家规定,安装、使用、维护噪声自动监测设备,与生态环境主管部门的监控设备联网。

7.5.4 建筑施工噪声污染防治

建筑施工噪声是指在建筑施工过程中产生的干扰周围生活环境的声音。

一、噪声防治费用与责任

建设单位应当按照规定将噪声污染防治费用列入工程造价,在施工合同中明确施工单位的噪声污染防治责任。

施工单位应当按照规定制定噪声污染防治实施方案,采取有效措施,减少振动、降低噪声。建设单位应当监督施工单位落实噪声污染防治实施方案。

二、在噪声敏感建筑物集中区域施工的规定

在噪声敏感建筑物集中区域施工作业,应当优先使用低噪声施工工艺和设备。

国务院工业和信息化主管部门会同国务院生态环境、住房和城乡建设、市场监督管理等部门,公布低噪声施工设备指导名录并适时更新。

在噪声敏感建筑物集中区域施工作业,建设单位应当按照国家规定,设置噪声自动监测系统,与监督管理部门联网,保存原始监测记录,对监测数据的真实性和准确性负责。

在噪声敏感建筑物集中区域,禁止夜间进行产生噪声的建筑施工作业,但抢修、抢险施工作业,因生产工艺要求或者其他特殊需要必须连续施工作业的除外。

因特殊需要必须连续施工作业的,应当取得地方人民政府住房和城乡建设、生态环境主管部门或者地方人民政府指定的部门的证明,并在施工现场显著位置公示或者以其他方式公告附近居民。

7.5.5 交通运输噪声污染防治

交通运输噪声,是指机动车、铁路机车车辆、城市轨道交通车辆、机动船舶、航空器等交通运输工具在运行时产生的干扰周围生活环境的声音。

一、新建交通建设项目声环境规定

各级人民政府及其有关部门制定、修改国土空间规划和交通运输等相关规划,应当综合考虑公路、城市道路、铁路、城市轨道交通线路、水路、港口和民用机场及其起降航线对周围声环境的影响。

新建公路、铁路线路选线设计,应当尽量避开噪声敏感建筑物集中区域。

新建民用机场选址与噪声敏感建筑物集中区域的距离应当符合标准要求。

二、交通基础设施噪声污染措施

制定交通基础设施工程技术规范,应当明确噪声污染防治要求。

新建、改建、扩建经过噪声敏感建筑物集中区域的高速公路、城市高架、铁路和城市轨道交通线路等的,建设单位应当在可能造成噪声污染的重点路段设置声屏障或者采取其他减少振动、降低噪声的措施,符合有关交通基础设施工程技术规范以及标准要求。

建设单位违反前款规定的,由县级以上人民政府指定的部门责令制定、实施治理方案。

三、机动车噪声污染防治

机动车的消声器和喇叭应当符合国家规定。禁止驾驶拆除或者损坏消声器、加装排气管等擅自改装的机动车以轰鸣、疾驶等方式造成噪声污染。

使用机动车音响器材,应当控制音量,防止噪声污染。

机动车应当加强维修和保养,保持性能良好,防止噪声污染。

机动车、铁路机车车辆、城市轨道交通车辆、机动船舶等交通运输工具运行时,应当按照规定使用喇叭等声响装置。

警车、消防救援车、工程救险车、救护车等机动车安装、使用警报器,应当符合国务院公安等部门的规定;非执行紧急任务,不得使用警报器。

地方人民政府生态环境主管部门会同公安机关根据声环境保护的需要,可以划定禁止机动车行驶和使用喇叭等声响装置的路段和时间,向社会公告,并由公安机关交通管理部门依法设置相关标志、标线。

四、公共交通场所噪声污染防治

在车站、铁路站场、港口等地指挥作业时使用广播喇叭的,应当控制音量,减轻噪声污染。

五、交通运维单位噪声污染防治

公路养护管理单位、城市道路养护维修单位应当加强对公路、城市道路的维护和保养,保持减少振动、降低噪声设施正常运行。

城市轨道交通运营单位、铁路运输企业应当加强对城市轨道交通线路和城市轨道交通车辆、铁路线路和铁路机车车辆的维护和保养,保持减少振动、降低噪声设施正常运行,并按照国家规定进行监测,保存原始监测记录,对监测数据的真实性和准确性负责。

六、民用机场噪声污染防治

民用机场所在地人民政府,应当根据环境影响评价以及监测结果确定的民用航空器噪声对机场周围生活环境产生影响的范围和程度,划定噪声敏感建筑物禁止建设区域和限制建设区域,并实施控制。

在禁止建设区域禁止新建与航空无关的噪声敏感建筑物。

在限制建设区域确需建设噪声敏感建筑物的,建设单位应当对噪声敏感建筑物进行建筑隔声设计,符合民用建筑隔声设计相关标准要求。

民用航空器应当符合国务院民用航空主管部门规定的适航标准中的有关噪声要求。

民用机场管理机构负责机场起降航空器噪声的管理,会同航空运输企业、通用航空企业、空中交通管理部门等单位,采取低噪声飞行程序、起降跑道优化、运行架次和时段控制、高噪声航空器运行限制或者周围噪声敏感建筑物隔声降噪等措施,防止、减轻民用航空器噪声污染。

民用机场管理机构应当按照国家规定,对机场周围民用航空器噪声进行监测,保存原始监测记录,对监测数据的真实性和准确性负责,监测结果定期向民用航空、生态环境主管部门报送。

七、噪声污染综合治理

因公路、城市道路和城市轨道交通运行排放噪声造成严重污染的,设区的市、县级人民政府应当组织有关部门和其他有关单位对噪声污染情况进行调查评估和责任认定,制定噪声污染综合治理方案。噪声污染责任单位应当按照噪声污染综合治理方案的要求采取管理或者工程措施,减轻噪声污染。

因铁路运行排放噪声造成严重污染的,铁路运输企业和设区的市、县级人民政府应当对噪声污染情况进行调查,制定噪声污染综合治理方案。铁路运输企业和设区的市、县级人民政府有关部门和其他有关单位应当按照噪声污染综合治理方案的要求采取有效措施,减轻噪声污染。

因民用航空器起降排放噪声造成严重污染的,民用机场所在地人民政府应当组织有关部门和其他有关单位对噪声污染情况进行调查,综合考虑经济、技术和管理措施,制定噪声污染综合治理方案。民用机场管理机构、地方各级人民政府和其他有关单位应当按照噪声污染综合治理方案的要求采取有效措施,减轻噪声污染。

制定噪声污染综合治理方案,应当征求有关专家和公众等的意见。

7.5.6 社会生活噪声污染防治

社会生活噪声,是指人为活动产生的除工业噪声、建筑施工噪声和交通运输噪声之外的干扰周围生活环境的声音。

一、噪声污染防治人人有责

全社会应当增强噪声污染防治意识,自觉减少社会生活噪声排放,积极开展噪声污染防治活动,形成人人有责、人人参与、人人受益的良好噪声污染防治氛围,共同维护生活环境和谐安宁。

二、公共场所经营管理者的责任

文化娱乐、体育、餐饮等场所的经营管理者应当采取有效措施,防止、减轻噪声污染。

使用空调器、冷却塔、水泵、油烟净化器、风机、发电机、变压器、锅炉、装卸设备等可能产生社会生活噪声污染的设备、设施的企业事业单位和其他经营管理者等,应当采取优化布局、集中排放等措施,防止、减轻噪声污染。

禁止在商业经营活动中使用高音广播喇叭或者采用其他持续反复发出高噪声的方法进行广告宣传。对商业经营活动中产生的其他噪声,经营者应当采取有效措施,防止噪声污染。

禁止在噪声敏感建筑物集中区域使用高音广播喇叭,但紧急情况以及地方人民政府规定的特殊情形除外。

在街道、广场、公园等公共场所组织或者开展娱乐、健身等活动,应当遵守公共场所管理者有关活动区域、时段、音量等规定,采取有效措施,防止噪声污染;不得违反规定使用音响器材产生过大音量。

公共场所管理者应当合理规定娱乐、健身等活动的区域、时段、音量,可以采取设置噪声自动监测和显示设施等措施加强管理。

三、家庭噪声污染防治

家庭及其成员应当培养形成减少噪声产生的良好习惯,乘坐公共交通工具、饲养宠物和其他日常活动尽量避免产生噪声对周围人员造成干扰,互谅互让解决噪声纠纷,共同维护声环境质量。

使用家用电器、乐器或者进行其他家庭场所活动,应当控制音量或者采取其他有效措施,防止噪声污染。

四、装修活动噪声污染防治

对已竣工交付使用的住宅楼、商铺、办公楼等建筑物进行室内装修活动,应当按照规定限定作业时间,采取有效措施,防止、减轻噪声污染。

五、新建居民住房噪声相关规定

新建居民住房的房地产开发经营者应当在销售场所公示住房可能受到噪声影响的情况以及采取或者拟采取的防治措施,并纳入买卖合同。

新建居民住房的房地产开发经营者应当在买卖合同中明确住房的公用设施设备位置和建筑隔声情况。

六、住宅区加装公用设施的降噪措施

居民住宅区安装电梯、水泵、变压器等公用设施设备的,建设单位应当合理设置,采取减少振动、降低噪声的措施,符合民用建筑隔声设计相关标准要求。

已建成使用的居民住宅区电梯、水泵、变压器等共用设施设备由专业运营单位负责维护管理,符合民用建筑隔声设计相关标准要求。

七、小区噪声污染防治

基层群众性自治组织指导业主委员会、物业服务人、业主通过制定管理规约或者其他形式,约定本物业管理区域噪声污染防治要求,由业主共同遵守。

对噪声敏感建筑物集中区域的社会生活噪声扰民行为,基层群众性自治组织、业主委员会、物业服务人应当及时劝阻、调解;劝阻、调解无效的,可以向负有社会生活噪声污染防治监督管理职责的部门或者地方人民政府指定的部门报告或者投诉,接到报告或者投诉的部门应当依法处理。

7.6 固体废物污染环境防治

国家推行绿色发展方式,促进清洁生产和循环经济发展。对于城市生产和生活所产生的固体废物的合法处置方式,会影响公众健康和城市社会经济的可持续发展。《固体废物污染防治法》适用于固体废物污染环境的防治,不适用于固体废物污染海洋环境的防治和放射性固体废物污染环境的防治。

7.6.1 基本原则

一、"三化"原则

固体废物污染环境防治坚持减量化、资源化和无害化的原则。

任何单位和个人都应当采取措施,减少固体废物的产生量,促进固体废物的综合利用,降低固体废物的危害性。

二、污染担责原则

固体废物污染环境防治坚持污染担责的原则。

产生、收集、贮存、运输、利用、处置固体废物的单位和个人,应当采取措施,防止或者减少固体废物对环境的污染,对所造成的环境污染依法承担责任。

7.6.2 基本制度

一、生活垃圾分类

国家推行生活垃圾分类制度。

生活垃圾分类坚持政府推动、全民参与、城乡统筹、因地制宜、简便易行的原则。

二、目标责任制和考核评价制度

地方各级人民政府对本行政区域固体废物污染环境防治负责。

国家实行固体废物污染环境防治目标责任制和考核评价制度,将固体废物污染环境防治目标完成情况纳入考核评价的内容。

三、联防联控机制

各级人民政府应当加强对固体废物污染环境防治工作的领导,组织、协调、督促有关部门依法履行固体废物污染环境防治监督管理职责。省、自治区、直辖市之间可以协商建立跨行政区域固体废物污染环境的联防联控机制,统筹规划制定、设施建设、固体废物转移等工作。

7.6.3　固体废物污染防治措施

(1)收集、贮存、运输、利用、处置固体废物的单位和其他生产经营者,应当加强对相关设施、设备和场所的管理和维护,保证其正常运行和使用。

(2)产生、收集、贮存、运输、利用、处置固体废物的单位和其他生产经营者,应当采取防扬散、防流失、防渗漏或者其他防止污染环境的措施,不得擅自倾倒、堆放、丢弃、遗撒固体废物。

禁止任何单位或者个人向江河、湖泊、水库及其最高水位线以下的滩地和岸坡以及法律法规规定的其他地点倾倒、堆放、贮存固体废物。

(3)在生态保护红线区域、永久基本农田集中区域和其他需要特别保护的区域内,禁止建设工业固体废物、危险废物集中贮存、利用、处置的设施、场所和生活垃圾填埋场。

(4)转移固体废物出省、自治区、直辖市行政区域贮存、处置的,应当向固体废物移出地的省、自治区、直辖市人民政府生态环境主管部门提出申请。移出地的省、自治区、直辖市人民政府生态环境主管部门应当及时商经接受地的省、自治区、直辖市人民政府生态环境主管部门同意后,在规定期限内批准转移该固体废物出省、自治区、直辖市行政区域。未经批准的,不得转移。

转移固体废物出省、自治区、直辖市行政区域利用的,应当报固体废物移出地的省、自治区、直辖市人民政府生态环境主管部门备案。移出地的省、自治区、直辖市人民政府生态环境主管部门应当将备案信息通报接受地的省、自治区、直辖市人民政府生态环境主管部门。

(5)禁止中华人民共和国境外的固体废物入境倾倒、堆放、处置。

国家逐步实现固体废物零进口,由国务院生态环境主管部门会同国务院商务、发展和改革、海关等主管部门组织实施。

海关发现进口货物疑似固体废物的,可以委托专业机构开展属性鉴别,并根据鉴别结论依法管理。

7.6.4　监督管理

一、现场检查

生态环境主管部门及其环境执法机构和其他负有固体废物污染环境防治监督管理职责的部门,在各自职责范围内有权对从事产生、收集、贮存、运输、利用、处置固体废物等活动的单位和其他生产经营者进行现场检查。被检查者应当如实反映情况,并提供必要的资料。

实施现场检查,可以采取现场监测、采集样品、查阅或者复制与固体废物污染环境防治相关的资料等措施。检查人员进行现场检查,应当出示证件。对现场检查中知悉的商业秘密应当保密。

二、可以查封、扣押的情形

有下列情形之一,生态环境主管部门和其他负有固体废物污染环境防治监督管理职责的部门,可以对违法收集、贮存、运输、利用、处置的固体废物及设施、设备、场所、工具、物品予以查封、扣押:

(1)可能造成证据灭失、被隐匿或者非法转移的;

(2)造成或者可能造成严重环境污染的。

三、全国信用记录制度

生态环境主管部门应当会同有关部门建立产生、收集、贮存、运输、利用、处置固体废物的单位和其他生产经营者信用记录制度,将相关信用记录纳入全国信用信息共享平台。

四、信息公布

设区的市级人民政府生态环境主管部门应当会同住房和城乡建设、农业农村、卫生健康等主管部门,定期向社会发布固体废物的种类、产生量、处置能力、利用处置状况等信息。

产生、收集、贮存、运输、利用、处置固体废物的单位,应当依法及时公开固体废物污染环境防治信息,主动接受社会监督。

利用、处置固体废物的单位,应当依法向公众开放设施、场所,提高公众环境保护意识和参与程度。

五、向人大报告

县级以上人民政府应当将工业固体废物、生活垃圾、危险废物等固体废物污染环境防治情况纳入环境状况和环境保护目标完成情况年度报告,向本级人民代表大会或者人民代表大会常务委员会报告。

7.6.5 生活垃圾污染环境的防治

(1)垃圾分类。

县级以上地方人民政府应当加快建立分类投放、分类收集、分类运输、分类处理的生活垃圾管理系统,实现生活垃圾分类制度有效覆盖。

县级以上地方人民政府应当建立生活垃圾分类工作协调机制,加强和统筹生活垃圾分类管理能力建设。

各级人民政府及其有关部门应当组织开展生活垃圾分类宣传,教育引导公众养成生活垃圾分类习惯,督促和指导生活垃圾分类工作。

(2)垃圾减量化。

县级以上地方人民政府应当有计划地改进燃料结构,发展清洁能源,减少燃料废渣等固体废物的产生量。

县级以上地方人民政府有关部门应当加强产品生产和流通过程管理,避免过度包装,组织净菜上市,减少生活垃圾的产生量。

(3)综合利用。

县级以上人民政府应当统筹安排建设城乡生活垃圾收集、运输、处理设施,确定设施厂址,提高生活垃圾的综合利用和无害化处置水平,促进生活垃圾收集、处理的产业化发展,逐步建立和完善生活垃圾污染环境防治的社会服务体系。

县级以上地方人民政府有关部门应当统筹规划,合理安排回收、分拣、打包网点,促进生活垃圾的回收利用工作。

(4)规范化监管。

设区的市级以上人民政府环境卫生主管部门应当制定生活垃圾清扫、收集、贮存、运输和处理设施、场所建设运行规范,发布生活垃圾分类指导目录,加强监督管理。

(5)社会化采购。

县级以上地方人民政府环境卫生等主管部门应当组织对城乡生活垃圾进行清扫、收集、运输和处理,可以通过招标等方式选择具备条件的单位从事生活垃圾的清扫、收集、运输和处理。

(6)垃圾产生者义务。

产生生活垃圾的单位、家庭和个人应当依法履行生活垃圾源头减量和分类投放义务,承担生活垃圾产生者责任。

任何单位和个人都应当依法在指定的地点分类投放生活垃圾。禁止随意倾倒、抛撒、堆放或者焚烧生活垃圾。

机关、事业单位等应当在生活垃圾分类工作中起示范带头作用。

已经分类投放的生活垃圾,应当按照规定分类收集、分类运输、分类处理。

(7)生活垃圾处置。

清扫、收集、运输、处理城乡生活垃圾,应当遵守国家有关环境保护和环境卫生管理的规定,防止污染环境。

从生活垃圾中分类并集中收集的有害垃圾,属于危险废物的,应当按照危险废物管理。

(8)从事公共交通运输的经营单位,应当及时清扫、收集运输过程中产生的生活垃圾。

(9)农贸市场、农产品批发市场等应当加强环境卫生管理,保持环境卫生清洁,对所产生的垃圾及时清扫、分类收集、妥善处理。

(10)从事城市新区开发、旧区改建和住宅小区开发建设、村镇建设的单位,以及机场、码头、车站、公园、商场、体育场馆等公共设施、场所的经营管理单位,应当按照国家有关环境卫生的规定,配套建设生活垃圾收集设施。

县级以上地方人民政府应当统筹生活垃圾公共转运、处理设施与前款规定的收集设施的有效衔接,并加强生活垃圾分类收运体系和再生资源回收体系在规划、建设、运营等方面的融合。

(11)从生活垃圾中回收的物质应当按照国家规定的用途、标准使用,不得用于生产可能危害人体健康的产品。

(12)建设生活垃圾处理设施、场所,应当符合国务院生态环境主管部门和国务院住房和城乡建设主管部门规定的环境保护和环境卫生标准。

鼓励相邻地区统筹生活垃圾处理设施建设,促进生活垃圾处理设施跨行政区域共建共享。

禁止擅自关闭、闲置或者拆除生活垃圾处理设施、场所;确有必要关闭、闲置或者拆除的,应当经所在地的市、县级人民政府环境卫生主管部门及所在地生态环境主管部门同意后核准,并采取防止污染环境的措施。

(13)生活垃圾处理单位应当按照国家有关规定,安装使用监测设备,实时监测污染物的排放情况,将污染排放数据实时公开。监测设备应当与所在地生态环境主管部门的监控设备联网。

(14)县级以上地方人民政府环境卫生主管部门负责组织开展厨余垃圾资源化、无害化处理工作。

产生、收集厨余垃圾的单位和其他生产经营者,应当将厨余垃圾交由具备相应资质条件的单位进行无害化处理。

禁止畜禽养殖场、养殖小区利用未经无害化处理的厨余垃圾饲喂畜禽。

(15)县级以上地方人民政府应当按照产生者付费原则,建立生活垃圾处理收费制度。

县级以上地方人民政府制定生活垃圾处理收费标准,应当根据本地实际,结合生活垃圾分类情况,体现分类计价、计量收费等差别化管理,并充分征求公众意见。生活垃圾处理收费标准应当向社会公布。

生活垃圾处理费应当专项用于生活垃圾的收集、运输和处理等,不得挪作他用。

7.6.6 建筑垃圾污染环境的防治

一、分类处理

县级以上地方人民政府应当加强建筑垃圾污染环境的防治,建立建筑垃圾分类处理制度。

县级以上地方人民政府应当制定包括源头减量、分类处理、消纳设施和场所布局及建设等在内的建筑垃圾污染环境防治工作规划。

二、综合利用

国家鼓励采用先进技术、工艺、设备和管理措施,推进建筑垃圾源头减量,建立建筑垃圾回收利用体系。

县级以上地方人民政府应当推动建筑垃圾综合利用产品应用。

三、全过程管理

县级以上地方人民政府环境卫生主管部门负责建筑垃圾污染环境防治工作,建立建筑垃圾全过程管理制度,规范建筑垃圾产生、收集、贮存、运输、利用、处置行为,推进综合利用,加强建筑垃圾处置设施、场所建设,保障处置安全,防止污染环境。

四、处理方案备案

工程施工单位应当编制建筑垃圾处理方案,采取污染防治措施,并报县级以上地方人民政府环境卫生主管部门备案。

工程施工单位应当及时清运工程施工过程中产生的建筑垃圾等固体废物,并按照环境卫生主管部门的规定进行利用或者处置。

工程施工单位不得擅自倾倒、抛撒或者堆放工程施工过程中产生的建筑垃圾。

7.6.7 废弃电子、电池等垃圾污染环境的防治

一、生产者责任延伸制度

国家建立电器电子、铅蓄电池、车用动力电池等产品的生产者责任延伸制度。

电器电子、铅蓄电池、车用动力电池等产品的生产者应当按照规定以自建或者委托等方式建立与产品销售量相匹配的废旧产品回收体系,并向社会公开,实现有效回收和利用。

国家鼓励产品的生产者开展生态设计,促进资源回收利用。

二、多渠道回收和集中处理制度

国家对废弃电器电子产品等实行多渠道回收和集中处理制度。

禁止将废弃机动车船等交由不符合规定条件的企业或者个人回收、拆解。

拆解、利用、处置废弃电器电子产品、废弃机动车船等，应当遵守有关法律法规的规定，采取防止污染环境的措施。

三、防止过度包装

产品和包装物的设计、制造，应当遵守国家有关清洁生产的规定。国务院标准化主管部门应当根据国家经济和技术条件、固体废物污染环境防治状况以及产品的技术要求，组织制定有关标准，防止过度包装造成环境污染。

生产经营者应当遵守限制商品过度包装的强制性标准，避免过度包装。县级以上地方人民政府市场监督管理部门和有关部门应当按照各自职责，加强对过度包装的监督管理。

生产、销售、进口依法被列入强制回收目录的产品和包装物的企业，应当按照国家有关规定对该产品和包装物进行回收。

电子商务、快递、外卖等行业应当优先采用可重复使用、易回收利用的包装物，优化物品包装，减少包装物的使用，并积极回收利用包装物。县级以上地方人民政府商务、邮政等主管部门应当加强监督管理。

国家鼓励和引导消费者使用绿色包装和减量包装。

四、一次性塑料制品

国家依法禁止、限制生产、销售和使用不可降解塑料袋等一次性塑料制品。

商品零售场所开办单位、电子商务平台企业和快递企业、外卖企业应当按照国家有关规定向商务、邮政等主管部门报告塑料袋等一次性塑料制品的使用、回收情况。

国家鼓励和引导减少使用、积极回收塑料袋等一次性塑料制品，推广应用可循环、易回收、可降解的替代产品。

五、一次性用品

旅游、住宿等行业应当按照国家有关规定推行不主动提供一次性用品。

机关、企业事业单位等的办公场所应当使用有利于保护环境的产品、设备和设施，减少使用一次性办公用品。

六、污泥处理

城镇污水处理设施维护运营单位或者污泥处理单位应当安全处理污泥，保证处理后的污泥符合国家有关标准，对污泥的流向、用途、用量等进行跟踪、记录，并报告城镇排水主管部门、生态环境主管部门。

县级以上人民政府城镇排水主管部门应当将污泥处理设施纳入城镇排水与污水处理规划，推动同步建设污泥处理设施与污水处理设施，鼓励协同处理，污水处理费征收标准和补偿范围应当覆盖污泥处理成本和污水处理设施正常运营成本。

禁止擅自倾倒、堆放、丢弃、遗撒城镇污水处理设施产生的污泥和处理后的污泥。

禁止重金属或者其他有毒有害物质含量超标的污泥进入农用地。

从事水体清淤疏浚应当按照国家有关规定处理清淤疏浚过程中产生的底泥,防止污染环境。

七、实验室固体废物管理

各级各类实验室及其设立单位应当加强对实验室产生的固体废物的管理,依法收集、贮存、运输、利用、处置实验室固体废物。实验室固体废物属于危险废物的,应当按照危险废物管理。

7.6.8 危险废物污染环境的防治

一、危险废物名录

国务院生态环境主管部门应当会同国务院有关部门制定国家危险废物名录,规定统一的危险废物鉴别标准、鉴别方法、识别标志和鉴别单位管理要求。国家危险废物名录应当动态调整。

国务院生态环境主管部门根据危险废物的危害特性和产生数量,科学评估其环境风险,实施分级分类管理,建立信息化监管体系,并通过信息化手段管理、共享危险废物转移数据和信息。

二、危险废物集中处置设施、场所建设规划

省、自治区、直辖市人民政府应当组织有关部门编制危险废物集中处置设施、场所的建设规划,科学评估危险废物处置需求,合理布局危险废物集中处置设施、场所,确保本行政区域的危险废物得到妥善处置。

编制危险废物集中处置设施、场所的建设规划,应当征求有关行业协会、企业事业单位、专家和公众等方面的意见。

相邻省、自治区、直辖市之间可以开展区域合作,统筹建设区域性危险废物集中处置设施、场所。

三、危险废物识别标志

对危险废物的容器和包装物以及收集、贮存、运输、利用、处置危险废物的设施、场所,应当按照规定设置危险废物识别标志。

四、危险废物的管理

(一)危险废物管理计划

产生危险废物的单位,应当按照国家有关规定制定危险废物管理计划;建立危险废物管理台账,如实记录有关信息,并通过国家危险废物信息管理系统向所在地生态环境主管部门申报危险废物的种类、产生量、流向、贮存、处置等有关资料。

产生危险废物的单位已经取得排污许可证的,执行排污许可管理制度的规定。

【思考 7-13】危险废物管理计划应当包括哪些内容?

(二)依法贮存、利用和处置

产生危险废物的单位,应当按照国家有关规定和环境保护标准要求贮存、利用、处置危险废物,不得擅自倾倒、堆放。

(三)经营许可

从事收集、贮存、利用、处置危险废物经营活动的单位,应当按照国家有关规定申请取得许可证。许可证的具体管理办法由国务院制定。

禁止无许可证或者未按照许可证规定从事危险废物收集、贮存、利用、处置的经营活动。

禁止将危险废物提供或者委托给无许可证的单位或者其他生产经营者从事收集、贮存、利用、处置活动。

(四)分类收集、贮存

收集、贮存危险废物,应当按照危险废物特性分类进行。禁止混合收集、贮存、运输、处置性质不相容而未经安全性处置的危险废物。

贮存危险废物应当采取符合国家环境保护标准的防护措施。禁止将危险废物混入非危险废物中贮存。

从事收集、贮存、利用、处置危险废物经营活动的单位,贮存危险废物不得超过一年;确需延长期限的,应当报经颁发许可证的生态环境主管部门批准;法律、行政法规另有规定的除外。

(五)危险废物的转移

转移危险废物的,应当按照国家有关规定填写、运行危险废物电子或者纸质转移联单。

跨省、自治区、直辖市转移危险废物的,应当向危险废物移出地省、自治区、直辖市人民政府生态环境主管部门申请。移出地省、自治区、直辖市人民政府生态环境主管部门应当及时与接受地省、自治区、直辖市人民政府生态环境主管部门洽商,经其同意后,在规定期限内批准转移该危险废物,并将批准信息通报相关省、自治区、直辖市人民政府生态环境主管部门和交通运输主管部门。未经批准的,不得转移。

危险废物转移管理应当全程管控、提高效率,具体办法由国务院生态环境主管部门会同国务院交通运输主管部门和公安部门制定。

(六)危险废物的运输

运输危险废物,应当采取防止污染环境的措施,并遵守国家有关危险货物运输管理的规定。

禁止将危险废物与旅客在同一运输工具上载运。

(七)消除污染处理

收集、贮存、运输、利用、处置危险废物的场所、设施、设备和容器、包装物及其他物品转作他用时,应当按照国家有关规定经过消除污染处理,方可使用。

(八)防范措施和应急预案备案

产生、收集、贮存、运输、利用、处置危险废物的单位,应当依法制定意外事故的防范措施和应急预案,并向所在地生态环境主管部门和其他负有固体废物污染环境防治监督管理职责的部门备案;生态环境主管部门和其他负有固体废物污染环境防治监督管理职责的部门应当进行检查。

(九)发生事故与其他突发事件的处理

因发生事故或者其他突发性事件,造成危险废物严重污染环境的单位,应当立即采取有效措施消除或者减轻对环境的污染危害,及时通报可能受到污染危害的单位和居民,并向所在地生态环境主管部门和有关部门报告,接受调查处理。

在发生或者有证据证明可能发生危险废物严重污染环境、威胁居民生命财产安全时,生态环境主管部门或者其他负有固体废物污染环境防治监督管理职责的部门应当立即向本级人民政府和上一级人民政府有关部门报告,由人民政府采取防止或者减轻危害的有效措施。有关人民政府可以根据需要责令停止导致或者可能导致环境污染事故的作业。

(十)处置设施、场所退役的规定

重点危险废物集中处置设施、场所退役前,运营单位应当按照国家有关规定对设施、场所采取污染防治措施。退役的费用应当预提,列入投资概算或者生产成本,专门用于重点危险废物集中处置设施、场所的退役。具体提取和管理办法，由国务院财政部门、价格主管部门会同国务院生态环境主管部门规定。

（十一）禁止过境转移危险废物

禁止经中华人民共和国过境转移危险废物。

（十二）医疗废物的处理

医疗废物按照国家危险废物名录管理。县级以上地方人民政府应当加强医疗废物集中处置能力建设。

县级以上人民政府卫生健康、生态环境等主管部门应当在各自职责范围内加强对医疗废物收集、贮存、运输、处置的监督管理，防止危害公众健康、污染环境。

医疗卫生机构应当依法分类收集本单位产生的医疗废物，交由医疗废物集中处置单位处置。医疗废物集中处置单位应当及时收集、运输和处置医疗废物。

医疗卫生机构和医疗废物集中处置单位，应当采取有效措施，防止医疗废物流失、泄漏、渗漏、扩散。

重大传染病疫情等突发事件发生时，县级以上人民政府应当统筹协调医疗废物等危险废物收集、贮存、运输、处置等工作，保障所需的车辆、场地、处置设施和防护物资。卫生健康、生态环境、环境卫生、交通运输等主管部门应当协同配合，依法履行应急处置职责。

【案例回顾】

(1)当事人外排水污染物需氧量值超标，违反了《水污染防治法》第十条的规定，排放水污染物，不得超过国家或者地方规定的水污染物排放标准和重点水污染物排放总量控制指标。《水污染防治法》第八十三条规定，应当由县级以上人民政府环境保护主管部门责令改正或者责令限制生产、停产整治，并处十万元以上一百万元以下的罚款；情节严重的，报经有批准权的人民政府批准，责令停业、关闭。

(2)合法。《行政处罚法》第三十三条规定，违法行为轻微并及时改正，没有造成危害后果的，不予行政处罚。生态环境部门根据《中山市生态环境依法不予行政处罚的轻微环境违法行为清单》第十二条第一款的有关规定，超标排放水污染物超标倍数小于等于0.1倍，且当事人已按要求改正，可认定为轻微违法行为，依法对当事人于2020年7月21日外排废水超标排放的环境违法行为不予行政处罚。

有关违法行为轻微，不予行政处罚的规定，可详见本书第14章内容。

【案例回顾】

(1)根据环境监测报告，服装有限公司外排生产废水中化学需氧量值为 85 mg/L，超过了国家或地方所规定的许可排放限值 80 mg/L，《水污染防治法》第二十一条规定，应认定为违法行为。

(2)根据《行政处罚法》第三十三条规定，该服装有限公司违法行为轻微，而且经执法人员通知及时予以改正，未造成危害后果，可以不予行政处罚。

【讨论题】

(1)如何保障公众能够有效参与环境保护行动？

(2)排污付费制度在城市居民生活中是怎样应用的？应用效果如何？

【思考题参考答案】

【参考答案7-1】《水污染防治法》规定，国家通过财政转移支付等方式，建立健全对位于饮用水水源保护区区域和江河、湖泊、水库上游地区的水环境生态保护补偿机制。

2021年,山东省与河南省签订《黄河流域(豫鲁段)横向生态保护补偿协议》。协议约定以黄河干流刘庄国控断面水质检测结果为依据,进行水质基本补偿和水质变化补偿。断面水质年均值以三类水质为基准,每改善一个水质类别,山东省向河南省支付6000万元水质基本补偿;反之,每恶化一个水质类别,河南省向山东省支付6000万元水质基本补偿。断面化学需氧量、氨氮、总磷三项关键污染物年度指数每下降1个百分点,山东省向河南省100万元水质变化补偿;反之,每上升1个百分点,河南省向山东省支付100万元水质变化补偿。协议签署以来,黄河入鲁水质持续维持在二类水质以上,以上三项关键污染物指标逐步改善。2022年7月,受益方山东省共向河南省兑现生态补偿资金1.26亿元。

【参考答案7-2】审查小组的专家,应当从按照国务院生态环境主管部门的规定设立的专家库内的相关专业的专家名单中,以随机抽取的方式确定。

【参考答案7-3】建设项目的环境影响评价,应当避免与规划的环境影响评价重复。

作为一项整体建设项目的规划,按照建设项目进行环境影响评价,不进行规划的环境影响评价。

已经进行了环境影响评价的规划包含具体建设项目的,规划的环境影响评价结论应当作为建设项目环境影响评价的重要依据,建设项目环境影响评价的内容应当根据规划的环境影响评价审查意见予以简化。

【参考答案7-4】接受委托为建设单位编制建设项目环境影响报告书、环境影响报告表的技术单位,不得与负责审批建设项目环境影响报告书、环境影响报告表的生态环境主管部门或者其他有关审批部门存在任何利益关系。

【参考答案7-5】国务院生态环境主管部门负责审批下列建设项目的环境影响评价文件:
(1)核设施、绝密工程等特殊性质的建设项目;
(2)跨省、自治区、直辖市行政区域的建设项目;
(3)由国务院审批的或者由国务院授权有关部门审批的建设项目。

前款规定以外的建设项目的环境影响评价文件的审批权限,由省、自治区、直辖市人民政府规定。

【参考答案7-6】无效。建设项目的环境影响评价文件经批准后,建设项目的性质、规模、地点、采用的生产工艺或者防治污染、防止生态破坏的措施发生重大变动的,建设单位应当重新报批建设项目的环境影响评价文件。

【参考答案7-7】有。建设项目的环境影响评价文件自批准之日起超过五年,方决定该项目开工建设的,其环境影响评价文件应当报原审批部门重新审核;原审批部门应当自收到建设项目环境影响评价文件之日起十日内,将审核意见书面通知建设单位。

【参考答案7-8】实行排污许可管理的企业事业单位和其他生产经营者应当按照国家有关规定和监测规范,对所排放的水污染物自行监测,并保存原始监测记录。重点排污单位还应当安装水污染物排放自动监测设备,与环境保护主管部门的监控设备联网,并保证监测设备正常运行。具体办法由国务院环境保护主管部门规定。

应当安装水污染物排放自动监测设备的重点排污单位名录,由设区的市级以上地方人民政府环境保护主管部门根据本行政区域的环境容量、重点水污染物排放总量控制指标的要求以及排污单位排放水污染物的种类、数量和浓度等因素,与同级有关部门共同确定。

实行排污许可管理的企业事业单位和其他生产经营者应当对监测数据的真实性和准确性负责。

环境保护主管部门发现重点排污单位的水污染物排放自动监测设备传输数据异常,应当及时进行调查。

【参考答案 7-9】对超过国家重点大气污染物排放总量控制指标或者未完成国家下达的大气环境质量改善目标的地区,省级以上人民政府生态环境主管部门应当会同有关部门约谈该地区人民政府的主要负责人,并暂停审批该地区新增重点大气污染物排放总量的建设项目环境影响评价文件。约谈情况应当向社会公开。

【参考答案 7-10】企业事业单位和其他生产经营者应当按照国家有关规定和监测规范,对其排放的工业废气和国务院生态环境主管部门会同国务院卫生行政部门所公布的有毒有害大气污染物名录中所列有毒有害大气污染物进行监测,并保存原始监测记录。其中,重点排污单位应当安装、使用大气污染物排放自动监测设备,与生态环境主管部门的监控设备联网,保证监测设备正常运行并依法公开排放信息。监测的具体办法和重点排污单位的条件由国务院生态环境主管部门规定。

重点排污单位名录由设区的市级以上地方人民政府生态环境主管部门按照国务院生态环境主管部门的规定,根据本行政区域的大气环境承载力、重点大气污染物排放总量控制指标的要求以及排污单位排放大气污染物的种类、数量和浓度等因素,与有关部门共同确定,并向社会公布。

重点排污单位应当对自动监测数据的真实性和准确性负责。生态环境主管部门发现重点排污单位的大气污染物排放自动监测设备传输数据异常,应当及时进行调查。

【参考答案 7-11】噪声不同于噪声污染。噪声污染,是指超过噪声排放标准或者未依法采取防控措施产生噪声,并干扰他人正常生活、工作和学习的现象。

【参考答案 7-12】不适用。因从事本职生产经营工作受到噪声危害的防治,适用劳动保护等其他有关法律的规定。

【参考答案 7-13】危险废物管理计划应当包括减少危险废物产生量和降低危险废物危害性的措施以及危险废物贮存、利用、处置措施。危险废物管理计划应当报产生危险废物的单位所在地生态环境主管部门备案。

8 突发事件应对法律制度

【案例导入】

2022年3月27日,上海市新冠肺炎疫情防控工作领导小组办公室发布《关于做好全市新一轮核酸筛查工作的通告》,明确3月28日5时至4月1日5时,浦东新区全区实施封控,要求广大市民群众按照所在街道社区或单位通知,分时段有序参加核酸筛查,对无正当理由拒不配合、妨碍疫情防控或造成其他严重后果的,依法追究法律责任。3月29日,上海浦东新区新冠肺炎疫情防控指挥部发布《浦东新区关于严格落实封控管理期间人员足不出户措施告知书》,再次通告封控期间,浦东新区所有居民足不出户,人员车辆只进不出。

3月31日9时许,田某某(浦东新区某小区居民)私自外出采购食物,行至临沂路时被执勤民警及防疫工作人员发现,因其未佩戴口罩,经防疫工作人员再三提醒,田某某拒不配合,并欲加速离开。执勤民警当场将田某某截停,责令其佩戴口罩、出示核酸检测证明,田某某仍拒不配合。随后民警将田某某口头传唤至公安机关接受询问,经批评教育后,闭环将其送返住处,并再次告知应当遵守疫情防控规定,不得擅自外出。

3月31日20时许,上海市新冠肺炎疫情防控工作领导小组办公室发布《浦东、浦南及毗邻区域后续分区防控有关工作通告》,明确自4月1日5时起,浦东新区全区实施分区分类、网格化管理,封控区实行"区域封闭、足不出户、服务上门",管控区实行"人不出小区、严禁聚集",落实7天社区健康管理(从3月28日封控时起算),并进行核酸检测。根据通告要求,田某某居住的小区调整为管控区,居民不得出小区,须参加核酸检测。

4月1日上午,民警将田某某的情况通报其所在社区居委会,要求加强关注。居委会干部反映,田某某在疫情管控期间无故拒不配合核酸检测,且不听工作人员劝阻,私自外出。经查,3月28日9时许,防疫工作人员上门对田某某进行核酸采样,田某某拒不配合,直至4月1日仍未进行核酸检测。4月1日9时许,田某某再次违反疫情防控规定,擅自离开居住小区。4月1日16时30分许,民警上门要求田某某立即配合进行核酸检测,田某某仍拒不开门。

4月2日,上海市公安局浦东分局依据治安管理处罚法第五十条第一款第一项之规定,以拒不执行紧急状态下的决定、命令,对田某某作出处行政拘留十日并处五百元罚款的处罚决定。

问题:(1)新型冠状病毒肺炎属于哪一类别传染病?
(2)针对新型冠状病毒疫情,地方政府有权采取哪些管理措施?

本章内容主要涉及《中华人民共和国突发事件应对法》(以下简称《突发事件应对法》)、《中华人民共和国传染病防治法》(以下简称《传染病防治法》)、《突发公共卫生事件应急条例》。此外,各地方人大及常委会也在尝试制定本地适用的地方性法规,其中深圳市人大常委会于2020年8月26日率先颁布了《深圳经济特区突发公共卫生事件应急条例》(2020年10月1日实施)。

8.1 突发事件应对

《突发事件应对法》于2007年8月通过,并于同年11月开始施行。该法主要是为了预防和减少突发事件的发生,控制、减轻和消除突发事件引起的严重社会危害,规范突发事件应对活动,保护人民生命财产安全,维护国家安全、公共安全、环境安全和社会秩序。

8.1.1 概念

突发事件,是指突然发生,造成或者可能造成严重社会危害,需要采取应急处置措施予以应对的自然灾害、事故灾难、公共卫生事件和社会安全事件。

按照社会危害程度、影响范围等因素,自然灾害、事故灾难、公共卫生事件分为特别重大、重大、较大和一般四级。法律、行政法规或者国务院另有规定的,从其规定。

突发事件的分级标准由国务院或者国务院确定的部门制定。

【思考 8-1】突发事件与紧急状态有什么关联?

8.1.2 基本制度

一、应急管理体制

国家建立以统一领导、综合协调、分类管理、分级负责、属地管理为主的应急管理体制。

国务院和县级以上地方各级人民政府是突发事件应对工作的行政领导机关,其办事机构及具体职责由国务院规定。有关人民政府及其部门作出的应对突发事件的决定、命令,应当及时公布。

国务院在总理领导下研究、决定和部署特别重大突发事件的应对工作;根据实际需要,设立国家突发事件应急指挥机构,负责突发事件应对工作;必要时,国务院可以派出工作组指导有关工作。

县级以上地方各级人民政府设立由本级人民政府主要负责人、相关部门负责人、驻当地中国人民解放军和中国人民武装警察部队有关负责人组成的突发事件应急指挥机构,统一领导、协调本级人民政府各有关部门和下级人民政府开展突发事件应对工作;根据实际需要,设立相关类别突发事件应急指挥机构,组织、协调、指挥突发事件应对工作。

上级人民政府主管部门应当在各自职责范围内,指导、协助下级人民政府及其相应部门做好有关突发事件的应对工作。

【思考 8-2】突然事件如果涉及两个以上县级行政区域的,应当由哪一级政府负责?应该怎么上报?采取应对突发事件的措施应注意什么问题?

二、预防与应急相结合

突发事件应对工作实行预防为主、预防与应急相结合的原则。国家建立重大突发事件风险评估体系,对可能发生的突发事件进行综合性评估,减少重大突发事件的发生,最大限度地减轻重大突发事件的影响。

三、社会动员机制

国家建立有效的社会动员机制,增强全民的公共安全和防范风险的意识,提高全社会的避险救助能力。

公民、法人和其他组织有义务参与突发事件应对工作。

四、财产征用

有关人民政府及其部门为应对突发事件,可以征用单位和个人的财产。被征用的财产在使用完毕或者突发事件应急处置工作结束后,应当及时返还。财产被征用或者征用后毁损、灭失的,应当给予补偿。

五、时效中止和程序中止

因采取突发事件应对措施，诉讼、行政复议、仲裁活动不能正常进行的，适用有关时效中止和程序中止的规定，但法律另有规定的除外。

六、应急救援和处置

中国人民解放军、中国人民武装警察部队和民兵组织依照本法和其他有关法律、行政法规、军事法规的规定以及国务院、中央军事委员会的命令，参加突发事件的应急救援和处置工作。

七、国际合作与交流

中华人民共和国政府在突发事件的预防、监测与预警、应急处置与救援、事后恢复与重建等方面，同外国政府和有关国际组织开展合作与交流。

八、向人大备案、报告

县级以上人民政府作出应对突发事件的决定、命令，应当报本级人民代表大会常务委员会备案；突发事件应急处置工作结束后，应当向本级人民代表大会常务委员会作出专项工作报告。

8.1.3 预防与应急准备

一、突发事件应急预案体系

国家建立健全突发事件应急预案体系。

国务院制定国家突发事件总体应急预案，组织制定国家突发事件专项应急预案；国务院有关部门根据各自的职责和国务院相关应急预案，制定国家突发事件部门应急预案。

地方各级人民政府和县级以上地方各级人民政府有关部门根据有关法律、法规、规章、上级人民政府及其有关部门的应急预案以及本地区的实际情况，制定相应的突发事件应急预案。

应急预案制定机关应当根据实际需要和情势变化，适时修订应急预案。应急预案的制定、修订程序由国务院规定。

二、应急预案

应急预案应当根据本法和其他有关法律、法规的规定，针对突发事件的性质、特点和可能造成的社会危害，具体规定突发事件应急管理工作的组织指挥体系与职责和突发事件的预防与预警机制、处置程序、应急保障措施以及事后恢复与重建措施等内容。

三、城乡规划

城乡规划应当符合预防、处置突发事件的需要，统筹安排应对突发事件所必需的设备和基础设施建设，合理确定应急避难场所。

四、危险源管理

县级人民政府应当对本行政区域内容易引发自然灾害、事故灾难和公共卫生事件的危险源、危险区域进行调查、登记、风险评估，定期进行检查、监控，并责令有关单位采取安全防范措施。

省级和设区的市级人民政府应当对本行政区域内容易引发特别重大、重大突发事件的危险源、危险区域进行调查、登记、风险评估，组织进行检查、监控，并责令有关单位采取安全防范措施。

县级以上地方各级人民政府按照本法规定登记的危险源、危险区域，应当按照国家规定及时向社会公布。

五、社会安全事件的防范

县级人民政府及其有关部门、乡级人民政府、街道办事处、居民委员会、村民委员会应当及时调解处理可能引发社会安全事件的矛盾纠纷。

所有单位应当建立健全安全管理制度,定期检查本单位各项安全防范措施的落实情况,及时消除事故隐患;掌握并及时处理本单位存在的可能引发社会安全事件的问题,防止矛盾激化和事态扩大;对本单位可能发生的突发事件和采取安全防范措施的情况,应当按照规定及时向所在地人民政府或者人民政府有关部门报告。

六、矿山等单位的规定

矿山、建筑施工单位和易燃易爆物品、危险化学品、放射性物品等危险物品的生产、经营、储运、使用单位,应当制定具体应急预案,并对生产经营场所、有危险物品的建筑物、构筑物及周边环境开展隐患排查,及时采取措施消除隐患,防止发生突发事件。

七、公共场所的规定

公共交通工具、公共场所和其他人员密集场所的经营单位或者管理单位应当制定具体应急预案,为交通工具和有关场所配备报警装置和必要的应急救援设备、设施,注明其使用方法,并显著标明安全撤离的通道、路线,保证安全通道、出口的畅通。

有关单位应当定期检测、维护其报警装置和应急救援设备、设施,使其处于良好状态,确保正常使用。

八、应急管理培训制度

县级以上人民政府应当建立健全突发事件应急管理培训制度,对人民政府及其有关部门负有处置突发事件职责的工作人员定期进行培训。

九、应急救援

县级以上人民政府应当整合应急资源,建立或者确定综合性应急救援队伍。人民政府有关部门可以根据实际需要设立专业应急救援队伍。

县级以上人民政府及其有关部门可以建立由成年志愿者组成的应急救援队伍。单位应当建立由本单位职工组成的专职或者兼职应急救援队伍。

县级以上人民政府应当加强专业应急救援队伍与非专业应急救援队伍的合作,联合培训、联合演练,提高合成应急、协同应急的能力。

国务院有关部门、县级以上地方各级人民政府及其有关部门、有关单位应当为专业应急救援人员购买人身意外伤害保险,配备必要的防护装备和器材,减少应急救援人员的人身风险。

中国人民解放军、中国人民武装警察部队和民兵组织应当有计划地组织开展应急救援的专门训练。

县级人民政府及其有关部门、乡级人民政府、街道办事处应当组织开展应急知识的宣传普及活动和必要的应急演练。

居民委员会、村民委员会、企业事业单位应当根据所在地人民政府的要求,结合各自的实际情况,开展有关突发事件应急知识的宣传普及活动和必要的应急演练。

新闻媒体应当无偿开展突发事件预防与应急、自救与互救知识的公益宣传。

各级各类学校应当把应急知识教育纳入教学内容,对学生进行应急知识教育,培养学生的安全意识和自救与互救能力。

教育主管部门应当对学校开展应急知识教育进行指导和监督。

十、应急保障措施

国务院和县级以上地方各级人民政府应当采取财政措施,保障突发事件应对工作所需经费。

国家建立健全应急物资储备保障制度,完善重要应急物资的监管、生产、储备、调拨和紧急配送体系。

设区的市级以上人民政府和突发事件易发、多发地区的县级人民政府应当建立应急救援物资、生活必需品和应急处置装备的储备制度。

县级以上地方各级人民政府应当根据本地区的实际情况,与有关企业签订协议,保障应急救援物资、生活必需品和应急处置装备的生产、供给。

国家建立健全应急通信保障体系,完善公用通信网,建立有线与无线相结合、基础电信网络与机动通信系统相配套的应急通信系统,确保突发事件应对工作的通信畅通。

国家鼓励公民、法人和其他组织为人民政府应对突发事件工作提供物资、资金、技术支持和捐赠。

国家发展保险事业,建立国家财政支持的风险保险体系,并鼓励单位和公民参加保险。

国家鼓励、扶持具备相应条件的教学科研机构培养应急管理专门人才,鼓励、扶持教学科研机构和有关企业研究开发用于突发事件预防、监测、预警、应急处置与救援的新技术、新设备和新工具。

8.1.4 监测与预警

一、突发事件信息系统

国务院建立全国统一的突发事件信息系统。

县级以上地方各级人民政府应当建立或者确定本地区统一的突发事件信息系统,汇集、储存、分析、传输有关突发事件的信息,并与上级人民政府及其有关部门、下级人民政府及其有关部门、专业机构和监测网点的突发事件信息系统实现互联互通,加强跨部门、跨地区的信息交流与情报合作。

县级以上人民政府及其有关部门、专业机构应当通过多种途径收集突发事件信息。

县级人民政府应当在居民委员会、村民委员会和有关单位建立专职或者兼职信息报告员制度。

获悉突发事件信息的公民、法人或者其他组织,应当立即向所在地人民政府、有关主管部门或者指定的专业机构报告。

地方各级人民政府应当按照国家有关规定向上级人民政府报送突发事件信息。县级以上人民政府有关主管部门应当向本级人民政府相关部门通报突发事件信息。专业机构、监测网点和信息报告员应当及时向所在地人民政府及其有关主管部门报告突发事件信息。

有关单位和人员报送、报告突发事件信息,应当做到及时、客观、真实,不得迟报、谎报、瞒报、漏报。

县级以上地方各级人民政府应当及时汇总分析突发事件隐患和预警信息,必要时组织相关部门、专业技术人员、专家学者进行会商,对发生突发事件的可能性及其可能造成的影响进行评估;认为可能发生重大或者特别重大突发事件的,应当立即向上级人民政府报告,并向上级人民政府有关部门、当地驻军和可能受到危害的毗邻或者相关地区的人民政府通报。

二、突发事件监测制度

国家建立健全突发事件监测制度。

县级以上人民政府及其有关部门应当根据自然灾害、事故灾难和公共卫生事件的种类和特点,建立健全基础信息数据库，完善监测网络，划分监测区域，确定监测点，明确监测项目，提供必要的设备、设施，配备专职或者兼职人员，对可能发生的突发事件进行监测。

三、突发事件预警制度

国家建立健全突发事件预警制度。

可以预警的自然灾害、事故灾难和公共卫生事件的预警级别，按照突发事件发生的紧急程度、发展势态和可能造成的危害程度分为一级、二级、三级和四级，分别用红色、橙色、黄色和蓝色标示，一级为最高级别。

预警级别的划分标准由国务院或者国务院确定的部门制定。

可以预警的自然灾害、事故灾难或者公共卫生事件即将发生或者发生的可能性增大时，县级以上地方各级人民政府应当根据有关法律、行政法规和国务院规定的权限和程序，发布相应级别的警报，决定并宣布有关地区进入预警期，同时向上一级人民政府报告，必要时可以越级上报，并向当地驻军和可能受到危害的毗邻或者相关地区的人民政府通报。

四、预警后应采取的措施

（一）三级、四级警报

发布三级、四级警报，宣布进入预警期后，县级以上地方各级人民政府应当根据即将发生的突发事件的特点和可能造成的危害，采取下列措施：

(1)启动应急预案；

(2)责令有关部门、专业机构、监测网点和负有特定职责的人员及时收集、报告有关信息，向社会公布反映突发事件信息的渠道，加强对突发事件发生、发展情况的监测、预报和预警工作；

(3)组织有关部门和机构、专业技术人员、有关专家学者，随时对突发事件信息进行分析评估，预测发生突发事件可能性的大小、影响范围和强度以及可能发生的突发事件的级别；

(4)定时向社会发布与公众有关的突发事件预测信息和分析评估结果，并对相关信息的报道工作进行管理；

(5)及时按照有关规定向社会发布可能受到突发事件危害的警告，宣传避免、减轻危害的常识，公布咨询电话。

（二）一级、二级警报

发布一级、二级警报，宣布进入预警期后，县级以上地方各级人民政府除采取三级、四级警报规定的措施外，还应当针对即将发生的突发事件的特点和可能造成的危害，采取下列一项或者多项措施：

(1)责令应急救援队伍、负有特定职责的人员进入待命状态，并动员后备人员做好参加应急救援和处置工作的准备；

(2)调集应急救援所需物资、设备、工具，准备应急设施和避难场所，并确保其处于良好状态、随时可以投入正常使用；

(3)加强对重点单位、重要部位和重要基础设施的安全保卫，维护社会治安秩序；

(4)采取必要措施，确保交通、通信、供水、排水、供电、供气、供热等公共设施的安全和正常运行；

(5)及时向社会发布有关采取特定措施避免或者减轻危害的建议、劝告；

(6)转移、疏散或者撤离易受突发事件危害的人员并予以妥善安置，转移重要财产；

(7)关闭或者限制使用易受突发事件危害的场所，控制或者限制容易导致危害扩大的公共场所的活动；

(8)法律、法规、规章规定的其他必要的防范性、保护性措施。

五、社会安全事件报告

对即将发生或者已经发生的社会安全事件，县级以上地方各级人民政府及其有关主管部门应当按照规定向上一级人民政府及其有关主管部门报告，必要时可以越级上报。

发布突发事件警报的人民政府应当根据事态的发展，按照有关规定适时调整预警级别并重新发布。

有事实证明不可能发生突发事件或者危险已经解除的，发布警报的人民政府应当立即宣布解除警报，终止预警期，并解除已经采取的有关措施。

8.1.5 应急处置与救援

突发事件发生后，履行统一领导职责或者组织处置突发事件的人民政府应当针对其性质、特点和危害程度，立即组织有关部门，调动应急救援队伍和社会力量，依照本章的规定和有关法律、法规、规章的规定采取应急处置措施。

一、自然灾害等突发事件应急处置措施

自然灾害、事故灾难或者公共卫生事件发生后，履行统一领导职责的人民政府可以采取下列一项或者多项应急处置措施：

(1)组织营救和救治受害人员，疏散、撤离并妥善安置受到威胁的人员以及采取其他救助措施；

(2)迅速控制危险源，标明危险区域，封锁危险场所，划定警戒区，实行交通管制以及其他控制措施；

(3)立即抢修被损坏的交通、通信、供水、排水、供电、供气、供热等公共设施，向受到危害的人员提供避难场所和生活必需品，实施医疗救护和卫生防疫以及其他保障措施；

(4)禁止或者限制使用有关设备、设施，关闭或者限制使用有关场所，中止人员密集的活动或者可能导致危害扩大的生产经营活动以及采取其他保护措施；

(5)启用本级人民政府设置的财政预备费和储备的应急救援物资，必要时调用其他急需物资、设备、设施、工具；

(6)组织公民参加应急救援和处置工作，要求具有特定专长的人员提供服务；

(7)保障食品、饮用水、燃料等基本生活必需品的供应；

(8)依法从严惩处囤积居奇、哄抬物价、制假售假等扰乱市场秩序的行为，稳定市场价格，维护市场秩序；

(9)依法从严惩处哄抢财物、干扰破坏应急处置工作等扰乱社会秩序的行为，维护社会治安；

(10)采取防止发生次生、衍生事件的必要措施。

二、社会安全事件的应急处置措施

社会安全事件发生后，组织处置工作的人民政府应当立即组织有关部门并由公安机关针对事件的性质和特点，依照有关法律、行政法规和国家其他有关规定，采取下列一项或者多项应急处置措施：

(1)强制隔离使用器械相互对抗或者以暴力行为参与冲突的当事人，妥善解决现场纠纷和争端，控制事态发展；

(2)对特定区域内的建筑物、交通工具、设备、设施以及燃料、燃气、电力、水的供应进行控制；

(3)封锁有关场所、道路，查验现场人员的身份证件，限制有关公共场所内的活动；

(4)加强对易受冲击的核心机关和单位的警卫,在国家机关、军事机关、国家通讯社、广播电台、电视台、外国驻华使领馆等单位附近设置临时警戒线;

(5)法律、行政法规和国务院规定的其他必要措施。

严重危害社会治安秩序的事件发生时,公安机关应当立即依法出动警力,根据现场情况依法采取相应的强制性措施,尽快使社会秩序恢复正常。

三、保障、控制措施

(一)国务院有关主管部门

发生突发事件,严重影响国民经济正常运行时,国务院或者国务院授权的有关主管部门可以采取保障、控制等必要的应急措施,保障人民群众的基本生活需要,最大限度地减轻突发事件的影响。

(二)地方政府

履行统一领导职责或者组织处置突发事件的人民政府,必要时可以向单位和个人征用应急救援所需设备、设施、场地、交通工具和其他物资,请求其他地方人民政府提供人力、物力、财力或者技术支援,要求生产、供应生活必需品和应急救援物资的企业组织生产、保证供给,要求提供医疗、交通等公共服务的组织提供相应的服务。

履行统一领导职责或者组织处置突发事件的人民政府,应当组织协调运输经营单位,优先运送处置突发事件所需物资、设备、工具、应急救援人员和受到突发事件危害的人员。

履行统一领导职责或者组织处置突发事件的人民政府,应当按照有关规定统一、准确、及时发布有关突发事件事态发展和应急处置工作的信息。

(三)个人与基层组织

任何单位和个人不得编造、传播有关突发事件事态发展或者应急处置工作的虚假信息。突发事件发生地的公民应当服从人民政府、居民委员会、村民委员会或者所属单位的指挥和安排,配合人民政府采取的应急处置措施,积极参加应急救援工作,协助维护社会秩序。

突发事件发生地的居民委员会、村民委员会和其他组织应当按照当地人民政府的决定、命令,进行宣传动员,组织群众开展自救和互救,协助维护社会秩序。

(四)突发事件发生单位

受到自然灾害危害或者发生事故灾难、公共卫生事件的单位,应当立即组织本单位应急救援队伍和工作人员营救受害人员,疏散、撤离、安置受到威胁的人员,控制危险源,标明危险区域,封锁危险场所,并采取其他防止危害扩大的必要措施,同时向所在地县级人民政府报告;对因本单位的问题引发的或者主体是本单位人员的社会安全事件,有关单位应当按照规定上报情况,并迅速派出负责人赶赴现场开展劝解、疏导工作。

突发事件发生地的其他单位应当服从人民政府发布的决定、命令,配合人民政府采取的应急处置措施,做好本单位的应急救援工作,并积极组织人员参加所在地的应急救援和处置工作。

8.1.6 事后恢复与重建

一、停止应急处置措施

突发事件的威胁和危害得到控制或者消除后,履行统一领导职责或者组织处置突发事件的人民政府应当停止执行依照《突发事件应对法》规定采取的应急处置措施,同时采取或者继续实施必要措施,防止发生自然灾害、事故灾难、公共卫生事件的次生、衍生事件或者重新引发社会安全事件。

二、评估与重建

突发事件应急处置工作结束后,履行统一领导职责的人民政府应当立即组织对突发事件造成的损失进行评估,组织受影响地区尽快恢复生产、生活、工作和社会秩序,制定恢复重建计划,并向上一级人民政府报告。

受突发事件影响地区的人民政府应当及时组织和协调公安、交通、铁路、民航、邮电、建设等有关部门恢复社会治安秩序,尽快修复被损坏的交通、通信、供水、排水、供电、供气、供热等公共设施。

三、重建支持

受突发事件影响地区的人民政府开展恢复重建工作需要上一级人民政府支持的,可以向上一级人民政府提出请求。上一级人民政府应当根据受影响地区遭受的损失和实际情况,提供资金、物资支持和技术指导,组织其他地区提供资金、物资和人力支援。

国务院根据受突发事件影响地区遭受损失的情况,制定扶持该地区有关行业发展的优惠政策。

四、善后

受突发事件影响地区的人民政府应当根据本地区遭受损失的情况,制定救助、补偿、抚慰、抚恤、安置等善后工作计划并组织实施,妥善解决因处置突发事件引发的矛盾和纠纷。

公民参加应急救援工作或者协助维护社会秩序期间,其在本单位的工资待遇和福利不变;表现突出、成绩显著的,由县级以上人民政府给予表彰或者奖励。

县级以上人民政府对在应急救援工作中伤亡的人员依法给予抚恤。

五、总结报告

履行统一领导职责的人民政府应当及时查明突发事件的发生经过和原因,总结突发事件应急处置工作的经验教训,制定改进措施,并向上一级人民政府提出报告。

8.2 传染病防治法律制度

为了预防、控制和消除传染病的发生与流行,保障人体健康和公共卫生,第七届全国人大常委会于1989年通过了《传染病防治法》,并于2004年8月进行了第一次修订。

8.2.1 传染病分类

传染病分为甲类、乙类和丙类。

一、甲类传染病

甲类传染病是指鼠疫、霍乱。

二、乙类传染病

乙类传染病是指传染性非典型肺炎、艾滋病、病毒性肝炎、脊髓灰质炎、人感染高致病性禽流感、麻疹、流行性出血热、狂犬病、流行性乙型脑炎、登革热、炭疽、细菌性和阿米巴性痢疾、肺结核、伤寒和副伤寒、流行性脑脊髓膜炎、百日咳、白喉、新生儿破伤风、猩红热、布鲁氏菌病、淋病、梅毒、钩端螺旋体病、血吸虫病、疟疾。

三、丙类传染病

丙类传染病是指流行性感冒、流行性腮腺炎、风疹、急性出血性结膜炎、麻风病、流行性和地方性斑疹伤寒、黑热病、包虫病、丝虫病,除霍乱、细菌性和阿米巴性痢疾、伤寒和副伤寒以外的感染性腹泻病。

上述规定以外的其他传染病,根据其暴发、流行情况和危害程度,需要列入乙类、丙类传染病的,由国务院卫生行政部门决定并予以公布。

【思考8-3】新型冠状病毒肺炎属于哪一类传染病?

【思考8-4】乙类传染病能否按照甲类传染病采取预防、控制措施?

8.2.2 传染病防治的组织

一、各级政府与卫生行政主管部门

各级人民政府领导传染病防治工作。

县级以上人民政府制定传染病防治规划并组织实施,建立健全传染病防治的疾病预防控制、医疗救治和监督管理体系。

国务院卫生行政部门主管全国传染病防治及其监督管理工作。县级以上地方人民政府卫生行政部门负责本行政区域内的传染病防治及其监督管理工作。

县级以上人民政府其他部门在各自的职责范围内负责传染病防治工作。

军队的传染病防治工作,依照《传染病防治法》和国家有关规定办理,由中国人民解放军卫生主管部门实施监督管理。

二、疾病预防控制机构

各级疾病预防控制机构承担传染病监测、预测、流行病学调查、疫情报告以及其他预防、控制工作。

医疗机构承担与医疗救治有关的传染病防治工作和责任区域内的传染病预防工作。城市社区和农村基层医疗机构在疾病预防控制机构的指导下,承担城市社区、农村基层相应的传染病防治工作。

国家支持和鼓励开展传染病防治的国际合作。

8.2.3 单位与个人义务

在中华人民共和国领域内的一切单位和个人,必须接受疾病预防控制机构、医疗机构有关传染病的调查、检验、采集样本、隔离治疗等预防、控制措施,如实提供有关情况。疾病预防控制机构、医疗机构不得泄露涉及个人隐私的有关信息、资料。

卫生行政部门以及其他有关部门、疾病预防控制机构和医疗机构因违法实施行政管理或者预防、控制措施,侵犯单位和个人合法权益的,有关单位和个人可以依法申请行政复议或者提起诉讼。

8.2.4 传染病预防

一、群防群治

各级人民政府组织开展群众性卫生活动,进行预防传染病的健康教育,倡导文明健康的生活方式,提高公众对传染病的防治意识和应对能力,加强环境卫生建设,消除鼠害和蚊、蝇等病媒生物的危害。

各级人民政府农业、水利、林业行政部门按照职责分工负责指导和组织消除农田、湖区、河流、牧场、林区的鼠害与血吸虫危害,以及其他传播传染病的动物和病媒生物的危害。

铁路、交通、民用航空行政部门负责组织消除交通工具以及相关场所的鼠害和蚊、蝇等病媒生物的危害。

二、建设、改造公共卫生设施

地方各级人民政府应当有计划地建设和改造公共卫生设施，改善饮用水卫生条件，对污水、污物、粪便进行无害化处置。

三、预防接种

国家实行有计划的预防接种制度。国务院卫生行政部门和省、自治区、直辖市人民政府卫生行政部门，根据传染病预防、控制的需要，制定传染病预防接种规划并组织实施。用于预防接种的疫苗必须符合国家质量标准。

国家对儿童实行预防接种证制度。国家免疫规划项目的预防接种实行免费。医疗机构、疾病预防控制机构与儿童的监护人应当相互配合，保证儿童及时接受预防接种。具体办法由国务院制定。

四、及时救治

国家和社会应当关心、帮助传染病病人、病原携带者和疑似传染病病人，使其得到及时救治。任何单位和个人不得歧视传染病病人、病原携带者和疑似传染病病人。

传染病病人、病原携带者和疑似传染病病人，在治愈前或者在排除传染病嫌疑前，不得从事法律、行政法规和国务院卫生行政部门规定禁止从事的易使该传染病扩散的工作。

五、传染病监测

国家建立传染病监测制度。

国务院卫生行政部门制定国家传染病监测规划和方案。省、自治区、直辖市人民政府卫生行政部门根据国家传染病监测规划和方案，制定本行政区域的传染病监测计划和工作方案。

各级疾病预防控制机构对传染病的发生、流行以及影响其发生、流行的因素，进行监测；对国外发生、国内尚未发生的传染病或者国内新发生的传染病，进行监测。

六、疾控机构的职责

各级疾病预防控制机构在传染病预防控制中履行下列职责：

(1)实施传染病预防控制规划、计划和方案；

(2)收集、分析和报告传染病监测信息，预测传染病的发生、流行趋势；

(3)开展对传染病疫情和突发公共卫生事件的流行病学调查、现场处理及其效果评价；

(4)开展传染病实验室检测、诊断、病原学鉴定；

(5)实施免疫规划，负责预防性生物制品的使用管理；

(6)开展健康教育、咨询，普及传染病防治知识；

(7)指导、培训下级疾病预防控制机构及其工作人员开展传染病监测工作；

(8)开展传染病防治应用性研究和卫生评价，提供技术咨询。

国家、省级疾病预防控制机构负责对传染病发生、流行以及分布进行监测，对重大传染病流行趋势进行预测，提出预防控制对策，参与并指导对暴发的疫情进行调查处理，开展传染病病原学鉴定，建立检测质量控制体系，开展应用性研究和卫生评价。

设区的市和县级疾病预防控制机构负责传染病预防控制规划、方案的落实，组织实施免疫、消毒、控制病媒生物的危害，普及传染病防治知识，负责本地区疫情和突发公共卫生事件监测、报告，开展流行病学调查和常见病原微生物检测。

七、传染病预警

国家建立传染病预警制度。

国务院卫生行政部门和省、自治区、直辖市人民政府根据传染病发生、流行趋势的预测，及时发出传染病预警，根据情况予以公布。

县级以上地方人民政府应当制定传染病预防、控制预案，报上一级人民政府备案。

传染病预防、控制预案应当包括以下主要内容：

(1)传染病预防控制指挥部的组成和相关部门的职责；
(2)传染病的监测、信息收集、分析、报告、通报制度；
(3)疾病预防控制机构、医疗机构在发生传染病疫情时的任务与职责；
(4)传染病暴发、流行情况的分级以及相应的应急工作方案；
(5)传染病预防、疫点疫区现场控制，应急设施、设备、救治药品和医疗器械以及其他物资和技术的储备与调用。

地方人民政府和疾病预防控制机构接到国务院卫生行政部门或者省、自治区、直辖市人民政府发出的传染病预警后，应当按照传染病预防、控制预案，采取相应的预防、控制措施。

八、医疗机构的管理

医疗机构必须严格执行国务院卫生行政部门规定的管理制度、操作规范，防止传染病的医源性感染和医院感染。

医疗机构应当确定专门的部门或者人员，承担传染病疫情报告、本单位的传染病预防、控制以及责任区域内的传染病预防工作；承担医疗活动中与医院感染有关的危险因素监测、安全防护、消毒、隔离和医疗废物处置工作。

疾病预防控制机构应当指定专门人员负责对医疗机构内传染病预防工作进行指导、考核，开展流行病学调查。

九、实验室和病原微生物实验单位的管理

疾病预防控制机构、医疗机构的实验室和从事病原微生物实验的单位，应当符合国家规定的条件和技术标准，建立严格的监督管理制度，对传染病病原体样本按照规定的措施实行严格监督管理，严防传染病病原体的实验室感染和病原微生物的扩散。

十、采供血等单位的管理

采供血机构、生物制品生产单位必须严格执行国家有关规定，保证血液、血液制品的质量。禁止非法采集血液或者组织他人出卖血液。

疾病预防控制机构、医疗机构使用血液和血液制品，必须遵守国家有关规定，防止因输入血液、使用血液制品引起经血液传播疾病的发生。

十一、艾滋病的防治

各级人民政府应当加强艾滋病的防治工作，采取预防、控制措施，防止艾滋病的传播。具体办法由国务院制定。

十二、人畜共患传染病的防治管理

县级以上人民政府农业、林业行政部门以及其他有关部门，依据各自的职责负责与人畜共患传染病

有关的动物传染病的防治管理工作。

与人畜共患传染病有关的野生动物、家畜家禽,经检疫合格后,方可出售、运输。

十三、传染病菌种、毒种库的管理

国家建立传染病菌种、毒种库。

对传染病菌种、毒种和传染病检测样本的采集、保藏、携带、运输和使用实行分类管理,建立健全严格的管理制度。

对可能导致甲类传染病传播的以及国务院卫生行政部门规定的菌种、毒种和传染病检测样本,确需采集、保藏、携带、运输和使用的,须经省级以上人民政府卫生行政部门批准。具体办法由国务院制定。

十四、消毒处理

对被传染病病原体污染的污水、污物、场所和物品,有关单位和个人必须在疾病预防控制机构的指导下或者按照其提出的卫生要求,进行严格消毒处理;拒绝消毒处理的,由当地卫生行政部门或者疾病预防控制机构进行强制消毒处理。

十五、自然疫源地建设项目的规定

在国家确认的自然疫源地计划兴建水利、交通、旅游、能源等大型建设项目的,应当事先由省级以上疾病预防控制机构对施工环境进行卫生调查。建设单位应当根据疾病预防控制机构的意见,采取必要的传染病预防、控制措施。施工期间,建设单位应当设专人负责工地上的卫生防疫工作。工程竣工后,疾病预防控制机构应当对可能发生的传染病进行监测。

十六、消毒产品、饮用水许可

用于传染病防治的消毒产品、饮用水供水单位供应的饮用水和涉及饮用水卫生安全的产品,应当符合国家卫生标准和卫生规范。

饮用水供水单位从事生产或者供应活动,应当依法取得卫生许可证。

生产用于传染病防治的消毒产品的单位和生产用于传染病防治的消毒产品,应当经省级以上人民政府卫生行政部门审批。具体办法由国务院制定。

8.2.5 疫情控制

一、医疗机构应采取的措施

医疗机构发现甲类传染病时,应当及时采取下列措施:

(1)对病人、病原携带者,予以隔离治疗,隔离期限根据医学检查结果确定;

(2)对疑似病人,确诊前在指定场所单独隔离治疗;

(3)对医疗机构内的病人、病原携带者、疑似病人的密切接触者,在指定场所进行医学观察和采取其他必要的预防措施。

拒绝隔离治疗或者隔离期未满擅自脱离隔离治疗的,可以由公安机关协助医疗机构采取强制隔离治疗措施。

医疗机构发现乙类或者丙类传染病病人,应当根据病情采取必要的治疗和控制传播措施。

医疗机构对本单位内被传染病病原体污染的场所、物品以及医疗废物,必须依照法律、法规的规定实施消毒和无害化处置。

二、疾病预防控制机构应采取的措施

疾病预防控制机构发现传染病疫情或者接到传染病疫情报告时,应当及时采取下列措施:

(1)对传染病疫情进行流行病学调查,根据调查情况提出划定疫点、疫区的建议,对被污染的场所进行卫生处理,对密切接触者,在指定场所进行医学观察和采取其他必要的预防措施,并向卫生行政部门提出疫情控制方案;

(2)传染病暴发、流行时,对疫点、疫区进行卫生处理,向卫生行政部门提出疫情控制方案,并按照卫生行政部门的要求采取措施;

(3)指导下级疾病预防控制机构实施传染病预防、控制措施,组织、指导有关单位对传染病疫情的处理。

三、地方政府可以采取的措施

(一)实施隔离措施

对已经发生甲类传染病病例的场所或者该场所内的特定区域的人员,所在地的县级以上地方人民政府可以实施隔离措施,并同时向上一级人民政府报告;接到报告的上级人民政府应当即时作出是否批准的决定。上级人民政府作出不予批准决定的,实施隔离措施的人民政府应当立即解除隔离措施。

在隔离期间,实施隔离措施的人民政府应当对被隔离人员提供生活保障;被隔离人员有工作单位的,所在单位不得停止支付其隔离期间的工作报酬。

隔离措施的解除,由原决定机关决定并宣布。

(二)采取紧急措施

传染病暴发、流行时,县级以上地方人民政府应当立即组织力量,按照预防、控制预案进行防治,切断传染病的传播途径,必要时,报经上一级人民政府决定,可以采取下列紧急措施并予以公告:

(1)限制或者停止集市、影剧院演出或者其他人群聚集的活动;

(2)停工、停业、停课;

(3)封闭或者封存被传染病病原体污染的公共饮用水源、食品以及相关物品;

(4)控制或者扑杀染疫野生动物、家畜家禽;

(5)封闭可能造成传染病扩散的场所。

上级人民政府接到下级人民政府关于采取前款所列紧急措施的报告时,应当即时作出决定。

紧急措施的解除,由原决定机关决定并宣布。

(三)宣布疫区

甲类、乙类传染病暴发、流行时,县级以上地方人民政府报经上一级人民政府决定,可以宣布本行政区域部分或者全部为疫区;国务院可以决定并宣布跨省、自治区、直辖市的疫区。县级以上地方人民政府可以在疫区内采取上述(二)规定的紧急措施,并可以对出入疫区的人员、物资和交通工具实施卫生检疫。

省、自治区、直辖市人民政府可以决定对本行政区域内的甲类传染病疫区实施封锁;但是,封锁大、中城市的疫区或者封锁跨省、自治区、直辖市的疫区,以及封锁疫区导致中断干线交通或者封锁国境的,由国务院决定。

疫区封锁的解除,由原决定机关决定并宣布。

(四)交通卫生检疫

发生甲类传染病时,为了防止该传染病通过交通工具及其乘运的人员、物资传播,可以实施交通卫生检疫。具体办法由国务院制定。

(五)紧急调集人员或者调用物资

传染病暴发、流行时,根据传染病疫情控制的需要,国务院有权在全国范围或者跨省、自治区、直辖市范围内,县级以上地方人民政府有权在本行政区域内紧急调集人员或者调用储备物资,临时征用房屋、交通工具以及相关设施、设备。

紧急调集人员的,应当按照规定给予合理报酬。临时征用房屋、交通工具以及相关设施、设备的,应当依法给予补偿;能返还的,应当及时返还。

8.3 突发公共卫生事件应急管理

为了有效预防、及时控制和消除突发公共卫生事件的危害,保障公众身体健康与生命安全,维护正常的社会秩序,国务院于2003年通过《突发公共卫生事件应急条例》(国务院令第376号)。

8.3.1 基本概念

突发公共卫生事件(以下简称突发事件),是指突然发生,造成或者可能造成社会公众健康严重损害的重大传染病疫情、群体性不明原因疾病、重大食物和职业中毒以及其他严重影响公众健康的事件。

突发事件应急工作,应当遵循预防为主、常备不懈的方针,贯彻统一领导、分级负责、反应及时、措施果断、依靠科学、加强合作的原则。

8.3.2 突发事件应急的组织

国务院有关部门和县级以上地方人民政府及其有关部门,应当建立严格的突发事件防范和应急处理责任制,切实履行各自的职责,保证突发事件应急处理工作的正常进行。

一、全国突发事件应急处理指挥部

突发事件发生后,国务院设立全国突发事件应急处理指挥部,由国务院有关部门和军队有关部门组成,国务院主管领导人担任总指挥,负责对全国突发事件应急处理的统一领导、统一指挥。

二、地方突发事件应急处理指挥部

突发事件发生后,省、自治区、直辖市人民政府成立地方突发事件应急处理指挥部,省、自治区、直辖市人民政府主要领导人担任总指挥,负责领导、指挥本行政区域内突发事件应急处理工作。

三、卫生行政主管部门和其他相关部门

国务院卫生行政主管部门和其他有关部门,在各自的职责范围内做好突发事件应急处理的有关工作。

县级以上地方人民政府卫生行政主管部门,具体负责组织突发事件的调查、控制和医疗救治工作。县级以上地方人民政府有关部门,在各自的职责范围内做好突发事件应急处理的有关工作。

四、医疗卫生人员

县级以上各级人民政府及其卫生行政主管部门,应当对参加突发事件应急处理的医疗卫生人员,给予适当补助和保健津贴;对参加突发事件应急处理作出贡献的人员,给予表彰和奖励;对因参与应急处理工作致病、致残、死亡的人员,按照国家有关规定,给予相应的补助和抚恤。

8.3.3　应急事件的预防与应急准备

一、应急预案

国务院卫生行政主管部门按照分类指导、快速反应的要求,制定全国突发事件应急预案,报请国务院批准。

全国突发事件应急预案应当包括以下主要内容:

(1)突发事件应急处理指挥部的组成和相关部门的职责;

(2)突发事件的监测与预警;

(3)突发事件信息的收集、分析、报告、通报制度;

(4)突发事件应急处理技术和监测机构及其任务;

(5)突发事件的分级和应急处理工作方案;

(6)突发事件预防、现场控制,应急设施、设备、救治药品和医疗器械以及其他物资和技术的储备与调度;

(7)突发事件应急处理专业队伍的建设和培训。

突发事件应急预案应当根据突发事件的变化和实施中发现的问题及时进行修订、补充。

省、自治区、直辖市人民政府根据全国突发事件应急预案,结合本地实际情况,制定本行政区域的突发事件应急预案。

地方各级人民政府应当依照法律、行政法规的规定,做好传染病预防和其他公共卫生工作,防范突发事件的发生。

县级以上各级人民政府卫生行政主管部门和其他有关部门,应当对公众开展突发事件应急知识的专门教育,增强全社会对突发事件的防范意识和应对能力。

二、突发事件预防控制体系

国家建立统一的突发事件预防控制体系。

县级以上地方人民政府应当建立和完善突发事件监测与预警系统。

县级以上各级人民政府卫生行政主管部门,应当指定机构负责开展突发事件的日常监测,并确保监测与预警系统的正常运行。

监测与预警工作应当根据突发事件的类别,制定监测计划,科学分析、综合评价监测数据。对早期发现的潜在隐患以及可能发生的突发事件,应当依照本条例规定的报告程序和时限及时报告。

三、医疗物质和医疗人员

国务院有关部门和县级以上地方人民政府及其有关部门,应当根据突发事件应急预案的要求,保证应急设施、设备、救治药品和医疗器械等物资储备。

县级以上各级人民政府应当加强急救医疗服务网络的建设,配备相应的医疗救治药物、技术、设备和人员,提高医疗卫生机构应对各类突发事件的救治能力。

设区的市级以上地方人民政府应当设置与传染病防治工作需要相适应的传染病专科医院,或者指定具备传染病防治条件和能力的医疗机构承担传染病防治任务。

县级以上地方人民政府卫生行政主管部门,应当定期对医疗卫生机构和人员开展突发事件应急处理相关知识、技能的培训,定期组织医疗卫生机构进行突发事件应急演练,推广最新知识和先进技术。

8.3.4 应急事件的报告与信息发布

一、突发事件应急报告制度

国务院卫生行政主管部门制定突发事件应急报告规范,建立重大、紧急疫情信息报告系统。

有下列情形之一的,省、自治区、直辖市人民政府应当在接到报告一小时内,向国务院卫生行政主管部门报告:

(1)发生或者可能发生传染病暴发、流行的;
(2)发生或者发现不明原因的群体性疾病的;
(3)发生传染病菌种、毒种丢失的;
(4)发生或者可能发生重大食物和职业中毒事件的。

国务院卫生行政主管部门对可能造成重大社会影响的突发事件,应当立即向国务院报告。

突发事件监测机构、医疗卫生机构和有关单位发现有上述规定情形之一的,应当在两小时内向所在地县级人民政府卫生行政主管部门报告;接到报告的卫生行政主管部门应当在两小时内向本级人民政府报告,并同时向上级人民政府卫生行政主管部门和国务院卫生行政主管部门报告。

县级人民政府应当在接到报告后两小时内向设区的市级人民政府或者上一级人民政府报告;设区的市级人民政府应当在接到报告后两小时内向省、自治区、直辖市人民政府报告。

任何单位和个人对突发事件,不得隐瞒、缓报、谎报或者授意他人隐瞒、缓报、谎报。

接到报告的地方人民政府、卫生行政主管部门依照本条例规定报告的同时,应当立即组织力量对报告事项调查核实、确证,采取必要的控制措施,并及时报告调查情况。

国务院卫生行政主管部门应当根据发生突发事件的情况,及时向国务院有关部门和各省、自治区、直辖市人民政府卫生行政主管部门以及军队有关部门通报。

突发事件发生地的省、自治区、直辖市人民政府卫生行政主管部门,应当及时向毗邻省、自治区、直辖市人民政府卫生行政主管部门通报。

接到通报的省、自治区、直辖市人民政府卫生行政主管部门,必要时应当及时通知本行政区域内的医疗卫生机构。

县级以上地方人民政府有关部门,已经发生或者发现可能引起突发事件的情形时,应当及时向同级人民政府卫生行政主管部门通报。

二、突发事件举报制度

国家建立突发事件举报制度,公布统一的突发事件报告、举报电话。

任何单位和个人有权向人民政府及其有关部门报告突发事件隐患,有权向上级人民政府及其有关部门举报地方人民政府及其有关部门不履行突发事件应急处理职责,或者不按照规定履行职责的情况。

接到报告、举报的有关人民政府及其有关部门,应当立即组织对突发事件隐患、不履行或者不按照规定履行突发事件应急处理职责的情况进行调查处理。

对举报突发事件有功的单位和个人,县级以上各级人民政府及其有关部门应当予以奖励。

三、突发事件信息发布制度

国务院卫生行政主管部门负责向社会发布突发事件的信息。必要时,可以授权省、自治区、直辖市人民政府卫生行政主管部门向社会发布本行政区域内突发事件的信息。信息发布应当及时、准确、全面。

8.3.5 应急处理

一、综合评估与启动应急预案建议

突发事件发生后,卫生行政主管部门应当组织专家对突发事件进行综合评估,初步判断突发事件的类型,提出是否启动突发事件应急预案的建议。

二、启动应急预案的批准与决定

在全国范围内或者跨省、自治区、直辖市范围内启动全国突发事件应急预案,由国务院卫生行政主管部门报国务院批准后实施。省、自治区、直辖市启动突发事件应急预案,由省、自治区、直辖市人民政府决定,并向国务院报告。

三、应急处理的督导

全国突发事件应急处理指挥部对突发事件应急处理工作进行督察和指导,地方各级人民政府及其有关部门应当予以配合。

省、自治区、直辖市突发事件应急处理指挥部对本行政区域内突发事件应急处理工作进行督察和指导。

四、技术调查、确证、处置、控制和评价

省级以上人民政府卫生行政主管部门或者其他有关部门指定的突发事件应急处理专业技术机构,负责突发事件的技术调查、确证、处置、控制和评价工作。

五、新发现突发传染病

国务院卫生行政主管部门对新发现的突发传染病,根据危害程度、流行强度,依照《传染病防治法》的规定及时宣布为法定传染病;宣布为甲类传染病的,由国务院决定。

六、启动应急预案

应急预案启动前,县级以上各级人民政府有关部门应当根据突发事件的实际情况,做好应急处理准备,采取必要的应急措施。

应急预案启动后,突发事件发生地的人民政府有关部门,应当根据预案规定的职责要求,服从突发事件应急处理指挥部的统一指挥,立即到达规定岗位,采取有关的控制措施。

医疗卫生机构、监测机构和科学研究机构,应当服从突发事件应急处理指挥部的统一指挥,相互配合、协作,集中力量开展相关的科学研究工作。

七、应急保障

突发事件发生后,国务院有关部门和县级以上地方人民政府及其有关部门,应当保证突发事件应急处理所需的医疗救护设备、救治药品、医疗器械等物资的生产、供应;铁路、交通、民用航空行政主管部门应当保证及时运送。

根据突发事件应急处理的需要,突发事件应急处理指挥部有权紧急调集人员、储备的物资、交通工具以及相关设施、设备;必要时,对人员进行疏散或者隔离,并可以依法对传染病疫区实行封锁。

八、应急措施

(1)突发事件应急处理指挥部根据突发事件应急处理的需要,可以对食物和水源采取控制措施。

县级以上地方人民政府卫生行政主管部门应当对突发事件现场等采取控制措施,宣传突发事件防治知识,及时对易受感染的人群和其他易受损害的人群采取应急接种、预防性投药、群体防护等措施。

(2)参加突发事件应急处理的工作人员,应当按照预案的规定,采取卫生防护措施,并在专业人员的指导下进行工作。

(3)国务院卫生行政主管部门或者其他有关部门指定的专业技术机构,有权进入突发事件现场进行调查、采样、技术分析和检验,对地方突发事件的应急处理工作进行技术指导,有关单位和个人应当予以配合;任何单位和个人不得以任何理由予以拒绝。

(4)对新发现的突发传染病、不明原因的群体性疾病、重大食物和职业中毒事件,国务院卫生行政主管部门应当尽快组织力量制定相关的技术标准、规范和控制措施。

(5)交通工具上发现根据国务院卫生行政主管部门的规定需要采取应急控制措施的传染病病人、疑似传染病病人,其负责人应当以最快的方式通知前方停靠点,并向交通工具的运营单位报告。交通工具的前方停靠点和运营单位应当立即向交通工具营运单位行政主管部门和县级以上地方人民政府卫生行政主管部门报告。卫生行政主管部门接到报告后,应当立即组织有关人员采取相应的医学处置措施。

交通工具上的传染病病人密切接触者,由交通工具停靠点的县级以上各级人民政府卫生行政主管部门或者铁路、交通、民用航空行政主管部门,根据各自的职责,依照传染病防治法律、行政法规的规定,采取控制措施。

涉及国境口岸和入出境的人员、交通工具、货物、集装箱、行李、邮包等需要采取传染病应急控制措施的,依照国境卫生检疫法律、行政法规的规定办理。

(6)医疗卫生机构应当对因突发事件致病的人员提供医疗救护和现场救援,对就诊病人必须接诊治疗,并书写详细、完整的病历记录;对需要转送的病人,应当按照规定将病人及其病历记录的复印件转送至接诊的或者指定的医疗机构。

医疗卫生机构内应当采取卫生防护措施,防止交叉感染和污染。

医疗卫生机构应当对传染病病人密切接触者采取医学观察措施,传染病病人密切接触者应当予以配合。

医疗机构收治传染病病人、疑似传染病病人,应当依法报告所在地的疾病预防控制机构。接到报告的疾病预防控制机构应当立即对可能受到危害的人员进行调查,根据需要采取必要的控制措施。

(7)传染病暴发、流行时,街道、乡镇以及居民委员会、村民委员会应当组织力量,团结协作,群防群治,协助卫生行政主管部门和其他有关部门、医疗卫生机构做好疫情信息的收集和报告、人员的分散隔离、公共卫生措施的落实工作,向居民、村民宣传传染病防治的相关知识。

(8)对传染病暴发、流行区域内流动人口,突发事件发生地的县级以上地方人民政府应当做好预防工作,落实有关卫生控制措施;对传染病病人和疑似传染病病人,应当采取就地隔离、就地观察、就地治疗的措施。对需要治疗和转诊的,应当依照(6)第一款的规定执行。

(9)有关部门、医疗卫生机构应当对传染病做到早发现、早报告、早隔离、早治疗,切断传播途径,防止扩散。

(10)县级以上各级人民政府应当提供必要资金,保障因突发事件致病、致残的人员得到及时、有效的救治。具体办法由国务院财政部门、卫生行政主管部门和劳动保障行政主管部门制定。

(11)在突发事件中需要接受隔离治疗、医学观察措施的病人、疑似病人和传染病病人密切接触者在卫生行政主管部门或者有关机构采取医学措施时应当予以配合;拒绝配合的,由公安机关依法协助强制执行。

【案例回顾】

(1)根据《传染病防治法》第三条规定,新型冠状病毒肺炎属于乙类传染病。

(2)①对已经发生甲类传染病病例的场所或者该场所内的特定区域的人员,所在地的县级以上地方人民政府可以实施隔离措施。②必要时,报经上一级人民政府决定,可以采取下列紧急措施并予以公告:限制或者停止集市、影剧院演出或者其他人群聚集的活动;停工、停业、停课;封闭或者封存被传染病病原体污染的公共饮用水源、食品以及相关物品;控制或者扑杀染疫野生动物、家畜家禽;封闭可能造成传染病扩散的场所。③甲类、乙类传染病暴发、流行时,县级以上地方人民政府报经上一级人民政府决定,可以宣布本行政区域部分或者全部为疫区;国务院可以决定并宣布跨省、自治区、直辖市的疫区。县级以上地方人民政府可以在疫区内采取上述②中规定的紧急措施,并可以对出入疫区的人员、物资和交通工具实施卫生检疫。

【讨论题】

(1)在突发公共卫生事件应急管理中,如何保障公众知情权,实现群防群控目标?

(2)在应对突发事件时,如何平衡应急处置效率与应急处置最小侵害原则?

【思考题参考答案】

【参考答案8-1】发生特别重大突发事件,对人民生命财产安全、国家安全、公共安全、环境安全或者社会秩序构成重大威胁,采取《突发事件应对法》和其他有关法律、法规、规章规定的应急处置措施不能消除或者有效控制、减轻其严重社会危害,需要进入紧急状态的,由全国人民代表大会常务委员会或者国务院依照宪法和其他有关法律规定的权限和程序决定。

紧急状态期间采取的非常措施,依照有关法律规定执行或者由全国人民代表大会常务委员会另行规定。

【参考答案8-2】县级人民政府对本行政区域内突发事件的应对工作负责;涉及两个以上行政区域的,由有关行政区域共同的上一级人民政府负责,或者由各有关行政区域的上一级人民政府共同负责。

突发事件发生后,发生地县级人民政府应当立即采取措施控制事态发展,组织开展应急救援和处置工作,并立即向上一级人民政府报告,必要时可以越级上报。

突发事件发生地县级人民政府不能消除或者不能有效控制突发事件引起的严重社会危害的,应当及时向上级人民政府报告。上级人民政府应当及时采取措施,统一领导应急处置工作。

法律、行政法规规定由国务院有关部门对突发事件的应对工作负责的,从其规定;地方人民政府应当积极配合并提供必要的支持。

有关人民政府及其部门采取的应对突发事件的措施,应当与突发事件可能造成的社会危害的性质、程度和范围相适应;有多种措施可供选择的,应当选择有利于最大程度地保护公民、法人和其他组织权益的措施。

【参考答案8-3】2020年1月20日,在报经国务院批准后,国家卫生健康委发布了2020年第1号公告,明确将新型冠状病毒感染的肺炎纳入《传染病防治法》规定的乙类传染病,并采取甲类传染病的预防、控制措施。

【参考答案8-4】对乙类传染病中传染性非典型肺炎、炭疽中的肺炭疽和人感染高致病性禽流感,采取《传染病防治法》所称甲类传染病的预防、控制措施。其他乙类传染病和突发原因不明的传染病需要采取本法所称甲类传染病的预防、控制措施的,由国务院卫生行政部门及时报经国务院批准后予以公布、实施。

省、自治区、直辖市人民政府对本行政区域内常见、多发的其他地方性传染病,可以根据情况决定按照乙类或者丙类传染病管理并予以公布,报国务院卫生行政部门备案。

9 劳动法及劳动者权益保护法律制度

【案例导入】
2022年6月7日下午2时,某市某公司技术研发部陈某在办公室突发疾病,同事遂拨打120将其送至医院。医院诊断为急性心肌梗死,经过三天的紧张抢救,陈某仍未见好转迹象,不幸于2022年6月10日晚9时离世。2022年7月12日,陈某家属向该市人力资源与社会保障局(以下简称"市人社局")申请工伤认定;次日,市人社局作出了《不予认定工伤决定书》。

问题:(1)有人认为,陈某因急性心肌梗死死亡,不属于职业病范畴,因此市人社局作出的《不予认定工伤决定书》是合法的。你的观点是什么?

(2)如果陈某家属不服市人社局作出的不予认定工伤决定,那么他们可以通过何种渠道寻求救济?

《中华人民共和国劳动法》(以下简称《劳动法》)于1994年7月5日第八届全国人民代表大会常务委员会第八次会议通过,自1995年1月1日起施行,并分别于2009年和2018年进行了两次修正。《劳动法》分为十三章,共一百零七条。本书仅节选与城市管理密切相关的规定进行介绍。

《劳动法》的立法目的在于保护劳动者的合法权益,调整劳动关系,建立和维护适应社会主义市场经济的劳动制度,促进经济发展和社会进步。2008年1月1日起施行的《中华人民共和国劳动合同法》(以下简称《劳动合同法》),为劳动合同的管理提供了法律依据。为了公正及时解决劳动争议,促进劳动关系和谐,全国人大常委会第三十一次会议于2007年12月29日通过《中华人民共和国劳动争议调解仲裁法》(以下简称《劳动争议调解仲裁法》),自2008年5月1日起施行。

9.1 劳动合同制度

9.1.1 劳动合同的订立

一、劳动关系与劳动合同

劳动关系是指劳动者与用人单位因劳动活动而形成的社会关系。包括各类企业、个体工商户、事业单位等在实现劳动过程中建立的社会经济关系。劳动合同是劳动者与用人单位确立劳动关系、明确双方权利和义务的协议。《劳动法》第十六条规定,劳动合同是劳动者与用人单位确立劳动关系、明确双方权利和义务的协议。建立劳动关系应当订立劳动合同。《劳动合同法》第十条进一步规定,建立劳动关系,应当订立书面劳动合同。

(一)劳动关系的建立

用人单位自用工之日起即与劳动者建立劳动关系。用人单位与劳动者在用工前订立劳动合同的,劳动关系自用工之日起建立。

用人单位应当建立职工名册备查。职工名册应当包括劳动者姓名、性别、公民身份证号码、户籍地址及现住址、联系方式、用工形式、用工起始时间、劳动合同期限等内容。

用人单位招用劳动者时,应当如实告知劳动者工作内容、工作条件、工作地点、职业危害、安全生产状况、劳动报酬,以及劳动者要求了解的其他情况;用人单位有权了解劳动者与劳动合同直接相关的基本情况,劳动者应当如实说明。

用人单位招用劳动者,不得扣押劳动者的居民身份证和其他证件,不得要求劳动者提供担保或者以其他名义向劳动者收取财物。

【思考 9-1】"用人单位"具体指的是哪些单位?

【思考 9-2】《劳动合同法》规定的用人单位设立的分支机构,是否可以作为用人单位直接与劳动者订立劳动合同?

(二) 未及时订立劳动合同的法律后果

已建立劳动关系,未同时订立书面劳动合同的,应当自用工之日起一个月内订立书面劳动合同。

(1) 因劳动者未能订立劳动合同的法律后果

自用工之日起一个月内,经用人单位书面通知后,劳动者不与用人单位订立书面劳动合同的,用人单位应当书面通知劳动者终止劳动关系,无须向劳动者支付经济补偿,但是应当依法向劳动者支付其实际工作时间的劳动报酬。

(2) 因用人单位未能订立劳动合同的法律后果

用人单位自用工之日起超过一个月不满一年未与劳动者订立书面劳动合同的,应当向劳动者每月支付两倍的工资,并与劳动者补订书面劳动合同。劳动者不与用人单位订立书面劳动合同的,用人单位应当书面通知劳动者终止劳动关系,并依照劳动合同法的规定支付经济补偿。

用人单位自用工之日起满一年未与劳动者订立书面劳动合同的,自用工之日起满一个月的次日至满一年的前一日应当向劳动者每月支付两倍的工资,并视为自用工之日起满一年的当日已经与劳动者订立无固定期限劳动合同,应当立即与劳动者补订书面劳动合同。

【思考 9-3】"两倍工资"的起止时间是如何计算的?

【思考 9-4】什么是非全日制用工?非全日制用工是经常被提及的临时工吗?非全日制用工的用人单位应当与劳动者订立书面劳动合同吗?

二、劳动合同的类型

劳动合同分为固定期限劳动合同、无固定期限劳动合同和以完成一定工作任务为期限的劳动合同。

(一) 固定期限劳动合同

固定期限劳动合同,是指用人单位与劳动者约定合同终止时间的劳动合同。用人单位与劳动者协商一致,可以订立固定期限劳动合同。

(二) 无固定期限劳动合同

无固定期限劳动合同,是指用人单位与劳动者约定无确定终止时间的劳动合同。用人单位与劳动者协商一致,可以订立无固定期限劳动合同。有下列情形之一,劳动者提出或者同意续订、订立劳动合同的,除劳动者提出订立固定期限劳动合同外,应当订立无固定期限劳动合同:

(1) 劳动者在该用人单位连续工作满十年的;

(2) 用人单位初次实行劳动合同制度或者国有企业改制重新订立劳动合同时,劳动者在该用人单位连续工作满十年且距法定退休年龄不足十年的;

(3) 连续订立两次固定期限劳动合同,且劳动者没有《劳动合同法》第三十九条(即用人单位可以解除劳动合同的条件)和第四十条第一项、第二项规定(即劳动者患病或者非因工负伤,在规定的医疗期满后不能从事原工作,也不能从事由用人单位另行安排的工作的;劳动者不能胜任工作,经过培训或者调整工作岗位,仍不能胜任工作的)的情形,续订劳动合同的。

【思考9-5】 "连续工作满十年"从何时开始计算？如果劳动者被原用人单位安排到新用人单位工作，那么工作年限又如何计算？

（三）以完成一定工作任务为期限的劳动合同

以完成一定工作任务为期限的劳动合同，是指用人单位与劳动者约定以某项工作的完成为合同期限的劳动合同。用人单位与劳动者协商一致，可以订立以完成一定工作任务为期限的劳动合同。

此外，《劳动合同法》还对集体合同作出了特别规定。企业职工一方与用人单位通过平等协商，可以就劳动报酬、工作时间、休息休假、劳动安全卫生、保险福利等事项订立集体合同。集体合同草案应当提交职工代表大会或者全体职工讨论通过。集体合同由工会代表企业职工一方与用人单位订立；尚未建立工会的用人单位，由上级工会指导劳动者推举的代表与用人单位订立。

企业职工一方与用人单位可以订立劳动安全卫生、女职工权益保护、工资调整机制等专项集体合同。

在县级以下区域内，建筑业、采矿业、餐饮服务业等行业可以由工会与企业方面代表订立行业性集体合同，或者订立区域性集体合同。

集体合同订立后，应当报送劳动行政部门；劳动行政部门自收到集体合同文本之日起十五日内未提出异议的，集体合同即行生效。

依法订立的集体合同对用人单位和劳动者具有约束力。行业性、区域性集体合同对当地本行业、本区域的用人单位和劳动者具有约束力。

集体合同中劳动报酬和劳动条件等标准不得低于当地人民政府规定的最低标准；用人单位与劳动者订立的劳动合同中劳动报酬和劳动条件等标准不得低于集体合同规定的标准。

用人单位违反集体合同，侵犯职工劳动权益的，工会可以依法要求用人单位承担责任；因履行集体合同发生争议，经协商解决不成的，工会可以依法申请仲裁、提起诉讼。

【思考9-6】 集体合同与专项集体合同有什么区别？那么集体合同的社会意义是什么？

三、劳动合同的必备条款与选择性条款

（一）必备条款

劳动合同应当具备以下条款：

(1) 用人单位的名称、住所和法定代表人或者主要负责人；

(2) 劳动者的姓名、住址和居民身份证或者其他有效身份证件号码；

(3) 劳动合同期限；

(4) 工作内容和工作地点；

(5) 工作时间和休息休假；

(6) 劳动报酬；

(7) 社会保险；

(8) 劳动保护、劳动条件和职业危害防护；

(9) 法律、法规规定应当纳入劳动合同的其他事项。

【思考9-7】 劳动报酬是否就是指工资？

【思考9-8】 如果劳动合同履行地与用人单位注册地不一致，那么有关最低工资标准、劳动保护等事项应该按照何地的规定执行？

（二）选择性条款

劳动合同除前款规定的必备条款外，用人单位与劳动者可以约定试用期、培训、保守秘密、补充保险和福利待遇等其他事项。

【思考9-9】劳动合同对劳动报酬和劳动条件等标准约定不明确，引发争议的，应如何处理？

【思考9-10】用人单位制定的内部规章制度与劳动合同约定的内容不一致的，以何者为准？

（三）工资

工资是用人单位以货币形式支付给劳动者的劳动报酬。工资分配应当遵循按劳分配原则，实行同工同酬。工资水平在经济发展的基础上逐步提高。国家对工资总量实行宏观调控。

用人单位根据本单位的生产经营特点和经济效益，依法自主确定本单位的工资分配方式和工资水平。

国家实行最低工资保障制度。最低工资的具体标准由省、自治区、直辖市人民政府规定，报国务院备案。用人单位支付劳动者的工资不得低于当地最低工资标准。各省、自治区、直辖市人民政府确定和调整最低工资标准应当综合参考下列因素：

(1)劳动者本人及平均赡养人口的最低生活费用；

(2)社会平均工资水平；

(3)劳动生产率；

(4)就业状况；

(5)地区之间经济发展水平的差异。

工资应当以货币形式按月支付给劳动者本人。不得克扣或者无故拖欠劳动者的工资。劳动者在法定休假日和婚丧假期间以及依法参加社会活动期间，用人单位应当依法支付工资。

【思考9-11】用人单位支付劳动者的工资不得低于当地最低工资标准，其中用人单位支付劳动者的工资是否包括特殊工作环境下的津贴、劳动者福利待遇等内容？

（四）试用期

(1)试用期的时间限制。

劳动合同期限三个月以上不满一年的，试用期不得超过一个月；劳动合同期限一年以上不满三年的，试用期不得超过两个月；三年以上固定期限和无固定期限的劳动合同，试用期不得超过六个月。

(2)试用期的次数限制。

同一用人单位与同一劳动者只能约定一次试用期。以完成一定工作任务为期限的劳动合同或者劳动合同期限不满三个月的，不得约定试用期。

【思考9-12】试用期是否包含在劳动合同期限内？劳动合同如果仅约定试用期，没有约定劳动合同期限呢？

(3)试用期内的最低工资。

《劳动合同法》规定，劳动者在试用期的工资不得低于本单位相同岗位最低档工资或者劳动合同约定工资的百分之八十，并不得低于用人单位所在地的最低工资标准。

对于"百分之八十"，上述条款是存在歧义的。因此，《劳动合同法实施条例》作出了进一步规定，劳动者在试用期的工资不得低于本单位相同岗位最低档工资的百分之八十或者不得低于劳动合同约定工资的百分之八十，并不得低于用人单位所在地的最低工资标准。

(4)试用期内劳动合同解除条件的限制。

在试用期中,除劳动者有本法第三十九条(即用人单位可以解除劳动合同的条件)和第四十条第一项、第二项(即劳动者患病或者非因工负伤,在规定的医疗期满后不能从事原工作,也不能从事由用人单位另行安排的工作的;劳动者不能胜任工作,经过培训或者调整工作岗位,仍不能胜任工作的)规定的情形外,用人单位不得解除劳动合同。用人单位在试用期解除劳动合同的,应当向劳动者说明理由。

(五)服务期

《劳动合同法》第二十二条规定,用人单位为劳动者提供专项培训费用,对其进行专业技术培训的,可以与该劳动者订立协议,约定服务期。劳动者违反服务期约定的,应当按照约定向用人单位支付违约金。违约金的数额不得超过用人单位提供的培训费用。用人单位要求劳动者支付的违约金不得超过服务期尚未履行部分所应分摊的培训费用。

【思考9-13】劳动合同期满但服务期未到期的,劳动者与用人单位应该怎么办?

【思考9-14】培训费用具体包含哪些内容?

用人单位与劳动者约定了服务期,劳动者依照《劳动合同法》第三十八条的规定解除劳动合同的,不属于违反服务期的约定,用人单位不得要求劳动者支付违约金。

有下列情形之一,用人单位与劳动者解除约定服务期的劳动合同的,劳动者应当按照劳动合同的约定向用人单位支付违约金:

(1)劳动者严重违反用人单位的规章制度的;

(2)劳动者严重失职,营私舞弊,给用人单位造成重大损害的;

(3)劳动者同时与其他用人单位建立劳动关系,对完成本单位的工作任务造成严重影响,或者经用人单位提出,拒不改正的;

(4)劳动者以欺诈、胁迫的手段或者乘人之危,使用人单位在违背真实意思的情况下订立或者变更劳动合同的;

(5)劳动者被依法追究刑事责任的。

(六)保密协议与竞业限制条款

用人单位与劳动者可以在劳动合同中约定保守用人单位的商业秘密和与知识产权相关的保密事项。

竞业限制,是指在解除或者终止劳动合同后,竞业限制人员不得到与本单位生产或者经营同类产品、从事同类业务的有竞争关系的其他用人单位,或者自己开业生产或者经营同类产品、从事同类业务。竞业限制期限不得超过两年。

竞业限制的人员限于用人单位的高级管理人员、高级技术人员和其他负有保密义务的人员。竞业限制的范围、地域、期限由用人单位与劳动者约定,竞业限制的约定不得违反法律、法规的规定。

对负有保密义务的劳动者,用人单位可以在劳动合同或者保密协议中与劳动者约定竞业限制条款,并约定在解除或者终止劳动合同后,在竞业限制期限内按月给予劳动者经济补偿。劳动者违反竞业限制约定的,应当按照约定向用人单位支付违约金。

【思考9-15】若用人单位与劳动者约定了竞业限制条款,但未约定解除或终止劳动合同后的经济补偿,劳动者履行了竞业限制义务,要求用人单位支付经济补偿,能否得到法院的支持?若可以得到支持,则经济补偿应如何计算?

《最高人民法院关于审理劳动争议案件适用法律问题的解释(一)》第三十八条规定,当事人在劳动合同或者保密协议中约定了竞业限制和经济补偿,劳动合同解除或者终止后,因用人单位的原因导致三个月未支付经济补偿,劳动者请求解除竞业限制约定的,人民法院应予支持。

除服务期和保密协议与竞业限制条款规定的情形外,用人单位不得与劳动者约定由劳动者承担违约金。

【思考9-16】用人单位与劳动者在竞业限制协议或竞业限制条款中约定了违约金,劳动者违反竞业限制约定,向用人单位支付违约金后,能否免除竞业限制义务?

四、劳动合同的效力

劳动合同由用人单位与劳动者协商一致,并经用人单位与劳动者在劳动合同文本上签字或者盖章生效。劳动合同文本由用人单位和劳动者各执一份。

下列劳动合同无效或者部分无效:
(1)以欺诈、胁迫的手段或者乘人之危,使对方在违背真实意思的情况下订立或者变更劳动合同的;
(2)用人单位免除自己的法定责任、排除劳动者权利的;
(3)违反法律、行政法规强制性规定的。

对劳动合同的无效或者部分无效有争议的,由劳动争议仲裁机构或者人民法院确认。劳动合同部分无效,不影响其他部分效力的,其他部分仍然有效。

【思考9-17】劳动合同被确认无效,劳动者已付出劳动的,用人单位需要向劳动者支付劳动报酬和经济补偿吗? 如果需要支付,数额如何确定?

9.1.2 劳动合同的履行和变更

一、劳动合同的履行

用人单位与劳动者应当按照劳动合同的约定,全面履行各自的义务。用人单位应当按照劳动合同约定和国家规定,向劳动者及时足额支付劳动报酬。

用人单位拖欠或者未足额支付劳动报酬的,劳动者可以依法向当地人民法院申请支付令,人民法院应当依法发出支付令。

【思考9-18】什么是支付令?

《最高人民法院关于审理劳动争议案件适用法律问题的解释(一)》第十五条规定,劳动者以用人单位的工资欠条为证据直接提起诉讼,诉讼请求不涉及劳动关系其他争议的,视为拖欠劳动报酬争议,人民法院按照普通民事纠纷受理。

用人单位应当严格执行劳动定额标准,不得强迫或者变相强迫劳动者加班。用人单位安排加班的,应当按照国家有关规定向劳动者支付加班费(详见"休息休假")。

劳动者拒绝用人单位管理人员违章指挥、强令冒险作业的,不视为违反劳动合同。劳动者对危害生命安全和身体健康的劳动条件,有权对用人单位提出批评、检举和控告。

二、劳动合同的变更

用人单位变更名称、法定代表人、主要负责人或者投资人等事项,不影响劳动合同的履行。

用人单位发生合并或者分立等情况,原劳动合同继续有效,劳动合同由承继其权利和义务的用人单位继续履行。

【思考9-19】用人单位发生合并或者分立后,与劳动者发生劳动争议的,如何确定劳动争议当事人?

用人单位与劳动者协商一致,可以变更劳动合同约定的内容。变更劳动合同,应当采用书面形式。变更后的劳动合同文本由用人单位和劳动者各执一份。

《最高人民法院关于审理劳动争议案件适用法律问题的解释(一)》第四十三条规定,用人单位与劳动者协商一致变更劳动合同,虽未采用书面形式,但已经实际履行了口头变更的劳动合同超过一个月,变更后的劳动合同内容不违反法律、行政法规且不违背公序良俗,当事人以未采用书面形式为由主张劳动合同变更无效的,人民法院不予支持。

9.1.3 劳动合同的解除与终止

一、协商解除

用人单位与劳动者协商一致,可以解除劳动合同。用人单位向劳动者提出解除劳动合同并与劳动者协商一致解除劳动合同的,用人单位应当向劳动者给予经济补偿。

二、劳动者单方解除

(一)自由辞职

劳动者提前三十日以书面形式通知用人单位,可以解除劳动合同。劳动者在试用期内提前三日通知用人单位,可以解除劳动合同。

【思考9-20】劳动者行使自由辞职权时,是否有权要求用人单位支付经济补偿?

(二)被迫解除

《劳动合同法》规定,用人单位有下列情形之一的,劳动者可以解除劳动合同,用人单位应当向劳动者支付经济补偿:

(1)未按照劳动合同约定提供劳动保护或者劳动条件的;

(2)未及时足额支付劳动报酬的;

(3)未依法为劳动者缴纳社会保险费的;

(4)用人单位的规章制度违反法律、法规的规定,损害劳动者权益的;

(5)用人单位以欺诈、胁迫的手段或者乘人之危,使劳动者在违背真实意思的情况下订立或者变更劳动合同的;

(6)法律、行政法规规定劳动者可以解除劳动合同的其他情形。

若劳动者以上述理由辞职时未履行告知义务,辞职后主张经济补偿的,不予支持。

(三)随时解除

用人单位以暴力、威胁或者非法限制人身自由的手段强迫劳动者劳动的,或者用人单位违章指挥、强令冒险作业危及劳动者人身安全的,劳动者可以立即解除劳动合同,不需事先告知用人单位。

三、用人单位单方解除

(一)随时解除

劳动者有下列情形之一的,用人单位可以解除劳动合同:

(1)在试用期间被证明不符合录用条件的;

(2)严重违反用人单位的规章制度的;

(3)严重失职,营私舞弊,给用人单位造成重大损害的;

(4)劳动者同时与其他用人单位建立劳动关系,对完成本单位的工作任务造成严重影响,或者经用人单位提出,拒不改正的;

(5)劳动者以欺诈、胁迫的手段或者乘人之危,使用人单位在违背真实意思的情况下订立或者变更劳动合同的;

(6)被依法追究刑事责任的。

根据《劳动合同法实施条例》的规定,出现上述(2)~(6)情形的,用人单位与劳动者解除约定服务期的劳动合同的,劳动者应当按照劳动合同的约定向用人单位支付违约金。

(二)预告解除

有下列情形之一的,用人单位提前三十日以书面形式通知劳动者本人或者额外支付劳动者一个月工资后,可以解除劳动合同,用人单位应当向劳动者支付经济补偿:

(1)劳动者患病或者非因工负伤,在规定的医疗期满后不能从事原工作,也不能从事由用人单位另行安排的工作的;

(2)劳动者不能胜任工作,经过培训或者调整工作岗位,仍不能胜任工作的;

(3)劳动合同订立时所依据的客观情况发生重大变化,致使劳动合同无法履行,经用人单位与劳动者协商,未能就变更劳动合同内容达成协议的。

【思考9-21】额外支付劳动者的一个月工资按照什么标准确定?

(三)经济性裁员

有下列情形之一,需要裁减人员二十人以上或者裁减不足二十人但占企业职工总数百分之十以上的,用人单位提前三十日向工会或者全体职工说明情况,听取工会或者职工的意见后,裁减人员方案经向劳动行政部门报告,可以裁减人员:

(1)依照企业破产法规定进行重整的;

(2)生产经营发生严重困难的;

(3)企业转产、重大技术革新或者经营方式调整,经变更劳动合同后,仍需裁减人员的;

(4)其他因劳动合同订立时所依据的客观经济情况发生重大变化,致使劳动合同无法履行的。

裁减人员时,应当优先留用下列人员:

(1)与本单位订立较长期限的固定期限劳动合同的;

(2)与本单位订立无固定期限劳动合同的;

(3)家庭无其他就业人员,有需要扶养的老人或者未成年人的。

用人单位依照上述规定裁减人员,在六个月内重新招用人员的,应当通知被裁减的人员,并在同等条件下优先招用被裁减的人员。

用人单位依法裁减人员,应当向劳动者支付经济补偿。

(四)用人单位不得解除劳动合同的情形

劳动者有下列情形之一的,用人单位不得依照预告解除、经济性裁员的规定解除劳动合同:

(1)从事接触职业病危害作业的劳动者未进行离岗前职业健康检查,或者疑似职业病病人在诊断或者医学观察期间的;

(2)在本单位患职业病或者因工负伤并被确认丧失或者部分丧失劳动能力的;

(3)患病或者非因工负伤,在规定的医疗期内的;

(4)女职工在孕期、产期、哺乳期的;
(5)在本单位连续工作满十五年,且距法定退休年龄不足五年的;
(6)法律、行政法规规定的其他情形。

用人单位单方解除劳动合同,应当事先将理由通知工会。用人单位违反法律、行政法规规定或者劳动合同约定的,工会有权要求用人单位纠正。用人单位应当研究工会的意见,并将处理结果书面通知工会。

根据《最高人民法院关于审理劳动争议案件适用法律问题的解释(一)》第四十七条规定,建立了工会组织的用人单位解除劳动合同符合《劳动合同法》"随时解除"、"预告解除"的规定,但未按照上述规定事先通知工会,劳动者以用人单位违法解除劳动合同为由请求用人单位支付赔偿金的,人民法院应予支持,但起诉前用人单位已经补正有关程序的除外。

四、劳动合同终止

《劳动合同法》规定,有下列情形之一的,劳动合同终止:
(1)劳动合同期满的;
(2)劳动者开始依法享受基本养老保险待遇的;
(3)劳动者死亡,或者被人民法院宣告死亡或者宣告失踪的;
(4)用人单位被依法宣告破产的;
(5)用人单位被吊销营业执照、责令关闭、撤销或者用人单位决定提前解散的;
(6)法律、行政法规规定的其他情形。

需要注意的是,劳动合同期满,有用人单位不得解除劳动合同的情形之一的,劳动合同应当续延至相应的情形消失时终止。但是,丧失或者部分丧失劳动能力劳动者的劳动合同的终止,按照国家有关工伤保险的规定执行。

《劳动合同法实施条例》进一步规定,用人单位与劳动者不得在《劳动合同法》规定的劳动合同终止情形之外约定其他的劳动合同终止条件。

五、终止合同的经济补偿

(一)经济补偿的情形

有下列情形之一的,用人单位应当向劳动者支付经济补偿:
(1)劳动者被迫解除和随时解除劳动合同的;
(2)用人单位依法向劳动者提出解除劳动合同并与劳动者协商一致解除劳动合同的;
(3)用人单位预告解除劳动合同的;
(4)用人单位依法裁减人员而解除劳动合同的;
(5)除用人单位维持或者提高劳动合同约定条件续订劳动合同,劳动者不同意续订的情形外,劳动合同期满终止固定期限劳动合同的;
(6)因用人单位被依法宣告破产和被吊销营业执照、责令关闭、撤销或者用人单位决定提前解散而终止劳动合同的;
(7)法律、行政法规规定的其他情形。

(二)补偿标准

根据《劳动合同法》的规定,终止劳动合同的经济补偿按劳动者在本单位工作的年限,每满一年支付一个月工资的标准向劳动者支付。六个月以上不满一年的,按一年计算;不满六个月的,向劳动者支付半个月工资的经济补偿。

【思考 9-22】 月工资的计算标准是什么?

劳动者月工资高于用人单位所在直辖市、设区的市级人民政府公布的本地区上年度职工月平均工资三倍的,向其支付经济补偿的标准按职工月平均工资三倍的数额支付,向其支付经济补偿的年限最高不超过十二年。

【思考 9-23】 劳动者非因本人原因被原用人单位安排到新用人单位工作的,新用人单位依法解除、终止劳动合同时应支付经济补偿的工作年限应如何计算?

六、违约与赔偿

用人单位违反《劳动合同法》的规定解除或者终止劳动合同,劳动者要求继续履行劳动合同的,用人单位应当继续履行;劳动者不要求继续履行劳动合同或者劳动合同已经不能继续履行的,用人单位应当经济补偿标准的两倍向劳动者支付赔偿金。用人单位依法支付了赔偿金的,不再支付经济补偿。赔偿金的计算年限自用工之日起计算。

9.2 劳务派遣

随着建筑业、制造业、服务业的规模化发展,劳务派遣也逐渐成为一种新型用工形式。劳务派遣是指劳动者受聘于劳务派遣单位,劳务派遣单位将劳动者派遣至用工单位,劳动者在用工单位完成相应工作的用工方式。

9.2.1 劳务派遣涉及的法律关系

一、当事人

劳务派遣涉及劳务派遣单位、劳动者和用工单位三方当事人。劳务派遣单位与劳动者签订劳动合同,劳务派遣单位与用工单位签订劳务派遣协议。劳动合同受《劳动合同法》调整,劳务派遣协议受《民法典》调整。劳务派遣单位是被派遣劳动者的用人单位,被派遣劳动者的实际使用单位是用工单位。因此,劳务派遣是一种劳动者聘用与使用分离的用工形式。

【思考 9-24】 在劳动争议仲裁案件中,因劳务派遣引发的劳动争议,当事人应该是谁?

二、劳动合同与劳务派遣协议

(一)劳动合同

劳务派遣单位是用人单位,应当履行用人单位对劳动者的义务。劳务派遣单位与被派遣劳动者订立的劳动合同,除应当载明劳动合同必备条款外,还应当载明被派遣劳动者的用工单位以及派遣期限、工作岗位等情况。劳务派遣单位不得以非全日制用工形式招用被派遣劳动者。

劳务派遣单位应当与被派遣劳动者订立两年以上的固定期限劳动合同,按月支付劳动报酬;被派遣劳动者在无工作期间,劳务派遣单位应当按照所在地人民政府规定的最低工资标准,向其按月支付报酬。

【思考 9-25】 劳务派遣单位是否可以与被派遣劳动者约定试用期?劳动者被派遣至不同用工单位时是否每次都可以约定试用期?

(二)劳务派遣协议

劳务派遣单位派遣劳动者应当与接受以劳务派遣形式用工的单位(以下称用工单位)订立劳务派遣协议。劳务派遣协议应当约定派遣岗位和人员数量、派遣期限、劳动报酬和社会保险费的数额与支付方式以及违反协议的责任。劳务派遣协议应载明的具体内容可参见《劳务派遣暂行规定》第七条。

用工单位应当根据工作岗位的实际需要与劳务派遣单位确定派遣期限,不得将连续用工期限分割订立数个短期劳务派遣协议。

【思考 9-26】有人认为,劳务派遣协议中劳动报酬只要不低于当地最低工资标准就是合法的。这种观点是否正确?

9.2.2 劳务派遣单位的规定

《劳动合同法》规定,劳务派遣单位(用工单位)应当依照《公司法》的有关规定设立,注册资本不得少于五十万元。

劳务派遣单位应当将劳务派遣协议的内容告知被派遣劳动者。劳务派遣单位不得克扣用工单位按照劳务派遣协议支付给被派遣劳动者的劳动报酬。劳务派遣单位和用工单位不得向被派遣劳动者收取费用。

用工单位应当履行下列义务:
(1)执行国家劳动标准,提供相应的劳动条件和劳动保护;
(2)告知被派遣劳动者的工作要求和劳动报酬;
(3)支付加班费、绩效奖金,提供与工作岗位相关的福利待遇;
(4)对在岗被派遣劳动者进行工作岗位所必需的培训;
(5)连续用工的,实行正常的工资调整机制。

《劳务派遣暂行规定》第八条规定,劳务派遣单位应当对被派遣劳动者履行下列义务:
(1)如实告知被派遣劳动者《劳动合同法》第八条规定的事项、应遵守的规章制度以及劳务派遣协议的内容;
(2)建立培训制度,对被派遣劳动者进行上岗知识、安全教育培训;
(3)按照国家规定和劳务派遣协议约定,依法支付被派遣劳动者的劳动报酬和相关待遇;
(4)按照国家规定和劳务派遣协议约定,依法为被派遣劳动者缴纳社会保险费,并办理社会保险相关手续;
(5)督促用工单位依法为被派遣劳动者提供劳动保护和劳动安全卫生条件;
(6)依法出具解除或者终止劳动合同的证明;
(7)协助处理被派遣劳动者与用工单位的纠纷;
(8)法律、法规和规章规定的其他事项。

【思考 9-27】用工单位能不能将被派遣劳动者再派遣到其他用工单位?

《劳动合同法》第六十七条规定,用人单位不得设立劳务派遣单位向本单位或者所属单位派遣劳动者。《劳动合同法实施条例》第二十八条进一步明确,用人单位或者其所属单位出资或者合伙设立的劳务派遣单位,向本单位或者所属单位派遣劳动者的,属于《劳动合同法》第六十七条规定的不得设立的劳务派遣单位。

【思考 9-28】 劳务派遣单位如果跨地区派遣劳动者,被派遣劳动者享有的劳动报酬和劳动条件按照用人单位所在地标准执行还是按照用工单位所在地标准执行?

9.2.3 用工范围和用工比例

一、用工范围

《劳动合同法》规定,劳务派遣一般在临时性、辅助性或者替代性的工作岗位上实施。被派遣劳动者有权在劳务派遣单位或者用工单位依法参加或者组织工会,维护自身的合法权益。

《劳务派遣暂行规定》第三条进一步明确,用工单位只能在临时性、辅助性或者替代性的工作岗位上使用被派遣劳动者。

临时性工作岗位是指存续时间不超过六个月的岗位;辅助性工作岗位是指为主营业务岗位提供服务的非主营业务岗位;替代性工作岗位是指用工单位的劳动者因脱产学习、休假等原因无法工作的一定期间内,可以由其他劳动者替代工作的岗位。

用工单位决定使用被派遣劳动者的辅助性岗位,应当经职工代表大会或者全体职工讨论,提出方案和意见,与工会或者职工代表平等协商确定,并在用工单位内公示。

二、用工比例

《劳务派遣暂行规定》第四条规定,用工单位应当严格控制劳务派遣用工数量,使用的被派遣劳动者数量不得超过其用工总量的百分之十。

前款所称用工总量是指用工单位订立劳动合同人数与使用的被派遣劳动者人数之和。

计算劳务派遣用工比例的用工单位是指依照《劳动合同法》和《劳动合同法实施条例》可以与劳动者订立劳动合同的用人单位。

外国企业常驻代表机构和外国金融机构驻华代表机构等使用被派遣劳动者的,以及船员用人单位以劳务派遣形式使用国际远洋海员的,不受临时性、辅助性、替代性岗位和劳务派遣用工比例的限制。

9.2.4 劳动合同的解除

一、协商解除

被派遣劳动者可以与劳务派遣单位协商解除劳动合同。

二、劳动者单方解除

根据本书 9.1.3"(二)被迫解除""(三)随时解除"的情形,被派遣劳动者也可以单方面解除劳动合同。

三、劳务派遣单位单方解除

根据本书 9.1.3"(一)随时解除"以及"(二)预告解除"之(1)、(2)的情形,用工单位可以将劳动者退回劳务派遣单位,劳务派遣单位依照《劳动合同法》的有关规定,可以与劳动者解除劳动合同。

9.3 劳动保护的规定

9.3.1 基本制度

劳动保护,又称劳动安全卫生,国外一般称为职业安全健康(occupational safety and health),是指在劳动、生产中为保护劳动者的安全和健康,在预防工伤事故和职业危害、改善劳动条件、保护女职工和未成年工等方面所采取的各种技术、组织、法律等相关措施。

一、建立、健全劳动安全卫生制度

用人单位必须建立、健全劳动安全卫生制度,严格执行国家劳动安全卫生规程和标准,对劳动者进行劳动安全卫生教育,防止劳动过程中的事故,减少职业危害。

二、"三同时"制度

劳动安全卫生设施必须符合国家规定的标准。新建、改建、扩建工程的劳动安全卫生设施必须与主体工程同时设计、同时施工、同时投入生产和使用。

三、劳动防护制度

用人单位必须为劳动者提供符合国家规定的劳动安全卫生条件和必要的劳动防护用品,对从事有职业危害作业的劳动者应当定期进行健康检查。

四、特种作业人员持证上岗制度

特种作业是指容易发生人员伤亡事故,对操作者本人、他人的生命健康及周围设施的安全可能造成重大危害的作业。直接从事特种作业的人员称为特种作业人员。从事特种作业的劳动者必须经过专门培训并取得特种作业资格。

根据《特种作业人员安全技术培训考核管理规定》,特种作业涉及电工作业、焊接与热切割作业、高处作业、制冷与空调作业、煤矿安全作业、金属非金属矿山安全作业、石油天然气安全作业、冶金(有色)生产安全作业、危险化学品安全作业、烟火爆竹安全作业等。

五、劳动者权利与义务法定制度

劳动者在劳动过程中必须严格遵守安全操作规程。劳动者对用人单位管理人员违章指挥、强令冒险作业,有权拒绝执行;对危害生命安全和身体健康的行为,有权提出批评、检举和控告。

9.3.2 工作时间与休息休假

一、工作时间

(一)正常工作时间

《劳动法》第三十六条规定,国家实行劳动者每日工作时间不超过八小时、平均每周工作时间不超过四十四小时的工时制度。

【思考 9-29】对实行计件工作的劳动者,如何确定其工作时间?

(二)延长工作时间

用人单位由于生产经营需要,经与工会和劳动者协商后可以延长工作时间,一般每日不得超过一小时;因特殊原因需要延长工作时间的,在保障劳动者身体健康的条件下延长工作时间每日不得超过三小时,但是每月不得超过三十六小时。

但是,有下列情形之一的,延长工作时间不受上述规定的限制:

(1)发生自然灾害、事故或者因其他原因,威胁劳动者生命健康和财产安全,需要紧急处理的;

(2)生产设备、交通运输线路、公共设施发生故障,影响生产和公众利益,必须及时抢修的;

(3)法律、行政法规规定的其他情形。

用人单位不得违反《劳动法》规定延长劳动者的工作时间。

(三)延长工作时间的工资报酬

有下列情形之一的,用人单位应当按照下列标准支付高于劳动者正常工作时间工资的工资报酬:

(1)安排劳动者延长工作时间的,支付不低于工资的百分之一百五十的工资报酬;

(2)休息日安排劳动者工作又不能安排补休的,支付不低于工资的百分之二百的工资报酬;

(3)法定休假日安排劳动者工作的,支付不低于工资的百分之三百的工资报酬。

若延长工作时间的工资报酬(或加班费)发生争议的,由谁来就加班事实举证的问题,《最高人民法院关于审理劳动争议案件适用法律问题的解释(一)》第四十二条规定,劳动者主张加班费的,应当就加班事实的存在承担举证责任。但劳动者有证据证明用人单位掌握加班事实存在的证据,用人单位不提供的,由用人单位承担不利后果。

二、休息休假

(一)休息

《劳动法》第三十八条规定,用人单位应当保证劳动者每周至少休息一日。

企业因生产特点不能实行《劳动法》第三十六条、第三十八条规定的,经劳动行政部门批准,可以实行其他工作和休息办法。

(二)休假

《劳动法》规定,用人单位在下列节日期间应当依法安排劳动者休假:(1)元旦;(2)春节;(3)国际劳动节;(4)国庆节;(5)法律、法规规定的其他休假节日。

国家实行带薪年休假制度。劳动者连续工作一年以上的,享受带薪年休假。具体办法可参见《企业职工带薪年休假实施办法》。

9.3.3 女职工和未成年工特殊保护

国家对女职工和未成年工实行特殊劳动保护。

一、女职工的特殊保护

《劳动法》第五十九至第六十三条对女职工的特殊保护作出了如下规定。

(1)禁止安排女职工从事矿山井下、国家规定的第四级体力劳动强度的劳动和其他禁忌从事的劳动。

(2)不得安排女职工在经期从事高处、低温、冷水作业和国家规定的第三级体力劳动强度的劳动。

(3)不得安排女职工在怀孕期间从事国家规定的第三级体力劳动强度的劳动和孕期禁忌从事的劳动。对怀孕七个月以上的女职工,不得安排其延长工作时间和夜班劳动。

(4)女职工生育享受不少于九十天的产假。

(5)不得安排女职工在哺乳未满一周岁的婴儿期间从事国家规定的第三级体力劳动强度的劳动和哺乳期禁忌从事的其他劳动,不得安排其延长工作时间和夜班劳动。

在《劳动法》"女职工生育享受不少于九十天的产假"的规定的基础上,《女职工劳动保护特别规定》第七条的进一步明确,女职工生育享受九十八天产假,其中产前可以休假十五天;难产的,增加产假十五天;生育多胞胎的,每多生育一个婴儿,增加产假十五天。女职工怀孕未满四个月流产的,享受十五天产假;怀孕满四个月流产的,享受四十二天产假。

二、未成年工特殊保护

所谓未成年工,是指年满十六周岁未满十八周岁的劳动者。

(1)不得安排未成年工从事矿山井下、有毒有害、国家规定的第四级体力劳动强度的劳动和其他禁忌从事的劳动。有关用人单位不得安排未成年工从事的劳动范围《未成年工特殊保护规定》作出了详细的规定,此处不再赘述。

(2)用人单位应当对未成年工定期进行健康检查。《未成年工特殊保护规定》规定,用人单位应按下列要求对未成年工定期进行健康检查:

①安排工作岗位之前;

②工作满一年;

③年满十八周岁,距前一次的体检时间已超过半年。

(3)对未成年工的使用和特殊保护实行登记制度。《未成年工特殊保护规定》规定,用人单位招收使用未成年工,除符合一般用工要求外,还须向所在地的县级以上劳动行政部门办理登记。劳动行政部门根据"未成年工健康检查表""未成年工登记表",核发"未成年工登记证"。未成年工须持"未成年工登记证"上岗。

9.4 工伤的规定

《工伤保险条例》规定,中华人民共和国境内的各类企业、有雇工的个体工商户(以下称用人单位)应当依照本条例规定参加工伤保险,为本单位全部职工或者雇工(以下称职工)缴纳工伤保险费。

中华人民共和国境内的各类企业的职工和个体工商户的雇工,均有依照本条例的规定享受工伤保险待遇的权利。有雇工的个体工商户参加工伤保险的具体步骤和实施办法,由省、自治区、直辖市人民政府规定。

用人单位和职工应当遵守有关安全生产和职业病防治的法律法规,执行安全卫生规程和标准,预防工伤事故发生,避免和减少职业病危害。职工发生工伤时,用人单位应当采取措施使工伤职工得到及时救治。

9.4.1 工伤保险基金

一、构成

工伤保险基金由用人单位缴纳的工伤保险费、工伤保险基金的利息和依法纳入工伤保险基金的其他资金构成。

工伤保险基金在直辖市和设区的市实行全市统筹,其他地区的统筹层次由省、自治区人民政府确定。跨地区、生产流动性较大的行业,可以采取相对集中的方式异地参加统筹地区的工伤保险。

二、费率

工伤保险费根据以支定收、收支平衡的原则,确定费率。

国家根据不同行业的工伤风险程度确定行业的差别费率,并根据工伤保险费使用、工伤发生率等情况在每个行业内确定若干费率档次。行业差别费率及行业内费率档次由国务院劳动保障行政部门会同国务院财政部门、卫生行政部门、安全生产监督管理部门制定,报国务院批准后公布施行。

统筹地区经办机构根据用人单位工伤保险费使用、工伤发生率等情况,适用所属行业内相应的费率档次确定单位缴费费率。

国务院劳动保障行政部门应当定期了解全国各统筹地区工伤保险基金收支情况,及时会同国务院财政部门、卫生行政部门、安全生产监督管理部门提出调整行业差别费率及行业内费率档次的方案,报国务院批准后公布施行。

三、缴费主体与费用计算

用人单位应当按时缴纳工伤保险费。职工个人不缴纳工伤保险费。用人单位缴纳工伤保险费的数额为本单位职工工资总额乘以单位缴费费率之积。

四、用途

工伤保险基金存入社会保障基金财政专户,用于《工伤保险条例》规定的工伤保险待遇、劳动能力鉴定以及法律、法规规定的用于工伤保险的其他费用的支付。任何单位或者个人不得将工伤保险基金用于投资运营、兴建或者改建办公场所、发放奖金,或者挪作其他用途。

工伤保险基金应当留有一定比例的储备金,用于统筹地区重大事故的工伤保险待遇支付;储备金不足支付的,由统筹地区的人民政府垫付。储备金占基金总额的具体比例和储备金的使用办法,由省、自治区、直辖市人民政府规定。

9.4.2 工伤认定

一、应当认定为工伤的情形

职工有下列情形之一的,应当认定为工伤:

(1)在工作时间和工作场所内,因工作原因受到事故伤害的;

(2)工作时间前后在工作场所内,从事与工作有关的预备性或者收尾性工作受到事故伤害的;

(3)在工作时间和工作场所内,因履行工作职责受到暴力等意外伤害的;

(4)患职业病的;

(5)因工外出期间,由于工作原因受到伤害或者发生事故下落不明的;

(6)在上下班途中,受到机动车事故伤害的;

(7)法律、行政法规规定应当认定为工伤的其他情形。

二、视同工伤的情形

职工有下列情形之一的,视同工伤:

(1)在工作时间和工作岗位,突发疾病死亡或者在四十八小时之内经抢救无效死亡的;

(2)在抢险救灾等维护国家利益、公共利益活动中受到伤害的;

(3)职工原在军队服役,因战、因公负伤致残,已取得革命伤残军人证,到用人单位后旧伤复发的。

职工有前款第(1)项、第(2)项情形的,按照本条例的有关规定享受工伤保险待遇;职工有前款第(3)项情形的,按照《工伤保险条例》的有关规定享受除一次性伤残补助金以外的工伤保险待遇。

三、不得认定工伤或视同工伤的情形

职工有下列情形之一的,不得认定为工伤或者视同工伤:

(1)因犯罪或者违反治安管理伤亡的;

(2)醉酒导致伤亡的;

(3) 自残或者自杀的。

四、工伤认定申请

(一) 申请时限与申请主体

职工发生事故伤害或者按照职业病防治法规定被诊断、鉴定为职业病,所在单位应当自事故伤害发生之日或者被诊断、鉴定为职业病之日起三十日内,向统筹地区劳动保障行政部门提出工伤认定申请。遇有特殊情况,经报劳动保障行政部门同意,申请时限可以适当延长。

【思考 9-30】用人单位未在上述期限内提交工伤认定申请的,用人单位应承担什么后果?

用人单位未按前款规定提出工伤认定申请的,工伤职工或者其直系亲属、工会组织在事故伤害发生之日或者被诊断、鉴定为职业病之日起一年内,可以直接向用人单位所在地统筹地区劳动保障行政部门提出工伤认定申请。

(二) 申请材料

提出工伤认定申请应当提交下列材料:

(1) 工伤认定申请表(应当包括事故发生的时间、地点、原因以及职工伤害程度等基本情况);
(2) 与用人单位存在劳动关系(包括事实劳动关系)的证明材料;
(3) 医疗诊断证明或者职业病诊断证明书(或者职业病诊断鉴定书)。

工伤认定申请人提供材料不完整的,劳动保障行政部门应当一次性书面告知工伤认定申请人需要补正的全部材料。申请人按照书面告知要求补正材料后,劳动保障行政部门应当受理。

五、调查核实与决定

(一) 调查核实

劳动保障行政部门受理工伤认定申请后,根据审核需要可以对事故伤害进行调查核实,用人单位、职工、工会组织、医疗机构以及有关部门应当予以协助。职业病诊断和诊断争议的鉴定,依照职业病防治法的有关规定执行。对依法取得职业病诊断证明书或者职业病诊断鉴定书的,劳动保障行政部门不再进行调查核实。

【思考 9-31】职工认为是工伤,用人单位不认为是工伤的,应当由哪一方举证?

(二) 决定

劳动保障行政部门应当自受理工伤认定申请之日起六十日内作出工伤认定的决定,并书面通知申请工伤认定的职工或者其直系亲属和该职工所在单位。

劳动保障行政部门工作人员与工伤认定申请人有利害关系的,应当回避。

9.4.3 劳动能力鉴定

劳动能力鉴定是指劳动功能障碍程度和生活自理障碍程度的等级鉴定。职工发生工伤,经治疗伤情相对稳定后存在残疾、影响劳动能力的,应当进行劳动能力鉴定。

一、劳动功能障碍和生活自理障碍分级

劳动功能障碍分为十个伤残等级,最重的为一级,最轻的为十级。

生活自理障碍分为三个等级:生活完全不能自理、生活大部分不能自理和生活部分不能自理。其中,一至四级伤残为生活完全不能自理,五至六级伤残为生活大部分不能自理,七至十级伤残为生活部分不能自理。

劳动能力鉴定标准由国务院劳动保障行政部门会同国务院卫生行政部门等部门制定。

二、申请

劳动能力鉴定由用人单位、工伤职工或者其直系亲属向设区的市级劳动能力鉴定委员会提出申请，并提供工伤认定决定和职工工伤医疗的有关资料。

省、自治区、直辖市劳动能力鉴定委员会和设区的市级劳动能力鉴定委员会分别由省、自治区、直辖市和设区的市级劳动保障行政部门、人事行政部门、卫生行政部门、工会组织、经办机构代表以及用人单位代表组成。

三、鉴定

设区的市级劳动能力鉴定委员会收到劳动能力鉴定申请后，应当从其建立的医疗卫生专家库中随机抽取三名或者五名相关专家组成专家组，由专家组提出鉴定意见。设区的市级劳动能力鉴定委员会根据专家组的鉴定意见作出工伤职工劳动能力鉴定结论；必要时，可以委托具备资格的医疗机构协助进行有关的诊断。

设区的市级劳动能力鉴定委员会应当自收到劳动能力鉴定申请之日起六十日内作出劳动能力鉴定结论，必要时，作出劳动能力鉴定结论的期限可以延长三十日。劳动能力鉴定结论应当及时送达申请鉴定的单位和个人。

劳动能力鉴定工作应当客观、公正。劳动能力鉴定委员会组成人员或者参加鉴定的专家与当事人有利害关系的，应当回避。

四、再次鉴定

申请鉴定的单位或者个人对设区的市级劳动能力鉴定委员会作出的鉴定结论不服的，可以在收到该鉴定结论之日起十五日内向省、自治区、直辖市劳动能力鉴定委员会提出再次鉴定申请。省、自治区、直辖市劳动能力鉴定委员会作出的劳动能力鉴定结论为最终结论。

【思考9-32】劳动能力鉴定结论作出后，伤残情况发生变化的，应该怎么办？

9.4.4 工伤保险待遇

职工治疗工伤应当在签订服务协议的医疗机构就医，情况紧急时可以先到就近的医疗机构急救。

职工因工作遭受事故伤害或者患职业病进行治疗，享受工伤医疗待遇。

一、工伤医疗待遇

（一）由工伤保险基金支付的费用

治疗工伤所需费用符合工伤保险诊疗项目目录、工伤保险药品目录、工伤保险住院服务标准的，从工伤保险基金支付。工伤保险诊疗项目目录、工伤保险药品目录、工伤保险住院服务标准，由国务院劳动保障行政部门会同国务院卫生行政部门、药品监督管理部门等部门规定。

工伤职工到签订服务协议的医疗机构进行康复性治疗的费用，符合上述规定的，从工伤保险基金支付。

工伤职工因日常生活或者就业需要，经劳动能力鉴定委员会确认，可以安装假肢、矫形器、假眼、假牙和配置轮椅等辅助器具，所需费用按照国家规定的标准从工伤保险基金支付。

工伤职工已经评定伤残等级并经劳动能力鉴定委员会确认需要生活护理的，从工伤保险基金按月支付生活护理费。生活护理费按照生活完全不能自理、生活大部分不能自理或者生活部分不能自理三个不同等级支付,其标准分别为统筹地区上年度职工月平均工资的百分之五十、百分之四十或者百分之三十。

【思考9-33】工伤职工治疗非工伤引发的疾病,是否享受工伤医疗待遇?

(二)由用人单位支付的费用

(1)住院伙食补助费。

职工住院治疗工伤的,由所在单位按照本单位因公出差伙食补助标准的百分之七十发给住院伙食补助费;经医疗机构出具证明,报经办机构同意,工伤职工到统筹地区以外就医的,所需交通、食宿费用由所在单位按照本单位职工因公出差标准报销。

(2)薪资福利。

职工因工作遭受事故伤害或者患职业病需要暂停工作接受工伤医疗的,在停工留薪期内,原工资福利待遇不变,由所在单位按月支付。停工留薪期一般不超过十二个月。伤情严重或者情况特殊,经设区的市级劳动能力鉴定委员会确认,可以适当延长,但延长不得超过十二个月。工伤职工评定伤残等级后,停发原待遇,按照《工伤保险条例》的有关规定享受伤残待遇。工伤职工在停工留薪期满后仍需治疗的,继续享受工伤医疗待遇。

生活不能自理的工伤职工在停工留薪期需要护理的,由所在单位负责。

【思考9-34】工伤职工工伤复发,确认需要治疗的,是否仍然享受上述工伤医疗待遇?

二、伤残补助金、伤残津贴

(一)一至四级伤残

职工因工致残被鉴定为一级至四级伤残的,保留劳动关系,退出工作岗位,享受以下待遇:

(1)从工伤保险基金按伤残等级支付一次性伤残补助金,标准为:一级伤残为二十四个月的本人工资,二级伤残为二十二个月的本人工资,三级伤残为二十个月的本人工资,四级伤残为十八个月的本人工资;

(2)从工伤保险基金按月支付伤残津贴,标准为:一级伤残为本人工资的百分之九十,二级伤残为本人工资的百分之八十五,三级伤残为本人工资的百分之八十,四级伤残为本人工资的百分之七十五。伤残津贴实际金额低于当地最低工资标准的,由工伤保险基金补足差额;

(3)工伤职工达到退休年龄并办理退休手续后,停发伤残津贴,享受基本养老保险待遇。基本养老保险待遇低于伤残津贴的,由工伤保险基金补足差额。

职工因工致残被鉴定为一级至四级伤残的,由用人单位和职工个人以伤残津贴为基数,缴纳基本医疗保险费。

(二)五至六级伤残

职工因工致残被鉴定为五级、六级伤残的,享受以下待遇:

(1)从工伤保险基金按伤残等级支付一次性伤残补助金,标准为:五级伤残为十六个月的本人工资,六级伤残为十四个月的本人工资;

(2)保留与用人单位的劳动关系,由用人单位安排适当工作。难以安排工作的,由用人单位按月发给伤残津贴,标准为:五级伤残为本人工资的百分之七十,六级伤残为本人工资的百分之六十,并由用人单位按照规定为其缴纳应缴纳的各项社会保险费。伤残津贴实际金额低于当地最低工资标准的,由用人单位补足差额。

经工伤职工本人提出,该职工可以与用人单位解除或者终止劳动关系,由用人单位支付一次性工伤医疗补助金和伤残就业补助金。具体标准由省、自治区、直辖市人民政府规定。

(三)七至十级伤残

职工因工致残被鉴定为七级至十级伤残的,享受以下待遇:

(1)从工伤保险基金按伤残等级支付一次性伤残补助金,标准为:七级伤残为十二个月的本人工资,八级伤残为十个月的本人工资,九级伤残为八个月的本人工资,十级伤残为六个月的本人工资;

(2)劳动合同期满终止,或者职工本人提出解除劳动合同的,由用人单位支付一次性工伤医疗补助金和伤残就业补助金。具体标准由省、自治区、直辖市人民政府规定。

三、因工死亡

职工因工死亡,其直系亲属按照下列规定从工伤保险基金领取丧葬补助金、供养亲属抚恤金和一次性工亡补助金:

(1)丧葬补助金为六个月的统筹地区上年度职工月平均工资;

(2)供养亲属抚恤金按照职工本人工资的一定比例发给由因工死亡职工生前提供主要生活来源、无劳动能力的亲属。标准为:配偶每月百分之四十,其他亲属每人每月百分之三十,孤寡老人或者孤儿每人每月在上述标准的基础上增加百分之十。核定的各供养亲属的抚恤金之和不应高于因工死亡职工生前的工资。供养亲属的具体范围由国务院劳动保障行政部门规定;

(3)一次性工亡补助金标准为四十八个月至六十个月的统筹地区上年度职工月平均工资。具体标准由统筹地区的人民政府根据当地经济、社会发展状况规定,报省、自治区、直辖市人民政府备案。

伤残职工在停工留薪期内因工伤导致死亡的,其直系亲属享受上述待遇。

一级至四级伤残职工在停工留薪期满后死亡的,其直系亲属可以享受本条第(1)项、第(2)项规定的待遇。

【思考9-35】职工因工外出期间发生事故或者在抢险救灾中下落不明的,是否应当按照因工死亡规定享受工伤保险待遇? 职工被人民法院宣告死亡的呢?

四、停止享受工伤保险待遇的情形

工伤职工有下列情形之一的,停止享受工伤保险待遇:

(1)丧失享受待遇条件的;

(2)拒不接受劳动能力鉴定的;

(3)拒绝治疗的;

(4)被判刑正在收监执行的。

【思考9-36】用人单位发生合并、分立或转让的,工伤保险责任应当由哪一方承担?

【思考9-37】用人单位实行承包经营的,工伤保险责任应当由哪一方承担?

【思考9-38】职工被借调到其他单位期间受到工伤事故伤害的,工伤保险责任应当由哪一方承担?

【思考9-39】企业破产的,工伤保险待遇费用能否优先偿付?

【思考9-40】职工被派遣出境工作的,工伤保险应如何处理?

【思考9-41】职工再次发生工伤,伤残津贴待遇应当按照什么标准确定?

9.5 劳动争议的处理

劳动争议,又称劳动纠纷,是指劳动关系当事人之间关于劳动权利和义务的争议。我国《劳动法》第七十七条明确规定,用人单位与劳动者发生劳动争议,当事人可以依法申请调解、仲裁、提起诉讼,也可以协商解决。

《劳动争议调解仲裁法》第五条进一步规定,发生劳动争议,当事人不愿协商、协商不成或者达成和解协议后不履行的,可以向调解组织申请调解;不愿调解、调解不成或者达成调解协议后不履行的,可以向劳动争议仲裁委员会申请仲裁;对仲裁裁决不服的,除本法另有规定的外,可以向人民法院提起诉讼。

【思考9-42】劳动者请求社会保险经办机构发放社会保险金的纠纷、个体工匠与学徒之间的纠纷、因培训及劳动保护发生的纠纷都属于劳动争议的范围,这种说法是否正确?

9.5.1 协商

协商(或和解),是指用人单位和劳动者本着自愿、互谅的原则,在相关法律制度的基础上通过谈判解决劳动争议的一种方法。协商是当事人解决劳动争议最有效率和最经济的方法,也为劳动关系的持续提供了条件。

就协商的具体方式,《劳动争议调解仲裁法》第四条规定,发生劳动争议,劳动者可以与用人单位协商,也可以请工会或者第三方共同与用人单位协商,达成和解协议。

9.5.2 调解

一、调解组织

《劳动法》规定,劳动争议发生后,当事人可以向本单位劳动争议调解委员会申请调解。在用人单位内,可以设立劳动争议调解委员会。劳动争议调解委员会由职工代表、用人单位代表和工会代表组成。劳动争议调解委员会主任由工会代表担任。

《劳动争议调解仲裁法》第十条规定,发生劳动争议,当事人可以到下列调解组织申请调解:

(1)企业劳动争议调解委员会;
(2)依法设立的基层人民调解组织;
(3)在乡镇、街道设立的具有劳动争议调解职能的组织。

企业劳动争议调解委员会由职工代表和企业代表组成。职工代表由工会成员担任或者由全体职工推举产生,企业代表由企业负责人指定。企业劳动争议调解委员会主任由工会成员或者双方推举的人员担任。

当事人申请劳动争议调解可以书面申请,也可以口头申请。口头申请的,调解组织应当当场记录申请人基本情况、申请调解的争议事项、理由和时间。

二、调解协议书

经调解达成协议的,应当制作调解协议书。调解协议书由双方当事人签名或者盖章,经调解员签名并加盖调解组织印章后生效,对双方当事人具有约束力,当事人应当履行。对于调解协议书的约束力,《最高人民法院关于审理劳动争议案件适用法律问题的解释(一)》第五十一条作出了进一步的规定,当事人在《劳动争议调解仲裁法》第十条规定的调解组织主持下达成的具有劳动权利义务内容的调解协议,具有劳动合同的约束力,可以作为人民法院裁判的根据。当事人在《劳动争议调解仲裁法》第十条规定的调解组织主持下仅就劳动报酬争议达成调解协议,用人单位不履行调解协议确定的给付义务,劳动者直接提起诉讼的,人民法院可以按照普通民事纠纷受理。

自劳动争议调解组织收到调解申请之日起十五日内未达成调解协议的,当事人可以依法申请仲裁。

三、调解协议的履行

达成调解协议后,一方当事人在协议约定期限内不履行调解协议的,另一方当事人可以依法申请仲裁。因支付拖欠劳动报酬、工伤医疗费、经济补偿或者赔偿金事项达成调解协议,用人单位在协议约定期限内不履行的,劳动者可以持调解协议书依法向人民法院申请支付令。人民法院应当依法发出支付令。

9.5.3 劳动争议仲裁

劳动争议发生后,当事人可以向本单位劳动争议调解委员会申请调解;调解不成,当事人一方要求仲裁的,可以向劳动争议仲裁委员会申请仲裁。当事人一方也可以直接向劳动争议仲裁委员会申请仲裁。

一、劳动争议仲裁与民商事仲裁的区别

劳动争议仲裁依据的是《劳动争议调解仲裁法》,与《仲裁法》规定的仲裁(可参见本书1.3.2)存在较大区别,具体可见表9-1。

表 9-1 劳动争议仲裁与民商事仲裁的不同

	劳动争议仲裁	民商事仲裁
法律依据	《劳动争议调解仲裁法》	《仲裁法》
调整对象	劳动争议	平等主体的公民、法人和其他组织之间发生的合同纠纷和其他财产权益纠纷
是否需要仲裁协议	否	是
管辖	法定管辖	约定管辖
仲裁主体	劳动争议仲裁委员会	仲裁委员会
与诉讼关系	先裁后审 (不服仲裁裁决,可在法定期限内向法院提起诉讼)	或裁或审 (一裁终局,不能起诉,但若存在法定情形,可在法定期限内向法院撤销或不予执行)

劳动争议仲裁委员会不是民间组织、群众自治性组织,也不是司法机关,而是带有准司法性质的行政执行机关。劳动争议仲裁委员会由劳动行政部门代表、工会代表和企业方面代表组成,组成人员应当是单数,主任由劳动行政部门代表担任。

在劳动争议仲裁中,若当事人不服仲裁裁决,不得再次申请仲裁,也不得向上一级仲裁委员会申请复议,只能依法向法院提起诉讼。

二、劳动争议仲裁委员会

劳动争议仲裁委员会是依法成立的,通过仲裁方式处理劳动争议的专门机构,它独立行使劳动争议仲裁权。省、自治区人民政府可以决定在市、县设立;直辖市人民政府可以决定在区、县设立。直辖市、设区的市也可以设立一个或者若干个劳动争议仲裁委员会。劳动争议仲裁委员会不按行政区划层层设立。

劳动争议仲裁委员会应当设仲裁员名册。仲裁员应当公道正派并符合下列条件之一:
(1)曾任审判员的;
(2)从事法律研究、教学工作并具有中级以上职称的;
(3)具有法律知识、从事人力资源管理或者工会等专业工作满五年的;
(4)律师执业满三年的。

劳动争议仲裁委员会负责管辖本区域内发生的劳动争议。劳动争议由劳动合同履行地或者用人单位所在地的劳动争议仲裁委员会管辖。

【思考9-43】如果用人单位所在地与劳动合同履行地不在同一区域的,劳动者向劳动合同履行地的劳动争议仲裁委员会申请仲裁,同时用人单位向用人单位所在地的劳动争议仲裁委员会申请仲裁,那么该劳动争议应当由谁来管辖?

三、仲裁庭

(一)仲裁庭的组成

仲裁庭在仲裁委员会领导下处理劳动争议案件,实行一案一庭制。仲裁庭由一名首席仲裁员、两名仲裁员组成。简单案件,仲裁委员会可以指定一名仲裁员独任处理。

仲裁庭的首席仲裁员由仲裁委员会负责人或授权其办事机构负责人指定,另两名仲裁员由仲裁委员会授权其办事机构负责人指定或由当事人各选一名,具体办法由省、自治区、直辖市自行确定。

仲裁庭组成不符合规定的,由仲裁委员会予以撤销,重新组成仲裁庭。

(二)回避

仲裁委员会组成人员或者仲裁员有下列情形之一的,应当回避,当事人有权以口头或者书面方式申请其回避:
(1)是本案当事人或者当事人、代理人的近亲属的;
(2)与本案有利害关系的;
(3)与本案当事人、代理人有其他关系,可能影响公正裁决的;
(4)私自会见当事人、代理人,或者接受当事人、代理人的请客送礼的。

四、申请与受理

(一)申请

根据《劳动争议调解仲裁法》第二十七条的规定,劳动争议申请仲裁的时效期间为一年。

仲裁时效期间从当事人知道或者应当知道其权利被侵害之日起计算。前款规定的仲裁时效,因当事人一方向对方当事人主张权利,或者向有关部门请求权利救济,或者对方当事人同意履行义务而中断。从中断时起,仲裁时效期间重新计算。

因不可抗力或者有其他正当理由,当事人不能在本条第一款规定的仲裁时效期间申请仲裁的,仲裁时效中止。从中止时效的原因消除之日起,仲裁时效期间继续计算。

劳动关系存续期间因拖欠劳动报酬发生争议的,劳动者申请仲裁不受仲裁时效期间的限制;但是,劳动关系终止的,应当自劳动关系终止之日起一年内提出。

申请人申请仲裁应当提交书面仲裁申请,并按照被申请人人数提交副本。仲裁申请书应当载明下列事项:

(1)劳动者的姓名、性别、年龄、职业、工作单位和住所,用人单位的名称、住所和法定代表人或者主要负责人的姓名、职务;

(2)仲裁请求和所根据的事实、理由;

(3)证据和证据来源、证人姓名和住所。书写仲裁申请确有困难的,可以口头申请,由劳动争议仲裁委员会记入笔录,并告知对方当事人。

(二)受理

劳动争议仲裁委员会收到仲裁申请之日起五日内,认为符合受理条件的,应当受理,并通知申请人;认为不符合受理条件的,应当书面通知申请人不予受理,并说明理由。对劳动争议仲裁委员会不予受理或者逾期未作出决定的,申请人可以就该劳动争议事项向人民法院提起诉讼。

劳动争议仲裁委员会受理仲裁申请后,应当在五日内将仲裁申请书副本送达被申请人。

被申请人收到仲裁申请书副本后,应当在十日内向劳动争议仲裁委员会提交答辩书。劳动争议仲裁委员会收到答辩书后,应当在五日内将答辩书副本送达申请人。被申请人未提交答辩书的,不影响仲裁程序的进行。

五、审理

仲裁庭应当在开庭五日前,将开庭日期、地点书面通知双方当事人。当事人有正当理由的,可以在开庭三日前请求延期开庭。是否延期,由劳动争议仲裁委员会决定。

申请人收到书面通知,无正当理由拒不到庭或者未经仲裁庭同意中途退庭的,可以视为撤回仲裁申请。被申请人收到书面通知,无正当理由拒不到庭或者未经仲裁庭同意中途退庭的,可以缺席裁决。

仲裁庭裁决劳动争议案件,应当自劳动争议仲裁委员会受理仲裁申请之日起四十五日内结束。案情复杂需要延期的,经劳动争议仲裁委员会主任批准,可以延期并书面通知当事人,但是延长期限不得超过十五日。

仲裁庭裁决劳动争议案件时,其中一部分事实已经清楚,可以就该部分先行裁决。

【思考9-44】劳动争议仲裁机构逾期未作出仲裁裁决,当事人是否可以直接向人民法院提起诉讼?

六、执行

当事人对仲裁裁决不服的,自收到裁决书之日起十五日内,可以向人民法院起诉;期满不起诉的,裁决书即发生法律效力。但是,下列劳动争议,除《劳动争议调解仲裁法》另有规定的外,仲裁裁决为终局裁决,裁决书自作出之日起发生法律效力:

(1)追索劳动报酬、工伤医疗费、经济补偿或者赔偿金,不超过当地月最低工资标准十二个月金额的争议;

(2)因执行国家的劳动标准在工作时间、休息休假、社会保险等方面发生的争议。

当事人对发生法律效力的调解书和裁决书,应当依照规定的期限履行。一方当事人逾期不履行的,另一方当事人可以依照《民事诉讼法》的有关规定向人民法院申请强制执行。

【思考9-45】如果当事人对仲裁裁决部分事项不服,依法提起诉讼,那么裁决中其余事项依然具有法律效力吗?

【思考9-46】劳动争议仲裁机构对多个劳动者的劳动争议作出仲裁裁决后,部分劳动者对仲裁裁决不服,依法提起诉讼的,仲裁裁决是否发生法律效力?

9.5.4 诉讼

除了终局裁决外,当事人对劳动争议仲裁裁决不服的,可在收到仲裁裁决书之日起十五日内向人民法院提起诉讼。未经劳动争议仲裁,当事人直接向人民法院提起诉讼的,人民法院不予受理。

需要注意的是,劳动争议仲裁机构作出的同一仲裁裁决同时包含终局裁决事项和非终局裁决事项,当事人不服该仲裁裁决向人民法院提起诉讼的,应当按照非终局裁决处理。

【思考9-47】人民法院受理劳动争议案件后,当事人增加诉讼请求的,应当合并审理还是告知当事人向劳动争议仲裁机构申请仲裁?

劳动争议案件由用人单位所在地或者劳动合同履行地的基层人民法院管辖。劳动合同履行地不明确的,由用人单位所在地的基层人民法院管辖。法律另有规定的,依照其规定。人民法院处理动争议适用《民事诉讼法》规定的程序,由各级人民法院民庭受理,实行两审终审。参见本书第1章《民事诉讼法》有关规定。

【思考9-48】劳动者与用人单位均不服同一劳动争议仲裁裁决,向同一人民法院起诉的,人民法院应当如何处理?双方当事人就同一仲裁裁决分别向有管辖权的人民法院起诉的,应当由哪个人民法院审理?

【案例回顾】

(1)市人社局作出《不予认定工伤决定书》是合法的,但其依据并非因急性心肌梗死不属于职业病。《工伤保险条例》第十五条规定,职工有下列情形之一的,视同工伤:①在工作时间和工作岗位,突发疾病死亡或者在四十八小时之内经抢救无效死亡的;②在抢险救灾等维护国家利益、公共利益活动中受到伤害的;③职工原在军队服役,因战、因公负伤致残,已取得革命伤残军人证,到用人单位后旧伤复发的。本案中,陈某在发病后被送至医院抢救,不幸于三天后离世,不符合上述①的情形。有基于此,市人社局依法作出了《不予认定工伤决定书》。

(2)陈某家属不服市人社局不予认定工伤决定,可以自收到市人社局《不予认定工伤决定书》之日起六十日内向省人社厅或者市人民政府申请行政复议,也可以自收到市人社局《不予认定工伤决定书》之日起六个月内直接向市人民法院提起行政诉讼。

【讨论题】

(1)针对灵活就业,《劳动法》在修订时应当做哪些补充?
(2)你认为社会保障均等化是解决城乡二元结构的有效途径吗?
(3)如何保障非全日制用工劳动者的权益?

【思考题参考答案】

【参考答案9-1】根据《劳动合同法》第二条规定,中华人民共和国境内的企业、个体经济组织、民办非企业单位等组织,也包括国家机关、事业单位、社会团体。《劳动合同法实施条例》第三条进一步规定,依法成立的会计师事务所、律师事务所等合伙组织和基金会,属于劳动合同法规定的用人单位。

【参考答案9-2】《劳动合同法》规定的用人单位设立的分支机构,依法取得营业执照或者登记证书的,可以作为用人单位与劳动者订立劳动合同;未依法取得营业执照或者登记证书的,受用人单位委托可以与劳动者订立劳动合同。

【参考答案9-3】用人单位自用工之日起超过一个月不满一年未与劳动者订立书面劳动合同的,用人单位应当从用工之日起满一个月的次日起算,向劳动者每月支付两倍工资,直至补订书面劳动合同的前一日。

【参考答案9-4】非全日制用工,是指以小时计酬为主,劳动者在同一用人单位一般平均每日工作时间不超过四小时,每周工作时间累计不超过二十四小时的用工形式。临时工不是一个法律术语,与非全日制用工不是一个概念。

非全日制用工双方当事人可以订立口头协议。从事非全日制用工的劳动者可以与一个或者一个以上用人单位订立劳动合同;但是,后订立的劳动合同不得影响先订立的劳动合同的履行。同时,《劳动合同法》对于非全日制用工也有特别的规定,非全日制用工双方当事人不得约定试用期。非全日制用工双方当事人任何一方都可以随时通知对方终止用工。终止用工,用人单位不向劳动者支付经济补偿。非全日制用工小时计酬标准不得低于用人单位所在地人民政府规定的最低小时工资标准。非全日制用工劳动报酬结算支付周期最长不得超过十五日。

【参考答案9-5】连续工作满十年的起始时间,应当自用人单位用工之日起计算,包括劳动合同法施行前的工作年限。劳动者非因本人原因从原用人单位被安排到新用人单位工作的,劳动者在原用人单位的工作年限合并计算为新用人单位的工作年限。

【参考答案9-6】集体合同,是指用人单位与本单位职工根据法律、法规、规章的规定,就劳动报酬、工作时间、休息休假、劳动安全卫生、职业培训、保险福利等事项,通过集体协商签订的书面协议。专项集体合同,是指用人单位与本单位职工根据法律、法规、规章的规定,就集体协商的某项内容签订的专项书面协议。有关集体协商的具体内容可参见《集体合同规定》。

用人单位与劳动者签订劳动合同不妨碍签订集体合同,但劳动合同的约定不得违反集体合同的约定。劳动合同中,劳动者相对是弱势的一方,集体合同在劳动者基本权益方面为劳动合同作出了兜底约定。因履行集体合同发生争议,劳动者集体可以与用人单位进行协商,谈判能力优于个人。这种劳动关系自主管理方式也在一定程度上缓和劳资关系,降低行政和司法成本。

【参考答案9-7】工资是劳动报酬的一部分,但劳动报酬不等同于工资。劳动报酬包括三部分内容,即货币工资(含基本工资、奖金、津贴、特殊情况下支付的工资等)、实物报酬(用人单位以免费或低于成本的方式发放给劳动者,但不得以实物取代货币工资发放)和社会保险(养老、医疗、失业、工伤、生育保险等)。

【参考答案9-8】劳动合同履行地与用人单位注册地不一致的,有关劳动者的最低工资标准、劳动保护、劳动条件、职业危害防护和本地区上年度职工月平均工资标准等事项,按照劳动合同履行地的有关规定执行;用人单位注册地的有关标准高于劳动合同履行地的有关标准,且用人单位与劳动者约定按照用人单位注册地的有关规定执行的,从其约定。

【参考答案9-9】劳动合同对劳动报酬和劳动条件等标准约定不明确,引发争议的,用人单位与劳动者可以重新协商;协商不成的,适用集体合同规定;没有集体合同或者集体合同未规定劳动报酬的,实行同工同酬;没有集体合同或者集体合同未规定劳动条件等标准的,适用国家有关规定。

【参考答案9-10】《最高人民法院关于审理劳动争议案件适用法律问题的解释(一)》第五十条规定,用人单位制定的内部规章制度与集体合同或者劳动合同约定的内容不一致,劳动者请求优先适用合同约定的,人民法院应予支持。

【参考答案 9-11】《最低工资规定》第十二条规定,在劳动者提供正常劳动的情况下,用人单位应支付给劳动者的工资在剔除下列各项以后,不得低于当地最低工资标准:

(1)延长工作时间工资;

(2)中班、夜班、高温、低温、井下、有毒有害等特殊工作环境、条件下的津贴;

(3)法律、法规和国家规定的劳动者福利待遇等。

【参考答案 9-12】试用期包含在劳动合同期限内。劳动合同仅约定试用期的,试用期不成立,该期限为劳动合同期限。

【参考答案 9-13】《劳动合同法实施条例》第十七条规定,劳动合同期满,但是用人单位与劳动者依照劳动合同法的规定约定的服务期尚未到期的,劳动合同应当续延至服务期满;双方另有约定的,从其约定。

【参考答案 9-14】《劳动合同法实施条例》第十六条对培训费用作出了具体规定,包括用人单位为了对劳动者进行专业技术培训而支付的有凭证的培训费用、培训期间的差旅费用以及因培训产生的用于该劳动者的其他直接费用。

【参考答案 9-15】《最高人民法院关于审理劳动争议案件适用法律问题的解释(一)》第三十六条规定,当事人在劳动合同或者保密协议中约定了竞业限制,但未约定解除或者终止劳动合同后给予劳动者经济补偿,劳动者履行了竞业限制义务,要求用人单位按照劳动者在劳动合同解除或者终止前十二个月平均工资的百分之三十按月支付经济补偿的,人民法院应予支持。

前款规定的月平均工资的百分之三十低于劳动合同履行地最低工资标准的,按照劳动合同履行地最低工资标准支付。

【参考答案 9-16】不能。《最高人民法院关于审理劳动争议案件适用法律问题的解释(一)》第四十条规定,劳动者违反竞业限制约定,向用人单位支付违约金后,用人单位要求劳动者按照约定继续履行竞业限制义务的,人民法院应予支持。

【参考答案 9-17】《劳动合同法》第二十八条规定,劳动合同被确认无效,劳动者已付出劳动的,用人单位应当向劳动者支付劳动报酬。劳动报酬的数额,参照本单位相同或者相近岗位劳动者的劳动报酬确定。

《最高人民法院关于审理劳动争议案件适用法律问题的解释(一)》第四十一条规定,劳动合同被确认为无效,劳动者已付出劳动的,用人单位应当按照《劳动合同法》第二十八条、第四十六条、第四十七条的规定向劳动者支付劳动报酬和经济补偿。

【参考答案 9-18】支付令,是指在《民事诉讼法》督促程序中,人民法院根据债权人申请,经审查符合法定条件,限令债务人履行支付义务或者提出书面异议的法律文书。

《民事诉讼法》规定,债权人请求债务人给付金钱、有价证券,符合下列条件的,可以向有管辖权的基层人民法院申请支付令:

(1)债权人与债务人没有其他债务纠纷的;

(2)支付令能够送达债务人的。

申请书应当写明请求给付金钱或者有价证券的数量和所根据的事实、证据。

债权人提出申请后,人民法院应当在五日内通知债权人是否受理。人民法院受理申请后,经审查债权人提供的事实、证据,对债权债务关系明确、合法的,应当在受理之日起十五日内向债务人发出支付令;申请不成立的,裁定予以驳回。

债务人应当自收到支付令之日起十五日内清偿债务,或者向人民法院提出书面异议。债务人在前款规定的期间不提出异议又不履行支付令的,债权人可以向人民法院申请执行。

人民法院收到债务人提出的书面异议后,经审查,异议成立的,应当裁定终结督促程序,支付令自行失效。支付令失效的,转入诉讼程序,但申请支付令的一方当事人不同意提起诉讼的除外。

【参考答案9-19】《最高人民法院关于审理劳动争议案件适用法律问题的解释(一)》第二十六条规定,用人单位与其他单位合并的,合并前发生的劳动争议,由合并后的单位为当事人;用人单位分立为若干单位的,其分立前发生的劳动争议,由分立后的实际用人单位为当事人。

用人单位分立为若干单位后,具体承受劳动权利义务的单位不明确的,分立后的单位均为当事人。

【参考答案9-20】无权要求。劳动者行使自由辞职权,不以用人单位存在违法或过错行为为前提,为平衡用人单位和劳动者权利与义务,劳动者无权要求用人单位支付经济补偿。

【参考答案9-21】用人单位依法预告解除,选择额外支付劳动者一个月工资解除劳动合同的,该工资应当按照劳动者劳动合同解除前一个月的工资标准确定。

【参考答案9-22】月工资是指劳动者在劳动合同解除或者终止前十二个月的平均工资。《劳动合同法实施条例》第二十七条规定,《劳动合同法》规定的经济补偿的月工资按照劳动者应得工资计算,包括计时工资或者计件工资以及奖金、津贴和补贴等货币性收入。劳动者在劳动合同解除或者终止前十二个月的平均工资低于当地最低工资标准的,按照当地最低工资标准计算。劳动者工作不满十二个月的,按照实际工作的月数计算平均工资。

【参考答案9-23】劳动者非因本人原因从原用人单位被安排到新用人单位工作的,劳动者在原用人单位的工作年限合并计算为新用人单位的工作年限。原用人单位已经向劳动者支付经济补偿的,新用人单位在依法解除、终止劳动合同计算支付经济补偿的工作年限时,不再计算劳动者在原用人单位的工作年限。

此处,"劳动者非因本人原因从原用人单位被安排到新用人单位工作"是指下列情形之一:
(1)劳动者仍在原工作场所、工作岗位工作,劳动合同主体由原用人单位变更为新用人单位;
(2)用人单位以组织委派或任命形式对劳动者进行工作调动;
(3)因用人单位合并、分立等导致劳动者工作调动;
(4)用人单位及其关联企业与劳动者轮流订立劳动合同;
(5)其他合理情形。

【参考答案9-24】《劳动争议调解仲裁法》第二十二条规定,发生劳动争议的劳动者和用人单位为劳动争议仲裁案件的双方当事人。

劳务派遣单位或者用工单位与劳动者发生劳动争议的,劳务派遣单位和用工单位为共同当事人。

【参考答案9-25】可以约定试用期。劳务派遣单位与被派遣劳动者所签订的劳动合同适用《劳动合同法》调整。《劳动合同法》有关试用期的规定同样适用于劳务派遣单位与被派遣劳动者所签订的劳动合同。

但是,劳务派遣单位与同一被派遣劳动者只能约定一次试用期。

【参考答案9-26】不正确。被派遣劳动者享有与用工单位的劳动者同工同酬的权利。用工单位无同类岗位劳动者的,参照用工单位所在地相同或者相近岗位劳动者的劳动报酬确定。

【参考答案9-27】不可以。用工单位不得将被派遣劳动者再派遣到其他用工单位。

【参考答案9-28】劳务派遣单位跨地区派遣劳动者的,被派遣劳动者享有的劳动报酬和劳动条件,按照用工单位所在地的标准执行。

【参考答案9-29】对实行计件工作的劳动者,用人单位应当根据《劳动法》第三十六规定的工时制度合理确定其劳动定额和计件报酬标准。

【参考答案9-30】用人单位未在上述规定的时限内提交工伤认定申请,在此期间发生符合《工伤保险条例》规定的工伤待遇等有关费用由该用人单位负担。

【参考答案9-31】职工或者其直系亲属认为是工伤,用人单位不认为是工伤的,由用人单位承担举证责任。

【参考答案9-32】自劳动能力鉴定结论作出之日起一年后,工伤职工或者其直系亲属、所在单位或者经办机构认为伤残情况发生变化的,可以申请劳动能力复查鉴定。

【参考答案9-33】工伤职工治疗非工伤引发的疾病,不享受工伤医疗待遇,按照基本医疗保险办法处理。

【参考答案9-34】工伤职工工伤复发,确认需要治疗的,享受前述工伤医疗待遇。

【参考答案9-35】《工伤保险条例》第三十九条规定,职工因工外出期间发生事故或者在抢险救灾中下落不明的,从事故发生当月起三个月内照发工资,从第四个月起停发工资,由工伤保险基金向其供养亲属按月支付供养亲属抚恤金。生活有困难的,可以预支一次性工亡补助金的百分之五十。职工被人民法院宣告死亡的,按照职工因工死亡的规定处理。

【参考答案9-36】用人单位分立、合并、转让的,承继单位应当承担原用人单位的工伤保险责任;原用人单位已经参加工伤保险的,承继单位应当到当地经办机构办理工伤保险变更登记。

【参考答案9-37】用人单位实行承包经营的,工伤保险责任由职工劳动关系所在单位承担。

【参考答案9-38】职工被借调期间受到工伤事故伤害的,由原用人单位承担工伤保险责任,但原用人单位与借调单位可以约定补偿办法。

【参考答案9-39】企业破产的,在破产清算时优先拨付依法应由单位支付的工伤保险待遇费用。

【参考答案9-40】职工被派遣出境工作,依据前往国家或者地区的法律应当参加当地工伤保险的,参加当地工伤保险,其国内工伤保险关系中止;不能参加当地工伤保险的,其国内工伤保险关系不中止。

【参考答案9-41】职工再次发生工伤,根据规定应当享受伤残津贴的,按照新认定的伤残等级享受伤残津贴待遇。

【参考答案9-42】不正确。《劳动争议调解仲裁法》第二条规定,中华人民共和国境内的用人单位与劳动者发生的下列劳动争议,适用本法:

(1)因确认劳动关系发生的争议;

(2)因订立、履行、变更、解除和终止劳动合同发生的争议;

(3)因除名、辞退和辞职、离职发生的争议;

(4)因工作时间、休息休假、社会保险、福利、培训以及劳动保护发生的争议;

(5)因劳动报酬、工伤医疗费、经济补偿或者赔偿金等发生的争议;

(6)法律、法规规定的其他劳动争议。

《最高人民法院关于审理劳动争议案件适用法律若干问题的解释(二)》第七条规定,下列纠纷不属于劳动争议:

(1)劳动者请求社会保险经办机构发放社会保险金的纠纷;

(2)劳动者与用人单位因住房制度改革产生的公有住房转让纠纷;

(3)劳动者对劳动能力鉴定委员会的伤残等级鉴定结论或者对职业病诊断鉴定委员会的职业病诊断鉴定结论的异议纠纷;

(4)家庭或者个人与家政服务人员之间的纠纷;

(5)个体工匠与帮工、学徒之间的纠纷;

(6)农村承包经营户与受雇人之间的纠纷。

【参考答案9-43】双方当事人分别向劳动合同履行地和用人单位所在地的劳动争议仲裁委员会申请仲裁的,由劳动合同履行地的劳动争议仲裁委员会管辖。

【参考答案9-44】《最高人民法院关于审理劳动争议案件适用法律问题的解释(一)》第十二条规定,劳动争议仲裁机构逾期未作出受理决定或仲裁裁决,当事人直接提起诉讼的,人民法院应予受理,但申请仲裁的案件存在下列事由的除外:

(1)移送管辖的;

(2)正在送达或者送达延误的;

(3)等待另案诉讼结果、评残结论的;

(4)正在等待劳动争议仲裁机构开庭的;

(5)启动鉴定程序或者委托其他部门调查取证的;

(6)其他正当事由。

当事人以劳动争议仲裁机构逾期未作出仲裁裁决为由提起诉讼的,应当提交该仲裁机构出具的受理通知书或者其他已接受仲裁申请的凭证、证明。

【参考答案9-45】《最高人民法院关于审理劳动争议案件适用法律问题的解释(一)》第十六条规定,劳动争议仲裁机构作出仲裁裁决后,当事人对裁决中的部分事项不服,依法提起诉讼的,劳动争议仲裁裁决不发生法律效力。

【参考答案9-46】《最高人民法院关于审理劳动争议案件适用法律问题的解释(一)》第十七条规定,劳动争议仲裁机构对多个劳动者的劳动争议作出仲裁裁决后,部分劳动者对仲裁裁决不服,依法提起诉讼的,仲裁裁决对提起诉讼的劳动者不发生法律效力;对未提起诉讼的部分劳动者,发生法律效力,如其申请执行的,人民法院应当受理。

【参考答案9-47】《最高人民法院关于审理劳动争议案件适用法律问题的解释(一)》第十四条规定,人民法院受理劳动争议案件后,当事人增加诉讼请求的,如该诉讼请求与讼争的劳动争议具有不可分性,应当合并审理;如属独立的劳动争议,应当告知当事人向劳动争议仲裁机构申请仲裁。

【参考答案9-48】《最高人民法院关于审理劳动争议案件适用法律问题的解释(一)》第四条规定,劳动者与用人单位均不服劳动争议仲裁机构的同一裁决,向同一人民法院起诉的,人民法院应当并案审理,双方当事人互为原告和被告,对双方的诉讼请求,人民法院应当一并作出裁决。在诉讼过程中,一方当事人撤诉的,人民法院应当根据另一方当事人的诉讼请求继续审理。

双方当事人就同一仲裁裁决分别向有管辖权的人民法院起诉的,后受理的人民法院应当将案件移送给先受理的人民法院。

第四部分　城市市场管理法律制度

10　反不正当竞争法律制度
11　产品质量法律制度
12　广告法律制度

10 反不正当竞争法律制度

【案例导入】

北京爱奇艺科技有限公司(以下简称爱奇艺公司)是爱奇艺网和手机端爱奇艺 app 的经营者,用户支付相应价格成为爱奇艺 VIP 会员后能够享受跳过广告观看 VIP 视频等会员特权。杭州龙魂网络科技有限公司(以下简称龙魂公司)、杭州龙境科技有限公司(以下简称龙境公司)通过运营的"马上玩"app 对其购买的爱奇艺 VIP 账号进行分时出租,使用户无须购买爱奇艺 VIP 账号,通过云流化技术手段即可限制爱奇艺 app 部分功能。爱奇艺公司诉至法院,要求消除影响并赔偿经济损失及合理开支 300 万元。

问题:龙魂公司、龙境公司的行为是否构成不正当竞争行为?

我国反不正当竞争法律体系由《中华人民共和国反不正当竞争法》《最高人民法院关于适用〈中华人民共和国反不正当竞争法〉若干问题的解释》,以及《四川省反不正当竞争条例》《上海市反不正当竞争条例》《湖北省反不正当竞争条例》等地方性法规组成。

全国人大常委会于 1993 年通过《中华人民共和国反不正当竞争法》(以下简称《反不正当竞争法》),并于 2017 年和 2019 年进行两次修订。随着互联网技术迭代更新以及更为隐蔽的市场行为的出现,《反不正当竞争法》采用的"概括加列举"式的立法条款在执法实践中需要更明确的法律指引,以适应社会发展需求。2022 年 3 月,《最高人民法院关于适用〈中华人民共和国反不正当竞争法〉若干问题的解释》发布并实施,重点对《反不正当竞争法》概括性一般条款作出了细化规定。

10.1 概述

10.1.1 立法目的

《反不正当竞争法》是我国第一部专门规范经营者市场竞争行为的基础性法律,其主要目的是促进社会主义市场经济健康发展,鼓励和保护公平竞争,制止不正当竞争行为,保护经营者和消费者的合法权益。

据《人民法院反垄断和反不正当竞争典型案例新闻发布会》(2021 年 9 月),2018 年至 2020 年,全国法院共新收一、二审不正当竞争民事案件 14736 件,审结 13946 件,年均增幅达 18%。

《反不正当竞争法》与《中华人民共和国反垄断法》(以下简称《反垄断法》)一样,都是为了促进社会主义市场经济健康发展,保护市场公平竞争秩序。然而,从保护对象上来看,《反不正当竞争法》侧重保护市场中其他经营者和消费者的合法权益,《反垄断法》侧重维护消费者利益和社会公共利益,提高经济效益。因此,滥用市场支配地位、经营者集中以及滥用行政权力排除、限制竞争等行为被列入垄断市场行为,适用《反垄断法》调整。

10.1.2 概念

在市场经济中,经营者是不正当竞争行为主体。《反不正当竞争法》第二条规定,经营者在生产经营活动中,应当遵循自愿、平等、公平、诚信的原则,遵守法律和商业道德。

不正当竞争行为,是指经营者在生产经营活动中,违反本法的规定,扰乱市场竞争秩序,损害其他经营者或者消费者的合法权益的行为。

《反不正当竞争法》所称的经营者,是指从事商品生产、经营或者提供服务(以下所称商品包括服务)的自然人、法人和非法人组织。

【思考10-1】上述条款中,"商业道德"指的是什么?

【思考10-2】在"不正当竞争行为"定义中,"其他经营者"如何界定?

本条款是认定不正当竞争行为的一般条款。《反不正当竞争法》主要采用列举法界定了各种不正当竞争行为,对于实践中出现的新类型不正当竞争行为,《反不正当竞争法》未予列举的,该一般条款是法院认定不正当竞争行为的兜底条款和法律依据。

对于第二款中不正当竞争行为"违反本法规定"指的就是违反《反不正当竞争法》第二条第一款的一般条款,以及《反不正当竞争法》所列举的七种不正当竞争行为的规定。此外,"损害消费者的合法权益"是构成经营者不正当竞争行为之果,经营者的行为扰乱了正常市场竞争秩序是因。也就是说,经营者的经营行为没有扰乱市场竞争秩序,只是损害了消费者合法权益的行为,不属于不正当竞争行为。例如,某电器生产厂家所产空调存在质量缺陷,导致消费者在使用过程中财产受损,消费者可依据《中华人民共和国产品质量法》或者《中华人民共和国消费者权益保护法》来维护自身权益。

《最高人民法院关于适用〈中华人民共和国反不正当竞争法〉若干问题的解释》(法释〔2022〕9号)(本章简称《司法解释》)第一条规定,经营者扰乱市场竞争秩序,损害其他经营者或者消费者合法权益,且属于违反《反不正当竞争法》第二章(不正当竞争行为)及专利法、商标法、著作权法等规定之外情形的,人民法院可以适用反《不正当竞争法》第二条予以认定。

10.2 不正当竞争行为的种类

10.2.1 混淆行为

在我国,混淆行为案件在不正当竞争纠纷中占据了较大比例。根据2020年全国人民代表大会常务委员会执法检查组《关于检查〈中华人民共和国反不正当竞争法〉实施情况的报告》,当前不正当竞争行为主要集中在仿冒混淆、虚假宣传、侵犯商业秘密等方面,在依《反不正当竞争法》判决的案件中分别占41.3%、18.8%、17.7%。

《反不正当竞争法》第六条规定,经营者不得实施下列混淆行为,引人误认为是他人商品或者与他人存在特定联系:

一、擅自使用与他人有一定影响的商品名称、包装、装潢等相同或者近似的标识

(一)如何认定标识"有一定影响"

《司法解释》第四条规定,具有一定的市场知名度并具有区别商品来源的显著特征的标识,人民法院可以认定为"有一定影响的"标识。

人民法院认定标识是否具有一定的市场知名度,应当综合考虑中国境内相关公众的知悉程度,商品销售的时间、区域、数额和对象,宣传的持续时间、程度和地域范围,标识受保护的情况等因素。

(二)如何界定标识的"显著特征"

就"具有区别商品来源的显著特征的标识",《司法解释》第五条作出了排除性规定,标识有下列情形之一的,人民法院应当认定其不具有区别商品来源的显著特征:

(1)商品的通用名称、图形、型号;

(2)仅直接表示商品的质量、主要原料、功能、用途、重量、数量及其他特点的标识;

(3)仅由商品自身的性质产生的形状,为获得技术效果而需有的商品形状以及使商品具有实质性价值的形状;

(4)其他缺乏显著特征的标识。

前款第(1)项、第(2)项、第(4)项规定的标识经过使用取得显著特征,并具有一定的市场知名度,当事人请求依据反不正当竞争法第六条规定予以保护的,人民法院应予支持。

(三)可以正当使用的标识

《司法解释》第六条规定,因客观描述、说明商品而正当使用下列标识,当事人主张属于《反不正当竞争法》第六条规定的情形的,人民法院不予支持:

(1)含有本商品的通用名称、图形、型号;

(2)直接表示商品的质量、主要原料、功能、用途、重量、数量以及其他特点;

(3)含有地名。

(四)标识相同或者近似的判断标准

人民法院认定与本项规定"有一定影响的"标识相同或者近似,可以参照商标相同或者近似的判断原则和方法。

二、擅自使用他人有一定影响的企业名称(包括简称、字号等)、社会组织名称(包括简称等)、姓名(包括笔名、艺名、译名等)

在中国境内将有一定影响的标识用于商品、商品包装或者容器以及商品交易文书上,或者广告宣传、展览以及其他商业活动中,用于识别商品来源的行为,人民法院可以认定为此处规定的"使用"。

市场主体登记管理部门依法登记的企业名称,以及在中国境内进行商业使用的境外企业名称,人民法院可以认定为此处规定的"企业名称"。

有一定影响的个体工商户、农民专业合作社(联合社)以及法律、行政法规规定的其他市场主体的名称(包括简称、字号等),人民法院可以依照此项规定予以认定。

三、擅自使用他人有一定影响的域名主体部分、网站名称、网页等

经营者擅自使用与他人有一定影响的企业名称(包括简称、字号等)、社会组织名称(包括简称等)、姓名(包括笔名、艺名、译名等)、域名主体部分、网站名称、网页等近似的标识,引人误认为是他人商品或者与他人存在特定联系,当事人主张属于《反不正当竞争法》第六条第二项、第三项规定的情形的,人民法院应予支持。

四、其他足以引人误认为是他人商品或者与他人存在特定联系的混淆行为

(一)释义

混淆行为有两个构成要件:第一,使用其他经营者"有一定影响的"企业名称、商业标识、域名等;第二,"引人误认为是他人商品或者与他人存在特定联系"。为避免遗漏,提高该条款的适用性,本条款第四项规定了混淆行为兜底条款。"引人误认为是他人商品或者与他人存在特定联系",包括误认为与他

人具有商业联合、许可使用、商业冠名、广告代言等特定联系。

在相同商品上使用相同或者视觉上基本无差别的商品名称、包装、装潢等标识,应当视为足以造成与他人有一定影响的标识相混淆。

(二)可以认定为混淆行为的情形

经营者实施下列混淆行为之一,足以引人误认为是他人商品或者与他人存在特定联系的,人民法院可以依照此项予以认定:

(1)擅自使用《反不正当竞争法》第六条第一项、第二项、第三项规定以外"有一定影响的"标识;

(2)将他人注册商标、未注册的驰名商标作为企业名称中的字号使用,误导公众。

(三)经营者的责任

经营者销售带有违反《反不正当竞争法》第六条规定的标识的商品,引人误认为是他人商品或者与他人存在特定联系,当事人主张构成《反不正当竞争法》第六条规定的情形的,人民法院应予支持。

销售不知道是前款规定的侵权商品,能证明该商品是自己合法取得并说明提供者,经营者主张不承担赔偿责任的,人民法院应予支持。

【思考 10-3】故意为他人实施混淆行为提供仓储、运输、邮寄等便利条件的,当事人请求其承担连带责任,人民法院是否会支持?

10.2.2 商业贿赂行为

经营者不得采用财物或者其他手段贿赂下列单位或者个人,以谋取交易机会或者竞争优势:

(1)交易相对方的工作人员;

(2)受交易相对方委托办理相关事务的单位或者个人;

(3)利用职权或者影响力影响交易的单位或者个人。

经营者在交易活动中,可以以明示方式向交易相对方支付折扣,或者向中间人支付佣金。经营者向交易相对方支付折扣、向中间人支付佣金的,应当如实入账。接受折扣、佣金的经营者也应当如实入账。

经营者的工作人员进行贿赂的,应当认定为经营者的行为;但是,经营者有证据证明该工作人员的行为与为经营者谋取交易机会或者竞争优势无关的除外。

10.2.3 虚假商业宣传行为

《反不正当竞争法》第八条第一款规定,经营者不得对其商品的性能、功能、质量、销售状况、用户评价、曾获荣誉等作虚假或者引人误解的商业宣传,欺骗、误导消费者。

经营者在商业宣传过程中,提供不真实的商品相关信息,欺骗、误导相关公众的,人民法院应当认定为前款规定的虚假的商业宣传。

至于哪些行为属于"引人误解的商业宣传",《司法解释》第十七条作出了具体规定,经营者具有下列行为之一,欺骗、误导相关公众的,人民法院可以认定为"引人误解的商业宣传":

(1)对商品作片面的宣传或者对比;

(2)将科学上未定论的观点、现象等当作定论的事实用于商品宣传;

(3)使用歧义性语言进行商业宣传;

(4)其他足以引人误解的商业宣传行为。

人民法院应当根据日常生活经验、相关公众一般注意力、发生误解的事实和被宣传对象的实际情况等因素,对引人误解的商业宣传行为进行认定。

当事人主张经营者违反《反不正当竞争法》第八条第一款的规定并请求赔偿损失的,应当举证证明其因虚假或者引人误解的商业宣传行为受到损失。

《反不正当竞争法》第八条第二款进一步规定,经营者不得通过组织虚假交易等方式,帮助其他经营者进行虚假或者引人误解的商业宣传。

10.2.4 侵犯商业秘密行为

商业秘密,是指不为公众所知悉、具有商业价值并经权利人采取相应保密措施的技术信息和经营信息。

经营者不得实施下列侵犯商业秘密的行为:
(1)以盗窃、贿赂、欺诈、胁迫或者其他不正当手段获取权利人的商业秘密;
(2)披露、使用或者允许他人使用以前项手段获取的权利人的商业秘密;
(3)违反约定或者违反权利人有关保守商业秘密的要求,披露、使用或者允许他人使用其所掌握的商业秘密。

第三人明知或者应知商业秘密权利人的员工、前员工或者其他单位、个人实施前款所列违法行为,仍获取、披露、使用或者允许他人使用该商业秘密的,视为侵犯商业秘密。

10.2.5 不正当有奖销售行为

经营者进行有奖销售不得存在下列情形:
(1)所设奖的种类、兑奖条件、奖金金额或者奖品等有奖销售信息不明确,影响兑奖;
(2)采用谎称有奖或者故意让内定人员中奖的欺骗方式进行有奖销售;
(3)抽奖式的有奖销售,最高奖的金额超过五万元。

10.2.6 诋毁商誉行为

经营者不得编造、传播虚假信息或者误导性信息,损害竞争对手的商业信誉、商品声誉。当事人主张经营者实施了上述规定的商业诋毁行为的,应当举证证明其为该商业诋毁行为的特定损害对象。

经营者传播他人编造的虚假信息或者误导性信息,损害竞争对手的商业信誉、商品声誉的,人民法院应当依照上述规定予以认定。

10.2.7 网络强迫行为

经营者利用网络从事生产经营活动,应当遵守《反不正当竞争法》的各项规定。经营者不得利用技术手段,通过影响用户选择或者其他方式,实施下列妨碍、破坏其他经营者合法提供的网络产品或者服务正常运行的行为:
(1)未经其他经营者同意,在其合法提供的网络产品或者服务中,插入链接、强制进行目标跳转;

【思考10-4】未经其他经营者和用户同意而直接发生的目标跳转,可以认定为"强制目标跳转"吗?经营者仅插入链接,目标跳转由用户触发的,该行为是否构成网络强迫行为?

(2)误导、欺骗、强迫用户修改、关闭、卸载其他经营者合法提供的网络产品或者服务；

经营者事前未明确提示并经用户同意，以误导、欺骗、强迫用户修改、关闭、卸载等方式，恶意干扰或者破坏其他经营者合法提供的网络产品或者服务，人民法院应当依照该项规定予以认定。

(3)恶意对其他经营者合法提供的网络产品或者服务实施不兼容；

(4)其他妨碍、破坏其他经营者合法提供的网络产品或者服务正常运行的行为。

随着信息技术的革新，网络强迫行为纷繁多样，其内容往往不仅仅局限于第(1)至(3)项，第(4)项作为兜底条款适用于可能出现的新型网络强迫行为，但这也是执法中认定不正当竞争行为的模糊依据。

10.3 对涉嫌不正当竞争行为的调查

10.3.1 监督检查部门

县级以上人民政府履行工商行政管理职责的部门对不正当竞争行为进行查处；法律、行政法规规定由其他部门查处的，依照其规定。

10.3.2 监督检查部门可以采取的措施

(1)进入涉嫌不正当竞争行为的经营场所进行检查；

(2)询问被调查的经营者、利害关系人及其他有关单位、个人，要求其说明有关情况或者提供与被调查行为有关的其他资料；

(3)查询、复制与涉嫌不正当竞争行为有关的协议、账簿、单据、文件、记录、业务函电和其他资料；

(4)查封、扣押与涉嫌不正当竞争行为有关的财物；

(5)查询涉嫌不正当竞争行为的经营者的银行账户。采取前款规定的措施，应当向监督检查部门主要负责人书面报告，并经批准。采取前款第(4)项、第(5)项规定的措施，应当向设区的市级以上人民政府监督检查部门主要负责人书面报告，并经批准。监督检查部门调查涉嫌不正当竞争行为，被调查的经营者、利害关系人及其他有关单位、个人应当如实提供有关资料或者情况。

10.3.3 社会监督

国家鼓励、支持和保护一切组织和个人对不正当竞争行为进行社会监督。国家机关及其工作人员不得支持、包庇不正当竞争行为。行业组织应当加强行业自律，引导、规范会员依法竞争，维护市场竞争秩序。对涉嫌不正当竞争行为，任何单位和个人有权向监督检查部门举报，监督检查部门接到举报后应当依法及时处理。监督检查部门应当向社会公开受理举报的电话、信箱或者电子邮件地址，并为举报人保密。对实名举报并提供相关事实和证据的，监督检查部门应当将处理结果告知举报人。

10.3.4 监督检查注意事项

(1)监督检查部门及其工作人员对调查过程中知悉的商业秘密负有保密义务。

(2)经营者违反本法规定从事不正当竞争，有主动消除或者减轻违法行为危害后果等法定情形的，依法从轻或者减轻行政处罚；违法行为轻微并及时纠正，没有造成危害后果的，不予行政处罚。

(3)经营者违反本法规定从事不正当竞争,受到行政处罚的,由监督检查部门记入信用记录,并依照有关法律、行政法规的规定予以公示。

(4)经营者违反本法规定,应当承担民事责任、行政责任和刑事责任,其财产不足以支付的,优先用于承担民事责任。

(5)妨害监督检查部门依照本法履行职责,拒绝、阻碍调查的,由监督检查部门责令改正,对个人可以处五千元以下的罚款,对单位可以处五万元以下的罚款,并可以由公安机关依法给予治安管理处罚。

10.4 法律责任

10.4.1 民事责任

(一)要件

经营者违反本法规定,给他人造成损害的,应当依法承担民事责任。

(二)诉讼管辖

经营者的合法权益受到不正当竞争行为损害的,可以向人民法院提起诉讼。

因不正当竞争行为提起的民事诉讼,由侵权行为地或者被告住所地人民法院管辖。

当事人主张仅以网络购买者可以任意选择的收货地作为侵权行为地的,人民法院不予支持。

被诉不正当竞争行为发生在中华人民共和国领域外,但侵权结果发生在中华人民共和国领域内,当事人主张由该侵权结果发生地人民法院管辖的,人民法院应予支持。

(三)赔偿数额

因不正当竞争行为受到损害的经营者的赔偿数额,按照其因被侵权所受到的实际损失确定;实际损失难以计算的,按照侵权人因侵权所获得的利益确定。经营者恶意实施侵犯商业秘密行为,情节严重的,可以在按照上述方法确定数额的一倍以上五倍以下确定赔偿数额。

注:赔偿数额还应当包括经营者为制止侵权行为所支付的合理开支。

经营者有混淆行为和侵犯商业秘密行为的,权利人因被侵权所受到的实际损失、侵权人因侵权所获得的利益难以确定的,由人民法院根据侵权行为的情节判决给予权利人五百万元以下的赔偿。

【思考10-5】对于同一侵权人针对同一主体在同一时间和地域范围实施的侵权行为,人民法院已经认定侵害著作权、专利权或者注册商标专用权等并判令承担民事责任,当事人能否以该行为同时构成不正当竞争为由,请求同一侵权人承担民事责任?

10.4.2 行政责任

一、混淆行为

由监督检查部门责令停止违法行为,没收违法商品。违法经营额五万元以上的,可以并处违法经营额五倍以下的罚款;没有违法经营额或者违法经营额不足五万元的,可以并处二十五万元以下的罚款。情节严重的,吊销营业执照。

二、商业贿赂行为

由监督检查部门没收违法所得,处十万元以上三百万元以下的罚款。情节严重的,吊销营业执照。

三、虚假宣传行为

由监督检查部门责令停止违法行为,处二十万元以上一百万元以下的罚款;情节严重的,处一百万元以上二百万元以下的罚款,可以吊销营业执照。

经营者发布虚假广告的,依照《中华人民共和国广告法》的规定处罚。

四、侵犯商业秘密行为

由监督检查部门责令停止违法行为,处十万元以上五十万元以下的罚款;情节严重的,处五十万元以上三百万元以下的罚款。

五、不正当有奖销售行为

由监督检查部门责令停止违法行为,处五万元以上五十万元以下的罚款。

六、诋毁商誉行为

由监督检查部门责令停止违法行为、消除影响,处十万元以上五十万元以下的罚款;情节严重的,处五十万元以上三百万元以下的罚款。

七、网络强迫行为

由监督检查部门责令停止违法行为,处十万元以上五十万元以下的罚款;情节严重的,处五十万元以上三百万元以下的罚款。当事人对监督检查部门作出的决定不服的,可以依法申请行政复议或者提起行政诉讼。

10.4.3 刑事责任

违反《反不正当竞争法》规定,构成犯罪的,依法追究刑事责任。

【案例回顾】

一审法院认定龙魂公司、龙境公司的涉案行为构成不正当竞争,判令其停止侵权,并赔偿爱奇艺公司经济损失及合理开支共计三百万元。龙魂公司、龙境公司不服一审判决,提起上诉,北京知识产权法院二审认定,龙魂公司、龙境公司的行为妨碍了爱奇艺公司合法提供的网络服务的正常运行,主观恶意明显。龙魂公司、龙境公司运用网络新技术向社会提供新产品并非基于促进行业新发展的需求,该行为从长远来看也将逐步降低市场活力,破坏竞争秩序和机制,阻碍网络视频市场的正常、有序发展,并最终造成消费者福祉的减损,具有不正当性。北京知识产权法院判决驳回上诉、维持一审判决。

【讨论题】

(1)部分小城镇成为假冒伪劣商品的泛滥区,针对这一社会问题,请从法律规制视角提出你的见解。

(2)针对电子商务中常见的网络刷单、职业差评、虚假交易、大数据杀熟等行为,请从法律视角进行分析并提出相应解决方案。

【思考题参考答案】

【参考答案10-1】 特定商业领域普遍遵循和认可的行为规范,人民法院可以认定为《反不正当竞争法》第二条规定的"商业道德"。

人民法院应当结合案件具体情况,综合考虑行业规则或者商业惯例、经营者的主观状态、交易相对人的选择意愿、对消费者权益、市场竞争秩序、社会公共利益的影响等因素,依法判断经营者是否违反商业道德。

人民法院认定经营者是否违反商业道德时,可以参考行业主管部门、行业协会或者自律组织制定的从业规范、技术规范、自律公约等。

【参考答案10-2】与经营者在生产经营活动中存在可能的争夺交易机会、损害竞争优势等关系的市场主体,人民法院可以认定为"其他经营者"。

【参考答案10-3】故意为他人实施混淆行为提供仓储、运输、邮寄、印制、隐匿、经营场所等便利条件,当事人请求依据《民法典》第一千一百六十九条第一款(教唆、帮助他人实施侵权行为的,应当与行为人承担连带责任。)予以认定的,人民法院应予支持。

【参考答案10-4】未经其他经营者和用户同意而直接发生的目标跳转,人民法院应当认定为"强制进行目标跳转"。

仅插入链接,目标跳转由用户触发的,人民法院应当综合考虑插入链接的具体方式、是否具有合理理由以及对用户利益和其他经营者利益的影响等因素,认定该行为是否违反上述第(1)项的规定。

【参考答案10-5】不可以。对于同一侵权人针对同一主体在同一时间和地域范围实施的侵权行为,人民法院已经认定侵害著作权、专利权或者注册商标专用权等并判令承担民事责任,当事人又以该行为构成不正当竞争为由请求同一侵权人承担民事责任的,人民法院不予支持。

11　产品质量法律制度

【案例导入】
　　甲公司从乙公司购买了一台保险柜,半年后财务部保险柜被撬,其中存放的 7 万元现金被盗。案发后,甲公司以保险柜质量不合格为由向质量技术监督局投诉,经质量技术勘验和材质检测,该保险柜出厂时就不符合质量要求,被鉴定为不合格产品。事后乙公司对保险柜予以了更换,但对保险柜被撬造成的经济损失未予赔偿,甲公司遂向法院提起诉讼。
　　问题:甲公司请求乙公司对被盗现金进行赔偿,能否得到法院的支持?
　　全国人大常委会于 1993 年通过《中华人民共和国产品质量法》(以下简称《产品质量法》),并分别于 2000 年、2009 年和 2018 年进行了三次修正。

11.1　概述

11.1.1　立法目的

　　《产品质量法》是规范产品质量监督和行政执法活动的一般法。按照特别法优于一般法的规则,《中华人民共和国食品安全法》《中华人民共和国药品管理法》《中华人民共和国种子法》等特别法对产品质量另有规定的,从其规定。
　　《产品质量法》第一条规定,为加强对产品质量的监督管理,提高产品质量水平,明确产品质量责任,保护消费者的合法权益,维护社会经济秩序,制定本法。
　　国家是产品质量的监督管理主体,生产者和销售者是产品质量的责任主体,最终是为了保护消费者的合法权益,维护正常的社会经济秩序。国家作为产品质量监督管理主体,应采取必要的法律规制和激励措施,对产品的生产和销售活动进行监督检查,确保产品质量符合相应标准,遏制假冒伪劣产品的生产和流通,构建优胜劣汰的市场环境。
　　【思考 11-1】 消费者具体指的是组织还是自然人?
　　产品质量是指产品满足需要的适用性、安全性、可用性、可靠性、维修性、经济性和环境等所具有的特征和特性的总和。

11.1.2　适用范围

　　在中华人民共和国境内从事产品生产、销售活动,必须遵守本法。
　　《产品质量法》所称产品是指经过加工、制作,用于销售的产品。虽用于销售,但未经加工、制作的天然物品,如原煤、原油以及初级农作物等不属于《产品质量法》的调整范围。
　　任何单位和个人不得排斥非本地区或者非本系统企业生产的质量合格产品进入本地区、本系统。
　　【思考 11-2】 进口产品、建设工程是否适用《产品质量法》的规定?

11.1.3　生产者、销售者的管理责任

　　生产者、销售者应当建立健全内部产品质量管理制度,严格实施岗位质量规范、质量责任以及相应的考核办法。

生产者、销售者依照《产品质量法》的规定承担产品质量责任。产品质量责任,是指产品的生产者、销售者违反《产品质量法》的规定,不履行法定或约定义务,应当依法承担的法律后果。此处的产品质量责任包括生产者、销售者应承担的民事责任、行政责任和刑事责任。

【思考 11-3】判断承担产品质量责任的依据是什么?

对于生产、销售假冒伪劣产品的行为,《产品质量法》对生产者、销售者也作出了禁止性规定,禁止伪造或者冒用认证标志等质量标志;禁止伪造产品的产地,伪造或者冒用他人的厂名、厂址;禁止在生产、销售的产品中掺杂、掺假,以假充真,以次充好。

11.1.4 国家扶持

国家鼓励推行科学的质量管理方法,采用先进的科学技术,鼓励企业产品质量达到并且超过行业标准、国家标准和国际标准。对产品质量管理先进和产品质量达到国际先进水平、成绩显著的单位和个人,给予奖励。

"科学的质量管理方法",是指国际上通行采用的质量管理方法,如国际标准化组织公布的 ISO9000"质量管理和质量保证"系列标准所推荐的质量管理方法等。目前,我国已等同采用该标准,制定出 GB/T19000-ISO9000 系列国家标准。

对产品质量管理先进和产品质量达到国际先进水平、成绩显著的单位和个人,各级人民政府及其相关行政主管部门可以给予相应的奖励,具体操作和管理办法可由级人民政府及其相关行政主管部门来制定。

11.2 产品质量的监督管理

11.2.1 指导原则

各级人民政府应当把提高产品质量纳入国民经济和社会发展规划,加强对产品质量工作的统筹规划和组织领导,引导、督促生产者、销售者加强产品质量管理,提高产品质量,组织各有关部门依法采取措施,制止产品生产、销售中违反《产品质量法》规定的行为,保障《产品质量法》的施行。

11.2.2 监督管理机构、职权

一、监督管理机构

国务院市场监督管理部门主管全国产品质量监督工作。国务院有关部门在各自的职责范围内负责产品质量监督工作。

县级以上地方市场监督管理部门主管本行政区域内的产品质量监督工作。县级以上地方人民政府有关部门在各自的职责范围内负责产品质量监督工作。法律对产品质量的监督部门另有规定的,依照有关法律的规定执行。

二、职权

县级以上产品质量监督部门根据已经取得的违法嫌疑证据或者举报,对涉嫌的违法行为进行查处时,可以行使下列职权:

(1) 对当事人涉嫌从事违反本法的生产、销售活动的场所实施现场检查；

(2) 向当事人的法定代表人及其他有关人员调查、了解与涉嫌从事违反本法的生产、销售活动有关的情况；

(3) 查阅、复制当事人有关的合同、发票、账簿以及其他有关资料；

(4) 对有根据认为不符合保障人体健康和人身、财产安全的国家标准、行业标准的产品或者有其他严重质量问题的产品，以及直接用于生产、销售该项产品的原辅材料、包装物、生产工具，予以查封或者扣押。

12.2.3 法律责任

一、企业和个人的法律责任

拒绝接受依法进行的产品质量监督检查的，给予警告，责令改正；拒不改正的，责令停业整顿；情节特别严重的，吊销营业执照。

以暴力、威胁方法阻碍市场监督管理部门的工作人员依法执行职务的，依法追究刑事责任；拒绝、阻碍未使用暴力、威胁方法的，由公安机关依照治安管理处罚法的规定处罚。

隐匿、转移、变卖、损毁被市场监督管理部门查封、扣押的物品的，处被隐匿、转移、变卖、损毁物品货值金额等值以上三倍以下的罚款；有违法所得的，并处没收违法所得。

二、行政工作人员的法律责任

各级人民政府工作人员和其他国家机关工作人员不得滥用职权、玩忽职守或者徇私舞弊，包庇、放纵本地区、本系统发生的产品生产、销售中违反《产品质量法》规定的行为，或者阻挠、干预依法对产品生产、销售中违反本法规定的行为进行查处。各级地方人民政府和其他国家机关有包庇、放纵产品生产、销售中违反本法规定的行为的，依法追究其主要负责人的法律责任。

各级人民政府工作人员和其他国家机关工作人员有下列情形之一的，依法给予行政处分；构成犯罪的，依法追究刑事责任：

(1) 包庇、放纵产品生产、销售中违反《产品质量法》规定行为的；

(2) 向从事违反《产品质量法》规定的生产、销售活动的当事人通风报信，帮助其逃避查处的；

(3) 阻挠、干预市场监督管理部门依法对产品生产、销售中违反《产品质量法》规定的行为进行查处，造成严重后果的。

市场监督管理部门的工作人员滥用职权、玩忽职守、徇私舞弊，构成犯罪的，依法追究刑事责任；尚不构成犯罪的，依法给予行政处分。

11.2.3 监督管理制度

一、产品质量标准制度

产品质量指国家有关法律、法规、质量标准以及合同规定的对产品适用性、安全性和其他特性的要求。

产品质量可分为合格与不合格两大类。

产品质量应当检验合格，不得以不合格产品冒充合格产品。"产品质量检验合格"，是指生产者应确保产品在进入市场时已经过检验，质量符合相应的法定标准和要求（详见 11.3.1）和明示约定。不合格产品则是不符合上述要求的产品,包括处理品和劣质品。

【思考 11-4】处理品与劣质品的区别是什么?

生产、销售不符合保障人体健康和人身、财产安全的国家标准、行业标准的产品的,责令停止生产、销售,没收违法生产、销售的产品,并处违法生产、销售产品(包括已售出和未售出的产品)货值金额等值以上三倍以下的罚款;有违法所得的,并处没收违法所得;情节严重的,吊销营业执照;构成犯罪的,依法追究刑事责任。

【思考 11-5】货值金额等值如何计算?违法所得指的是利润还是收入?

二、企业质量体系认证和产品质量认证制度

国家根据国际通用的质量管理标准,推行企业质量体系认证制度。企业根据自愿原则可以向国务院产品质量监督部门认可的或者国务院产品质量监督部门授权的部门认可的认证机构申请企业质量体系认证。经认证合格的,由认证机构颁发企业质量体系认证证书。企业质量体系认证证书表明企业的质量管理能力符合认证机构的相应的要求,是企业自身市场公信力的证明,也是企业自我激励和自我约束的手段。

国家参照国际先进的产品标准和技术要求,推行产品质量认证制度。企业根据自愿原则可以向国务院产品质量监督部门认可的或者国务院产品质量监督部门授权的部门认可的认证机构申请产品质量认证。经认证合格的,由认证机构颁发产品质量认证证书,准许企业在产品或者其包装上使用产品质量认证标志。产品质量认证是由认证机构依据国际水平的产品标准和技术要求,对企业产品进行确认,以证明其产品符合相应的标准和技术要求。通过产品质量认证的产品,企业可以使用产品质量认知标志。该标志是企业产品质量的铭牌,为产品质量的佐证。目前,我国产品质量认证标志有用于电工产品的"长城认证标志"、用于电子元器件产品的"PRC 认证标志"和用于其他产品的"方圆认证标志"。

产品质量认证机构必须依法按照有关标准,客观、公正地出具认证证明。产品质量认证机构应当依照国家规定对准许使用认证标志的产品进行认证后的跟踪检查;对不符合认证标准而使用认证标志的,要求其改正;情节严重的,取消其使用认证标志的资格。

产品质量认证机构违反上述规定,对不符合认证标准而使用认证标志的产品,未依法要求其改正或者取消其使用认证标志资格的,对因产品不符合认证标准给消费者造成的损失,与产品的生产者、销售者承担连带责任;情节严重的,撤销其认证资格。

三、产品质量检验制度

产品质量应当检验合格,不得以不合格产品冒充合格产品。

可能危及人体健康和人身、财产安全的工业产品,必须符合保障人体健康和人身、财产安全的国家标准、行业标准;未制定国家标准、行业标准的,必须符合保障人体健康和人身、财产安全的要求。

禁止生产、销售不符合保障人体健康和人身、财产安全的标准和要求的工业产品。具体管理办法由国务院规定。

四、产品质量监督检查制度

(一)国家监督

(1)抽查。

国家对产品质量实行以抽查为主要方式的监督检查制度,对可能危及人体健康和人身、财产安全的产品,影响国计民生的重要工业产品以及消费者、有关组织反映有质量问题的产品进行抽查。抽查的样

品应当在市场上或者企业成品仓库内的待销产品中随机抽取。监督抽查工作由国务院产品质量监督部门规划和组织。县级以上地方产品质量监督部门在本行政区域内也可以组织监督抽查。法律对产品质量的监督检查另有规定的,依照有关法律的规定执行。

关于抽查,需要注意以下几个事项。

第一,对依法进行的产品质量监督检查,生产者、销售者不得拒绝。

第二,不得重复抽查。国家监督抽查的产品,地方不得另行重复抽查;上级监督抽查的产品,下级不得另行重复抽查。

第三,检验数量及费用。根据监督抽查的需要,质量监督检查部门可以对产品进行检验。样品由被检查者无偿提供。检验抽取样品的数量不得超过检验的合理需要,并不得向被检查人收取检验费用。监督抽查所需检验费用按照国务院规定列支。

第四,监督抽查不得向企业收费。各级市场监督管理部门规划和组织的监督抽查,所需经费由各级财政拨款;其他有关主管部门组织的抽查,所需经费由部门自有资金中开支。监督抽查之外的其他方式的监督检查的检验费用,按照国家有关规定执行。

第五,检验合格的样品除因检验造成破坏或者损耗之外,在检验工作结束且无异议后一个季度内必须返还。同时通知被检查单位解封作备样的封存样品。

第六,复检。生产者、销售者对抽查检验的结果有异议的,可以自收到检验结果之日起十五日内向实施监督抽查的市场监督管理部门或者其上级市场监督管理部门申请复检,由受理复检的市场监督管理部门作出复检结论。

【思考 11-6】复检检验费应由哪一方承担?

(2)抽查不合格的处理。

依照《产品质量法》规定进行监督抽查的产品质量不合格的,由实施监督抽查的市场监督管理部门责令其生产者、销售者限期改正。逾期不改正的,由省级以上人民政府市场监督管理部门予以公告;公告后经复查仍不合格的,责令停业,限期整顿;整顿期满后经复查产品质量仍不合格的,吊销营业执照。

监督抽查的产品有严重质量问题的,依照《产品质量法》"罚则"的有关规定处罚。质量监督检查部门在执法时,如何定性一般质量问题与严重质量问题?《关于实施〈中华人民共和国产品质量法〉若干问题的意见》指出,有严重质量问题是指:①产品质量不符合保障人体健康和人身、财产安全的国家标准、行业标准的;②在产品中掺杂、掺假,以假充真,以次充好,以不合格产品冒充合格产品的;③属于国家明令淘汰产品的;④失效、变质的;⑤伪造产品产地的,伪造或者冒用他人厂名、厂址的,伪造或者冒用生产日期、安全使用期或者失效日期的,伪造或者冒用认证标志等质量标志的;⑥其他法律法规规定的属于严重质量问题的情形的。除上述问题之外的,属于一般质量问题。

(3)抽查产品质量报告。

国务院和省、自治区、直辖市人民政府的市场监督管理部门应当定期发布其监督抽查的产品的质量状况公告。

(4)违法行为认定及法律责任。

①过量索取样品或收取检验费用。

市场监督管理部门在产品质量监督抽查中超过规定的数量索取样品或者向被检查人收取检验费用

的,由上级市场监督管理部门或者监察机关责令退还;情节严重的,对直接负责的主管人员和其他直接责任人员依法给予行政处分。

②向社会推荐产品、参与产品经营活动。

市场监督管理部门或者其他国家机关以及产品质量检验机构不得向社会推荐生产者的产品;不得以对产品进行监制、监销等方式参与产品经营活动。

市场监督管理部门或者其他国家机关违反《产品质量法》的规定,向社会推荐生产者的产品或者以监制、监销等方式参与产品经营活动的,由其上级机关或者监察机关责令改正,消除影响,有违法收入的予以没收;情节严重的,对直接负责的主管人员和其他直接责任人员依法给予行政处分。

产品质量检验机构有前款所列违法行为的,由市场监督管理部门责令改正,消除影响,有违法收入的予以没收,可以并处违法收入一倍以下的罚款;情节严重的,撤销其质量检验资格。

(二)专业机构检测

产品质量检验机构必须具备相应的检测条件和能力,经省级以上政府市场监督管理部门或者其授权的部门考核合格后,方可承担产品质量检验工作。法律、行政法规对产品质量检验机构另有规定的,依照有关法律、行政法规的规定执行。

从事产品质量检验、认证的社会中介机构必须依法设立,不得与行政机关和其他国家机关存在隶属关系或者其他利益关系。产品质量检验机构必须依法按照有关标准,客观、公正地出具检验结果。

产品质量检测机构主要是为社会提供与产品质量相关的监督检验、仲裁检验、司法检验等公证检验第三方服务。生产者、销售者与消费者发生产品质量纠纷,仲裁机构或者人民法院可以委托产品质量检验机构,对有关产品质量进行检验,为产品质量纠纷的解决提供相应的证据支持。

产品质量检验机构、认证机构伪造检验结果或者出具虚假证明的,责令改正,对单位处五万元以上十万元以下的罚款,对直接负责的主管人员和其他直接责任人员处一万元以上五万元以下的罚款;有违法所得的,并处没收违法所得;情节严重的,取消其检验资格、认证资格;构成犯罪的,依法追究刑事责任。

产品质量检验机构、认证机构出具的检验结果或者证明不实,造成损失的,应当承担相应的赔偿责任;造成重大损失的,撤销其检验资格、认证资格。

(三)消费者监督

消费者有权就产品质量问题,向产品的生产者、销售者查询;向市场监督管理部门及有关部门申诉,接受申诉的部门应当负责处理。

(四)社会组织监督

保护消费者权益的社会组织可以就消费者反映的产品质量问题建议有关部门负责处理,支持消费者对因产品质量造成的损害向人民法院起诉。

(五)社会监督

任何单位和个人有权对违反《产品质量法》规定的行为,向市场监督管理部门或者其他有关部门检举。市场监督管理部门和有关部门应当为检举人保密,并按照省、自治区、直辖市人民政府的规定给予奖励。

11.3 生产者的产品质量和义务

11.3.1 生产者应对其生产的产品质量负责

《产品质量法》第二十六条规定,生产者应当对其生产的产品质量负责。

产品质量应当符合下列要求:

(1)不存在危及人身、财产安全的不合理的危险,有保障人体健康和人身、财产安全的国家标准、行业标准的,应当符合该标准;

(2)具备产品应当具备的使用性能,但是,对产品存在使用性能的瑕疵作出说明的除外;

(3)符合在产品或者其包装上注明采用的产品标准,符合以产品说明、实物样品等方式表明的质量状况。

11.3.2 产品标识

一、一般产品

产品或者其包装上的标识必须真实,并符合下列要求:

(1)有产品质量检验合格证明;

(2)有中文标明的名称、生产厂家厂名和厂址;

(3)根据产品的特点和使用要求,需要标明产品规格、等级、所含主要成分的名称和含量的,用中文相应予以标明;需要事先让消费者知晓的,应当在外包装上标明,或者预先向消费者提供有关资料;

(4)限期使用的产品,应当在显著位置清晰地标明生产日期和安全使用期或者失效日期;

(5)使用不当,容易造成产品本身损坏或者可能危及人身、财产安全的产品,应当有警示标志或者中文警示说明。

裸装的食品和其他根据产品的特点难以附加标识的裸装产品,可以不附加产品标识。

【思考 11-7】上述规定是否同样适用于在中国境内销售的进口产品?

产品标识不符合上述规定的,责令改正;有包装的产品标识不符合第(4)项、第(5)项规定,情节严重的,责令停止生产、销售,并处违法生产、销售产品货值金额百分之三十以下的罚款;有违法所得的,并处没收违法所得。

二、特殊产品

易碎、易燃、易爆、有毒、有腐蚀性、有放射性等危险物品以及储运中不能倒置和其他有特殊要求的产品,其包装质量必须符合相应要求,依照国家有关规定作出警示标志或者中文警示说明,标明储运注意事项。

11.3.3 生产者的禁止行为

(1)生产者不得生产国家明令淘汰的产品。

国家明令淘汰的产品,是指国家行政机关依据其行政职能,按照一定的程序,采用行政的措施,对涉及耗能高、技术落后、污染环境、危及人体健康等方面的因素,通过发布行政文件的形式向社会公布不得继续生产、销售、使用的产品。

生产国家明令淘汰的产品的,销售国家明令淘汰并停止销售的产品的,责令停止生产、销售,没收违法生产、销售的产品,并处违法生产、销售产品货值金额等值以下的罚款;有违法所得的,并处没收违法所得;情节严重的,吊销营业执照。

(2)生产者不得伪造产地,不得伪造或者冒用他人的厂名、厂址。

伪造产品产地的,伪造或者冒用他人厂名、厂址的,伪造或者冒用认证标志等质量标志的,责令改正,没收违法生产、销售的产品,并处违法生产、销售产品货值金额等值以下的罚款;有违法所得的,并处没收违法所得;情节严重的,吊销营业执照。

(3)生产者不得伪造或者冒用认证标志等质量标志。

(4)生产者生产产品,不得掺杂、掺假,不得以假充真、以次充好,不得以不合格产品冒充合格产品。

在产品中掺杂、掺假,以假充真、以次充好,或者以不合格产品冒充合格产品的,责令停止生产、销售,没收违法生产、销售的产品,并处违法生产、销售产品货值金额百分之五十以上三倍以下的罚款;有违法所得的,并处没收违法所得;情节严重的,吊销营业执照;构成犯罪的,依法追究刑事责任。

对生产者专门用于生产不符合保障人体健康和人身、财产安全的国家标准、行业标准的产品,生产国家明令淘汰的产品或者以假充真的产品的原辅材料、包装物、生产工具,应当予以没收。

在广告中对产品质量进行虚假宣传,欺骗和误导消费者的,依照《中华人民共和国广告法》的规定追究法律责任。

11.4 销售者的产品质量和义务

11.4.1 进货验收

销售者应当建立并执行进货检查验收制度,验明产品合格证明和其他标识。

11.4.2 保持产品原有质量

销售者应当采取措施,保持销售产品的质量。销售者应当根据产品的特点,采取必要的防雨、防晒、防霉变,对某些特殊产品采取控制温度、湿度等措施,保持产品进货时的质量状况。

11.4.3 标识规范

销售者销售的产品的标识应当符合11.3.2的规定。

11.4.4 禁止行为

(1)销售者不得销售国家明令淘汰并停止销售的产品和失效、变质的产品。

失效、变质产品,指产品失去了原有的效力、作用,产品发生了本质性变化,失去了应有使用价值的产品。

销售失效、变质的产品的,责令停止销售,没收违法销售的产品,并处违法销售产品货值金额两倍以下的罚款;有违法所得的,并处没收违法所得;情节严重的,吊销营业执照;构成犯罪的,依法追究刑事责任。

(2)销售者不得伪造产地,不得伪造或者冒用他人的厂名、厂址。
(3)销售者不得伪造或者冒用认证标志等质量标志。
(4)销售者销售产品,不得掺杂、掺假,不得以假充真、以次充好,不得以不合格产品冒充合格产品。

销售者销售下列禁止销售的产品,有充分证据证明其不知道该产品为禁止销售的产品并如实说明其进货来源的,可以从轻或者减轻处罚:

①销售不符合保障人体健康和人身、财产安全的国家标准、行业标准的产品的;
②在产品中掺杂、掺假,以假充真,以次充好,或者以不合格产品冒充合格产品的;
③销售国家明令淘汰并停止销售的产品的;
④销售失效、变质的产品的;
⑤伪造产品产地的,伪造或者冒用他人厂名、厂址的。

销售者销售上述产品不能提供充分证据证明其不知道该产品为法律禁止销售的产品,不能说明或者不如实说明其进货来源的,应当按照职责范围严格依法予以处罚。

服务业的经营者将上述五类禁止销售的产品用于经营性服务的,责令停止使用;对知道或者应当知道所使用的产品属于《产品质量法》规定禁止销售的产品的,按照违法使用的产品(包括已使用和尚未使用的产品)的货值金额,依照本法对销售者的处罚规定处罚。

【思考 11-7】知道或者应当知道属于《产品质量法》规定禁止生产、销售的产品而为其提供运输、保管、仓储等便利条件的,或者为以假充真的产品提供制假生产技术的,是否应当承担法律责任?应当承担什么法律责任?

11.5 损害赔偿

11.5.1 瑕疵担保责任

售出的产品有下列情形之一的,销售者应当负责修理、更换、退货;给购买产品的消费者造成损失的,销售者应当赔偿损失:

(1)不具备产品应当具备的使用性能而事先未作说明的;
(2)不符合在产品或者其包装上注明采用的产品标准的;
(3)不符合以产品说明、实物样品等方式表明的质量状况的。

销售者负责修理、更换、退货、赔偿损失后,属于生产者的责任或者属于向销售者提供产品的其他销售者(以下简称供货者)的责任的,销售者有权向生产者、供货者追偿。

销售者未按照规定给予修理、更换、退货或者赔偿损失的,由市场监督管理部门责令改正。生产者之间,销售者之间,生产者与销售者之间订立的买卖合同、承揽合同有不同约定的,合同当事人按照合同约定执行。

11.5.2 侵权损害赔偿责任

一、追责原则

生产者、销售者因产品缺陷造成他人人身伤害、财产损失的应依法承担损害赔偿责任。此处所称缺陷有两种情形：

(1)产品存在危及人身、他人财产安全的不合理的危险,包括设计上的缺陷,制造上的缺陷和指示上的缺陷;

(2)产品不符合保障人体健康,人身、财产安全的国家标准、行业标准中的安全、卫生要求。

二、生产者的严格责任

因产品存在缺陷造成人身、缺陷产品以外的其他财产(以下简称他人财产)损害的,生产者应当承担赔偿责任。

【思考11-8】以下情形生产者是否需要承担赔偿责任？

三、销售者的过错责任

由于销售者的过错使产品存在缺陷,造成人身、他人财产损害的,销售者应当承担赔偿责任。

销售者不能指明缺陷产品的生产者也不能指明缺陷产品的供货者的,销售者应当承担赔偿责任。

需要注意的是,销售者对自身没有过错,负有举证责任。

四、受害人的损害赔偿请求

(一)请求对象

因产品存在缺陷造成人身、他人财产损害的,受害人可以向产品的生产者要求赔偿,也可以向产品的销售者要求赔偿。属于产品的生产者的责任,产品的销售者赔偿的,产品的销售者有权向产品的生产者追偿。属于产品的销售者的责任,产品的生产者赔偿的,产品的生产者有权向产品的销售者追偿。

【思考11-9】社会团体、社会中介机构对产品质量作出承诺、保证,而该产品又不符合其承诺、保证的质量要求,给消费者造成损失的,应当由哪一方或哪几方承担损害赔偿责任？

(二)赔偿内容

因产品存在缺陷造成受害人人身伤害的,侵害人应当赔偿医疗费、治疗期间的护理费、因误工减少的收入等费用;造成残疾的,还应当支付残疾者生活自助具费、生活补助费、残疾赔偿金以及由其扶养的人所必需的生活费等费用;造成受害人死亡的,并应当支付丧葬费、死亡赔偿金以及由死者生前扶养的人所必需的生活费等费用。

【思考11-10】扶养与抚养的区别是什么？

因产品存在缺陷造成受害人财产损失的,侵害人应当恢复原状或者折价赔偿。受害人因此遭受其他重大损失的,侵害人应当赔偿损失。

【思考11-11】生产者、销售者违反《产品质量法》规定,给消费者造成损害的,同时又被行政机关处以罚款的行政处罚或被司法机关处以罚金的刑事处罚,若其财产不足以同时支付时,应如何处理？

(三)诉讼时效

因产品存在缺陷造成损害要求赔偿的诉讼时效期间为两年,自当事人知道或者应当知道其权益受到损害时起计算。

因产品存在缺陷造成损害要求赔偿的请求权,在造成损害的缺陷产品交付最初消费者满十年丧失;但是,尚未超过明示的安全使用期的除外。

需要注意的是,损害赔偿的请求权是一种实体权利,因受到损害而发生,随后才产生时效的计算问题。

11.5.3 纠纷处理

因产品质量发生民事纠纷时，当事人可以通过协商或者调解解决。当事人不愿通过协商、调解解决或者协商、调解不成的，可以根据当事人各方的协议向仲裁机构申请仲裁；当事人各方没有达成仲裁协议或者仲裁协议无效的，可以直接向人民法院起诉。

【案例回顾】

甲公司的诉讼请求不能得到法院的支持。

因为《产品质量法》中的产品质量责任，是指因产品存在缺陷，造成产品本身及他人人身、财产损害，该产品的生产者、销售者对受害人承担的一种民事损害赔偿责任。其责任条件之一就是产品缺陷与造成的损害之间有因果关系。而本案中，甲公司的损失并非产品缺陷直接致害，因此，这一因果关系是难以得到证明的。

【讨论题】

（1）目前，部分社会检测机构"戴着政府的帽子，拿着市场的鞭子，收着企业的票子"，严重扰乱了正常的市场秩序，给社会公共利益和公共安全带来了巨大的潜在隐患，如何治理这种"红顶中介"乱象，你有什么好的对策？

（2）瑕疵担保责任属于何种法律责任？在涉及《民法典》与《产品质量法》竞合时，应如何适用？

【思考题参考答案】

【参考答案11-1】消费者可以是自然人、法人和非法人组织，具体包括自然人、企事业单位、国家机关、社会组织等。

【参考答案11-2】进口产品适用《产品质量法》的规定。首先，进口产品经过加工、制作，用于销售，符合《产品质量法》所调整的"产品"定义；其次，进口产品在中华人民共和国境内销售，符合《产品质量法》的适用地域范围。

建设工程不适用《产品质量法》的规定；但是，建设工程使用的建筑材料、建筑构配件和设备，属于《产品质量法》规定的产品范围的，适用《产品质量法》规定。

【参考答案11-3】判定承担产品的质量责任的依据是产品的默示担保条件、明示担保条件或者产品缺陷。

产品的默示担保条件，是指国家法律、法规对产品质量规定的必须满足的要求。

产品的明示担保条件，是指生产者、销售者通过标明采用的标准、产品标识、使用说明、实物样品等方式，对产品质量作出的明示承诺和保证。

产品缺陷是指产品存在危及人身、财产安全的不合理的危险。

【参考答案11-4】处理品和劣质品均属不合格产品。处理品是指不存在危及人体健康、人身、财产安全的危险，但有使用价值的产品；而劣质品是指存在危及人体健康、人身、财产安全的危险，或者失去原有使用性能的产品。

【参考答案11-5】货值金额是指当事人违法生产、销售产品的数量（包括已售出的和未售出的产品）与其单件产品标价的乘积。对生产的单件产品标价应当以销售明示的单价计算；对销售的单件产品标价应当以销售者货签上标明的单价计算。生产者、销售者没有标价的，按照该产品被查处时该地区市场零售价的平均单价计算。

违法所得是指获取的利润。

【参考答案11-6】对于申请复检的,复检合格的,不再收取检验费;复检不合格的,由被检查人缴纳复检的检验费。

【参考答案11-7】应当承担相应法律责任。知道或者应当知道属于《产品质量法》规定禁止生产、销售的产品而为其提供运输、保管、仓储等便利条件的,或者为以假充真的产品提供制假生产技术的,没收全部运输、保管、仓储或者提供制假生产技术的收入,并处违法收入百分之五十以上三倍以下的罚款;构成犯罪的,依法追究刑事责任。

【参考答案11-8】不需要承担赔偿责任。生产者能够证明有下列情形之一的,不承担赔偿责任:
(1)未将产品投入流通的;
(2)产品投入流通时,引起损害的缺陷尚不存在的;
(3)将产品投入流通时的科学技术水平尚不能发现缺陷的存在的。

【参考答案11-9】社会团体、社会中介机构对产品质量作出承诺、保证,而该产品又不符合其承诺、保证的质量要求,给消费者造成损失的,与产品的生产者、销售者承担连带责任。

【参考答案11-10】抚养是指基于直系血亲关系(包含收养关系)的长辈对晚辈的保护、抚育和教养,未成年人的父母以及其他依法负有抚养义务的人是其法定抚养人。

扶养有广义和狭义之分。狭义的扶养是指平辈近亲属之间(如夫妻之间、兄弟姐妹之间)的生活供养法律关系。广义的扶养包括长辈对晚辈的抚养、平辈近亲属之间的供养以及晚辈对长辈的赡养。《产品责任法》所及"扶养"适用广义扶养定义。

【参考答案11-11】违反《产品质量法》规定,应当承担民事赔偿责任和缴纳罚款、罚金,其财产不足以同时支付时,先承担民事赔偿责任。

12 广告法律制度

【案例导入】

在执法检查中,某市市场监督管理局发现,某房地产开发企业路牌广告这样写道,"上风上水,珠江路最佳地段,距地铁3号线博物馆站五分钟路程;商品房现房发售,97~242 m² 即刻入住;莅临、认购、签约、成交,重重有礼。"

问题:上述广告存在哪些违法之处?

12.1 法律体系与法律渊源

12.1.1 法律体系

1982年国务院发布《广告管理暂行条例》,1987年国务院发布《广告管理条例》取代了《广告管理暂行条例》,1988年原国家工商行政管理总局公布《广告管理条例施行细则》(2016年废止)。

1994年,第八届全国人大常委会第十次会议通过《中华人民共和国广告法》(以下简称《广告法》),第十二届全国人大常委会第十四次会议和第十三届人大常委会第六次会议分别于2015年和2018年对《广告法》进行了修订和修正。

依据《广告法》,原国家工商行政管理总局出台了《药品、医疗器械、保健食品、特殊医学用途配方食品广告审查管理暂行管理办法》等一系列部门规章。与此同时,《浙江省广告管理条例》《重庆市新闻媒体广告管理条例》等地方性法规,以及《广州市户外广告和招牌设置管理办法》《南京市户外广告设置管理办法》等地方政府规章也相继出台。

以上法律、行政法规、地方性法规以及行政规章共同构成了我国广告法律体系,成为国家市场监督管理机构对广告活动实施行政监督管理的直接法律依据。本章内容仅限于《广告法》《广告管理条例》以及现行部门规章。

12.1.2 法律渊源

《广告法》是国家对广告活动实施社会管理职能的一部行政管理法律规范。由于《广告法》重在保护消费者的合法权益,因此相关民事法律规范是《广告法》的重要法律渊源。

12.2 一般规定

12.2.1 立法目的

实际中频频出现的夸大其词、弄虚作假、名人代言、隐形广告、手机app广告弹窗等乱象,已经严重干扰了正常的社会经济秩序,侵犯了消费者的合法权益。《广告法》的出台就是为了规范广告活动,保护消费者的合法权益,促进广告业的健康发展,维护社会经济秩序。现行《广告法》在原有条款的基础上,增加了广告代言人的约束、儿童代言、烟草广告、网络广告等针对性条款。

12.2.2 适用范围

《广告法》第二条规定,在中华人民共和国境内,商品经营者或者服务提供者通过一定媒介和形式,直接或者间接地介绍自己所推销的商品或者服务的商业广告活动,适用本法。

广告发布的媒介和形式包括报刊、广播、电视、路牌、橱窗、展示牌、电子显示装置、灯箱、候车亭、交通护栏、建筑工地围挡、互联网等,还包括印刷品、交通工具、城市轨道交通设施、地下通道、机场、车站、影剧院、商业街区等其他广告媒介。

12.2.3 适用对象

广告主,是指为推销商品或者服务,自行或者委托他人设计、制作、发布广告的自然人、法人或者其他组织。

广告经营者,是指接受委托提供广告设计、制作、代理服务的自然人、法人或者其他组织。专营广告业务的企业应向市场监督管理机关申请《企业法人营业执照》,兼营广告业务的事业单位向市场监督管理机关申请《广告经营许可证》,具备经营广告业务能力的个体工商户向市场监督管理机关申请营业执照,兼营广告业务的企业,应当办理经营范围变更登记。

广告发布者,是指为广告主或者广告主委托的广告经营者发布广告的自然人、法人或者其他组织。

广告代言人,是指广告主以外的,在广告中以自己的名义或者形象对商品、服务作推荐、证明的自然人、法人或者其他组织。

12.2.4 广告与广告活动的基本原则

一、广告的基本原则

广告应当真实、合法,以健康的表现形式表达广告内容,符合社会主义精神文明建设和弘扬中华民族优秀传统文化的要求。广告不得含有虚假或者引人误解的内容,不得欺骗、误导消费者。

真实、合法原则是《广告法》对广告的基本要求。首先,广告商品或服务真实存在;其次,广告内容求实,商品或服务有关允诺、佐证信息与实际相符,不得存在误导性内容;再次,广告表现形式与优秀文化传统并行不悖,例如房地产广告不得含有风水、占卜等封建迷信内容,对项目情况进行的说明、渲染,不得有悖社会良好风尚。

【思考 12-1】谁应当对广告内容的真实性负责?

二、广告活动的基本原则

广告主、广告经营者、广告发布者从事广告活动,应当遵守法律、法规,诚实信用,公平竞争。

12.2.5 广告管理机关

国务院市场监督管理部门主管全国的广告监督管理工作,国务院有关部门在各自的职责范围内负责广告管理相关工作。县级以上地方市场监督管理部门主管本行政区域的广告监督管理工作,县级以上地方人民政府有关部门在各自的职责范围内负责广告管理相关工作。

12.2.6 行业自律

广告行业组织依照法律、法规和章程的规定,制定行业规范,加强行业自律,促进行业发展,引导会员依法从事广告活动,推动广告行业诚信建设。

12.3 广告内容准则

12.3.1 内容表示准确清楚

广告中对商品的性能、功能、产地、用途、质量、成分、价格、生产者、有效期限、允诺等或者对服务的内容、提供者、形式、质量、价格、允诺等有表示的,应当准确、清楚、明白。

广告中表明推销的商品或者服务附带赠送的,应当明示所附带赠送商品或者服务的品种、规格、数量、期限和方式。

特别需要注意的是,法律、行政法规规定广告中应当明示的内容,应当显著、清晰表示。

12.3.2 广告禁止性内容

(1)使用或者变相使用中华人民共和国的国旗、国歌、国徽、军旗、军歌、军徽。
(2)使用或者变相使用国家机关和国家机关工作人员的名义或者形象。
(3)使用"国家级""最高级""最佳"等用语。

《广告法》采用列举了若干种禁止使用的绝对化用语,但这并不能完全禁止所有绝对化用语,这要求市场行政管理部门在审查和执法中不能机械照搬法条字面含义,而应深入理解《广告法》条款内涵,根据具体情形正确适用。例如,原上海市工商行政管理局(现上海市市场监督管理局)出台的《关于重申部分广告审查要求的审查提示》中指出,在结合广告内容和综合语境的前提下,不应属于禁止使用的绝对化用语的情形,归纳列举(但不限于此)如下:

①表示时空顺序的用语,或者可被证实的历史事实,不会发展变化的,例如"首款、首秀、首发、最早、独家、唯一"以及"销量、销售额、市场占有率第一"等。广告审查中应当查验广告内容真实性的相关证明,并标明时间和适用范围,通过公开数据获得的结论还应当标明数据来源。

②明示为自我比较的程度分级,例如某商品广告称为消费者提供舒适、高端、顶级三款高品质的商品,其中的"顶级"不具有排除其他同类商品的可能,不属于禁止使用的绝对化用语。此类情形还有最大户型、最小尺码、顶配车型等。

③在某行业领域由相关标准认定的分级,或者已被公众广泛接受的分级,例如安吉白茶国家标准中,把产品分为"精品、特级、一级、二级"共四个质量等级,针对特定"精品级"安吉白茶广告称为"最高等级"或"最高级",通常不属于禁止使用的绝对化用语。广告审查中应当要求广告主提供有关分级的依据及等级检验证明,不得混淆等级标准把非最高等级商品一并宣传为最高级。

④明示商家的经营理念和追求目标的,如"顾客第一""力求完美品质"等用语,客观上没有造成误导的可能,不属于禁止使用的绝对化用语。

(4)损害国家的尊严或者利益,泄露国家秘密。

(5)妨碍社会安定,损害社会公共利益。
(6)危害人身、财产安全,泄露个人隐私。
(7)妨碍社会公共秩序或者违背社会良好风尚。
(8)含有淫秽、色情、赌博、迷信、恐怖、暴力的内容。
(9)含有民族、种族、宗教、性别歧视的内容。
(10)妨碍环境、自然资源或者文化遗产保护。
(11)法律、行政法规规定禁止的其他情形。

【思考12-2】是否可以使用他国的国旗、国歌、国徽做广告?

12.3.3 保护未成年人和残疾人的规定

(1)广告不得损害未成年人和残疾人的身心健康。
(2)不得损害未成年人和残疾人的名义和形象。
(3)广告的语言、文字、画面不得含有侮辱未成年人和残疾人的内容。
(4)适用于未成年人和残疾人的食品、用具、器械等商品的广告,应当真实、明白,所涉及商品的质量应当可靠,不得有害于未成年人及残疾人的安全和健康。

12.3.4 广告引证

广告内容涉及的事项需要取得行政许可的,应当与许可的内容相符合。广告使用数据、统计资料、调查结果、文摘、引用语等引证内容的,应当真实、准确,并表明出处。引证内容有适用范围和有效期限的,应当明确表示。

12.3.5 广告涉及专利的规定

广告中涉及专利产品或者专利方法的,应当标明专利号和专利种类。未取得专利权的,不得在广告中谎称取得专利权。禁止使用未授予专利权的专利申请和已经终止、撤销、无效的专利做广告。

12.3.6 比较广告的规定

广告不得贬低其他生产经营者的商品或者服务。

12.3.7 广告的识别性和时长规定

广告应当具有可识别性,能够使消费者辨明其为广告。大众传播媒介不得以新闻报道形式变相发布广告。通过大众传播媒介发布的广告应当显著标明"广告",与其他非广告信息相区别,不得使消费者产生误解。

广播电台、电视台发布广告,应当遵守国务院有关部门关于时长、方式的规定,并应当对广告时长作出明显提示。

《广播电视广告播出管理办法》第十五条至十七条规定,播出机构每套节目每小时商业广告播出时长不得超过十二分钟。其中,广播电台在11:00—13:00、电视台在19:00—21:00,商业广告播出总时长不得超过十八分钟。在执行转播、直播任务等特殊情况下,商业广告可以顺延播出。

播出机构每套节目每日公益广告播出时长不得少于商业广告时长的百分之三。其中,广播电台在11:00—13:00、电视台在19:00—21:00,公益广告播出数量不得少于四条(次)。

播出电视剧时,不得在每集(以四十五分钟计)中间以任何形式插播广告。播出电影时,插播广告参照前款规定执行。

12.3.8　不得做广告的特殊商品

麻醉药品、精神药品、医疗用毒性药品、放射性药品等特殊药品,药品类易制毒化学品,以及戒毒治疗的药品、医疗器械和治疗方法,不得做广告。

前款规定以外的处方药,只能在国务院卫生行政部门和国务院药品监督管理部门共同指定的医学、药学专业刊物上做广告。

12.3.9　医疗、药品、医疗器械广告

一、一般规定

医疗、药品、医疗器械广告禁止出现以下内容:
(1)表示功效、安全性的断言或者保证;
(2)说明治愈率或者有效率;
(3)与其他药品、医疗器械的功效和安全性或者其他医疗机构比较;
(4)利用广告代言人作推荐、证明;
(5)法律、行政法规规定禁止的其他内容。药品广告的内容不得与国务院药品监督管理部门批准的说明书不一致,并应当显著标明禁忌、不良反应。

二、处方药

处方药广告应当显著标明"本广告仅供医学药学专业人士阅读",非处方药广告应当显著标明"请按药品说明书或者在药师指导下购买和使用"。

三、个人自用医疗器械

推荐给个人自用的医疗器械的广告,应当显著标明"请仔细阅读产品说明书或者在医务人员的指导下购买和使用"。医疗器械产品注册证明文件中有禁忌内容、注意事项的,广告中应当显著标明"禁忌内容或者注意事项详见说明书"。

【思考12-3】保健品广告是否可以使用医疗用语?保健品广告是否可以涉及疾病治疗功能?

12.3.10　保健食品广告

1. 禁止内容

保健食品广告不得含有下列内容:
(1)表示功效、安全性的断言或者保证;
(2)涉及疾病预防、治疗功能;
(3)声称或者暗示广告商品为保障健康所必需;
(4)与药品、其他保健食品进行比较;
(5)利用广告代言人作推荐、证明;

(6)法律、行政法规规定禁止的其他内容。
2. 标识要求
保健食品广告应当显著标明"本品不能代替药物"。
【思考12-4】电视台是否可以通过养生节目发布保健食品广告?

12.3.11 禁止替代母乳的广告

禁止在大众传播媒介或者公共场所发布声称全部或者部分替代母乳的婴儿乳制品、饮料和其他食品广告。

12.3.12 农药、兽药、饲料和饲料添加剂广告

农药、兽药、饲料和饲料添加剂广告不得含有下列内容:
(1)表示功效、安全性的断言或者保证;
(2)利用科研单位、学术机构、技术推广机构、行业协会或者专业人士、用户的名义或者形象作推荐、证明;
(3)说明有效率;
(4)违反安全使用规程的文字、语言或者画面;
(5)法律、行政法规规定禁止的其他内容。

12.3.13 禁止烟草广告

禁止在大众传播媒介或者公共场所、公共交通工具、户外发布烟草广告。
禁止向未成年人发送任何形式的烟草广告。
禁止利用其他商品或者服务的广告、公益广告,宣传烟草制品名称、商标、包装、装潢以及类似内容。
烟草制品生产者或者销售者发布的迁址、更名、招聘等启事中,不得含有烟草制品名称、商标、包装、装潢以及类似内容。

12.3.14 酒类广告

酒类广告不得含有下列内容:
(1)诱导、怂恿饮酒或者宣传无节制饮酒;
(2)出现饮酒的动作;
(3)表现驾驶车、船、飞机等活动;
(4)明示或者暗示饮酒有消除紧张和焦虑、增加体力等功效。

12.3.15 教育、培训广告

教育、培训广告不得含有下列内容:
(1)对升学、通过考试、获得学位学历或者合格证书,或者对教育、培训的效果作出明示或者暗示的保证性承诺;
(2)明示或者暗示有相关考试机构或者其工作人员、考试命题人员参与教育、培训;

(3)利用科研单位、学术机构、教育机构、行业协会、专业人士、受益者的名义或者形象作推荐、证明。

12.3.16 有投资回报预期的广告

招商等有投资回报预期的商品或者服务广告,应当对可能存在的风险以及风险责任承担有合理提示或者警示,并不得含有下列内容:

(1)对未来效果、收益或者与其相关的情况作出保证性承诺,明示或者暗示保本、无风险或者保收益等,国家另有规定的除外;

(2)利用学术机构、行业协会、专业人士、受益者的名义或者形象作推荐、证明。

12.3.17 房地产广告

房地产广告,指房地产开发企业、房地产权利人、房地产中介服务机构发布的房地产项目预售、预租、出售、出租、项目转让以及其他房地产项目介绍的广告,但不包括居民私人及非经营性售房、租房、换房广告。

一、《广告法》的规定

《广告法》规定,房地产广告,房源信息应当真实,面积应当表明为建筑面积或者套内建筑面积,并不得含有下列内容:

(1)升值或者投资回报的承诺;
(2)以项目到达某一具体参照物的所需时间表示项目位置;
(3)违反国家有关价格管理的规定;
(4)对规划或者建设中的交通、商业、文化教育设施以及其他市政条件作误导宣传。

二、《房地产广告发布规定》的规定

在《广告法》的基础上,《房地产广告发布规定》对房地产广告作出了更详尽的规定。

(1)不得发布广告的房地产类型。

凡下列情况的房地产,不得发布广告:

①在未经依法取得国有土地使用权的土地上开发建设的;
②在未经国家征用的集体所有的土地上建设的;
③司法机关和行政机关依法裁定、决定查封或者以其他形式限制房地产权利的;
④预售房地产,但未取得该项目预售许可证的;
⑤权属有争议的;
⑥违反国家有关规定建设的;
⑦不符合工程质量标准,经验收不合格的;
⑧法律、行政法规规定禁止的其他情形。

(2)应提供的证明文件。

发布房地产广告,应当具有或者提供下列相应真实、合法、有效的证明文件:

①房地产开发企业、房地产权利人、房地产中介服务机构的营业执照或者其他主体资格证明;
②房地产主管部门颁发的房地产开发企业资质证书;
③自然资源主管部门颁发的项目土地使用权证明;

④工程竣工验收合格证明；

⑤发布房地产项目预售、出售广告,应当具有地方政府建设主管部门颁发的预售、销售许可证证明；出租、项目转让广告,应当具有相应的产权证明；

⑥中介机构发布所代理的房地产项目广告,应当提供业主委托证明；

⑦确认广告内容真实性的其他证明文件。

(3)预售、销售广告必须载明的事项。

房地产预售、销售广告,必须载明以下事项：

①开发企业名称；

②中介服务机构代理销售的,载明该机构名称；

③预售或者销售许可证书号。

广告中仅介绍房地产项目名称的,可以不必载明上述事项。

(4)广告内容要求。

①房地产广告中涉及所有权或者使用权的,所有或者使用的基本单位应当是有实际意义的完整的生产、生活空间。

②房地产广告中对价格有表示的,应当清楚表示为实际的销售价格,明示价格的有效期限。

③房地产广告中的项目位置示意图,应当准确、清楚,比例恰当。

④房地产广告中涉及的交通、商业、文化教育设施及其他市政条件等,如在规划或者建设中,应当在广告中注明。

⑤房地产广告涉及内部结构、装修装饰的,应当真实、准确。

⑥房地产广告中不得利用其他项目的形象、环境作为本项目的效果。

⑦房地产广告中使用建筑设计效果图或者模型照片的,应当在广告中注明。

⑧房地产广告中不得出现融资或者变相融资的内容。

⑨房地产广告中涉及贷款服务的,应当载明提供贷款的银行名称及贷款额度、年期。

⑩房地产广告中不得含有广告主能够为入住者办理户口、就业、升学等事项的承诺。

⑪房地产广告中涉及物业管理内容的,应当符合国家有关规定；涉及尚未实现的物业管理内容,应当在广告中注明。

⑫房地产广告中涉及房地产价格评估的,应当表明评估单位、估价师和评估时间；使用其他数据、统计资料、文摘、引用语的,应当真实、准确,表明出处。

违反《房地产广告发布规定》发布广告,《广告法》及其他法律法规有规定的,依照有关法律法规规定予以处罚。法律法规没有规定的,对负有责任的广告主、广告经营者、广告发布者,处以违法所得三倍以下但不超过三万元的罚款；没有违法所得的,处以一万元以下的罚款。

12.3.18 种苗等广告

农作物种子、林木种子、草种子、种畜禽、水产苗种和种养殖广告关于品种名称、生产性能、生长量或者产量、品质、抗性、特殊使用价值、经济价值、适宜种植或者养殖的范围和条件等方面的表述应当真实、清楚、明白,并不得含有下列内容：

(1)作科学上无法验证的断言；

(2)表示功效的断言或者保证;
(3)对经济效益进行分析、预测或者作保证性承诺;
(4)利用科研单位、学术机构、技术推广机构、行业协会或者专业人士、用户的名义或者形象作推荐、证明。

12.3.10 虚假广告

一、什么是虚假广告

广告以虚假或者引人的内容欺骗、误导消费者的,构成虚假广告。

二、虚假广告的典型形态

广告有下列情形之一的,为虚假广告:
(1)商品或者服务不存在的;
(2)商品的性能、功能、产地、用途、质量、规格、成分、价格、生产者、有效期限、销售状况、曾获荣誉等信息,或者服务的内容、提供者、形式、质量、价格、销售状况、曾获荣誉等信息,以及与商品或者服务有关的允诺等信息与实际情况不符,对购买行为有实质性影响的;
(3)使用虚构、伪造或者无法验证的科研成果、统计资料、调查结果、文摘、引用语等信息作证明材料的;
(4)虚构使用商品或者接受服务的效果的;
(5)以虚假或者引人误解的内容欺骗、误导消费者的其他情形。

12.4 广告行为规范

12.4.1 广告经营、登记

广播电台、电视台、报刊出版单位从事广告发布业务的,应当设有专门从事广告业务的机构,配备必要的人员,具有与发布广告相适应的场所、设备,并向县级以上地方市场监督管理部门办理广告发布登记。

12.4.2 广告经营与发布

一、广告合同的订立

广告主、广告经营者、广告发布者之间在广告活动中应当依法订立书面合同。
广告主委托设计、制作、发布广告,应当委托具有合法经营资格的广告经营者、广告发布者。
广告经营者、广告发布者应当公布其收费标准和收费办法。

二、广告的承接

广告经营者、广告发布者应当按照国家有关规定,建立、健全广告业务的承接登记、审核、档案管理制度。
广告经营者、广告发布者依据法律、行政法规查验有关证明文件,核对广告内容。对内容不符或者证明文件不全的广告,广告经营者不得提供设计、制作、代理服务,广告发布者不得发布。

广告发布者向广告主、广告经营者提供的覆盖率、收视率、点击率、发行量等资料应当真实。

三、注意事项

（1）广告主、广告经营者、广告发布者不得在广告活动中进行任何形式的不正当竞争。

（2）广告主或者广告经营者在广告中使用他人名义或者形象的，应当事先取得其书面同意；使用无民事行为能力人、限制民事行为能力人的名义或者形象的，应当事先取得其监护人的书面同意。

（3）法律、行政法规规定禁止生产、销售的产品或者提供的服务，以及禁止发布广告的商品或者服务，任何单位或者个人不得设计、制作、代理、发布广告。

12.4.3 广告代言

一、广告代言人在广告中对商品、服务作推荐、证明，应当依据事实，符合《广告法》和有关法律、行政法规规定，并不得为其未使用过的商品或者未接受过的服务作推荐、证明。

二、不得利用不满十周岁的未成年人作为广告代言人。

三、对在虚假广告中作推荐、证明受到行政处罚未满三年的自然人、法人或者其他组织，不得利用其作为广告代言人。

12.4.4 中小学、幼儿园场所和用品上做广告的规定

不得在中小学校、幼儿园内开展广告活动，不得利用中小学生和幼儿的教材、教辅材料、练习册、文具、教具、校服、校车等发布或者变相发布广告，但公益广告除外。

12.4.5 在针对未成年人的大众传播媒介上做广告的规定

在针对未成年人的大众传播媒介上不得发布医疗、药品、保健食品、医疗器械、化妆品、酒类、美容广告，以及不利于未成年人身心健康的网络游戏广告。

12.4.6 针对不满14周岁未成年人的商品或服务的广告

针对不满十四周岁的未成年人的商品或者服务的广告不得含有下列内容：

（1）劝诱其要求家长购买广告商品或者服务；

（2）可能引发其模仿不安全行为。

12.4.7 户外广告

县级以上地方人民政府应当组织有关部门加强对利用户外场所、空间、设施等发布户外广告的监督管理，制定户外广告设置规划和安全要求。户外广告的管理办法，由地方性法规、地方政府规章规定。

有下列情形之一的，不得设置户外广告：

（1）利用交通安全设施、交通标志的；

（2）影响市政公共设施、交通安全设施、交通标志、消防设施、消防安全标志使用的；

（3）妨碍生产或者人民生活，损害市容市貌的；

（4）在国家机关、文物保护单位、风景名胜区等的建筑控制地带，或者县级以上地方人民政府禁止设置户外广告的区域设置的。

12.4.8　向当事人住宅、交通工具发送广告的规定

任何单位或者个人未经当事人同意或者请求,不得向其住宅、交通工具等发送广告,也不得以电子信息方式向其发送广告。以电子信息方式发送广告的,应当明示发送者的真实身份和联系方式,并向接收者提供拒绝继续接收的方式。

12.4.9　互联网广告

利用互联网从事广告活动,适用《广告法》的各项规定。
利用互联网发布、发送广告,不得影响用户正常使用网络。
在互联网页面以弹出等形式发布的广告,应当显著标明关闭标志,确保一键关闭。

12.4.10　媒介管理、经营者的义务

公共场所的管理者或者电信业务经营者、互联网信息服务提供者对其明知或者应知的利用其场所或者信息传输、发布平台发送、发布违法广告的,应当予以制止。

12.5　监督管理

12.5.1　广告审查

(1)发布医疗、药品、医疗器械、农药、兽药和保健食品广告,以及法律、行政法规规定应当进行审查的其他广告,应当在发布前由有关部门(以下称广告审查机关)对广告内容进行审查;未经审查,不得发布。

(2)广告主申请广告审查,应当依照法律、行政法规向广告审查机关提交有关证明文件。广告审查机关应当依照法律、行政法规规定作出审查决定,并应当将审查批准文件抄送同级市场监督管理部门。广告审查机关应当及时向社会公布批准的广告。

(3)任何单位或者个人不得伪造、变造或者转让广告审查批准文件。

12.5.2　广告管理部门职权及注意事项

一、广告管理部门职权
市场监督管理部门履行广告监督管理职责,可以行使下列职权:
(1)对涉嫌从事违法广告活动的场所实施现场检查;
(2)询问涉嫌违法当事人或者其法定代表人、主要负责人和其他有关人员,对有关单位或者个人进行调查;
(3)要求涉嫌违法当事人限期提供有关证明文件;
(4)查阅、复制与涉嫌违法广告有关的合同、票据、账簿、广告作品和其他有关资料;
(5)查封、扣押与涉嫌违法广告直接相关的广告物品、经营工具、设备等财物;
(6)责令暂停发布可能造成严重后果的涉嫌违法广告;

(7)法律、行政法规规定的其他职权。

市场监督管理部门应当建立健全广告监测制度,完善监测措施,及时发现和依法查处违法广告行为。

二、注意事项

(1)市场监督管理部门依照《广告法》规定行使职权,当事人应当协助、配合,不得拒绝、阻挠。

(2)市场监督管理部门和有关部门及其工作人员对其在广告监督管理活动中知悉的商业秘密负有保密义务。

12.5.3 投诉

任何单位或者个人有权向市场监督管理部门和有关部门投诉、举报违反《广告法》的行为。

市场监督管理部门和有关部门应当向社会公开受理投诉、举报的电话、信箱或者电子邮件地址;接到投诉、举报的部门应当自收到投诉之日起七个工作日内,予以处理并告知投诉、举报人。

市场监督管理部门和有关部门不依法履行职责的,任何单位或者个人有权向其上级机关或者监察机关举报。接到举报的机关应当依法作出处理,并将处理结果及时告知举报人。有关部门应当为投诉、举报人保密。

12.5.4 社会组织监督

消费者协会和其他消费者组织对违反《广告法》规定,发布虚假广告侵害消费者合法权益,以及其他损害社会公共利益的行为,依法进行社会监督。

12.5.5 行政处罚的管辖

《市场监督管理行政处罚程序规定》第十一条规定,对利用广播、电影、电视、报纸、期刊、互联网等大众传播媒介发布违法广告的行为实施行政处罚,由广告发布者所在地市场监督管理部门管辖。广告发布者所在地市场监督管理部门管辖异地广告主、广告经营者有困难的,可以将广告主、广告经营者的违法情况移送广告主、广告经营者所在地市场监督管理部门处理。

对于互联网广告违法行为,广告主所在地、广告经营者所在地市场监督管理部门先行发现违法线索或者收到投诉、举报的,也可以进行管辖。

对广告主自行发布违法互联网广告的行为实施行政处罚,由广告主所在地市场监督管理部门管辖。

12.6 公益广告

12.6.1 一般规定

虽然《广告法》的调整对象是商业广告,但《广告法》附则规定,国家鼓励、支持开展公益广告宣传活动,传播社会主义核心价值观,倡导文明风尚。大众传播媒介有义务发布公益广告。广播电台、电视台、报刊出版单位应当按照规定的版面、时段、时长发布公益广告。

根据《公益广告促进和管理暂行办法》,公益广告,是指传播社会主义核心价值观,倡导良好道德风尚,促进公民文明素质和社会文明程度提高,维护国家和社会公共利益的非营利性广告。政务信息、服务信息等各类公共信息以及专题宣传片等不属于公益广告。

12.6.2　管理机关

公益广告活动在中央和各级精神文明建设指导委员会指导协调下开展。

工商行政管理部门履行广告监管和指导广告业发展职责,负责公益广告工作的规划和有关管理工作。

新闻出版广电部门负责新闻出版和广播电视媒体公益广告制作、刊播活动的指导和管理。

通信主管部门负责电信业务经营者公益广告制作、刊播活动的指导和管理。

网信部门负责互联网企业公益广告制作、刊播活动的指导和管理。

铁路、公路、水路、民航等交通运输管理部门负责公共交通运载工具及相关场站公益广告刊播活动的指导和管理。

住房和城乡建设部门负责城市户外广告设施设置、建筑工地围挡、风景名胜区公益广告刊播活动的指导和管理。

精神文明建设指导委员会其他成员单位应当积极做好公益广告有关工作,涉及本部门职责的,应当予以支持,并做好相关管理工作。

12.6.3　公益广告义务性规定

住房城乡建设部门编制户外广告设施设置规划,应当规划一定比例公益广告空间设施。发布广告设施招标计划时,应当将发布一定数量公益广告作为前提条件。

有关部门和单位应当运用各类社会媒介刊播公益广告。

机场、车站、码头、影剧院、商场、宾馆、商业街区、城市社区、广场、公园、风景名胜区等公共场所的广告设施或者其他适当位置,公交车、地铁、长途客车、火车、飞机等公共交通工具的广告刊播介质或者其他适当位置,适当地段的建筑工地围挡、景观灯杆等构筑物,均有义务刊播公益广告通稿作品或者经主管部门审定的其他公益广告。此类场所公益广告的设置发布应当整齐、安全,与环境相协调,美化周边环境。

12.6.4　企业出资的公益广告

公益广告内容应当与商业广告内容相区别,商业广告中涉及社会责任内容的,不属于公益广告。

企业出资设计、制作、发布或者冠名的公益广告,可以标注企业名称和商标标识,但应当符合以下要求:

(1)不得标注商品或者服务的名称以及其他与宣传、推销商品或者服务有关的内容,包括单位地址、网址、电话号码、其他联系方式等;

(2)平面作品标注企业名称和商标标识的面积不得超过广告面积的五分之一;

(3)音频、视频作品显示企业名称和商标标识的时间不得超过五秒或者总时长的五分之一,使用标版形式标注企业名称和商标标识的时间不得超过三秒或者总时长的五分之一;

(4)公益广告画面中出现的企业名称或者商标标识不得使社会公众在视觉程度上降低对公益广告

内容的感受和认知;

(5)不得以公益广告名义变相设计、制作、发布商业广告。

违反前款规定的,视为商业广告。

【案例回顾】

(1)"上风上水"含有迷信内容,违反了《广告法》第九条的规定;

(2)"最佳路段"使用绝对化用语,违反了《广告法》第九条的规定;

(3)"距地铁3号线博物馆站五分钟路程"含有以项目到达某一具体参照物的所需时间表示项目位置内容,违反了《广告法》第二十六条的规定;

(4)面积未明确表明为建筑面积还是套内建筑面积,违反了《广告法》第二十六条的规定;

(5)"重重有礼"应当明示所附带赠送的商品或者服务的品种、规格、数量、期限和方式,违反了《广告法》第八条的规定。

【讨论题】

(1)近年来,不少企业不再邀请明星代言,而是亲自为自己企业或产品代言,比如格力的董明珠、聚美优品的陈欧,那么广告主自己或其员工代言受不受《广告法》调整?

(2)商业广告与公益广告、政府广告以及分类广告等其他类型广告有何区别?

(3)卷烟厂祝贺广告是否属于《广告法》烟草广告的调整范围?

【思考题参考答案】

【参考答案12-1】广告主为广告内容的真实性负责。

【参考答案12-2】我国《广告法》《广告管理条例》以及部门规章并未禁止此类行为,但仍应遵守国际法以及国际礼仪。

【参考答案12-3】除医疗、药品、医疗器械广告外,禁止其他任何广告涉及疾病治疗功能,并不得使用医疗用语或者易使推销的商品与药品、医疗器械相混淆的用语。

【参考答案12-4】不可以。广播电台、电视台、报刊音像出版单位、互联网信息服务提供者不得以介绍健康、养生知识等形式变相发布发布医疗、药品、医疗器械、保健食品广告。

第五部分　城市行政管理法律制度

13　行政许可法律制度
14　行政处罚法律制度
15　行政强制法律制度

13 行政许可法律制度

【案例导入】

　　江苏省南通市下辖启东市某小区修建年份较早，因业主家庭成员多为老年人，上下楼有诸多不便，A楼二单元业主商议决定安装一部电梯。

　　2018年8月29日，该单元业主共同委托某电梯公司办理增设电梯报批手续，并与该电梯公司签订一份电梯安装合同。2018年9月26日，电梯公司向启东市审批局提交建设工程规划许可证申请表及业主身份证、房屋权属证明、设计图、物业公司出具的无违章建筑证明等申请材料。2018年12月3日，启东市审批局核发了"建设工程规划许可证"。2019年1月30日，电梯公司向启东市审批局提交既有多层住宅加装电梯施工许可申请表，以及加装电梯合同、电梯安装施工方案、安全生产许可证、施工图等申请材料，并于同日获批"既有住宅增设电梯施工许可"。

　　2019年2月25日，小区部分业主举报，A楼二单元在加装电梯手续中提供虚假材料，并向启东市审批局提交申请，请求启东市审批局撤销上述行政许可。同日，启东市综合行政执法局对群众举报的A楼503室、504室楼顶搭建建筑物立案调查。后经执法人员现场调查，发现A楼二单元503室、504室存在违章建筑。2月27日，启东市综合执法局致函启东市审批局，建议启东市审批局撤销上述审批事项，待违法建设拆除后恢复审批。

　　启东市审批局调查核实，并根据《启东市既有多层住宅增设电梯指导意见（试行）》第五条的规定（增设电梯必须由小区物业管理单位出具该项目住户无违章建筑证明），认定申请材料中该小区物业管理公司出具的无违章建筑证明与启东市综合行政执法局认定的事实不符，构成提交虚假材料，以欺骗手段取得行政许可。2019年3月15日，启东市审批局向该单元（业主）作出"撤销登记听证告知书"，告知拟作出行政行为的事实、法律依据及相对人享有陈述、申辩和听证的权利，并依法送达。3月25日，该单元部分业主向启东市审批局提交了书面申辩意见。2019年4月12日，启东市审批局作出撤销建设工程规划许可证以及既有住宅增设电梯施工许可的"撤销登记决定书"，并于4月21日依法邮寄送达申请人。

　　2019年4月10日，在启东市审批局作出《撤销登记决定书》之前，增设电梯施工完工。2019年5月，电梯经特种设备检验、检测机构检验合格，取得特种设备使用登记证并投入使用。

　　2018年6月25日，启东市住房和城乡建设局、启东市审批局、启东市市场监督管理局、启东市财政局、启东市城市管理行政执法局五单位于联合发布了《启东市既有多层住宅增设电梯指导意见（试行）》（启住建〔2018〕131号，以下简称《指导意见》）。由启东市审批局负责既有住宅增设电梯的组织联审、规划许可、施工许可和牵头组织联合竣工验收及备案工作。

　　《指导意见》载明，既有住宅增设电梯的申请条件为：

　　(1)经具备建设工程设计资质的单位出具符合城市规划、建筑设计、结构安全、电梯救援通道、消防安全和特种设备等相关规范、标准要求的规划图和施工图；

　　(2)同意增设电梯的业主之间就增设电梯的费用、运行、保养、日常维护等情况的方案以及异议人协商的情况书面等达成的书面协议；

　　(3)增设电梯必须经本幢或楼道房屋专有部分占建筑物总面积三分之二以上且总人数三分之二以上的业主同意，其他业主无明确反对意见；

　　(4)增设电梯影响相邻建筑物通风、采光、日照、通行等权益的，申请人应当与受影响的业主协商达成一致意见，并签署意见书；

(5)小区物业管理单位提供的无拖欠物业管理费、无小区毁绿种菜、无楼道堆积物、无违章建筑的证明及承诺书。

同时,《指导意见》载明,办理建设工程规划许可证应提供以下材料:
(1)建设工程规划许可申请书;
(2)本幢或楼道业主身份证、房屋权属证明复印件;
(3)代理人身份证、授权委托书;
(4)经审定的建设工程设计方案及符合国家设计规范的建设施工图设计文件;
(5)业主就增设电梯所达成的书面协议;
(6)公示报告、辖区居委会意见以及异议人协商情况说明;
(7)住宅小区原有红线图。

《指导意见》载明,办理施工许可证应提供以下材料:
(1)建设工程施工许可证申请表;
(2)建设工程规划许可证;
(3)施工合同、方案(含工程质量安全技术措施)及资质证书;
(4)监理合同、方案及资质证书;
(5)经施工图审查机构审查合格的施工图设计文件;
(6)建设资金筹措到位;
(7)安全监督通知书;
(8)质量监督通知书。

问题:启东市审批局以《指导意见》为依据,认定申请人(二单元业主)提交虚假材料,构成以欺骗手段取得行政许可,作出撤销行政许可的决定,该撤销行为是否合法有效?

13.1 概述

13.1.1 背景与立法目的

在《中华人民共和国行政许可法》(以下简称《行政许可法》)施行前,行政许可的设定随意性较强,行政许可的实施政出多门,给公民、法人和其他组织带来了诸多困扰,给经济社会发展带来了诸多障碍。为了规范行政许可的设定和实施,保护公民、法人和其他组织的合法权益,维护公共利益和社会秩序,保障和监督行政机关有效实施行政管理,第十届全国人民代表大会常务委员会第四次会议于2003年8月通过《行政许可法》,并于次年7月1日起施行。

《行政许可法》一方面赋权行政机关行使社会管职能,保障行政机关依法获取和行使法定职权,另一方面将行政权限制在有限范围内,实现对行政管理活动的监督管理。

保护公民、法人和其他组织的合法权益是《行政许可法》的核心目标之一,依法规范行政许可的设定和实施,在实体和程序上保证行政许可合法、公开、公正、公平。公民、法人或者其他组织对行政机关实施行政许可,享有陈述权、申辩权;有权申请行政复议或者提起行政诉讼;其合法权益因行政机关违法实施行政许可受到损害的,有权依法要求赔偿。

13.1.2　什么是行政许可

行政许可,是指行政机关根据公民、法人或者其他组织的申请,经依法审查,准予其从事特定活动的行为。行政许可是行政机关依法对社会经济所涉及的社会公共管理事务进行事前监督管理的一种手段。

首先,行政许可依行政相对人的申请而引发的具体行政行为,行政机关不得主动向公民、法人或者其他组织颁发相应行政许可。

其次,行政许可是单方行政行为,须经行政机关依法审查。行政相对人依法申请行政许可,行政机关就申请是否符合受理条件进行形式审查,受理后还要根据法定条件和标准,依照法定程序对申请进行实质性审查,最后决定是否准予行政相对人的申请。

再次,行政许可赋予公民、法人或者其他组织某种法律权利或者法律资格,准予其从事特定活动的行为,是一种授益性行政行为。这种法律权利或法律资格以一般禁止为前提,行政机关通过行政许可对符合法定条件和标准的个体解禁,使其获得这种权利或资格,能够从事特定活动。

【思考13-1】行政许可与行政确认的区别是什么?

行政许可权来自法定授权,并非所有行政机关都可以设定和实施行政许可。行政许可对象是公民、法人或者其他组织,可以办理行政许可的行政机关应该是工商、税务、海关、公安、环保、旅游、住房和城乡建设等履行外部行政管理职能的行政机关。这些行政机关行政许可权的设定来自法律、法规的授权,同时这些行政机关必须在法定范围内实施,不得超越权限。

行政机关实施行政许可,不得向申请人提出购买指定商品、接受有偿服务等不正当要求。行政机关工作人员办理行政许可,不得索取或者收受申请人的财物,不得谋取其他利益。

法理根据不同标准对行政许可做了分类,如普通许可与特别许可、排他性许可和非排他性许可、行为许可与资格许可等,但仍存在不同意见,而且执法实践中这种分类也无实质性意义,所以《行政许可法》并未按照法理对行政许可进行分类,而是统称其为行政许可,普遍适用于《行政许可法》。

13.1.3　适用范围

行政许可是一种外部行政行为,是具有行政许可权的行政机关、授权组织或者受委托行政机关与行政相对人之间所形成行政法律关系,有别于内部行政行为。《行政许可法》专门用于调整行政许可的设定和实施,不适用于有关行政机关对其他机关或者对其直接管理的事业单位的人事、财务、外事等事项的审批。

【思考13-2】下级行政机关受理的公民、法人或者其他组织的行政许可申请,按照管理权限,经本级行政机关审查提出意见后,报上级行政机关审批,这种审批是否适用《行政许可法》调整?

【思考13-3】国有资产监督管理委员会对国有企业资产处置等事项的审批是否适用《行政许可法》调整?

设定和实施行政许可,应当依照法定的权限、范围、条件和程序。这是依法行政原则在《行政许可法》中的具体体现:行政许可设定权法定;行政许可权限、范围和条件法定;行政许可程序法定。除了遵守上述法定权限、范围、条件和程序之外,行政许可还需要满足要式行政行为的要求,向符合法定条件的申请人颁发加盖印章的许可证、执照、资质证、资格证、批准文件等规范性行政许可文件。

13.1.4 基本原则

设定和实施行政许可,应当遵循公开、公平、公正、非歧视的原则。有关行政许可的规定应当公布;未经公布的,不得作为实施行政许可的依据。行政许可的实施和结果,除涉及国家秘密、商业秘密或者个人隐私的外,应当公开。符合法定条件、标准的,申请人有依法取得行政许可的平等权利,行政机关不得歧视。

13.1.5 行政许可相对人的权利和义务

一、基本权利和义务

公民、法人或者其他组织对行政机关实施行政许可,享有陈述权、申辩权;有权依法申请行政复议或者提起行政诉讼;其合法权益因行政机关违法实施行政许可受到损害的,有权依法要求赔偿。

二、变更、撤回的限制

根据信赖利益保护原则,公民、法人或者其他组织依法取得的行政许可受法律保护,行政机关不得擅自改变已经生效的行政许可。行政许可所依据的法律、法规、规章修改或者废止,或者准予行政许可所依据的客观情况发生重大变化的,为了公共利益的需要,行政机关可以依法变更或者撤回已经生效的行政许可。由此给公民、法人或者其他组织造成财产损失的,行政机关应当依法给予补偿。

三、行政许可的转让

依法取得的行政许可,除法律、法规规定依照法定条件和程序可以转让的外,不得转让。

这也就是说,行政许可原则不得转让。因为行政许可的颁发对象是申请人,是被许可人经行政机关审查符合行政许可法定条件的证明。如果行政许可允许转让,那么不符合行政许可条件的受让人就有机可乘,架空行政机关行政管理权,获得行政许可,有损社会公共安全和公共秩序。例如专属于被许可人身份紧密相连的驾照许可、执业资格许可、企业资质许可等,以及指向特定物的特种设备检验许可、动物检疫许可等均不允许转让。《建筑法》明确规定,禁止建筑施工企业以任何形式允许其他单位或者个人使用本企业的资质证书、营业执照,以本企业的名义承揽工程。

不过,这也有例外。根据《行政许可法》的规定,法律、法规规定依照法定条件和程序可以转让的,行政许可是可以转让的。这类行政许可一般是那些被许可人通过市场公开、公平竞争方式取得的行政许可。例如房地产开发企业通过出让方式获得的国有土地使用权、矿山企业通过竞价方式获得的采矿权许可等是可以依法转让的。

13.2 行政许可的设定

行政许可设定权,就是规定公民、法人或者其他组织从事某些特定活动,需要事先经行政机关批准的权力。例如,《中华人民共和国食品安全法》规定,国家对食品添加剂生产实行许可制度。《行政许可法》从设定行政许可的事项和设定行政许可的法律规范两方面对设定行政许可进行了规范。

13.2.1 行政许可设定的范围

一、可以设定行政许可的事项

行政许可实际上是对公民、法人或者其他组织权利限制的解禁,目的是维护社会公共利益和公共秩序。可以设定行政许可的事项主要包括以下几类。

(1)直接涉及国家安全、公共安全、经济宏观调控、生态环境保护以及直接关系人身健康、生命财产安全等特定活动,需要按照法定条件予以批准的事项。例如,对可能造成重大环境影响的建设项目,环境影响报告书经生态环境主管部门审批通过后,项目才能开工建设;矿山企业、建筑施工企业和危险化学品、烟火爆竹、民用爆炸物品生产企业须取得安全生产许可证,才能从事生产活动;排污单位应当向其生产经营场所所在地设区的市级以上地方人民政府生态环境主管部门申请取得排污许可证;公开发行证券,必须符合法律、行政法规规定的条件,并依法报经国务院证券监督管理机构或者国务院授权的部门注册。

(2)有限自然资源开发利用、公共资源配置以及直接关系公共利益的特定行业的市场准入等,需要赋予特定权利的事项。该许可事项实际上是一种特许经营,主要是为了更有效率地利用有限资源,申请人获得许可一般要支付一定资源开发、利用对价,许可数量有数量限制。例如,国有土地使用权出让许可、海域使用权出让许可,出租车经营权许可,自来水、燃气、电力经营许可等。

实施本款所列事项的行政许可的,行政机关应当通过招标、拍卖等公平竞争的方式作出决定。但是,法律、行政法规另有规定的,依照其规定。行政机关通过招标、拍卖等方式作出行政许可决定的具体程序,依照有关法律、行政法规的规定。行政机关按照招标、拍卖程序确定中标人、买受人后,应当作出准予行政许可的决定,并依法向中标人、买受人颁发行政许可证件。行政机关违反本条规定,不采用招标、拍卖方式,或者违反招标、拍卖程序,损害申请人合法权益的,申请人可以依法申请行政复议或者提起行政诉讼。

(3)提供公众服务并且直接关系公共利益的职业、行业,需要确定具备特殊信誉、特殊条件或者特殊技能等资格、资质的事项。因为有些职业、行业直接关系公共利益,所以有必要要求从事这些职业、行业的公民、法人或者其他组织具备特殊的资格和条件。例如,从事施工承包活动的施工企业须取得相应的资质,从事建筑设计的设计人员须取得建筑师执业资格,从事医疗、预防、保健工作的医务人员须取得执业医师资格,从事特种作业的人员须取得特种作业人员资格。

赋予公民特定资格的行政许可,依法应当举行国家考试的,行政机关根据考试成绩和其他法定条件作出行政许可决定;赋予法人或者其他组织特定的资格、资质的,行政机关根据申请人的专业人员构成、技术条件、经营业绩和管理水平等的考核结果作出行政许可决定。但是,法律、行政法规另有规定的,依照其规定。

(4)直接关系公共安全、人身健康、生命财产安全的重要设备、设施、产品、物品,需要按照技术标准、技术规范,通过检验、检测、检疫等方式进行审定的事项。

实施本事项的行政许可的,应当按照技术标准、技术规范依法进行检验、检测、检疫,行政机关根据检验、检测、检疫的结果作出行政许可决定。例如,在用电梯应当进行定期检验,未经定期检验或者检验不合格的电梯,不得继续使用。

行政机关实施检验、检测、检疫应当自受理申请之日起五日内指派两名以上工作人员按照技术标准、技术规范进行检验、检测、检疫。不需要对检验、检测、检疫结果作进一步技术分析即可认定设备、设施、产品、物品是否符合技术标准、技术规范的,行政机关应当当场作出行政许可决定。

行政机关根据检验、检测、检疫结果,作出不予行政许可决定的,应当书面说明不予行政许可所依据的技术标准、技术规范。

(5)企业或者其他组织的设立等,需要确定主体资格的事项。例如,企业依照《公司法》规定在工商行政主管部门登记获得市场主体资格,这类许可不涉及竞争,没有数量限制。

实施本事项的行政许可,申请人提交的申请材料齐全、符合法定形式的,行政机关应当当场予以登记。需要对申请材料的实质内容进行核实的,行政机关应当指派两名以上工作人员进行核查。

【思考13-4】登记都是行政许可吗?

(6)法律、行政法规规定可以设定行政许可的其他事项。这是应实践需求而设置的一个灵活性的开放条款,为单行法律、行政法规、地方性法规以及省级地方政府规章留下了立法敞口。

二、不可以设定行政许可的事项

以上所列事项,通过下列方式能够予以规范的,可以不设行政许可:

(1)公民、法人或者其他组织能够自主决定的;
(2)市场竞争机制能够有效调节的;
(3)行业组织或者中介机构能够自律管理的;
(4)行政机关采用事后监督等其他行政管理方式能够解决的。

上述情形属于可以不设定行政许可的引导性条款,给我国行政许可的设定留下了一定的缓冲空间。社会经济不断发展,行政管理手段不断提高,行政许可也会因时而变、因势而变,法律、行政法规、地方性法规和省级人民政府规章可以根据实际情况在法定范围内调整行政许可事项。

13.2.2 行政许可设定的权限

一、可以设定行政许可的法律规范

(1)法律可以设定行政许可。

(2)尚未制定法律的,行政法规可以设定行政许可。必要时,国务院可以采用发布决定的方式设定行政许可。实施后,除临时性行政许可事项外,国务院应当及时提请全国人民代表大会及其常务委员会制定法律,或者自行制定行政法规。

(3)尚未制定法律、行政法规的,地方性法规可以设定行政许可。

(4)尚未制定法律、行政法规和地方性法规的,因行政管理的需要,确需立即实施行政许可的,省、自治区、直辖市人民政府规章可以设定临时性的行政许可。临时性的行政许可实施满一年需要继续实施的,应当提请本级人民代表大会及其常务委员会制定地方性法规。

(5)其他规范性文件一律不得设定行政许可。

从上述规定可以看出,除了法律、行政法规(含国务院的决定)、地方性法规和省级人民政府规章(临时性行政许可)外,部门规章、省级以下人民政府规章等其他规范性文件一律不得设定行政许可。

法律、行政法规设定的行政许可,其适用范围没有地域限制的,申请人取得的行政许可在全国范围内有效。

二、注意事项

在设定行政许可时,有权设定行政许可的法律规范还需要注意以下几个问题。

(1)地方性法规和省、自治区、直辖市人民政府规章,不得设定应当由国家统一确定的公民、法人或者其他组织的资格、资质的行政许可;不得设定企业或者其他组织的设立登记及其前置性行政许可。其设定的行政许可,不得限制其他地区的个人或者企业到本地区从事生产经营和提供服务,不得限制其他地区的商品进入本地区市场。

(2)行政法规可以在法律设定的行政许可事项范围内,对实施该行政许可作出具体规定。

(3)地方性法规可以在法律、行政法规设定的行政许可事项范围内,对实施该行政许可作出具体规定。规章可以在上位法设定的行政许可事项范围内,对实施该行政许可作出具体规定。

(4)法规、规章对实施上位法设定的行政许可作出的具体规定,不得增设行政许可;

(5)对行政许可条件作出的具体规定,不得增设违反上位法的其他条件。

13.3 行政许可的实施主体

行政许可是法律赋予行政机关的一项公权力,行政许可实施机关是依法有权办理行政许可的行政机关、授权组织或其他受委托行政机关。

13.3.1 行政机关

行政许可由具有行政许可权的行政机关在其法定职权范围实施。行政机关的行政许可权来自法律、法规的直接授权,这是行政机关实施行政许可的直接法律依据,行政机关不得滥用行政许可权,不得超越其法定职权范围内实施行政许可。但是,这并不意味着所有行政机关都有权实施行政许可。

13.3.2 授权组织

法律、法规授权的具有管理公共事务职能的组织,在法定授权范围内,以自己的名义实施行政许可。被授权的组织适用《行政许可法》有关行政机关的规定。例如,中国证监会可以根据需要授权其派出机构实施行政许可。涉及特种设备设计、制造、安装、检测等专业性较强的行政许可事项,行政机关可以授权具备公共管理职能的组织来实施。被授权的组织享有实施行政许可的行政主体资格,以自己的名义实施行政许可、参加行政复议和行政诉讼,与行政机关具有同等法律地位,独立承担相应法律责任。

13.3.3 受委托的行政机关

行政机关在其法定职权范围内,依照法律、法规、规章的规定,可以委托其他行政机关实施行政许可。委托机关应当将受委托行政机关和受委托实施行政许可的内容予以公告。委托行政机关对受委托行政机关实施行政许可的行为应当负责监督,并对该行为的后果承担法律责任。例如,在省应急管理厅可以将生产经营单位特种作业人员的考核、发证、复审行政许可事项委托市应急管理厅实施。法律、行政法规规定由国家林业草原局实施的林业行政许可事项,国家林业草原局可委托省(区、市)政府林业主管部门或符合法律规定的其他机关实施。某一行政机关也可以委托其他行政机关实施行政许可,例如《中华人民共和国烟草专卖法》(以下简称《烟草专卖法》)第十六条规定,经营烟草制品零售业务的企业或者个人,由县级人民政府工商行政管理部门根据上一级烟草专卖行政主管部门的委托,审查批准发给烟草专卖零售许可证。已经设立县级烟草专卖行政主管部门的地方,也可以由县级烟草专卖行政主管部门审查批准发给烟草专卖零售许可证。

【思考 13-5】由行政机关委托的其他行政机关是以自己的名义实施行政许可吗?

13.3.4 相对集中行政许可权

经国务院批准,省、自治区、直辖市人民政府根据精简、统一、效能的原则,可以决定一个行政机关行使有关行政机关的行政许可权。这是便民原则的基本要求,有利于提高办事效率,提供优质服务。

行政许可需要行政机关内设的多个机构办理的,该行政机关应当确定一个机构统一受理行政许可申请,统一送达行政许可决定。行政许可依法由地方人民政府两个以上部门分别实施的,本级人民政府可以确定一个部门受理行政许可申请并转告有关部门分别提出意见后统一办理,或者组织有关部门联合办理、集中办理。

实践中,"一个窗口对外""一站式审批""并联审批"等都是基于该项规定将外部程序内部化的创新制度安排。

一项行政许可事项的实施可能由一个行政机关内设的多个机构审核通过后才能完成行政许可流程,申请人需要跑完一个机构再跑另一个机构,内部行政程序外部化,寻租空间大大增加。为了解决这个问题,有些行政机关推出了"一个窗口对外",申请人只需要往指定统一受理机构跑一次、提交一次申请,便可以办理完行政许可。

"一站式审批",是指对于涉及地方政府多个部门的行政许可事项(如招商引资项目、基本建设项目、房地产开发项目等相关行政许可事项),许多地方政府专门设立了"行政服务中心",将各部门集中在一起联合办公,一站式办理相关行政许可。例如,国家税务总局《关于税务行政许可若干问题的公告》规定,税务机关应当按照"窗口受理、内部流转、限时办结、窗口出件"的要求,由办税服务厅或者在政府服务大厅设立的窗口集中受理行政许可申请、送达行政许可决定。

"并联审批"是指有些行政许可可能由地方人民政府多个部门来实施,此时地方政府可以确定其中一个部门受理并转告其他相关部门分别提出意见后统一办理。例如,根据《烟草专卖法》第十二条规定,开办烟草制品生产企业,必须经国务院烟草专卖行政主管部门批准,取得烟草专卖生产企业许可证,并经工商行政管理部门核准登记;未取得烟草专卖生产企业许可证的,工商行政管理部门不得核准登记。对于这样工商核准登记需要前置审批的情况,就可以采用"并联审批"的方法,提高行政效率:首先,工商行政管理机关受理;其次,将涉及前置烟草专卖许可审批申请转至烟草专卖行政主管机关;再次,烟草专卖行政管理机关同意的,加盖公章回转至工商行政管理机关;最后,工商行政管理机关收到后,对经审核符合登记条件的核发营业执照。

为了改变行政许可"重许可、轻监管"的弊端,有些行政机关开始推行"告知承诺制",将事前监管后移至事后监管。例如,住房和建设主管部门资质审核时实行申请人"告知承诺制",在资质证书有效期内,住房和建设主管部门进行资质动态核查,一旦被查实不再满足资质许可要求条件,限期整改,逾期未达到资质许可条件的,其资质证书将被撤回。

13.4 行政许可的实施程序

行政许可的实施,就是指行政机关按照法定的程序,批准或者不批准公民、法人或者其他组织的行政许可申请的活动以及对被许可人的监督和管理等。行政许可的实施程序打破了地区分割、部门分割,为行政许可的实施提供了一套统一程序标准,为公开、公平、公正实施行政许可提供了保障。

13.4.1 申请

公民、法人或者其他组织从事特定活动,依法需要取得行政许可的,应当向行政机关提出申请。

一、申请书

申请书需要采用格式文本的,行政机关应当向申请人提供行政许可申请书格式文本。申请书格式文本中不得包含与申请行政许可事项没有直接关系的内容。

【思考 13-6】申请人可以委托代理人提出行政许可申请吗?

二、行政机关的信息公开义务

行政机关应当将法律、法规、规章规定的有关行政许可的事项、依据、条件、数量、程序、期限以及需要提交的全部材料的目录和申请书示范文本等在办公场所公示。申请人要求行政机关对公示内容予以说明、解释的,行政机关应当说明、解释,提供准确、可靠的信息。

三、申请人的诚信义务

申请人申请行政许可,应当如实向行政机关提交有关材料和反映真实情况,并对其申请材料实质内容的真实性负责。

行政许可申请人隐瞒有关情况或者提供虚假材料申请行政许可的,行政机关不予受理或者不予行政许可,并给予警告;行政许可申请属于直接关系公共安全、人身健康、生命财产安全事项的,申请人在一年内不得再次申请该行政许可。

被许可人以欺骗、贿赂等不正当手段取得行政许可的,应当予以撤销。

被许可人以欺骗、贿赂等不正当手段取得行政许可的,行政机关应当依法给予行政处罚;取得的行政许可属于直接关系公共安全、人身健康、生命财产安全事项的,申请人在三年内不得再次申请该行政许可;构成犯罪的,依法追究刑事责任。

四、行政机关的禁止行为

为了保护公民、法人和其他组织的商业秘密和个人隐私,行政机关不得要求申请人提交与其申请的行政许可事项无关的技术资料和其他材料。行政机关及其工作人员不得以转让技术作为取得行政许可的条件;不得在实施行政许可的过程中,直接或者间接地要求转让技术。

五、申请方式

行政许可申请可以通过信函、电报、电传、传真、电子数据交换和电子邮件等方式提出。这也是便民原则的具体体现。

13.4.2 受理

行政机关对申请人提出的行政许可申请,应当根据下列情况分别作出处理:

(1)申请事项依法不需要取得行政许可的,应当即时告知申请人不受理;

(2)申请事项依法不属于本行政机关职权范围的,应当即时作出不予受理的决定,并告知申请人向有关行政机关申请;

(3)申请材料存在可以当场更正的错误的,应当允许申请人当场更正;

(4)申请材料不齐全或者不符合法定形式的,应当当场或者在五日内一次告知申请人需要补正的全部内容,逾期不告知的,自收到申请材料之日起即为受理;

(5)申请事项属于本行政机关职权范围,申请材料齐全、符合法定形式,或者申请人按照本行政机关的要求提交全部补正申请材料的,应当受理行政许可申请。

行政机关受理或者不予受理行政许可申请,应当出具加盖本行政机关专用印章和注明日期的书面凭证(当场可以作出行政许可决定的,无须出具受理凭证)。从该注明日期之日起,行政机关应在法定期限内审查并及时作出行政许可决定。

【思考13-7】对于情形(4),行政机关及其工作人员未一次告知补正内容的,是否需要承担相应法律责任?

13.4.3 审查

行政机关应当对申请人提交的申请材料进行审查。审查分为形式审查和实质审查。

一、形式审查

形式审查,是指受理行政许可申请的行政机关仅对申请材料是否具备形式要件进行审查,申请材料的准确性由申请人负责,并承担相应的法律责任。例如,工商行政管理机关在手里公司登记申请时,仅对申请人提交的申请材料进行形式审查。

申请人提交的申请材料齐全、符合法定形式,行政机关能够当场作出决定的,应当当场作出书面的行政许可决定。

二、实质审查

实质审查,是指在确认申请材料齐全、符合法定形式的基础上,受理行政许可申请的行政机关还需要对申请材料的实质性内容的真实性和合法性进行审查。行政机关进行实质审查可以采用书面审查和实地核查两种方式。

根据法定条件和程序,需要对申请材料的实质内容进行核实的,行政机关应当指派两名以上工作人员进行核查。例如,公安机关受理行政许可申请后,除依法可以当场作出许可决定外,应当指定工作人员负责对申请材料进行审查。审查人员审查后应当提出明确的书面审查意见并签名。需要进行实地核查的,行政机关应提前通知申请人。行政机关工作人员在进行实地核查时,应当向当事人或其他有关人员出示执法身份证件。是否需要进行实质审查取决于法定条件和程序的规定。例如,水行政主管部门在受理污水排入排水管网许可申请后,需要进行实地核查。税务机关审查税务行政许可申请,应以书面审查为原则;根据法定条件和程序,需要对申请材料的实质内容进行实地核实的,应当指派两名以上税务人员进行核查。

三、特别规定

依法应当先经下级行政机关审查后报上级行政机关决定的行政许可,下级行政机关应当在法定期限内将初步审查意见和全部申请材料直接报送上级行政机关。上级行政机关不得要求申请人重复提供申请材料。

【思考 13-8】对于依法应当先经下级行政机关审查后报上级行政机关决定的行政许可，当事人不服提起行政诉讼的，哪一方是适格被告呢？

行政机关对行政许可申请进行审查时，发现行政许可事项直接关系他人重大利益的，应当告知该利害关系人。申请人、利害关系人有权进行陈述和申辩。行政机关应当听取申请人、利害关系人的意见。该项规定从程序上保证了申请人、利害关系人对行政许可事项的知情权、陈述权和申辩权。例如，在居民区开设餐馆、浴场等有可能对周围居民带来噪声、大气、水体等污染，生态环境行政机关在审查环境影响评价报告书或环境影报告表，作出审批意见前，应告知可能对周围居民带来的不利环境影响，以及其享有陈述和申辩的权利，行政机关须充分听取他们的意见，依法审慎作出行政许可决定，以程序公正促进实体公正。

13.4.4 决定

一、时限

行政机关对行政许可申请进行审查后，除当场作出行政许可决定的外，应当在法定期限内按照规定程序作出行政许可决定。

除可以当场作出行政许可决定的外，行政机关应当自受理行政许可申请之日起二十日内作出行政许可决定。二十日内不能作出决定的，经本行政机关负责人批准，可以延长十日，并应当将延长期限的理由告知申请人。但是，法律、法规另有规定的，依照其规定。

行政许可采取统一办理或者联合办理、集中办理的，办理的时间不得超过四十五日；四十五日内不能办结的，经本级人民政府负责人批准，可以延长十五日，并应当将延长期限的理由告知申请人。

依法应当先经下级行政机关审查后报上级行政机关决定的行政许可，下级行政机关应当自其受理行政许可申请之日起二十日内审查完毕。但是，法律、法规另有规定的，依照其规定。

【思考 13-9】行政机关依法需要检验、鉴定、听证的，检测、鉴定、听证所需时间是否计算在上述期限内？

二、书面决定及形式

（一）书面决定

行政许可是一种要式行政行为。申请人的申请符合法定条件、标准的，行政机关应当依法作出准予行政许可的书面决定。行政机关依法作出不予行政许可的书面决定的，应当说明理由，并告知申请人享有依法申请行政复议或者提起行政诉讼的权利。

依法行政要求行政机关要依法作出准予行政许可的书面决定，同时也要求行政机关作出不予行政许可的书面决定时，说明不予行政许可的事实依据、法律依据，以及自由裁量权适用情况。这种"以法说案"的说明，体现了行政许可行为的中立和严谨，通过程序实现行政机关及其工作人员的自我监督，并且为行政相对人决定是否就该行政行为申请行政复议或者提起行政诉讼提供明确依据。

【思考 13-10】是不是申请人所有符合法定条件、标准的申请都可以获得行政许可？

（二）形式

行政机关作出准予行政许可的决定，需要颁发行政许可证件的，应当向申请人颁发加盖本行政机关印章的下列行政许可证件。

(1)许可证、执照或者其他许可证书。例如卫生许可证、安全生产许可证、营业执照、驾驶执照等。

(2)资格证、资质证或者其他合格证书。例如,建造师执业资格证书、新闻记者证、工程设计与施工资质证书、安全生产考核合格证书等。

(3)行政机关的批准文件或者证明文件。例如,国有建设用地划拨决定书;生产新药或者已有国家标准的药品的,须经国务院药品监督管理部门批准,并在批准文件上规定该药品的专有编号,此编号称为药品批准文号。药品生产企业在取得药品批准文号后,方可生产该药品。

(4)法律、法规规定的其他行政许可证件。例如光伏、风电建设项目适用林地、草地的,须取得适用林地审核同意书、适用草地审核同意书;发展和改革委员会同意政府投资项目立项申请的批复等。

(三)送达

行政机关作出准予行政许可的决定,应当自作出决定之日起十日内向申请人颁发、送达行政许可证件,或者加贴标签、加盖检验、检测、检疫印章。

(四)公开制度

《中华人民共和国政府信息公开条例》(以下称《政府信息公开条例》)规定,行政机关公开政府信息,采取主动公开和依申请公开的方式。对涉及公众利益调整、需要公众广泛知晓或者需要公众参与决策的政府信息,行政机关应当主动公开。除行政机关主动公开的政府信息外,公民、法人或者其他组织可以向地方各级人民政府、对外以自己名义履行行政管理职能的县级以上人民政府部门(含派出机构、内设机构)申请获取相关政府信息。

行政机关作出的准予行政许可决定,应当予以公开,公众有权查阅。

行政许可决定公开是施行行政监督的重要制度安排,是保障行政许可相对人、利害关系人和公众知情权的重要环节,有助于保护公民、法人或者其他组织的合法权益,促进社会公正秩序的建立。住房和城乡建设行政主管机关、生态环境行政主管机关、工商行政管理机关等行政机关根据《信息公开条例》制定了相应的查阅办法。

但是,并非所有行政许可决定都应当公开。《信息公开条例》规定了三类政府信息不予公开的情形。

(1)依法确定为国家秘密的政府信息,法律、行政法规禁止公开的政府信息,以及公开后可能危及国家安全、公共安全、经济安全、社会稳定的政府信息,不予公开。

(2)涉及商业秘密、个人隐私等公开会对第三方合法权益造成损害的政府信息,行政机关不得公开。但是,第三方同意公开或者行政机关认为不公开会对公共利益造成重大影响的,予以公开。

(3)行政机关的内部事务信息,包括人事管理、后勤管理、内部工作流程等方面的信息,可以不予公开。

行政机关在履行行政管理职能过程中形成的讨论记录、过程稿、磋商信函、请示报告等过程性信息以及行政执法案卷信息,可以不予公开。法律、法规、规章规定上述信息应当公开的,从其规定。

【思考 13-11】对于有数量限制的行政许可,两个或者两个以上申请人的申请均符合法定条件、标准,行政机关应当如何作出准予行政许可决定?

13.4.5 听证

行政听证,是指行政机关在作出涉及公民、法人或者其他组织重大利益或者公共利益的行政决定前,听取公民、法人或者其他组织陈述、申辩、质证的活动。例如,建设行政主管部门撤回施工企业资质时,应告知施工企业享有陈述、申辩或者申请听证的权利。

一、涉及公共利益的事项

法律、法规、规章规定实施行政许可应当听证的事项,或者行政机关认为需要听证的其他涉及公共利益的重大行政许可事项,行政机关应当向社会公告,并举行听证。例如,高速铁路、城市快速路、垃圾处理厂等城市基础设施和公用设施建设可能对周围环境造成重大影响,行政机关应在作出行政许可决定前对外公告,组织社会各界进行听证,平衡公共利益与申请人利益,以减轻对利益相关人的不利影响。

二、涉及他人重大利益的事项

行政许可直接涉及申请人与他人之间重大利益关系的,行政机关在作出行政许可决定前,应当告知申请人、利害关系人享有要求听证的权利;申请人、利害关系人在被告知听证权利之日起五日内提出听证申请的,行政机关应当在二十日内组织听证。申请人、利害关系人不承担行政机关组织听证的费用。例如,某房地产开发商通过出让方式获得某多层住宅区南向相邻地块,该开发商规划开发建设三栋33层高层住宅,五栋28层高层住宅,其中三栋33层高层住宅紧邻该住宅区。按照当地日照条件,冬至日采光时间不足3小时,严重影响了该住宅区居民的生活质量。在核发《建设工程规划许可证》之前,建设行政主管部门应当告知该小区居民享有申请听证的权利。

三、听证程序

(1)行政机关应当于举行听证的七日前将举行听证的时间、地点通知申请人、利害关系人,必要时予以公告;

(2)听证应当公开举行;

(3)行政机关应当指定审查该行政许可申请的工作人员以外的人员为听证主持人,申请人、利害关系人认为主持人与该行政许可事项有直接利害关系的,有权申请回避;

(4)举行听证时,审查该行政许可申请的工作人员应当提供审查意见的证据、理由,申请人、利害关系人可以提出证据,并进行申辩和质证;

(5)听证应当制作笔录,听证笔录应当交听证参加人确认无误后签字或者盖章。行政机关应当根据听证笔录,作出行政许可决定。

13.4.6 变更与延续

被许可人要求变更行政许可事项的,应当向作出行政许可决定的行政机关提出申请;符合法定条件、标准的,行政机关应当依法办理变更手续。

被许可人需要延续依法取得的行政许可的有效期的,应当在该行政许可有效期届满三十日前向作出行政许可决定的行政机关提出申请。但是,法律、法规、规章另有规定的,依照其规定。行政机关应当根据被许可人的申请,在该行政许可有效期届满前作出是否准予延续的决定;逾期未作决定的,视为准予延续。

13.5 行政许可的费用

行政机关应当对公民、法人或者其他组织从事行政许可事项的活动实施有效监督。行政机关实施行政许可和对行政许可事项进行监督检查,不得收取任何费用。但是,法律、行政法规另有规定的,依照其规定。

行政机关提供行政许可申请书格式文本,不得收费。

行政机关实施行政许可所需经费应当列入本行政机关的预算,由本级财政予以保障,按照批准的预算予以核拨。

行政机关实施行政许可,依照法律、行政法规收取费用的,应当按照公布的法定项目和标准收费;所收取的费用必须全部上缴国库,任何机关或者个人不得以任何形式截留、挪用、私分或者变相私分。财政部门不得以任何形式向行政机关返还或者变相返还实施行政许可所收取的费用。

13.6 行政许可的撤销与注销

13.6.1 撤销

有下列情形之一的,作出行政许可决定的行政机关或者其上级行政机关,根据利害关系人的请求或者依据职权,可以撤销行政许可:
(1)行政机关工作人员滥用职权、玩忽职守作出准予行政许可决定的;
(2)超越法定职权作出准予行政许可决定的;
(3)违反法定程序作出准予行政许可决定的;
(4)对不具备申请资格或者不符合法定条件的申请人准予行政许可的;
(5)依法可以撤销行政许可的其他情形。

被许可人以欺骗、贿赂等不正当手段取得行政许可的,应当予以撤销。依照前两款的规定撤销行政许可,可能对公共利益造成重大损害的,不予撤销。依照本条第一款的规定撤销行政许可,被许可人的合法权益受到损害的,行政机关应当依法给予赔偿。依照本条第二款的规定撤销行政许可的,被许可人基于行政许可取得的利益不受保护。

13.6.2 注销

有下列情形之一的,行政机关应当依法办理有关行政许可的注销手续:
(1)行政许可有效期届满未延续的;
(2)赋予公民特定资格的行政许可,该公民死亡或者丧失行为能力的;
(3)法人或者其他组织依法终止的;
(4)行政许可依法被撤销、撤回,或者行政许可证件依法被吊销的;
(5)因不可抗力导致行政许可事项无法实施的;
(6)法律、法规规定的应当注销行政许可的其他情形。

13.7 监督检查

13.7.1 上级对下级的监督检查

上级行政机关应当加强对下级行政机关实施行政许可的监督检查,及时纠正行政许可实施中的违法行为。

13.7.2 行政机关对被许可人的监督检查

一、一般规定

行政机关应当建立健全监督制度,通过核查反映被许可人从事行政许可事项活动情况的有关材料,履行监督责任。

行政机关依法对被许可人从事行政许可事项的活动进行监督检查时,应当将监督检查的情况和处理结果予以记录,由监督检查人员签字后归档。公众有权查阅行政机关监督检查记录。

行政机关应当创造条件,实现与被许可人、其他有关行政机关的计算机档案系统互联,核查被许可人从事行政许可事项活动情况。

二、实地检查

行政机关可以对被许可人生产经营的产品依法进行抽样检查、检验、检测,对其生产经营场所依法进行实地检查。检查时,行政机关可以依法查阅或者要求被许可人报送有关材料;被许可人应当如实提供有关情况和材料。

行政机关实施监督检查,不得妨碍被许可人正常的生产经营活动,不得索取或者收受被许可人的财物,不得谋取其他利益。

三、定期检查

行政机关根据法律、行政法规的规定,对直接关系公共安全、人身健康、生命财产安全的重要设备、设施进行定期检验。对检验合格的,行政机关应当发放相应的证明文件。

【思考 13-12】北京市甲建筑公司,将本企业资质证书外借给天津市乙建筑公司,用于承揽天津市某地下管道非开挖修复工程项目。对于该违法行为,应当由北京市建设行政主管部门还是由天津市建设行政主管部门查处?

四、特许经营许可的监督管理

取得直接关系公共利益的特定行业的市场准入行政许可的被许可人,应当按照国家规定的服务标准、资费标准和行政机关依法规定的条件,向用户提供安全、方便、稳定和价格合理的服务,并履行普遍服务的义务;未经作出行政许可决定的行政机关批准,不得擅自停业、歇业。

被许可人不履行前款规定的义务的,行政机关应当责令限期改正,或者依法采取有效措施督促其履行义务。

五、对重要设备、设施的监督管理

对直接关系公共安全、人身健康、生命财产安全的重要设备、设施,行政机关应当督促设计、建造、安装和使用单位建立相应的自检制度。

行政机关在监督检查时,发现直接关系公共安全、人身健康、生命财产安全的重要设备、设施存在安全隐患的,应当责令停止建造、安装和使用,并责令设计、建造、安装和使用单位立即改正。

【案例回顾】

无效。根据《行政许可法》所规定的许可法定原则,法律、行政法规、地方性法规可以设定行政许可,地方政府规章可以设定临时性的行政许可,临时性许可期限届满需要继续实施的,应当通过地方人大制定地方性法规,其他规范性文件一律不得设定行政许可。市、县级行政主管部门制定的规范性文件,依法不得增设行政许可,对行政许可作出的具体规定,不得增设违反上位法的其他条件。

在法律、行政法规、地方性法规对既有住宅增设电梯尚未设定行政许可的条件下,启东市五家行政单位共同制定的《指导意见》明确要求增设电梯需要办理建设工程规划许可证和施工许可证,这一点毋庸置疑。但是,办理上述两项许可,法律、法规已经规定了明确的许可条件。作为许可机关启东市审批局应当按照《城乡规划法》《江苏省城乡规划条例》所规定的许可条件办理《建设工程规划许可证》,按照《建筑法》所规定的许可条件办理《建设工程施工许可证》。在法律、法规所规定的许可条件中,并没有要求申请人提交无违章建筑的证明。《指导意见》将"无违章建筑"证明列入许可条件,显然属于在法定许可条件之外增设新的许可条件,增加了申请人的法外义务。

【讨论题】

(1)结婚登记是不是一项行政许可?

(2)建设用地规划许可、建设工程规划许可、建设工程施工许可、商品房(销售)预售许可分别属于13.2.1"可以设定行政许可的事项"中的哪类许可事项?

(3)城市家庭养犬是否属于行政许可事项?针对频频发生的犬伤人纠纷,你有什么好的建议?

(4)目前,我国对出租车行业设立的行政许可事项有哪些?我国出租车经营是否符合可以不设立行政许可的条件?

【思考题参考答案】

【参考答案13-1】行政许可是以实现对社会经济管理为目标的授益性行政行为,不包括对民事权利、民事关系的确认。因此,房屋产权登记、车船登记、婚姻登记、户籍登记、抵押登记等均不是行政许可。

行政确认是行政机关依职权或者当事人申请,根据法律、法规或者授权,对当事人法律关系、法律地位或者法律事实等进行甄别,给予确定、认可、证明并予以宣告的具体行政行为,其形式主要表现为确定、认可、证明、登记、批准、鉴证、行政鉴定等。

它主要有以下几种形式。①确定,即对个人、组织的法律地位与权利义务的确定。如在颁发土地使用证、宅基地使用证、房屋产权证书中确定财产所有权,在颁发专利证书、商标专用证书中确认专利权、商标权等。②认可,又称认证,是行政主体对个人、组织已有法律地位和权利义务以及确认事项是否符合法律要求的承认和肯定。如产品质量是否合格的认证等。③证明,即行政主体向其他人明确肯定被证明对象的法律地位、权利义务或某种情况,如各种学历、学位证明,宅基地使用证明,居民身份、货物原产地证明等。④登记,即行政主体应申请人申请,在政府有关登记簿册中记载相对方的某种情况或事实,并依法予以正式确认的行为。如房屋产权登记、户口登记、社团登记、婚姻登记等。⑤行政鉴定,即行政主体对特定的法律事实或客体的性质、状态、质量等进行的客观评价。如纳税鉴定、审计鉴定、会计鉴定等。⑥其他。

【参考答案13-2】是否适用《行政许可法》调整取决于审批事项是否属于法律规范所设定的行政许可事项,而不仅仅局限于上级对下级的审批行为。在下级行政机关已经受理行政许可申请后,行政机关依法启动行政许可审查和决定程序,这种审批行为本身是审查和决定程序中的内部环节,适用《行政许可法》调整。

【参考答案13-3】国有资产监督管理委员会是国务院直属特设机构,根据《中华人民共和国公司法》履行国家出资人职责。其本身不是行政机关,因此国有资产监督管理委员会对国有企业资产处置等事项的审批不满足行政法律关系构成要件,不适用《行政许可法》调整。

【参考答案 13-4】对于登记是否属于行政许可,立法过程中有不同意见,有的认为,登记只是一种确认行为,不属于许可;有的认为,当事人不登记,从事相关活动属于违法,因此也是行政许可。总的来看,我国的登记种类比较多,有些登记属于事后确认性质,不属于许可,如房屋登记、抵押登记等。但有一些登记,实际是为了取得行为能力、活动资格,因此这种登记属于行政许可。

【参考答案 13-5】受委托实施的行政许可,受委托机关以被委托人的名义(受委托机关颁发的行政许可文书或证书应加盖委托人印章),在委托范围内实施受委托的行政许可事项,而且受委托机关不得再委托其他组织或者个人实施行政许可。

【参考答案 13-6】申请人可以委托代理人提出行政许可申请。但是,依法应当由申请人到行政机关办公场所提出行政许可申请的除外。

【参考答案 13-7】对未一次告知补正内容的行政机关及其工作人员,上级行政机关或者监察机关应予责令改正,情节严重的,对直接负责的主管人员和其他直接责任人员给予行政处分。

【参考答案 13-8】《最高人民法院关于审理行政许可案件若干问题的规定》(法释〔2009〕20 号)第四条规定,当事人不服行政许可决定提起诉讼的,以作出行政许可决定的机关为被告;行政许可依法须经上级行政机关批准,当事人对批准或者不批准行为不服一并提起诉讼的,以上级行政机关为共同被告;行政许可依法须经下级行政机关或者管理公共事务的组织初步审查并上报,当事人对不予初步审查或者不予上报不服提起诉讼的,以下级行政机关或者管理公共事务的组织为被告。

【参考答案 13-9】行政机关作出行政许可决定,依法需要听证、招标、拍卖、检验、检测、检疫、鉴定和专家评审的,所需时间不计算在上述规定的期限内。行政机关应当将所需时间书面告知申请人。

【参考答案 13-10】不一定。对于无数量限制的行政许可事项,只要申请人的申请符合法定条件、标准,行政机关应当依法作出准予行政许可的书面决定。对于有数量限制的行政许可事项,行政机关一般按照公平竞争择优原则准予有限一个或多个申请人行政许可;在这种情况下,即使其他申请人的申请符合法定条件、标准,行政机关依然不会准予行政许可。

【参考答案 13-11】有数量限制的行政许可,两个或者两个以上申请人的申请均符合法定条件、标准的,行政机关应当根据受理行政许可申请的先后顺序作出准予行政许可的决定。但是,法律、行政法规另有规定的,依照其规定。例如,法律或者行政法规规定应当采取招投标或拍卖的方式择优颁发许可的,则行政机关不可以按照受理行政许可申请的先后顺序作出准许行政许可的决定。

【参考答案 13-12】根据属地管辖原则,应当由天津市建设行政主管部门查处。被许可人在作出行政许可决定的行政机关管辖区域外违法从事行政许可事项活动的,违法行为发生地的行政机关应当依法将被许可人的违法事实、处理结果抄告作出行政许可决定的行政机关。

14　行政处罚法律制度

【案例导入】

某小区居民张某居住在顶楼,常年受雨天屋顶漏水困扰,虽经物业公司多次维修,效果依然不甚理想。2021年8月,张某听从朋友建议,请来了施工队伍,花费42万元在屋顶建了240平方米的阳光房,而且假山、水景、绿植一应俱全,俨然一个空中庭院。2022年1月10日,城市管理综合行政执法局接到举报,称某小区张某顶楼有违章建筑。城市管理综合行政执法局随即派两名执法人员展开了现场调查。执法人员经调查发现,张某顶楼阳光房未取得建设工程规划许可证,擅自在顶楼加建阳光房,违反了《城乡规划法》第四十条的规定,属于违章建筑。执法人员依据《城乡规划法》第六十四条的规定,当场向张某发出了行政处罚决定书,限期十五日内拆除违章建筑,并处罚款21000元。张某解释道:"加盖阳光房的主要目的是防止屋顶漏雨。"执法人员回应道:"违法事实清楚,不用解释。"

问题:案例中《行政处罚决定书》是否有效?

14.1 概述

《中华人民共和国行政处罚法》(以下简称《行政处罚法》)是调整行政处罚行为的基本法。1996年3月,第八届全国人民代表大会第四次会议通过《行政处罚法》;2009年8月,第十一届全国人民代表大会常务委员会第十次会议进行了第一次修正;2017年9月,第十二届全国人民代表大会常务委员会第二十九次会议进行了第二次修正;2021年1月,第十三届全国人民代表大会常务委员会第二十五次会议对其进行了修订,2021年7月15日开始施行。

为了更好执行《行政处罚法》,公安部、交通运输部、国家市场监督管理总局、海关总署等国务院有关部门分别出台了《公安机关办理行政案件程序规定》《交通运输行政执法程序规定》《市场监督管理行政处罚程序规定》《海关办理行政处罚案件程序规定》等相关部门规章;各省、自治区、直辖市人民政府纷纷出台了《江苏省行政处罚听证程序规定》《广东省行政处罚听证程序实施办法》等地方政府规章。

14.1.1 概念、特征与目的

一、行政处罚

行政处罚是指行政机关依法对违反行政管理秩序的公民、法人或者其他组织,以减损权益或者增加义务的方式予以惩戒的行为。

二、特征

行政处罚有以下几个方面的特征:

(1)法定性。这包含两个层面的含义:首先,依法设定行政处罚;其次,依法实施行政处罚。法律、法规、规章没有设定行政处罚的,执法机关不得适用《行政处罚法》对公民、法人或者其他组织实施行政处罚。行政机关及执法人员在实施行政处罚时,应当按照《行政处罚法》规定的程序进行。

(2)惩戒性。惩戒体现为新的不利处分,即公民、法人或者其他组织权益的减损或者是义务的增加,是公民、法人或者其他组织违反法定义务而承担的不利后果。该后果可能是声誉罚、财产罚、行为罚,也可能是人身自由罚。

三、目的

行政处罚法是规范行政处罚行为的一部重要法律。行政处罚法旨在规范行政处罚的设定和实施,严格规范公正执法,保障和监督行政机关有效实施行政管理,优化法制化营商环境,维护公共利益和社会秩序,保护公民、法人或者其他组织的合法权益。

14.1.2 适用范围

行政机关在设定和实施行政处罚时,应当遵守和依据《行政处罚法》。

公民、法人或者其他组织违反行政管理秩序的行为,应当给予行政处罚的,依照《行政处罚法》由法律、法规或者规章规定,并由行政机关依照《行政处罚法》规定的程序实施。

没有法定依据或者不遵守法定程序的,行政处罚无效。

14.1.3 行政处罚应遵循的原则

行政处罚应遵循的原则具有普遍适用性和价值引导性。在具体处罚规则缺省的情形中,这些原则将成为法律推理和行政裁量的依据。

一、公正、公开原则

行政处罚遵循公正、公开的原则。公正体现为行政处罚的设定和实施必须以事实为基础,以法律为准绳,裁量有基准;不得私设行政处罚,不得随意处罚。公开体现为行政处罚的法定依据要公开,行政处罚的事实、理由、依据要公开,依法需要听证的,除法律另有规定,应当公开进行;行政处罚决定中涉及的行政处罚的实施机关、立案依据、实施程序和救济渠道等信息应当公示。

二、过罚相当原则

过罚相当是指设定和实施行政处罚的种类和量罚幅度要与违法行政相对人的过错程度相均衡。

设定和实施行政处罚必须以事实为依据,与违法行为的事实、性质、情节以及社会危害程度相当。

三、处罚法定原则

对违法行为给予行政处罚的规定必须公布;未经公布的,不得作为行政处罚的依据。

四、处罚与教育相结合原则

实施行政处罚,纠正违法行为,应当坚持处罚与教育相结合,教育公民、法人或者其他组织自觉守法。行政处罚不是最终目的,最终目的是预防和纠正违反行政管理秩序的行为,行政机关及执法人员不得为了处罚而处罚,更不得公权私用。

14.1.4 当事人的权利

一、陈述、申辩权

公民、法人或者其他组织对行政机关所给予的行政处罚,享有陈述权、申辩权;对行政处罚不服的,有权依法申请行政复议或者提起行政诉讼。

二、请求赔偿权

公民、法人或者其他组织因行政机关违法给予行政处罚受到损害的,有权依法提出赔偿要求。

【思考 14-1】公民、法人或者其他组织因违法受到行政处罚,该处罚能够替代民事责任或刑事责任吗?

14.2 行政处罚的种类和设定

14.2.1 行政处罚的种类

《行政处罚法》采用列举的方式，规定了以下几种行政处罚类型：
(1)警告、通报批评；
(2)罚款、没收违法所得、没收非法财物；
(3)暂扣许可证件、降低资质等级、吊销许可证件；
(4)限制开展生产经营活动、责令停产停业、责令关闭、限制从业；
(5)行政拘留；
(6)法律、行政法规规定的其他行政处罚。

相比较而言，新修订的《行政处罚法》对行政处罚的种类作出了更详细的界定，这不仅进一步规范了行政机关的执法行为，而且也为行政相对人寻求权利救济提供了依据。

14.2.2 设定权限

根据《国务院关于进一步贯彻实施〈中华人民共和国行政处罚法〉的通知》(国发〔2021〕26号)(以下简称《通知》)，为了提高社会治理法治化水平，对违反行政管理秩序的公民、法人或者其他组织，以减损权益或者增加义务的方式实施惩戒的，要依法设定行政处罚，不得以其他行政管理措施的名义变相设定，规避行政处罚设定的要求。

一、法律

法律可以设定各种行政处罚。限制人身自由的行政处罚，只能由法律设定。

二、行政法规

行政法规可以设定除限制人身自由以外的行政处罚。法律对违法行为已经作出行政处罚规定，行政法规需要作出具体规定的，必须在法律规定的给予行政处罚的行为、种类和幅度的范围内规定。

法律对违法行为未作出行政处罚规定，行政法规为实施法律，可以补充设定行政处罚。拟补充设定行政处罚的，应当通过听证会、论证会等形式广泛听取意见，并向制定机关作出书面说明。行政法规报送备案时，应当说明补充设定行政处罚的情况。

三、地方性法规

地方性法规可以设定除限制人身自由、吊销营业执照以外的行政处罚。

法律、行政法规对违法行为已经作出行政处罚规定，地方性法规需要作出具体规定的，必须在法律、行政法规规定的给予行政处罚的行为、种类和幅度的范围内规定。

法律、行政法规对违法行为未作出行政处罚规定，地方性法规为实施法律、行政法规，可以补充设定行政处罚。拟补充设定行政处罚的，应当通过听证会、论证会等形式广泛听取意见，并向制定机关作出书面说明。地方性法规报送备案时，应当说明补充设定行政处罚的情况。

四、部门规章

国务院部门规章可以在法律、行政法规规定的给予行政处罚的行为、种类和幅度的范围内作出具体规定。

尚未制定法律、行政法规的,国务院部门规章对违反行政管理秩序的行为,可以设定警告、通报批评或者一定数额罚款的行政处罚。罚款的限额由国务院规定,部门规章应当考虑违法行为的事实、性质、情节以及社会危害程度,按照过罚相当原则,在国务院规定的限额范围内设定一定数额的罚款。

尚未制定法律、行政法规,因行政管理迫切需要依法先以部门规章设定罚款的,设定的罚款数额最高不得超过十万元,且不得超过法律、行政法规对相似违法行为的罚款数额,涉及公民生命健康安全、金融安全且有危害后果的,设定的罚款数额最高不得超过二十万元;超过上述限额的,要报国务院批准。

五、地方政府规章

地方政府规章可以在法律、法规规定的给予行政处罚的行为、种类和幅度的范围内作出具体规定。

尚未制定法律、法规的,地方政府规章对违反行政管理秩序的行为,可以设定警告、通报批评或者一定数额罚款的行政处罚。罚款的限额由省、自治区、直辖市人民代表大会常务委员会规定。

除法律、法规、规章外,其他规范性文件不得设定行政处罚。国务院明确提出要求,要加强行政规范性文件合法性审核,行政规范性文件不得设定行政处罚;违法规定行政处罚的,相关规定一律无效,不得作为行政处罚依据。

《通知》要求,对上位法设定的行政处罚作出具体规定的,不得通过增减违反行政管理秩序的行为和行政处罚种类、在法定幅度之外调整罚款上下限等方式层层加码或者"立法放水"。

14.2.3 定期评估

国务院部门和省、自治区、直辖市人民政府及其有关部门应当定期组织评估行政处罚的实施情况和必要性,对不适当的行政处罚事项及种类、罚款数额等,应当提出修改或者废止的建议。

《通知》进一步要求,国务院部门和省、自治区、直辖市人民政府及其有关部门要认真落实行政处罚定期评估制度,结合立法计划规划每五年分类、分批组织一次评估。对评估发现有不符合上位法规定、不适应经济社会发展需要、明显过罚不当、缺乏针对性和实用性等情形的行政处罚规定,要及时按照立法权限和程序自行或者建议有权机关予以修改、废止。

14.3 行政处罚的实施机关

14.3.1 行政机关

一、依法定职权行使

根据法律、法规、规章规定,具有行政执法权的行政机关可以在法定职权范围内依法行使行政处罚权。行政处罚权是行政机关法定职权,一般只能由行政机关行使,不得随意转让。

二、综合行政执法和相对集中行政处罚权

《行政处罚法》还规定了综合行政执法和相对集中行政处罚权制度,由一个行政机关统一实施相关领域的行政处罚。

国家在城市管理、市场监管、生态环境、文化市场、交通运输、应急管理、农业等领域推行建立综合行政执法制度,相对集中行政处罚权。

国务院或者经国务院授权的省、自治区、直辖市人民政府可以决定一个行政机关行使有关行政机关的行政处罚权。

综合行政执法和相对集中行政处罚是近些年来行政执法体制改革的趋势,省、自治区、直辖市人民政府应当组织编制并公开本地区综合行政执法事项清单,建立健全综合行政执法机关与业务主管部门、其他行政机关行政执法信息互联互通共享、协作配合机制。实施相对集中行政处罚权应当做好制度设计,确保业务部门有序衔接,防止出现监管真空。

三、特别规定

限制人身自由的行政处罚权只能由公安机关和法律规定的其他机关行使。例如,《中华人民共和国国家情报法》第二十九条规定,泄露与国家情报工作有关的国家秘密的,由国家情报工作机构建议相关单位给予处分或者由国家安全机关、公安机关处警告或者十五日以下拘留;构成犯罪的,依法追究刑事责任。此处,国家安全机关也可以依法实施限制人身自由的行政处罚。

14.3.2 授权组织

法律、法规授权的具有管理公共事务职能的组织可以在法定授权范围内实施行政处罚。被授权组织本身不是独立的行政主体,但被授权后获得独立的行政主体资格,可以自己的名义实施行政处罚、参与行政复议或者行政诉讼,并对其行为后果承担责任。被授权组织不是行政机关,是行政机关之外的具有管理公共事务职能的组织。

基层派出所、工商所、税务所等这些行政机关派出机构,均是依据法律、法规的授权享有相应的行政处罚权。例如,《中华人民共和国治安管理处罚法》第九十一条规定,治安管理处罚由县级以上人民政府公安机关决定;其中警告、五百元以下的罚款可以由公安派出所决定。

14.3.3 受委托组织

行政机关依照法律、法规或者规章的规定,可以在其法定权限内书面委托符合规定条件的组织实施行政处罚。

一、受委托组织必须符合的条件

(1)依法成立并具有管理公共事务职能;
(2)有熟悉有关法律、法规、规章和业务并取得行政执法资格的工作人员;
(3)需要进行技术检查或者技术鉴定的,应当有条件组织进行相应的技术检查或者技术鉴定。

行政机关不得委托其他组织或者个人实施行政处罚。受委托组织可以是行政机关的下级行政机关,也可以是无隶属关系的行政机关或者事业单位。

二、书面委托书内容

委托行政机关和受委托组织之间的委托不是来自法律、法规、规章的授权,而是通过行政委托书而成立。委托书应当载明委托的具体事项、权限、期限等内容。委托行政机关和受委托组织应当将委托书向社会公布。

委托行政机关要向本级人民政府或者实行垂直管理的上级行政机关备案委托书,司法行政等部门要加强指导、监督。

三、行为权能

受委托组织在委托范围内,以委托行政机关名义实施行政处罚;不得再委托其他组织或者个人实施行政处罚。委托行政机关对受委托组织实施行政处罚的行为应当负责监督,并对该行为的后果承担责任。例如,区应急管理局可以将有关行政处罚执法事项书面委托给乡镇人民政府、街道办事处,以区应急管理局的名义实施行政处罚,区应急管理局对受委托的乡镇人民政府、街道办事处委托范围内的行政处罚行为后果承担责任。

【思考14-2】实施行政处罚的授权组织与受委托组织有什么异同?

14.3.4 乡镇街道

为了整合基层审批服务执法力量,推进行政执法权限和力量向基层延伸和下沉,上级行政机关可以适当赋权乡镇人民政府、街道办事处,以解决"管得着的看不见,看得见的管不着"难题。

《行政处罚法》规定,省、自治区、直辖市根据当地实际情况,可以决定将基层管理迫切需要的县级人民政府部门的行政处罚权交由能够有效承接的乡镇人民政府、街道办事处行使,并定期组织评估。决定应当公布。

承接行政处罚权的乡镇人民政府、街道办事处应当加强执法能力建设,按照规定范围、依照法定程序实施行政处罚。

有关地方人民政府及其部门应当加强组织协调、业务指导、执法监督,建立健全行政处罚协调配合机制,完善评议、考核制度。

14.4 行政处罚的管辖和适用

14.4.1 行政处罚的管辖

一、地域管辖

行政处罚由违法行为发生地的行政机关管辖。法律、行政法规、部门规章另有规定的,从其规定。

二、职能管辖

行政处罚由县级以上地方人民政府具有行政处罚权的行政机关管辖。法律、行政法规另有规定的,从其规定。

【思考14-3】请举例说明地域管辖规定中"法律、行政法规、部门规章另有规定的,从其规定"?

三、管辖争议

两个以上行政机关都有管辖权的,由最先立案的行政机关管辖。

对管辖发生争议的,应当协商解决,协商不成的,报请共同的上一级行政机关指定管辖,也可以直接由共同的上一级行政机关指定管辖。

行政机关因实施行政处罚的需要,可以向有关机关提出协助请求。协助事项属于被请求机关职权范围内的,应当依法予以协助。

四、行政与司法的衔接

违法行为涉嫌犯罪的,行政机关应当及时将案件移送司法机关,依法追究刑事责任。对依法不需要追究刑事责任或者免予刑事处罚,但应当给予行政处罚的,司法机关应当及时将案件移送有关行政机关。

行政处罚实施机关与司法机关之间应当加强协调配合,建立健全案件移送制度,加强证据材料移交、接收衔接,完善案件处理信息通报机制。

14.4.2 行政处罚的适用

一、责令改正

行政机关实施行政处罚时,应当责令当事人改正或者限期改正违法行为。

值得注意的是,责令当事人改正或者限期改正违法行为是不是行政处罚?责令当事人或者限期改正违法行为、责令退还、限期拆除等统称为责令改正,是指行政机关要求当事人停止或纠正违法行为,恢复正常行政管理秩序的具体行政行为。从学理上看,虽然许多法律责任条款将责令改正与罚款、没收违法所得等同时适用,但是责令当事人改正或者限期改正违法行为是行政命令,不是行政处罚。当行政机关发现当事人存在违法行为,且取得初步违法证据,作出责令改正的命令,终止违法状态,意在避免或减轻其违法行为的不利后果,恢复至违法行为前的状态。之所以责令改正不是行政处罚,是因为其不满足行政处罚的一个显著特征,即惩戒性。仅仅责令改正起不到惩戒目的,行政处罚则在当事人终止违法行为的同时,对其增加新的义务。对于仍处于持续状态的违法行为而言,行政机关仅给予行政处罚,可能无法阻止危害的继续发生,不符合立法目的;仅作出责令改正的行政命令,而无配套惩戒措施,违法成本较低,不足以阻止行政相对人再次违法动机。

二、没收违法所得

当事人有违法所得,除依法应当退赔的外,应当予以没收。违法所得是指实施违法行为所取得的款项。法律、行政法规、部门规章对违法所得的计算另有规定的,从其规定。

虽然《行政处罚法》定义了违法所得,但是违法所得的范围和内容仍有待进一步认定和细化。首先,需要明确的是,行政机关应当在当事人从违法所得中依法退赔第三人之后,再没收其所得余额。其次,仅从字面意义上来看,违法所得仅仅是指"款项",即货币所得,不包括非货币性收益,类似以货易货的所得被排除在外,所以"非法财物"也构成违法所得的一部分。再次,从条款本义来看,违法所得款项应该是因违法行为产生的全部收入、价差还是利润?这仍是有待明确的问题。

三、罚款

根据一事不再罚原则,对当事人的同一个违法行为,不得给予两次以上罚款的行政处罚。同一个违法行为违反多个法律规范应当给予罚款处罚的,按照罚款数额高的规定处罚。

当事人的同一违法行为违反多个法律规范(或者多个法条)应当给予罚款处罚的,涉及法条竞合问题。如果依据上述法律规范,同一个行政机关对该违法行为均享有管辖权,那么根据《行政处罚法》上述规定,该行政机关应当根据不同法律规范(或者法条)分别对该违法行为作出裁量,然后适用重罚吸收轻罚的原则,从一重处罚,即按照罚款数额高的规定处罚。如果依据上述法律规范(或法条),若干个行政机关对该违法行为分别享有管辖权,即当事人的同一个违法行为同时违反了不同的法律规范,那么应当由有管辖权的行政机关分别对违法行为进行审查作出相应罚款裁量,然后按照罚款数额高的规定处罚。

行政机关在适用从一重处罚原则进行罚款的行政处罚时,应当满足以下几个条件:第一,行政相对人须是同一公民、法人或者其他组织;第二,同一行为同时违反了同一法律规范中多个法条或者多个不同法律规范,应分别经多次处罚程序受到多次处罚;第三,行政处罚仅限于罚款处罚。

【思考 14-4】当事人的同一违法行为违反多个法律规范应当给予罚款处罚,但是根据不同法律规范,该违法行为应当由多个行政机关分别给予罚款处罚,即多个行政机关对该违法行为均享有管辖权,其中一个行政机关不享有其他行政机关对该违法行为的管辖权,此时在适用从一重处罚的执法实践中,具体应当如何进行操作完成该项罚款处罚?

【思考 14-5】对于连续违法行为,是否适用一事不再罚?

四、从轻或者减轻、不予行政处罚的情形

综合考虑行政相对人行为能力、主观恶意、违法次数、危害后果等因素,《行政处罚法》规定了可以从轻、减轻或不予行政处罚的情形。

（一）从轻、减轻行政处罚的情形

当事人有下列情形之一的,应当从轻或者减轻行政处罚:

(1) 主动消除或者减轻违法行为危害后果的;

(2) 受他人胁迫或者诱骗实施违法行为的;

(3) 主动供述行政机关尚未掌握的违法行为的;

(4) 配合行政机关查处违法行为有立功表现的;

(5) 法律、法规、规章规定其他应当从轻或者减轻行政处罚的。

除此之外,已满十四周岁不满十八周岁的人有违法行为的,应当从轻或者减轻行政处罚;尚未完全丧失辨认或者控制自己行为能力的精神病人、智力残疾人有违法行为的,可以从轻或者减轻行政处罚。

（二）不予行政处罚的情形

(1) 不满十四周岁的人有违法行为的,不予行政处罚,责令监护人加以管教;

(2) 精神病人在不能辨认或者不能控制自己行为时有违法行为的,不予行政处罚,但应当责令其监护人严加看管和治疗;

(3) 违法行为轻微并及时改正,没有造成危害后果的,不予行政处罚;

(4) 初次违法且危害后果轻微并及时改正的,可以不予行政处罚;

如何定义违法行为轻微以及危害后果轻微,行政法规、地方性法规或者行政规章可以进一步细化。例如,《浙江省统计领域轻微违法行为不予行政处罚实施办法》明确了轻微违法行为不予行政处罚清单和轻微违法行为不予行政处罚标准。

(5) 当事人有证据足以证明没有主观过错的,不予行政处罚。法律、行政法规另有规定的,从其规定。

本条规定采用了过错推定方式,将举证责任转移给法定义务的违反者,更符合当事人陈述权、申辩权行使逻辑,比行政机关举证更容易,也更有效率。例如,《食品安全法》第一百三十六条规定,食品经营者履行了本法规定的进货查验等义务,有充分证据证明其不知道所采购的食品不符合食品安全标准,并能如实说明其进货来源的,可以免予处罚。

【思考 14-6】间歇性精神病人在精神正常时有违法行为的,是否可以不予行政处罚?

《行政处罚法》进一步明确,对当事人的违法行为依法不予行政处罚的,行政机关应当对当事人进行教育。

至于"违法行为轻微""危害后果轻微"等不予行政处罚的标准,行政机关可以依法制定行政处罚裁

量基准,规范行使行政处罚裁量权。行政处罚裁量基准应当向社会公布。例如,《公安部关于实施公安行政处罚裁量基准制度的指导意见》《北京市人力资源社会保障行政处罚裁量基准表》《浙江省行政处罚裁量基准办法》《福建省交通运输行政处罚裁量权基准制度》等。行政处罚裁量基准制度建立在过罚相当原则基础上,通过明示从轻、减轻、不予行政处罚清单,明确裁量定量标准,对推动行政处罚裁量权实施的规范化意义重大。

五、行政处罚与刑罚的相抵

违法行为构成犯罪,人民法院判处拘役或者有期徒刑时,行政机关已经给予当事人行政拘留的,应当依法折抵相应刑期。

违法行为构成犯罪,人民法院判处罚金时,行政机关已经给予当事人罚款的,应当折抵相应罚金;行政机关尚未给予当事人罚款的,不再给予罚款。

14.4.3 行政处罚时效

一、时效的种类

违法行为在两年内未被发现的,不再给予行政处罚;涉及公民生命健康安全、金融安全且有危害后果的,上述期限延长至五年。法律另有规定的除外。

《行政处罚法》有关行政处罚时效制度的规定,一方面为了督促行政执法机关依法及时履行行政处罚职责,防止不作为、乱作为,另一方面是为了保持社会秩序稳定,节省行政执法成本。除了两年的基本行政处罚时效规定以外,《行政处罚法》将涉及公民生命健康安全、金融安全且有危害后果的行为列为重大行政违法行为,考虑到其危害性,将行政处罚时效延长至五年。单行法对行政处罚时效有特别规定的,从其规定。

【思考14-7】当事人实施了涉及公民生命健康安全、金融安全的违法行为,但是没有危害后果,行政处罚时效应当是多少年?

二、时效的起算

行政处罚时效的期限,从违法行为发生之日起计算;违法行为有连续或者继续状态的,从行为终了之日起计算。

【思考14-8】2022年6月27日,某区环境保护局对某肉食加工厂进行检查时发现,该厂生产车间配套建设的环境保护设施尚未竣工,生产车间即于2018年1月投入生产。2022年6月29日,区环境保护局依法定程序对该厂作出了"行政处罚决定书",责令停产停业。该厂不服行政处罚决定,遂于2022年7月8日向市环境保护局申请行政复议,认为其违法行为已经超过两年行政处罚时效,区环境保护局行政处罚行为违法,请求撤销"行政处罚决定书"并赔偿因此造成的损失。假设你是该案行政复议审查人员,你认为该厂的主张是否成立?

14.4.4 法律规范修改、废止时的适用规则

实施行政处罚,适用违法行为发生时的法律、法规、规章的规定。但是,作出行政处罚决定时,法律、法规、规章已被修改或者废止,且新的规定处罚较轻或者不认为是违法的,适用新的规定。

该条款适用了从旧兼从轻的规则,体现了对行政相对人权益的保障。

14.4.5 无效的行政处罚

行政处罚没有依据或者实施主体不具有行政主体资格的,行政处罚无效。

违反法定程序构成重大且明显违法的,行政处罚无效。

14.5 行政处罚的决定

为了兼顾公平和效率,行政机关执法人员可以根据公民、法人或者其他组织违法事实是否清楚、有无法定依据以及处罚轻重,确定适用简易程序还是普通程序作出行政处罚决定。

14.5.1 一般规定

一、查明事实

(一)事实不清不处罚

公民、法人或者其他组织违反行政管理秩序的行为,依法应当给予行政处罚的,行政机关必须查明事实;违法事实不清的,不得给予行政处罚。

(二)电子监控审核

行政机关依照法律、行政法规规定利用电子技术监控设备收集、固定违法事实的,应当经过法制和技术审核,确保电子技术监控设备符合标准、设置合理、标志明显,设置地点应当向社会公布。

电子技术监控设备记录违法事实应当真实、清晰、完整、准确。行政机关应当审核记录内容是否符合要求;未经审核或者经审核不符合要求的,不得作为行政处罚的证据。

行政机关应当及时告知当事人违法事实,并采取信息化手段或者其他措施,为当事人查询、陈述和申辩提供便利。不得限制或者变相限制当事人享有的陈述权、申辩权。

为了规范电子技术监控设备的设置和使用,国务院在《通知》第八条中明确指出,严禁违法要求当事人承担或者分摊设置电子技术监控设备的费用,严禁交由市场主体设置电子技术监控设备并由市场主体直接或者间接收取罚款。除有证据证明当事人存在破坏或者恶意干扰电子技术监控设备、伪造或者篡改数据等过错的,不得因设备不正常运行给予其行政处罚。要定期对利用电子技术监控设备取证的行政处罚决定进行数据分析;对同一区域内的高频违法行为,要综合分析研判原因,推动源头治理,需要改进行政管理行为的,及时采取相应措施,杜绝以罚代管。要严格限制电子技术监控设备收集信息的使用范围,不得泄露或者向他人非法提供。

二、规范执法制度

行政处罚应当由具有行政执法资格的执法人员实施。执法人员不得少于两人,法律另有规定的除外。

执法人员应当文明执法,尊重和保护当事人合法权益。

三、回避制度

执法人员与案件有直接利害关系或者有其他关系可能影响公正执法的,应当回避。

当事人认为执法人员与案件有直接利害关系或者有其他关系可能影响公正执法的,有权申请回避。

当事人提出回避申请的,行政机关应当依法审查,由行政机关负责人决定。决定作出之前,不停止调查。

四、告知义务与当事人权利

（一）告知义务

行政机关在作出行政处罚决定之前，应当告知当事人拟作出的行政处罚内容及事实、理由、依据，并告知当事人依法享有的陈述、申辩、要求听证等权利。

（二）当事人的权利

当事人有权进行陈述和申辩。行政机关必须充分听取当事人的意见，对当事人提出的事实、理由和证据，应当进行复核；当事人提出的事实、理由或者证据成立的，行政机关应当采纳。

行政机关不得因当事人陈述、申辩而给予更重的处罚。但是，在当事人陈述、申辩时，行政机关发现新的违法事实的，可以给予更重的处罚。

五、证据

(1)书证；

(2)物证；

(3)视听资料；

(4)电子数据；

(5)证人证言；

(6)当事人的陈述；

(7)鉴定意见；

(8)勘验笔录、现场笔录。

证据必须经查证属实，方可作为认定案件事实的根据。以非法手段取得的证据，不得作为认定案件事实的根据。

六、行政执法全过程记录制度

行政机关应当依法以文字、音像等形式，对行政处罚的启动、调查取证、审核、决定、送达、执行等进行全过程记录，归档保存。

七、行政执法公示制度

行政处罚的实施机关、立案依据、实施程序和救济渠道等信息应当公示。

具有一定社会影响的行政处罚决定应当依法公开。

公开的行政处罚决定被依法变更、撤销、确认违法或者确认无效的，行政机关应当在三日内撤回行政处罚决定信息并公开说明理由。

八、突发事件从速从重处罚

发生重大传染病疫情等突发事件，为了控制、减轻和消除突发事件引起的社会危害，行政机关对违反突发事件应对措施的行为，依法快速、从重处罚。

九、保密

行政机关及其工作人员对实施行政处罚过程中知悉的国家秘密、商业秘密或者个人隐私，应当依法予以保密。

14.5.2 简易程序

一、适用范围

为了及时、快速办理行政处罚案件，公民、法人或者其他组织违法行为事实确凿且有法定依据、处罚较轻的,执法人员可以适用简易程序,当场作出行政处罚决定。对于处罚较轻的标准,《行政处罚法》规定,违法事实确凿并有法定依据,对公民处以二百元以下、对法人或者其他组织处以三千元以下罚款或者警告的行政处罚的,可以当场作出行政处罚决定。法律另有规定的,从其规定。

二、决定与备案

执法人员当场作出行政处罚决定的,应当向当事人出示执法身份证件,填写预定格式、编有号码的行政处罚决定书,并当场交付当事人。当事人拒绝签收的,应当在行政处罚决定书上注明。

行政处罚决定书应当载明当事人的违法行为、行政处罚的种类和依据、罚款数额、时间、地点,申请行政复议、提起行政诉讼的途径和期限以及行政机关名称,并由执法人员签名或者盖章。

执法人员当场作出的行政处罚决定,必须报所属行政机关备案。

14.5.3 普通程序

一、立案调查

除可以当场作出的行政处罚外,行政机关发现公民、法人或者其他组织有依法应当给予行政处罚的行为的,必须全面、客观、公正地调查,收集有关证据;必要时,依照法律、法规的规定,可以进行检查。

符合立案标准的,行政机关应当及时立案。

执法人员在调查或者进行检查时,应当主动向当事人或者有关人员出示证件。当事人或有关人员有权要求执法人员出示执法证件。执法人员不出示执法证件的,当事人或者有关人员有权拒绝接受调查或者检查。

当事人或者有关人员应当如实回答询问,并协助调查或者检查,不得拒绝或者阻挠。询问或者检查应当制作笔录。

行政机关在搜集证据时,可以采取抽样取证的方法;在证据可能灭失或者以后难以取得的情况下,经行政机关负责人批准,可以先行登记保存,并应当在七日内及时作出处理决定,在此期间,当事人或者有关人员不得销毁或者转移证据。

二、审查与决定

(一)普通执法案件

调查终结,行政机关负责人应当对调查结果进行审查,根据不同情况,分别作出如下决定:
(1)确有应受行政处罚的违法行为的,根据情节轻重及具体情况,作出行政处罚决定;
(2)违法行为轻微,依法可以不予行政处罚的,不予行政处罚;
(3)违法事实不能成立的,不予行政处罚;
(4)违法行为涉嫌犯罪的,移送司法机关。

对情节复杂或者重大违法行为给予行政处罚,行政机关负责人应当集体讨论决定。

(二)重大执法案件

对于重大执法案件,行政机关在作出行政处罚决定前,应当前置法制审核制度。

有下列情形之一,在行政机关负责人作出决定之前,应当由从事行政处罚决定法制审核的人员进行法制审核;未经法制审核或者审核未通过的,不得作出决定:
(1)涉及重大公共利益的;
(2)直接关系当事人或者第三人重大权益,经过听证程序的;
(3)案件情况疑难复杂、涉及多个法律关系的;

(4)法律、法规规定应当进行法制审核的其他情形。

行政机关中初次从事行政处罚决定审核的人员,应当通过国家统一法律职业资格考试取得法律职业资格。

(三)陈述、申辩

行政机关及其执法人员在作出行政处罚决定之前,未依照《行政处罚法》规定向当事人告知拟作出行政处罚内容及事实、理由、依据,或者拒绝听取当事人的陈述、申辩,不得作出行政处罚决定;当事人明确放弃陈述或者申辩权利的除外。

(四)行政处罚决定书

行政机关依照上述规定给予行政处罚,应当制作行政处罚决定书。行政处罚决定书应当载明下列事项:

(1)当事人的姓名或者名称、地址;
(2)违反法律、法规、规章的事实和证据;
(3)行政处罚的种类和依据;
(4)行政处罚的履行方式和期限;
(5)申请行政复议、提起行政诉讼的途径和期限;
(6)作出行政处罚决定的行政机关名称和作出决定的日期。

行政处罚决定书必须盖有作出行政处罚决定的行政机关的印章。

行政机关应当自行政处罚案件立案之日起九十日内作出行政处罚决定。法律、法规、规章另有规定的,从其规定。

(五)宣告与送达

行政处罚决定书应当在宣告后当场交付当事人;当事人不在场的,行政机关应当在七日内依照《民事诉讼法》的有关规定,将行政处罚决定书送达当事人。

当事人同意并签订确认书的,行政机关可以采用传真、电子邮件等方式,将行政处罚决定书等送达当事人。

14.5.4 听证程序

一、有权申请听证的处罚事项

行政机关拟作出下列行政处罚决定,应当告知当事人有要求听证的权利,当事人要求听证的,行政机关应当组织听证:

(1)较大数额罚款;
(2)没收较大数额违法所得、没收较大价值非法财物;
(3)降低资质等级、吊销许可证件;
(4)责令停产停业、责令关闭、限制从业;
(5)其他较重的行政处罚;
(6)法律、法规、规章规定的其他情形。

当事人不承担行政机关组织听证的费用。

二、听证程序

听证应当依照以下程序组织：
(1)当事人要求听证的，应当在行政机关告知后五日内提出；
(2)行政机关应当在听证的七日前，通知当事人及有关人员听证的时间、地点；
(3)除涉及国家秘密、商业秘密或者个人隐私依法予以保密外，听证公开举行；
(4)听证由行政机关指定的非本案调查人员主持；当事人认为主持人与本案有直接利害关系的，有权申请回避；
(5)当事人可以亲自参加听证，也可以委托一至两人代理；
(6)当事人及其代理人无正当理由拒不出席听证或者未经许可中途退出听证的，视为放弃听证权利，行政机关终止听证；
(7)举行听证时，调查人员提出当事人违法的事实、证据和行政处罚建议，当事人进行申辩和质证；
(8)听证应当制作笔录。笔录应当交当事人或者其代理人核对无误后签字或者盖章。当事人或者其代理人拒绝签字或者盖章的，由听证主持人在笔录中注明。

听证结束后，行政机关应当根据听证笔录，依照普通执法案件的规定，作出决定。

14.6 行政处罚的执行

行政处罚决定依法作出后，当事人应当在行政处罚决定载明的期限内，予以履行。

一、罚款

（一）罚缴分离

作出罚款决定的行政机关应当与收缴罚款的机构分离。

除依照《行政处罚法》的规定当场收缴的罚款外，作出行政处罚决定的行政机关及其执法人员不得自行收缴罚款。

当事人应当自收到行政处罚决定书之日起十五日内，到指定的银行或者通过电子支付系统缴纳罚款。银行应当收受罚款，并将罚款直接上缴国库。

行政机关违反规定自行收缴罚款的，由上级行政机关或者有关机关责令改正，对直接负责的主管人员和其他直接责任人员依法给予处分。

（二）当场收缴

依照简易程序规定当场作出行政处罚决定，有下列情形之一，执法人员可以当场收缴罚款：
(1)依法给予一百元以下罚款的；
(2)不当场收缴事后难以执行的。

在偏远、水上、交通不便地区，行政机关及其执法人员依照普通程序规定作出罚款（对公民处以二百元以下、对法人或者其他组织处以三千元以下罚款）决定后，当事人到指定的银行或者通过电子支付系统缴纳罚款确有困难，经当事人提出，行政机关及其执法人员可以当场收缴罚款。

行政机关及其执法人员当场收缴罚款的，必须向当事人出具国务院财政部门或者省、自治区、直辖市人民政府财政部门统一制发的专用票据；不出具财政部门统一制发的专用票据的，当事人有权拒绝缴纳罚款。

执法人员当场收缴的罚款,应当自收缴罚款之日起两日内,交至行政机关;在水上当场收缴的罚款,应当自抵岸之日起两日内交至行政机关;行政机关应当在两日内将罚款缴付指定的银行。

14.6.3 行政强制执行

为了与《中华人民共和国行政强制法》(以下简称《行政强制法》)相衔接,《行政处罚法》完善了行政处罚的强制执行程序;当事人逾期不履行行政处罚决定的,作出行政处罚决定的行政机关可以根据《行政强制法》规定实施行政强制执行,可以采取下列措施:

(1)到期不缴纳罚款的,每日按罚款数额的百分之三加处罚款,加处罚款的数额不得超过罚款的数额;
(2)根据法律规定,将查封、扣押的财物拍卖、依法处理或者将冻结的存款、汇款划拨抵缴罚款;
(3)根据法律规定,采取其他强制执行方式;
(4)依照《行政强制法》的规定申请人民法院强制执行。

当事人确有经济困难,需要延期或者分期缴纳罚款的,经当事人申请和行政机关批准,可以暂缓或者分期缴纳。行政机关批准延期、分期缴纳罚款的,申请人民法院强制执行的期限,自暂缓或者分期缴纳罚款期限结束之日起计算。

【思考 14-9】经行政机关批准延期、分期缴纳罚款的,行政机关依然要按日加处罚款吗?

14.6.4 复议、诉讼不中止执行

当事人对行政处罚决定不服,申请行政复议或者提起行政诉讼的,行政处罚不停止执行,法律另有规定的除外。

当事人对限制人身自由的行政处罚决定不服,申请行政复议或者提起行政诉讼的,可以向作出决定的机关提出暂缓执行申请。符合法律规定情形的,应当暂缓执行。

当事人申请行政复议或者提起行政诉讼的,加处罚款的数额在行政复议或者行政诉讼期间不予计算。

14.6.5 没收非法财物的处理

除依法应当予以销毁的物品外,依法没收的非法财物必须按照国家规定公开拍卖或者按照国家有关规定处理。

罚款、没收违法所得或者没收非法财物拍卖的款项,必须全部上缴国库,任何行政机关或者个人不得以任何形式截留、私分或者变相私分。

罚款、没收的违法所得或者没收非法财物拍卖的款项,不得同作出行政处罚决定的行政机关及其工作人员的考核、考评直接或者变相挂钩。除依法应当退还、退赔的外,财政部门不得以任何形式向作出行政处罚决定的行政机关返还罚款、没收的违法所得或者返还没收非法财物的款项。

财政部门违反规定向行政机关返还罚款、没收的违法所得或者拍卖款项的,由上级行政机关或者有关机关责令改正,对直接负责的主管人员和其他直接责任人员依法给予处分。

国务院在《通知》中要求,坚决杜绝主力执法,严禁下达罚没指标。财政部门要加强对罚缴分离、收支两条线等制度实施情况的监督,会同司法行政等部门按规定开展专项监督检查。要持续规范行政处

罚行为,推进事中事后监管法治化、制度化、规范化,坚决避免运动式执法等执法乱象。

14.7 行政处罚的监督

行政机关应当建立健全对行政处罚的监督制度。县级以上人民政府应当定期组织开展行政执法评议、考核,加强对行政处罚的监督检查,规范和保障行政处罚的实施。

行政机关实施行政处罚应当接受社会监督。公民、法人或者其他组织对行政机关实施行政处罚的行为,有权申诉或者检举;行政机关应当认真审查,发现有错误的,应当主动改正。

14.8 法律责任

(1)行政机关实施行政处罚,有下列情形之一,由上级行政机关或者有关机关责令改正,对直接负责的主管人员和其他直接责任人员依法给予处分:
①没有法定的行政处罚依据的;
②擅自改变行政处罚种类、幅度的;
③违反法定的行政处罚程序的;
④违反《行政处罚法》关于委托处罚的规定的;
⑤执法人员未取得执法证件的。
行政机关对符合立案标准的案件不及时立案的,依照前款规定予以处理。

(2)行政机关对当事人进行处罚不使用罚款、没收财物单据或者使用非法定部门制发的罚款、没收财物单据的,当事人有权拒绝,并有权予以检举,由上级行政机关或者有关机关对使用的非法单据予以收缴销毁,对直接负责的主管人员和其他直接责任人员依法给予处分。

(3)行政机关截留、私分或者变相私分罚款、没收的违法所得或者财物的,由财政部门或者有关机关予以追缴,对直接负责的主管人员和其他直接责任人员依法给予处分;情节严重构成犯罪的,依法追究刑事责任。

执法人员利用职务上的便利,索取或者收受他人财物、将收缴罚款据为己有,构成犯罪的,依法追究刑事责任;情节轻微不构成犯罪的,依法给予处分。

(4)行政机关使用或者损毁查封、扣押的财物,对当事人造成损失的,应当依法予以赔偿,对直接负责的主管人员和其他直接责任人员依法给予处分。

(5)行政机关违法实施检查措施或者执行措施,给公民人身或者财产造成损害、给法人或者其他组织造成损失的,应当依法予以赔偿,对直接负责的主管人员和其他直接责任人员依法给予处分;情节严重构成犯罪的,依法追究刑事责任。

(6)行政机关对应当依法移交司法机关追究刑事责任的案件不移交,以行政处罚代替刑事处罚,由上级行政机关或者有关机关责令改正,对直接负责的主管人员和其他直接责任人员依法给予处分;情节严重构成犯罪的,依法追究刑事责任。

(7)行政机关对应当予以制止和处罚的违法行为不予制止、处罚,致使公民、法人或者其他组织的合法权益、公共利益和社会秩序遭受损害的,对直接负责的主管人员和其他直接责任人员依法给予处分;

情节严重构成犯罪的,依法追究刑事责任。

【案例回顾】

《行政处罚决定书》无效。本案例中,执法人员执法行为违反法定程序,根据《行政处罚法》第三十八条规定,违反法定程序构成重大且明显违法的,行政处罚无效。首先,本案罚款超过了法定限额,执法人员不能适用简易程序当场作出行政处罚决定;其次,执法人员应当按照一般程序进行调查取证,告知处罚的事实、理由、依据和有关权利,听取当事人陈述、申辩或者举行听证,作出处罚决定。再次,本案涉案金额较大,对被处罚人权利造成重大影响,行政机关负责人应当集体讨论作出行政处罚决定。

【讨论题】

(1)没收违法所得与罚款能否并用?

(2)"违法行为未被发现"有没有客观认定标准?行政机关已经发现当事人的违法行为,但是佯装不知,拖延至时效过期,不予处罚,应当如何防范?

【思考题参考答案】

【参考答案 14-1】 不能。公民、法人或者其他组织因违法受到行政处罚,其违法行为对他人造成损害的,应当依法承担民事责任。违法行为构成犯罪,应当依法追究刑事责任,不得以行政处罚代替刑事处罚。例如,《建筑法》第七十条规定,违反本法规定,涉及建筑主体或者承重结构变动的装修工程擅自施工的,责令改正,处以罚款;造成损失的,承担赔偿责任;构成犯罪的,依法追究刑事责任。

【参考答案 14-2】 授权和委托实施行政处罚都是享有行政处罚权的行政机关将其行政处罚权转移的方式。其不同点主要有三点。

第一,法律依据不同。授权组织实施行政处罚来自法律、法规的授权;受委托组织实施行政处罚的依据是法律、法规和规章。

第二,法律关系不同。行政处罚权的授权是法定的,被授权组织无选择权;委托行政处罚权是委托机关和受托组织通过行政合同约定的,委托机关须征得受委托组织同意。

第三,法律地位不同。被授权组织以自己的名义实施行政处罚,并承担法律责任;受委托行政机关以委托行政机关的名义实施行政许可,由委托行政机关对其进行监督并承担法律责任。

【参考答案 14-3】《市场监督管理行政处罚程序规定》第十条规定,网络交易平台经营者和通过自建网站、其他网络服务销售商品或者提供服务的网络交易经营者的违法行为由其住所地县级以上市场监督管理部门管辖。

平台内经营者的违法行为由其实际经营地县级以上市场监督管理部门管辖。网络交易平台经营者住所地县级以上市场监督管理部门先行发现违法线索或者收到投诉、举报的,也可以进行管辖。

【参考答案 14-4】 其中一个行政机关不享有其他行政机关对该违法行为的管辖权,该行政机关不能单方适用从一重处罚原则。根据《行政处罚法》有关行政处罚实施主体和管辖的有关规定,可以从以下三个途径来解决此问题:第一,相关行政机关对该违法行为进行联合执法、综合执法;第二,通过相对集中行政处罚权实施;第三,行政机关可以向其他有关行政机关提出协助请求,如有些地方通过设立线上或线下行政执法指挥平台在各行政机关之间进行协调。

【参考答案 14-5】 连续违法行为是指行政相对人重复实施了数个独立且相同的行为,触犯了同一法条或多个法条的违法行为。连续违法行为中每个行为都符合行政违法行为构成要件,行政机关在实施行政处罚时要分情况处理:第一,如果行政机关是首次发现行政相对人的违法行为,那么行政机关应当适用一事不再罚的原则,仅以一个违法行为进行处罚,不再重复处罚;第二,如果在首次处罚后,行政机关又发现行政相对人重复实施了同一个违法行为,那么行政机关不能再适用一事不再罚的原则,而应当对其再次处罚。

【参考答案14-6】间歇性精神病人在精神正常时有违法行为的,应当给予行政处罚。

【参考答案14-7】两年。行政处罚时效延长至五年的规定须具备两个条件:一是当事人实施了涉及公民生命健康安全或者金融安全的违法行为;二是该行为导致实际危害后果的发生。上述情形中,当事人仅仅实施了上述违法行为,但并没有危害后果发生,所以行政处罚时效不适用五年的规定,而应当按照两年的行政处罚时效处理。

【参考答案14-8】不成立。根据《环境保护法》《环境影响评价法》等相关法律规定,配套建设的环境保护设施要与主体工程同时设计、同时施工、同时投入使用,该企业在配套建设的环境保护设施尚未完工,主体工程便投入使用,违法事实清楚。但是,自2018年1月至2022年6月,该加工厂违法行为一直处于连续状态,此时行政处罚时效应当从行为终了之日起计算,而不是从2018年1月开始起计算。

【参考答案14-9】经行政机关批准延期、分期缴纳罚款的,延期期间不加处罚款,分期期间也不加处罚款。

15　行政强制法律制度

【案例导入】

张某在某市开了一个店铺,从事水果零售。2022年3月5日晚上7点,张某驾驶面包车给客户送货,途中遇到执勤交警现场执法检查。现场两名执法人员经现场查证发现,张某驾驶面包车为客运面包车,张某无货运面包车必需的道路运输证,也无驾驶员货运从业资格证。执法人员当场制作并交付了扣押决定书和扣押清单,扣押了面包车、行驶证以及车内水果等物品,并告知张某次日到交警大队办公室接受处理。3月6日下午,张某到达交警大队办公室。执法人员依据《道路运输从业人员管理规定》(交通运输部2019年第18号令)第四十五条的规定,并依法定程序对张某作出了罚款2000元的行政处罚决定。但是,张某坚持认为自己客车为自用,不是为他人载货营运之用,拒不接受处罚,欲向人民法院提起诉讼。在此期间,交警大队未解除扣押,车上水果因未及时处理而全部腐烂。

问题:(1)执法人员制作扣押决定书,扣押面包车、行驶证等物品前是否须向行政机关负责人批准?

(2)执法人员扣押行为有何不当之处?

(3)因水果腐烂造成的损失,张某能否要求交警大队赔偿?

在《中华人民共和国行政强制法》(以下简称《行政强制法》)实施之前,乱设行政强制、滥用行政强制的现象比较突出。为了规范行政强制的设定和实施,保障和监督行政机关依法履行职责,维护公共利益和社会秩序,保护公民、法人和其他组织的合法权益,第十一届全国人民代表大会常务委员会于2011年6月通过了《行政强制法》,并于2012年1月1日开始施行。《行政强制法》是行政权力扩张与公民权利让渡平衡的结果,是授权并控制行政强制权的立法,是在保护公民、法人或者其他组织合法权益与维护公共利益和社会秩序的均衡。

15.1 概述

1.5.1 行政强制

一、概念

行政强制,是指行政机关对违反行政法律规范的行政相对人的人身权、财产权或者其他权利予以限制或处分的行为,以及行政机关或者行政机关申请人民法院对逾期不履行生效的行政决定的行政相对人强制履行义务的行为。行政强制是国家强制权在行政管理活动的中的应用,以国家强制力为后盾实现社会管理目标。

二、分类

行政强制由两部分构成,即行政强制措施和行政强制执行。

(一)行政强制措施

行政强制措施,是指行政机关在行政管理过程中,为制止违法行为、防止证据损毁、避免危害发生、控制危险扩大等情形,依法对公民的人身自由实施暂时性限制,或者对公民、法人或者其他组织的财物实施暂时性控制的行为。

从定义可以看出,行政强制措施具有以下三个方面的特征。

第一,行政机关采取行政强制措施的目的是制止正在发生的危害社会的行为,预防将会发生的危害社会的行为。

第二,行政强制措施包括人身自由的限制,也包括对财物的控制。

第三,行政强制措施均为暂时性限制或者暂时性控制,行政机关须在法定期限内对相对人依法作出相应的行政处理决定。

(二)行政强制执行

行政强制执行,是指行政机关或者行政机关申请人民法院,对不履行行政决定的公民、法人或者其他组织,依法强制履行义务的行为。

行政强制执行具有以下几个特征。

第一,行政强制执行的前提是行政处理决定已经生效,行政相对人在法定期限内拒不履行行政处理决定。

第二,行政机关须履行催告义务,行政相对人在催告后合理期限内仍未履行法定义务的,才能启动行政强制执行程序。

第三,行政强制执行的目的在于强制行政相对人履行法定义务,行政强制执行的范围应当以其法定行政义务为限,不得超出其行政义务范围。例如,行政机关不得对居民生活采取停止供水、供电、供热、供燃气等方式迫使当事人履行相关行政决定。

第四,行政强制执行的主体可以是法律特别授予强制执行权的行政机关,也可以由行政机关申请人民法院强制执行。

【思考15-1】行政强制措施与行政强制执行的最大区别是什么?

三、基本原则

(一)法定原则

行政强制以国家强制权为基础,是法律、法规特别授权行政机关行使的绝对行政权力,是在法律保障下的权威政府实现对社会进行行政管理,维护社会秩序和保障公民、法人或者其他组织合法权益的有效手段。相对于行政许可、行政处罚而言,行政强制权的设定比较严格。行政强制的设定和实施,应当依照法定的权限、范围、条件和程序,以防止行政机关滥用强制权,损害公民权。

(二)比例原则

比例原则是指行政强制在满足行政管理目标的同时,还要将对行政相对人的不利影响控制在适当范围内。行政强制应当兼顾个人利益与公共利益,选择对行政相对人损害最小的方式,行政强制措施与行政强制执行的方式应当与行政管理目标比例相称。行政强制的设定和实施应当适当。采用非强制手段可以达到行政管理目的的,不得设定和实施行政强制。例如,《行政强制法》第二十三条规定,不得查封、扣押与违法行为无关的场所、设施或者财物。第二十九条规定,冻结存款、汇款的数额应当与违法行为涉及的金额相当。

(三)效率原则

行政强制须遵循效率原则,防止行政案件久拖不决,保障行政相对人的权利。例如,《行政强制法》第二十五条规定,查封、扣押的期限不得超过三十日。第三十二条规定,自冻结存款、汇款之日起三十日内,行政机关应当作出处理决定或者作出解除冻结决定。

(四)教育与强制相结合原则

《行政强制法》的目的不是惩戒,而是维护公共利益和社会秩序,因此实施行政强制,应当坚持教育与强制相结合,非强制优先,强制兜底,强调规范、引导与惩戒相结合,寻求个人利益与公共利益的平衡。例如,《行政强制法》第十六条规定,违法行为情节显著轻微或者没有明显社会危害的,可以不采取行政强制措施。《行政强制法》第三十五规定,行政机关作出强制执行决定前,应当事先催告当事人履行义务。第三十七条规定,经催告,当事人逾期仍不履行行政决定,且无正当理由的,行政机关可以作出立即强制执行的决定。

15.1.2 适用范围

行政强制的设定和实施,适用《行政强制法》。但是,特别法对特定事项有特别规定的,从其规定。例如,根据《中华人民共和国海关法》规定,进出口货物纳税义务人在规定的纳税期限内缴纳税款的,海关必须立即解除税收保全措施;期限届满仍未缴纳税款的,经直属海关关长或者其授权的隶属海关关长批准,海关可以书面通知纳税义务人开户银行或者其他金融机构从其暂停支付的存款中扣缴税款,或者依法变卖所扣留的货物或者其他财产,以变卖所得抵缴税款。

发生或者即将发生自然灾害、事故灾难、公共卫生事件或者社会安全事件等突发事件,行政机关采取应急措施或者临时措施,依照《中华人民共和国防震减灾法》《安全生产法》《传染病防治法》《突发事件应对法》等有关法律、行政法规的规定执行。

行政机关采取金融业审慎监管措施、进出境货物强制性技术监控措施,依照《中国人民银行法》《中华人民共和国商业银行法》《中华人民共和国海关法》等有关法律、行政法规的规定执行。

15.1.3 行政主体的一般禁止行为

行政机关及其工作人员不得利用行政强制权为单位或者个人谋取利益。

行政机关及其工作人员利用行政强制权为单位或者个人谋取利益的,由上级行政机关或者有关部门责令改正,对直接负责的主管人员和其他直接责任人员依法给予处分。

《行政强制法》既授权行政机关依法行使行政强制权,又限权于法定职权范围,不得超职权范围利用职务谋取个人私利。这些制度的设立都是为了规范行政机关及其工作人员实施行政强制权,防止公权私用,以权谋私,扰乱行政管理秩序,降低行政强制效率。

15.1.4 行政相对人的权利

公民、法人或者其他组织对行政机关实施行政强制,享有陈述权、申辩权;有权依法申请行政复议或者提起行政诉讼;因行政机关违法实施行政强制受到损害的,有权依法要求赔偿。

公民、法人或者其他组织因人民法院在强制执行中有违法行为或者扩大强制执行范围受到损害的,有权依法要求赔偿。

15.2 行政强制的设定

行政强制的设定包括行政强制措施的设定和行政强制执行的设定。

15.2.1 行政强制措施的种类与设定

一、行政强制措施的种类

(1) 限制公民人身自由;
(2) 查封场所、设施或者财物;
(3) 扣押财物;
(4) 冻结存款、汇款;
(5) 其他行政强制措施。

二、行政强制措施的设定

行政强制措施由法律设定。

尚未制定法律,且属于国务院行政管理职权事项的,行政法规可以设定除上述第(1)、(4)项和应当由法律规定的行政强制措施以外的其他行政强制措施。

尚未制定法律、行政法规,且属于地方性事务的,地方性法规可以设定第(2)、(3)项行政强制措施。

法律、法规以外的其他规范性文件不得设定行政强制措施。

法律对行政强制措施的对象、条件、种类作了规定的,行政法规、地方性法规不得作出扩大规定。

法律中未设定行政强制措施的,行政法规、地方性法规不得设定行政强制措施。但是,法律规定特定事项由行政法规规定具体管理措施的,行政法规可以设定除第(1)、(4)项和应当由法律规定的行政强制措施以外的其他行政强制措施。

15.2.2 行政强制执行的种类与设定

一、行政强制执行的种类

(1) 加处罚款或者滞纳金;
(2) 划拨存款、汇款;
(3) 拍卖或者依法处理查封、扣押的场所、设施或者财物;
(4) 排除妨碍、恢复原状;
(5) 代履行;
(6) 其他强制执行方式。

执行的方式包括直接强制执行和间接强制执行。直接强制是在无法采取间接强制或者采取间接强制达不到执行目的时,行政强制执行机关直接对义务人人身、财产采取强制手段,达到与义务人履行义务相同的状态。划拨存款、汇款,拍卖或者依法处理查封、扣押的场所、设施或者财物等都属于直接强制执行方式

间接强制是作出行政决定的行政机关为了让义务人履行义务或者达到与履行义务相同的状态而采取的强制手段,主要包括代履行和执行罚。代履行,是指行政机关或者受其委托的第三人代替义务人履行义务,代履行的费用由义务人承担,比如拆除违法建筑。执行罚是指行政强制执行机关对超期未履行金钱给付义务的义务人,复加新的金钱给付义务的手段。加处罚款、收取滞纳金等都是执行罚的具体形式,而且履行越迟,执行罚数额越高,目的在于督促义务人尽早履行义务,但是最高不得超过本金。

二、行政强制执行的设定

行政强制执行由法律设定。法律没有规定行政机关强制执行的,作出行政决定的行政机关应当申请人民法院强制执行。例如,《城乡规划法》第六十八条规定,城乡规划主管部门作出责令停止建设或者限期拆除的决定后,当事人不停止建设或者逾期不拆除的,建设工程所在地县级以上地方人民政府可以责成有关部门采取查封施工现场、强制拆除等措施。

起草法律草案、法规草案,拟设定行政强制的,起草单位应当采取听证会、论证会等形式听取意见,并向制定机关说明设定该行政强制的必要性、可能产生的影响以及听取和采纳意见的情况。

行政强制的设定机关应当定期对其设定的行政强制进行评价,并对不适当的行政强制及时予以修改或者废止。

行政强制的实施机关可以对已设定的行政强制的实施情况及存在的必要性适时进行评价,并将意见报告该行政强制的设定机关。

公民、法人或者其他组织可以向行政强制的设定机关和实施机关就行政强制的设定和实施提出意见和建议。有关机关应当认真研究论证,并以适当方式予以反馈。

15.3 行政强制措施的实施程序

15.3.1 一般规定

一、依法实施

行政机关履行行政管理职责,依照法律、法规的规定,实施行政强制措施。

违法行为情节轻微或者没有明显社会危害的,可以不采取行政强制措施。

二、在法定职权范围内实施

行政强制措施由法律、法规规定的行政机关在法定职权范围内实施。行政强制措施权不得委托。

依据《行政处罚法》的规定行使相对集中行政处罚权的行政机关,可以实施法律、法规规定的与行政处罚权有关的行政强制措施。

行政强制措施应当由行政机关具备资格的行政执法人员实施,其他人员不得实施。

三、实施步骤

行政机关实施行政强制措施应当遵守下列规定:

(1)实施前须向行政机关负责人报告并经批准;
(2)由两名以上行政执法人员实施;
(3)出示执法身份证件;
(4)通知当事人到场;
(5)当场告知当事人采取行政强制措施的理由、依据以及当事人依法享有的权利、救济途径;
(6)听取当事人的陈述和申辩;
(7)制作现场笔录;
(8)现场笔录由当事人和行政执法人员签名或者盖章,当事人拒绝的,在笔录中予以注明;
(9)当事人不到场的,邀请见证人到场,由见证人和行政执法人员在现场笔录上签名或者盖章;

(10)法律、法规规定的其他程序。

【思考15-2】如遇情况紧急,需要当场实施行政强制措施的,是否可以不办理批准手续?

依照法律规定实施限制公民人身自由的行政强制措施,除应当履行上述规定的程序外,还应当遵守下列规定:

(1)当场告知或者实施行政强制措施后,立即通知当事人家属实施行政强制措施的行政机关、地点和期限;

(2)在紧急情况下当场实施行政强制措施的,在返回行政机关后,立即向行政机关负责人报告并补办批准手续;

(3)法律规定的其他程序。

实施限制人身自由的行政强制措施不得超过法定期限。实施行政强制措施的目的已经达到或者条件已经消失,应当立即解除。

违法行为涉嫌犯罪应当移送司法机关的,行政机关应当将查封、扣押、冻结的财物一并移送,并书面告知当事人。

15.3.2 查封、扣押

一、由行政机关实施

查封、扣押应当由法律、法规规定的行政机关实施,其他任何行政机关或者组织不得实施。

二、查封、扣押场所、设施或者财物

查封、扣押限于涉案的场所、设施或者财物,不得查封、扣押与违法行为无关的场所、设施或者财物;不得查封、扣押公民个人及其所扶养家属的生活必需品。

【思考15-3】如果当事人涉案的场所、设施或者财物已被其他国家机关依法查封的,那么该涉案场所、设施或者财物能否被重复查封?

三、查封、扣押决定书

行政机关决定实施查封、扣押的,应当履行15.3.1规定的程序,制作并当场交付查封、扣押决定书和清单。

查封、扣押决定书应当载明下列事项:

(1)当事人的姓名或者名称、地址;

(2)查封、扣押的理由、依据和期限;

(3)查封、扣押场所、设施或者财物的名称、数量等;

(4)申请行政复议或者提起行政诉讼的途径和期限;

(5)行政机关的名称、印章和日期。

查封、扣押清单一式两份,由当事人和行政机关分别保存。

四、查封、扣押期限

查封、扣押的期限不得超过三十日;情况复杂的,经行政机关负责人批准,可以延长,但是延长期限不得超过三十日。法律、行政法规另有规定的除外。

延长查封、扣押的决定应当及时书面告知当事人,并说明理由。

【思考15-4】对物品需要进行检测、检验、检疫或者技术鉴定的,检测、检验、检疫或者技术鉴定的期间是否包括在查封、扣押的期限内？检测、检验、检疫或者技术鉴定的费用应当由谁来承担？

五、保管

对查封、扣押的场所、设施或者财物，行政机关应当妥善保管，不得使用或者损毁；造成损失的，应当承担赔偿责任。

对查封的场所、设施或者财物，行政机关可以委托第三人保管，第三人不得损毁或者擅自转移、处置。因第三人的原因造成的损失，行政机关先行赔付后，有权向第三人追偿。

因查封、扣押发生的保管费用由行政机关承担。

六、处理决定

行政机关采取查封、扣押措施后，应当及时查清事实，在法定的期限内作出处理决定。对违法事实清楚，依法应当没收的非法财物予以没收；法律、行政法规规定应当销毁的，依法销毁；应当解除查封、扣押的，作出解除查封、扣押的决定。

【思考 15-5】解除查封、扣押的情形都有哪些？

【思考 15-6】解除查封、扣押的，财物应如何处理？

15.3.3 冻结

一、由行政机关实施

冻结存款、汇款应当由法律规定的行政机关实施，不得委托给其他行政机关或者组织；其他任何行政机关或者组织不得冻结存款、汇款。

二、冻结金额规定

冻结存款、汇款的数额应当与违法行为涉及的金额相当；已被其他国家机关依法冻结的，不得重复冻结。

三、冻结通知书

行政机关依照法律规定决定实施冻结存款、汇款的，应当履行 15.3.1 三"实施步骤"中(1)、(2)、(3)、(7)项规定的程序，并向金融机构交付冻结通知书。

金融机构接到行政机关依法作出的冻结通知书后，应当立即予以冻结，不得拖延，不得在冻结前向当事人泄露信息。

法律规定以外的行政机关或者组织要求冻结当事人存款、汇款的，金融机构应当拒绝。

四、冻结决定书

依照法律规定冻结存款、汇款的，作出决定的行政机关应当在三日内向当事人交付冻结决定书。冻结决定书应当载明下列事项：

(1)当事人的姓名或者名称、地址；

(2)冻结的理由、依据和期限；

(3)冻结的账号和数额；

(4)申请行政复议或者提起行政诉讼的途径和期限；

(5)行政机关的名称、印章和日期。

【思考 15-7】此处"三日"是指工作日还是自然日？

五、冻结期限

自冻结存款、汇款之日起三十日内,行政机关应当作出处理决定或者作出解除冻结决定;情况复杂的,经行政机关负责人批准,可以延长,但是延长期限不得超过三十日。法律另有规定的除外。

延长冻结的决定应当及时书面告知当事人,并说明理由。

六、解除冻结

有下列情形之一的,行政机关应当及时作出解除冻结决定:

(1)当事人没有违法行为;

(2)冻结的存款、汇款与违法行为无关;

(3)行政机关对违法行为已经作出处理决定,不再需要冻结;

(4)冻结期限已经届满;

(5)其他不再需要采取冻结措施的情形。

行政机关作出解除冻结决定的,应当及时通知金融机构和当事人。金融机构接到通知后,应当立即解除冻结。

【思考 15-8】行政机关逾期未作出处理决定或者解除冻结决定的,金融机构能够自主解除冻结吗?

15.4 行政机关强制执行程序

在世界各国,行政强制执行存在三种模式:行政机关强制性执行模式、司法机关强制执行模式和行政司法混合强制执行模式。我国施行的行政司法混合强制执行模式,体现为行政强制执行以申请人民法院执行为原则,以行政机关强制执行为例外。具有强制执行权的行政机关必须有法律特别授权。

15.4.1 一般规定

一、行政强制执行的条件

行政机关依法作出行政决定后,当事人在行政机关决定的期限内不履行义务的,具有行政强制执行权的行政机关依法强制执行。

具体而言,行政强制执行须满足以下几个条件:

第一,行政决定履行期限届满;

第二,在强制执行之前,行政机关须履行书面催告义务;

第三,当事人有权陈述、申辩。

二、书面催告

行政机关作出强制执行决定前,应当事先催告当事人履行义务。催告应当以书面形式作出,并载明下列事项:

(1)履行义务的期限;

(2)履行义务的方式;

(3)涉及金钱给付的,应当有明确的金额和给付方式;

(4)当事人依法享有的陈述权和申辩权。

催告书应当直接送达当事人。当事人拒绝接收或者无法直接送达当事人的,应当依照《民事诉讼法》的有关规定送达。

三、当事人权利

当事人收到催告书后有权进行陈述和申辩。行政机关应当充分听取当事人的意见，对当事人提出的事实、理由和证据，应当进行记录、复核。当事人提出的事实、理由或者证据成立的，行政机关应当采纳。

四、强制执行决定

经催告，当事人逾期仍不履行行政决定，且无正当理由的，行政机关可以作出强制执行决定。

强制执行决定应当以书面形式作出，并载明下列事项：

(1) 当事人的姓名或者名称、地址；
(2) 强制执行的理由和依据；
(3) 强制执行的方式和时间；
(4) 申请行政复议或者提起行政诉讼的途径和期限；
(5) 行政机关的名称、印章和日期。

在催告期间，对有证据证明有转移或者隐匿财物迹象的，行政机关可以作出立即强制执行决定。

行政强制执行决定书应当直接送达当事人。当事人拒绝接收或者无法直接送达当事人的，应当依照《民事诉讼法》的有关规定送达。

五、执行中的人性化规定

行政机关不得在夜间或者法定节假日实施行政强制执行。但是，情况紧急的除外。

行政机关不得对居民生活采取停止供水、供电、供热、供燃气等方式迫使当事人履行相关行政决定。

对违法的建筑物、构筑物、设施等需要强制拆除的，应当由行政机关予以公告，限期当事人自行拆除。当事人在法定期限内不申请行政复议或者提起行政诉讼，又不拆除的，行政机关可以依法强制拆除。

【思考 15-9】 实施行政强制执行时，行政机关是否可以与当事人达成执行协议？

六、中止执行

有下列情形之一的，中止执行：

(1) 当事人履行行政决定确有困难或者暂无履行能力的；
(2) 第三人对执行标的主张权利，确有理由的；
(3) 执行可能造成难以弥补的损失，且中止执行不损害公共利益的；
(4) 行政机关认为需要中止执行的其他情形。

中止执行的情形消失后，行政机关应当恢复执行。对没有明显社会危害，当事人确无能力履行，中止执行满三年未恢复执行的，行政机关不再执行。

七、终结执行

有下列情形之一的，终结执行：

(1) 公民死亡，无遗产可供执行，又无义务承受人的；
(2) 法人或者其他组织终止，无财产可供执行，又无义务承受人的；
(3) 执行标的灭失的；
(4) 据以执行的行政决定被撤销的；

(5)行政机关认为需要终结执行的其他情形。

【思考15-10】在执行中或者执行完毕后,据以执行的行政决定被撤销、变更,或者执行错误,应该如何处理?

15.4.2 金钱给付义务的执行

一、逾期不履行

行政机关依法作出金钱给付义务的行政决定,当事人逾期不履行的,行政机关可以依法加处罚款或者滞纳金。加处罚款或者滞纳金的标准应当告知当事人。

加处罚款或者滞纳金的数额不得超出金钱给付义务的数额。

行政机关依照上述规定实施加处罚款或者滞纳金超过三十日,经催告当事人仍不履行的,具有行政强制执行权的行政机关可以强制执行。

二、采取查封、扣押、冻结措施的执行

行政机关实施强制执行前,需要采取查封、扣押、冻结措施的,依照15.3.2规定办理。没有行政强制执行权的行政机关应当申请人民法院强制执行。

但是,当事人在法定期限内不申请行政复议或者提起行政诉讼,经催告仍不履行的,在实施行政管理过程中已经采取查封、扣押措施的行政机关,可以将查封、扣押的财物依法拍卖抵缴罚款。例如,《中华人民共和国海关法》第九十三条规定,当事人逾期不履行海关的处罚决定又不申请复议或者向人民法院提起诉讼的,作出处罚决定的海关可以将其保证金抵缴或者将其被扣留的货物、物品、运输工具依法变价抵缴,也可以申请人民法院强制执行。

三、划拨存款、汇款

划拨存款、汇款应当由法律规定的行政机关决定,并书面通知金融机构。金融机构接到行政机关依法作出划拨存款、汇款的决定后,应当立即划拨。

法律规定以外的行政机关或者组织要求划拨当事人存款、汇款的,金融机构应当拒绝。

四、拍卖

依法拍卖财物,由行政机关委托拍卖机构依照《中华人民共和国拍卖法》的规定办理。

划拨的存款、汇款以及拍卖和依法处理所得的款项应当上缴国库或者划入财政专户。任何行政机关或者个人不得以任何形式截留、私分或者变相私分。

15.4.3 代履行

一、代履行的条件

行政机关依法作出要求当事人履行排除妨碍、恢复原状等义务的行政决定,当事人逾期不履行,经催告仍不履行,其后果已经或者将危害交通安全、造成环境污染或者破坏自然资源的,行政机关可以代履行,或者委托没有利害关系的第三人代履行。

例如,《中华人民共和国防洪法》第四十二条规定,对河道、湖泊范围内阻碍行洪的障碍物,按照谁设障、谁清除的原则,由防汛指挥机构责令限期清除;逾期不清除的,由防汛指挥机构组织强行清除,所需费用由设障者承担。

二、代履行应遵守的规定

（1）代履行前送达决定书，代履行决定书应当载明当事人的姓名或者名称、地址，代履行的理由和依据、方式和时间、标的、费用预算以及代履行人；

（2）代履行三日前，催告当事人履行，当事人履行的，停止代履行；

（3）代履行时，作出决定的行政机关应当派员到场监督；

（4）代履行完毕，行政机关到场监督的工作人员、代履行人和当事人或者见证人应当在执行文书上签名或者盖章。

代履行的费用按照成本合理确定，由当事人承担。但是，法律另有规定的除外。

代履行不得采用暴力、胁迫以及其他非法方式。

三、立即实施代履行的情形

需要立即清除道路、河道、航道或者公共场所的遗洒物、障碍物或者污染物，当事人不能清除的，行政机关可以决定立即实施代履行；当事人不在场的，行政机关应当在事后立即通知当事人，并依法作出处理。

15.4.4 申请人民法院强制执行

人民法院强制执行的行政案件有两类：一类是行政诉讼判决或者裁定生效后，行政相对人拒不履行，行政机关可以向人民法院申请强制执行；另一类是没有行政强制权的行政机关依法定行政程序作出行政决定，行政相对人逾期不履行行政决定，且未在法定期限内申请行政复议或者提起行政诉讼的，依法向人民法院申请强制执行。执法实践中，比较常见的是后一类这种不是经行政审判的强制执行。行政相对人向人民法院申请强制执行，经人民法院审查并作出是否执行的裁定。由人民法院受理的行政强制执行称为非诉行政执行。

一、申请条件

行政机关申请人民法院强制执行，须满足以下几个条件：

第一，行政相对人拒不履行行政决定所确定的义务；

第二，在行政决定书规定的法定期限内，行政相对人未依法申请行政复议或者提起行政诉讼；

第三，申请强制执行的行政机关没有行政强制执行权。

【思考15-11】根据《行政强制法》的规定，如果行政相对人对行政决定不服，在法定期限申请了行政复议或者提起了行政诉讼，那么行政机关就无法申请人民法院强制执行。但是，《行政复议法》和《行政诉讼法》均规定，行政复议或行政诉讼期间，行政机关不停止具体行为的执行。《行政强制法》与《行政复议法》《行政诉讼法》有关执行的规定是否存在冲突？

二、申请期限

当事人在法定期限内不申请行政复议或者提起行政诉讼，又不履行行政决定的，没有行政强制执行权的行政机关可以自期限届满之日起三个月内，依照规定申请人民法院强制执行。

此处，"法定期限"实际上是《行政强制法》规定的当事人寻求行政救济的期限，适用《行政复议法》《行政诉讼法》有关当事人申请行政复议或者提起行政诉讼的期限规定。

三、催告

催告是一种督促程序,是行政机关在强制执行前给予当事人的一个自我履行义务机会,可以在一定程度上消减当事人与行政机关之间的对抗情绪。行政机关申请人民法院强制执行前,应当催告当事人履行义务。催告书送达十日后当事人仍未履行义务的,行政机关可以向有管辖权的人民法院申请强制执行。

【思考 15-12】催告发生在上述"申请期限"中的"三个月内",还是"三个月外"?

四、申请

没有行政强制权的行政机关依法向人民法院申请强制执行后,人民法院才能启动强制执行的审查、裁定和执行程序。

行政机关向人民法院申请强制执行,应当提供下列材料:

(1)强制执行申请书;
(2)行政决定书及作出决定的事实、理由和依据;
(3)当事人的意见及行政机关催告情况;
(4)申请强制执行标的情况;
(5)法律、行政法规规定的其他材料。

强制执行申请书应当由行政机关负责人签名,加盖行政机关的印章,并注明日期。

有关地域管辖,《行政强制法》规定,行政非诉执行案件由申请人所在地有管辖权的人民法院管辖,即行政机关向其所在地有管辖权的人民法院申请强制执行;执行对象是不动产的,向不动产所在地有管辖权的人民法院申请强制执行。

【思考 15-13】行政机关申请人民法院强制执行案件应当适用什么级别管辖规定?

五、受理

人民法院接到行政机关强制执行的申请,应当在五日内受理。受理是人民法院对强制执行申请书及前述其他申请材料进行初步审查,以确定行政机关的申请是否符合立案审理条件。符合立案审理条件的,人民法院应当在五日内作出是否受理的裁定。

行政机关对人民法院不予受理的裁定有异议的,可以在十五日内向上一级人民法院申请复议,上一级人民法院应当自收到复议申请之日起十五日内作出是否受理的裁定。

六、审查与裁定

人民法院对行政机关强制执行的申请进行书面审查,对申请材料符合规定,且行政决定具备法定执行效力的,除需要在作出裁定前可以听取被执行人和行政机关的意见的情形外,人民法院应当自受理之日起七日内作出执行裁定。

人民法院发现有下列情形之一的,在作出裁定前可以听取被执行人和行政机关的意见:

(1)明显缺乏事实根据的;
(2)明显缺乏法律、法规依据的;
(3)其他明显违法并损害被执行人合法权益的。

人民法院应当自受理之日起三十日内作出是否执行的裁定。裁定不予执行的,应当说明理由,并在五日内将不予执行的裁定送达行政机关。行政机关对人民法院不予执行的裁定有异议的,可以自收到裁定之日起十五日内向上一级人民法院申请复议,上一级人民法院应当自收到复议申请之日起三十日内作出是否执行的裁定。

因情况紧急,为保障公共安全,行政机关可以申请人民法院立即执行。经人民法院院长批准,人民法院应当自作出执行裁定之日起五日内执行。

【思考15-14】行政机关申请法院强制执行的,人民法院受理后进行形式审查还是实质审查?

七、申请费与执行费用

行政机关申请人民法院强制执行,不缴纳申请费。强制执行的费用由被执行人承担。

人民法院以划拨、拍卖方式强制执行的,可以在划拨、拍卖后将强制执行的费用扣除。

依法拍卖财物,由人民法院委托拍卖机构依照《中华人民共和国拍卖法》的规定办理。

划拨的存款、汇款以及拍卖和依法处理所得的款项应当上缴国库或者划入财政专户,不得以任何形式截留、私分或者变相私分。

【思考15-15】对行政机关申请人民法院强制执行案件,人民法院须在多长时间内执行?

【思考15-16】对于行政机关申请人民法院强制执行案件,审理和执行分别由行政审判庭负责还是由执行庭负责?

15.5 法律责任

(1)行政机关实施行政强制,有下列情形之一的,由上级行政机关或者有关部门责令改正,对直接负责的主管人员和其他直接责任人员依法给予处分:

①没有法律、法规依据的;

②改变行政强制对象、条件、方式的;

③违反法定程序实施行政强制的;

④违反本法规定,在夜间或者法定节假日实施行政强制执行的;

⑤对居民生活采取停止供水、供电、供热、供燃气等方式迫使当事人履行相关行政决定的;

⑥有其他违法实施行政强制情形的。

(2)违反本法规定,行政机关有下列情形之一的,由上级行政机关或者有关部门责令改正,对直接负责的主管人员和其他直接责任人员依法给予处分:

①扩大查封、扣押、冻结范围的;

②使用或者损毁查封、扣押场所、设施或者财物的;

③在查封、扣押法定期间不作出处理决定或者未依法及时解除查封、扣押的;

④在冻结存款、汇款法定期间不作出处理决定或者未依法及时解除冻结的。

(3)行政机关将查封、扣押的财物或者划拨的存款、汇款以及拍卖和依法处理所得的款项,截留、私分或者变相私分的,由财政部门或者有关部门予以追缴;对直接负责的主管人员和其他直接责任人员依法给予记大过、降级、撤职或者开除的处分。

行政机关工作人员利用职务上的便利,将查封、扣押的场所、设施或者财物据为己有的,由上级行政机关或者有关部门责令改正,依法给予记大过、降级、撤职或者开除的处分。

(4)违反本法规定,金融机构有下列行为之一的,由金融业监督管理机构责令改正,对直接负责的主管人员和其他直接责任人员依法给予处分:

①在冻结前向当事人泄露信息的;
②对应当立即冻结、划拨的存款、汇款不冻结或者不划拨,致使存款、汇款转移的;
③将不应当冻结、划拨的存款、汇款予以冻结或者划拨的;
④未及时解除冻结存款、汇款的。

(5)违反本法规定,金融机构将款项划入国库或者财政专户以外的其他账户的,由金融业监督管理机构责令改正,并处以违法划拨款项两倍的罚款;对直接负责的主管人员和其他直接责任人员依法给予处分。

违反本法规定,行政机关、人民法院指令金融机构将款项划入国库或者财政专户以外的其他账户的,对直接负责的主管人员和其他直接责任人员依法给予处分。

(6)人民法院及其工作人员在强制执行中有违法行为或者扩大强制执行范围的,对直接负责的主管人员和其他直接责任人员依法给予处分。

(7)违反本法规定,给公民、法人或者其他组织造成损失的,依法给予赔偿。

违反本法规定,构成犯罪的,依法追究刑事责任。

【案例回顾】

(1)行政机关实施查封、扣押等行政强制措施前须向行政机关负责人报告并经批准。

(2)执法人员扣押张某面包车和行驶证并无不妥,但是扣押车内水果等物品是不合法的。《行政强制法》第二十三条规定,不得查封、扣押与违法行为无关的场所、设施或者财物。

(3)可以要求赔偿。根据最小损害行政相对人利益原则,对查封、扣押的财物,行政机关应当妥善保管,不得使用或者损毁;对不宜保存的财物,应当及时处理。造成损失的,依法承担赔偿责任。

【讨论题】

对于强制拆除在建违法建筑,应当适用《行政强制法》第四十四条的规定还是适用《城乡规划法》第六十八条的规定?

【思考题参考答案】

【参考答案15-1】 行政强制措施是行政机关在行政处理决定作出前,对行政相对人的人身或财产采取的临时性限制或控制措施;行政强制执行是在行政相对人在法定期限内不履行行政处理决定而强制或申请人民法院强制执行行政义务的行为。

【参考答案15-2】 情况紧急,需要当场实施行政强制措施的,行政执法人员应当在二十四小时内向行政机关负责人报告,并补办批准手续。行政机关负责人认为不应当采取行政强制措施的,应当立即解除。

【参考答案15-3】 当事人的场所、设施或者财物已被其他国家机关依法查封的,不得重复查封。

【参考答案15-4】 对物品需要进行检测、检验、检疫或者技术鉴定的,查封、扣押的期间不包括检测、检验、检疫或者技术鉴定的期间。检测、检验、检疫或者技术鉴定的期间应当明确,并书面告知当事人。检测、检验、检疫或者技术鉴定的费用由行政机关承担。

【参考答案15-5】 有下列情形之一的,行政机关应当及时作出解除查封、扣押决定:

(1)当事人没有违法行为;

(2)查封、扣押的场所、设施或者财物与违法行为无关;

(3)行政机关对违法行为已经作出处理决定,不再需要查封、扣押;
(4)查封、扣押期限已经届满;
(5)其他不再需要采取查封、扣押措施的情形。

【参考答案15-6】解除查封、扣押应当立即退还财物;已将鲜活物品或者其他不易保管的财物拍卖或者变卖的,退还拍卖或者变卖所得款项。变卖价格明显低于市场价格,给当事人造成损失的,应当给予补偿。

【参考答案15-7】《行政强制法》规定,本法中十日以内期限的规定是指工作日,不含法定节假日。

【参考答案15-8】可以。行政机关逾期未作出处理决定或者解除冻结决定的,金融机构应当自冻结期满之日起解除冻结。

【参考答案15-9】实施行政强制执行,行政机关可以在不损害公共利益和他人合法权益的情况下,与当事人达成执行协议。执行协议可以约定分阶段履行;当事人采取补救措施的,可以减免加处的罚款或者滞纳金。

执行协议应当履行。当事人不履行执行协议的,行政机关应当恢复强制执行。

【参考答案15-10】在执行中或者执行完毕后,据以执行的行政决定被撤销、变更,或者执行错误的,应当恢复原状或者退还财物;不能恢复原状或者退还财物的,依法给予赔偿。

【参考答案15-11】《行政强制法》的确规定了行政相对人在法定期限内未寻求行政救济(行政复议或行政诉讼)作为行政强制执行的前提条件。换言之,若行政相对人在法定期限内申请了行政复议或者提起了行政诉讼,则行政机关在此期间不能强制执行,或者申请人民法院强制执行。很显然,《行政强制法》的规定与《行政复议法》《行政诉讼法》所确定的"复议或诉讼不停止执行"的原则相悖。

但是,《行政复议法》与《行政诉讼法》同时也规定了"复议或诉讼不停止执行"的例外情形。《行政复议法》第二十一条规定,行政复议期间,具体行政行为不停止执行;但是,有下列情形之一的,可以停止执行:①被申请人认为需要停止执行的;②行政复议机关认为需要停止执行的;③申请人申请停止执行,行政复议机关认为其要求合理,决定停止执行的;④法律规定停止执行的。《行政诉讼法》第四十四条也作出了类似例外规定。

因此,《行政强制法》的规定属于《行政复议法》《行政诉讼法》中"复议或诉讼不停止执行"的例外情形。

【参考答案15-12】催告发生在三个月内。

【参考答案15-13】对于行政机关申请人民法院强制执行案件,《行政强制法》并没有明确级别管辖。一般来说,该类案件应当由基层人民法院管辖;但是,根据案件的重大、复杂程度,也可以由中级人民法院或者高级人民法院管辖。

【参考答案15-14】人民法院对行政机关强制执行的申请受理后进行审查程序。根据《行政强制法》的规定,审查遵循以形式审查为原则、实质审查为例外的审查标准。人民法院首先对行政机关强制执行的申请进行书面审查,即对行政机关书面申请材料进行形式审查。如果行政机关提交的申请材料完备(符合《行政强制法》有关"行政机关向人民法院申请强制执行,应当提供下列材料",参见上文"申请"内容),且行政决定具备法定执行效力(行政决定已经生效,当事人在法定期限内未申请行政复议或者提起行政诉讼,又不履行),那么人民法院应当自受理之日起七日内作出执行裁定。

然而,《行政强制法》也规定了例外情形。在形式审查时,如果人民法院发现行政决定存在明显缺乏事实根据,或者明显缺乏法律、法规依据,抑或其他明显违法并损害被执行人合法权益的,那么人民法院在作出裁定前可以听取被执行人和行政机关的意见,对行政决定进行实质审查。

【参考答案15-15】《行政强制法》没有明确规定。但是,《最高人民法院关于人民法院办理执行案件若干期限的规定》第一条明确指出,非诉执行案件一般应当在立案之日起三个月内执结。

【参考答案15-16】《最高人民法院关于适用〈中华人民共和国行政诉讼法〉的解释》第六条规定,各级人民法院行政审判庭审理行政案件和审查行政机关申请执行其具体行政行为的案件。专门人民法院、人民法庭不审理行政案件,也不审查和执行行政机关申请执行其具体行政行为的案件。同时,第一百六十条规定,人民法院受理行政机关申请执行其行政行为的案件后,应当在七日内由行政审判庭对行政行为的合法性进行审查,并作出是否准予执行的裁定。

需要采取强制执行措施的,由本院负责强制执行非诉行政行为的机构执行,即应当由行政审判庭内部移送执行庭执行。

第六部分 城市行政管理纠纷处理法律制度

16 行政复议法律制度
17 行政诉讼法律制度

16 行政复议法律制度

【案例导入】

甲食品有限公司在某市乙综合超市股份有限公司设有摊位,销售由丙商贸有限公司供货的"晓芹"品牌海参。该市某区市场监督管理局接到举报,反映超市乙销售过期"晓芹"品牌海参。区市场监督管理局经立案、现场检查、询问、调取证据等程序,认定超市乙于2019年6月7日9点53分销售的"晓芹"品牌海参已过保质期(货值金额为5990元),而且超市乙未建立食品进货查验记录制度,分别违反了《食品安全法》第三十四条第(十)项的规定和《食品安全法》第五十三条第二款的规定。2019年8月29日,区市场监督管理局依据《食品安全法》第一百二十四条第一款第(五)项和第一百二十六条第一款第(三)项规定,对超市乙作出警告、没收违法所得5990元及罚款70000元的行政处罚。供货商丙认为行政处罚程序存在瑕疵,以区市场监督管理局作出上述行政处罚决定未通知利害关系人为由,向该市市场监督管理局申请行政复议,请求撤销上述行政处罚决定。

问题:供货商丙是不是该案行政复议的适格主体?

行政复议法律制度由《中华人民共和国行政复议法》(以下简称《行政复议法》)、《中华人民共和国行政复议法实施条例》(以下简称《行政复议法实施条例》)、《人力资源社会保障行政复议办法》、《中国证券监督管理委员会行政复议办法》等组成。1999年4月,第九届全国人民代表大会常务委员会通过《行政复议法》,并分别于2009年8月和2017年9月进行了两次修正。2007年5月,国务院第177次常务会议通过《行政复议法实施条例》,自2007年8月起施行。

16.1 概述

16.1.1 概念

行政复议是指公民、法人或者其他组织认为行政机关的具体行政行为侵犯了其合法权益,依法向行政复议机关提出审查该具体行政行为的申请,行政复议机关依照法定程序对该具体行政行为进行合法性、适当性审查,并作出行政复议决定的一种法律制度。

行政复议是行政管理相对人行使行政救济权的重要途径,目的是防止和纠正行政主体违法或者不当的具体行政行为,保护行政管理相对人的合法权益,同时保障和监督行政机关依法行使职权。

行政机关作出的具体行政行为对公民、法人或者其他组织的权利、义务可能产生不利影响的,应当告知其申请行政复议的权利、行政复议机关和行政复议申请期限。

16.1.2 行政复议的特征

一、行政复议处理的是行政争议

行政争议是行政机关在行使行政管理权的过程中,与行政相对人之间所发生的纠纷,不包括行政机关内部行政行为所引发的纠纷,也不包括行政机关对民事纠纷的调解异议。

二、行政复议具有预防和纠错功能

行政争议的焦点是行政机关的所实施的行政许可、行政处罚、行政强制等具体行政行为可能侵犯了公民、法人或者其他组织的合法权益。行政复议意在审查行政机关所作出的具体行政行为的合法性与适当性,确保行政机关依法行政,避免行政机关违法或者不当具体行政行为对行政相对人合法利益的侵害。

三、行政复议是行政相对人行使救济权的程序规范

在行政管理过程中,相对于行政机关而言,公民、法人或者其他组织处于相对弱势地位。行政复议法律制度规范了公民、法人或者其他组织的行政复议权利、行政复议机关的义务,以及行政复议的程序,为公民、法人或者其他组织寻求权利救济提供了程序正义保障。

四、行政复议实行一级复议制度

公民、法人或者其他组织对行政机关作出的具体行政行为不服的,可以向行政复议机关申请行政复议。公民、法人或者其他组织对行政复议决定不服的,不得再次向相应行政机关申请行政复议。除终局性行政复议外,公民、法人或者其他组织可以向人民法院提起行政诉讼。

五、行政复议申请人资格较宽泛

只要公民、法人或者其他组织认为行政机关所作出的具体行政行为侵犯了其合法权益,就有权利向行政复议机关提出行政复议申请。行政复议机关必须依法受理行政复议申请、作出行政复议决定。

【思考16-1】外国人、无国籍人、外国组织在中华人民共和国境内申请行政复议,是否适用《行政复议法》?

16.1.3 行政复议机关的职责

行政复议机关是依法履行行政复议职责的行政机关。行政复议机关有权受理行政复议申请,依法对具体行政行为进行审查并作出行政复议决定。

行政复议机关履行行政复议职责,应当遵循合法、公正、公开、及时、便民的原则,坚持有错必纠,保障法律、法规的正确实施。

《行政复议法》规定,行政复议机关负责法制工作的机构具体办理行政复议事项,履行下列职责:

(1)受理行政复议申请;

(2)向有关组织和人员调查取证,查阅文件和资料;

(3)审查申请行政复议的具体行政行为是否合法与适当,拟订行政复议决定;

(4)处理或者转送对《行政复议法》第七条所列有关规定的审查申请(公民、法人或者其他组织认为行政机关的具体行政行为所依据的国务院部门的规定、县级以上地方各级人民政府及其工作部门的规定或者乡、镇人民政府的规定不合法,在对具体行政行为申请行政复议时,可以一并向行政复议机关提出对该规定的审查申请);

(5)对行政机关违反《行政复议法》规定的行为依照规定的权限和程序提出处理建议;

(6)办理因不服行政复议决定提起行政诉讼的应诉事项;

(7)法律、法规规定的其他职责。

在《行政复议法》的基础上,《行政复议法实施条例》第三条对行政复议机关的职责又作了补充规定:

(1)依照《行政复议法》的规定转送有关行政复议申请;

(2)办理《行政复议法》规定的行政赔偿等事项;

(3)按照职责权限,督促行政复议申请的受理和行政复议决定的履行;

(4)办理行政复议、行政应诉案件统计和重大行政复议决定备案事项;

(5)办理或者组织办理未经行政复议直接提起行政诉讼的行政应诉事项;

(6)研究行政复议工作中发现的问题,及时向有关机关提出改进建议,重大问题及时向行政复议机关报告。

【思考16-2】对从事行政复议的人员,有无特别资格要求?

在具体实施这些职责时,有些城市正在尝试一些制度性的创新。例如,自2021年8月1日起,除实行垂直领导的行政机关、税务和国家安全机关外,上海市、区两级人民政府均只保留一个行政复议机关,由本级人民政府统一行使行政复议职责,统一管辖以本级人民政府派出机关、本级人民政府部门及其派出机构、下一级人民政府以及有关法律、法规授权的组织为被申请人的行政复议案件,并以本级人民政府名义作出行政复议决定。自2022年7月1日起,北京市通州区行政复议职责正式由区级行政复议机构集中统一行使,真正实现一级政府行政复议工作由政府行政复议机构"一个窗口对外,一套流程办案,一个标准裁判"。

16.2 行政复议范围

16.2.1 可以申请行政复议的情形

有下列情形之一的,公民、法人或者其他组织可以依法申请行政复议:

(1)对行政机关作出的警告、罚款、没收违法所得、没收非法财物、责令停产停业、暂扣或者吊销许可证、暂扣或者吊销执照、行政拘留等行政处罚决定不服的;

(2)对行政机关作出的限制人身自由或者查封、扣押、冻结财产等行政强制措施决定不服的;

(3)对行政机关作出的有关许可证、执照、资质证、资格证等证书变更、中止、撤销的决定不服的;

(4)对行政机关作出的关于确认土地、矿藏、水流、森林、山岭、草原、荒地、滩涂、海域等自然资源的所有权或者使用权的决定不服的;

(5)认为行政机关侵犯合法的经营自主权的;

(6)认为行政机关变更或者废止农业承包合同,侵犯其合法权益的;

(7)认为行政机关违法集资、征收财物、摊派费用或者违法要求履行其他义务的;

(8)认为符合法定条件,申请行政机关颁发许可证、执照、资质证、资格证等证书,或者申请行政机关审批、登记有关事项,行政机关没有依法办理的;

(9)申请行政机关履行保护人身权利、财产权利、受教育权利的法定职责,行政机关没有依法履行的;

(10)申请行政机关依法发放抚恤金、社会保险金或者最低生活保障费,行政机关没有依法发放的;

(11)认为行政机关的其他具体行政行为侵犯其合法权益的。

【思考16-3】公民、法人或者其他组织认为,行政机关的具体行政行为所依据的国务院部门的规定、县级以上地方各级人民政府及其工作部门的规定以及乡、镇人民政府的规定(不含国务院部、委员会规章和地方人民政府规章)不合法,怎么办?

16.2.2 不可以申请行政复议的情形

(1) 不服行政机关作出的行政处分或者其他人事处理决定的,依照有关法律、行政法规的规定提出申诉。

(2) 不服行政机关对民事纠纷作出的调解或者其他处理,依法申请仲裁或者向人民法院提起诉讼。

(3) 抽象行政行为。但是,被申请人所作出的具体行政行为以行政法规、部门规章和地方政府规章之外的规范性文件为依据的,申请人认为该依据不合法的,可以在申请行政复议时一并提出审查这些规范性文件。

16.3 行政复议的申请

16.3.1 申请时限

公民、法人或者其他组织认为具体行政行为侵犯其合法权益的,可以自知道该具体行政行为之日起六十日内提出行政复议申请;但是法律规定的申请期限超过六十日的除外。因不可抗力或者其他正当理由耽误法定申请期限的,申请期限自障碍消除之日起继续计算。

【思考16-4】行政复议申请期限自申请人"自知道该具体行政行为之日"起计算,那么如何确定"知道该具体行政行为之日"?

16.3.2 复议参加人

一、申请人

依法申请行政复议的公民、法人或者其他组织是申请人。申请人一般应当是具体行政行为中的行政相对人,有时也可能是与该具体行政行为有直接利害关系的公民、法人或者其他组织。

【思考16-5】以下三种情形下,应当如何确定适格的申请人?
(1) 有权申请行政复议的公民死亡的;
(2) 有权申请行政复议的公民为无民事行为能力人或者限制民事行为能力人的;
(3) 有权申请行政复议的法人或者其他组织终止的。

同一行政复议案件申请人超过五人的,推选一至五名代表参加行政复议。

二、被申请人

公民、法人或者其他组织对行政机关的具体行政行为不服申请行政复议的,作出具体行政行为的行政机关是被申请人。

行政机关与法律、法规授权的组织以共同的名义作出具体行政行为的,行政机关和法律、法规授权的组织为共同被申请人。行政机关与其他组织以共同名义作出具体行政行为的,行政机关为被申请人。

下级行政机关依照法律、法规、规章规定,经上级行政机关批准作出具体行政行为的,批准机关为被申请人。

行政机关设立的派出机构、内设机构或者其他组织,未经法律、法规授权,对外以自己名义作出具体行政行为的,该行政机关为被申请人。

【思考 16-6】如果发现申请人提出行政复议申请时错列了被申请人,那么行政复议机构应当如何处理?

三、第三人

同申请行政复议的具体行政行为有利害关系的其他公民、法人或者其他组织,可以作为第三人参加行政复议。

行政复议期间,行政复议机构认为申请人以外的公民、法人或者其他组织与被审查的具体行政行为有利害关系的,可以通知其作为第三人参加行政复议。

行政复议期间,申请人以外的公民、法人或者其他组织与被审查的具体行政行为有利害关系的,可以向行政复议机构申请作为第三人参加行政复议。

第三人不参加行政复议,不影响行政复议案件的审理。

【思考 16-7】申请人、第三人是否可以委托代理人代为参加行政复议?

16.3.3 行政复议机关

行政复议机关须是行政机关,且能以自己的名义行使行政复议权,权力机关、司法机关、军事机关等均不属于行政复议机关。

一、一般规定

对县级以上地方各级人民政府工作部门的具体行政行为不服的,由申请人选择,可以向该部门的本级人民政府申请行政复议,也可以向上一级主管部门申请行政复议。

对海关、金融、国税、外汇管理等实行垂直领导的行政机关和国家安全机关的具体行政行为不服的,向上一级主管部门申请行政复议。

二、特别规定

(1)对地方各级人民政府的具体行政行为不服的。

对地方各级人民政府的具体行政行为不服的,向上一级地方人民政府申请行政复议。对省、自治区人民政府依法设立的派出机关(如地区行政公署)所属的县级地方人民政府的具体行政行为不服的,向该派出机关申请行政复议。

(2)对国务院部门或者省、自治区、直辖市人民政府的具体行政行为不服的。

此类案件为申请原级行政复议案件。

对国务院部门或者省、自治区、直辖市人民政府的具体行政行为不服的,向作出该具体行政行为的国务院部门或者省、自治区、直辖市人民政府申请行政复议。对行政复议决定不服的,可以向人民法院提起行政诉讼;也可以向国务院申请裁决,国务院依照《行政复议法》的规定作出最终裁决。

【思考 16-8】申请人对两个以上国务院部门共同作出的具体行政行为不服的,应当向哪个行政复议机构申请行政复议?

(3)对上述规定以外的其他行政机关、组织的具体行政行为不服的,按照下列规定申请行政复议:

①对县级以上地方人民政府依法设立的派出机关(如街道办事处)的具体行政行为不服的,向设立该派出机关的人民政府申请行政复议;

②对政府工作部门依法设立的派出机构(如公安派出所、工商所、税务所等)依照法律、法规或者规

章规定,以自己的名义作出的具体行政行为不服的,向设立该派出机构的部门或者该部门的本级地方人民政府申请行政复议;

③对法律、法规授权的组织的具体行政行为不服的,分别向直接管理该组织的地方人民政府、地方人民政府工作部门或者国务院部门申请行政复议;

④对两个或者两个以上行政机关以共同的名义作出的具体行政行为不服的,向其共同上一级行政机关申请行政复议;

⑤对被撤销的行政机关在撤销前所作出的具体行政行为不服的,向继续行使其职权的行政机关的上一级行政机关申请行政复议。

上述情形比较特殊,为了公正高效处理行政争议,《行政复议法》规定了行政复议申请转送制度,即有前款所列情形之一的,申请人也可以向具体行政行为发生地的县级地方人民政府提出行政复议申请,由接受申请的县级地方人民政府转送有关行政复议机关。

16.3.4 申请形式

申请人申请行政复议,可以书面申请,也可以口头申请;口头申请的,行政复议机关应当当场记录申请人的基本情况、行政复议请求、申请行政复议的主要事实、理由和时间。

一、书面申请

申请人书面申请行政复议的,可以采取当面递交、邮寄或者传真等方式提出行政复议申请。有条件的行政复议机构可以接受以电子邮件形式提出的行政复议申请。

申请人书面申请行政复议的,应当在行政复议申请书中载明下列事项:

(1)申请人的基本情况,包括公民的姓名、性别、年龄、身份证号码、工作单位、住所、邮政编码;法人或者其他组织的名称、住所、邮政编码和法定代表人或者主要负责人的姓名、职务;

(2)被申请人的名称;

(3)行政复议请求、申请行政复议的主要事实和理由;

(4)申请人的签名或者盖章;

(5)申请行政复议的日期。

二、口头申请

申请人口头申请行政复议的,行政复议机构应当依照上述行政复议申请书应载明的事项,当场制作行政复议申请笔录交申请人核对或者向申请人宣读,并由申请人签字确认。

三、证明材料

有下列情形之一的,申请人应当提供证明材料:

(1)认为被申请人不履行法定职责的,提供曾经要求被申请人履行法定职责而被申请人未履行的证明材料;

(2)申请行政复议时一并提出行政赔偿请求的,提供受具体行政行为侵害而造成损害的证明材料;

(3)法律、法规规定需要申请人提供证据材料的其他情形。

【思考16-9】行政复议机关受理行政复议申请是否收取费用?

16.4 行政复议受理

16.4.1 审查与受理

一、审查

行政复议机关收到行政复议申请后,应当在五日内进行审查。

审查主要内容如下。

(1)申请行政复议的事项是否属于《行政复议法》所规定的受理范围;

(2)申请人是否适格;

(3)申请时间是否在《行政复议法》规定的期限内;

(4)申请材料是否齐全;

(5)复议事项是否属于行政复议机关的管辖范围;

(6)申请人此前就争议事项是否提起了行政诉讼。

二、受理

行政复议机关收到行政复议申请后,应当在五日内进行审查,对不符合《行政复议法》规定的行政复议申请,决定不予受理,并书面告知申请人;对符合《行政复议法》规定,但是不属于本机关受理的行政复议申请,应当告知申请人向有关行政复议机关提出。

除前款规定外,行政复议申请自行政复议机关负责法制工作的机构收到之日起即为受理。

【思考16-10】公民、法人或者其他组织依法提出行政复议申请,行政复议机关无正当理由不予受理的,则当事人可以采取什么措施?

行政复议期间的计算和行政复议文书的送达,依照《民事诉讼法》关于期间、送达的规定执行。《行政复议法》关于行政复议期间有关"五日""七日"的规定是指工作日,不含节假日。

三、驳回申请

有下列情形之一的,行政复议机关应当决定驳回行政复议申请:

(1)申请人认为行政机关不履行法定职责申请行政复议,行政复议机关受理后发现该行政机关没有相应法定职责或者在受理前已经履行法定职责的;

(2)受理行政复议申请后,发现该行政复议申请不符合行政复议法和本条例规定的受理条件的。

上级行政机关认为行政复议机关驳回行政复议申请的理由不成立的,应当责令其恢复审理。

16.4.2 转送

依照"转送"的规定,接受行政复议申请的县级地方人民政府,对依法属于其他行政复议机关受理的行政复议申请,应当自接到该行政复议申请之日起七日内,转送有关行政复议机关,并告知申请人。接受转送的行政复议机关应当依照16.4.1的规定办理。

16.4.3 具体行政行为是否停止执行

行政复议期间具体行政行为不停止执行。但是,有下列情形之一的,可以停止执行:

(1)被申请人认为需要停止执行的;
(2)行政复议机关认为需要停止执行的;
(3)申请人申请停止执行,行政复议机关认为其要求合理,决定停止执行的;
(4)法律规定停止执行的。

《行政复议法》对行政复议期间具体行政行为可以停止执行的情形实行从严原则。对于申请人申请停止执行的,行政复议机关认为其要求合理,方才决定停止执行。如何确定申请人停止执行的申请是"合理"的？行政复议机关认为不停止执行会造成难以弥补的损失,而且停止执行不损害社会公共利益,行政复议机关即认为是合理的。

16.5 行政复议决定

16.5.1 审理

一、书面审查

行政复议机构审理行政复议案件,应当由两名以上行政复议人员参加。

行政复议原则上采取书面审查的办法,但是申请人提出要求或者行政复议机关负责法制工作的机构认为有必要时,可以向有关组织和人员调查情况,听取申请人、被申请人和第三人的意见。

在对申请人递交的申请材料进行书面审查时,行政复议机关主要审查行政决定所载事实是否清楚、依据是否充分、适用法律是否正确、程序是否合法等内容,以此来判断被申请人所作出的具体行政行为的合法性和适当性,并在此基础上作出行政复议决定。

二、取证

行政复议机构认为必要时,可以实地调查核实证据;对重大、复杂的案件,申请人提出要求或行政复议机构认为必要时,可以采取听证的方式审理。

行政复议人员向有关组织和人员调查取证时,可以查阅、复制、调取有关文件和资料,向有关人员进行询问。

调查取证时,行政复议人员不得少于两人,并应当向当事人或者有关人员出示证件。被调查单位和人员应当配合行政复议人员的工作,不得拒绝或者阻挠。

三、勘验与鉴定

需要现场勘验的,现场勘验所用时间不计入行政复议审理期限。

行政复议期间涉及专门事项需要鉴定的,当事人可以自行委托鉴定机构进行鉴定,也可以申请行政复议机构委托鉴定机构进行鉴定。鉴定费用由当事人承担。鉴定所用时间不计入行政复议审理期限。

四、原级行政复议

对国务院部门或者省、自治区、直辖市人民政府的具体行政行为不服而申请原级行政复议的案件,由原承办具体行政行为有关事项的部门或者机构提出书面答复,并提交作出具体行政行为的证据、依据和其他有关材料。

【思考16-11】行政复议期间,被申请人改变原具体行政行为,行政复议机关是否应当终止该案件的审理？

16.5.2　被申请人答辩

行政复议机关负责法制工作的机构应当自行政复议申请受理之日起七日内,将行政复议申请书副本或者行政复议申请笔录复印件发送被申请人。被申请人应当自收到申请书副本或者申请笔录复印件之日起十日内,提出书面答复,并提交当初作出具体行政行为的证据、依据和其他有关材料。

【思考16-12】被申请人未在规定期限内提出书面答复、提交当初作出具体行政行为的证据、依据和其他有关材料的,行政复议机关应当如何处理?

申请人、第三人可以查阅被申请人提出的书面答复、作出具体行政行为的证据、依据和其他有关材料,除涉及国家秘密、商业秘密或者个人隐私外,行政复议机关不得拒绝。行政复议机关应当为申请人、第三人查阅有关材料提供必要条件。

在行政复议过程中,被申请人不得自行向申请人和其他有关组织或者个人搜集证据。

【思考16-13】被申请人什么情况下可以向申请人和其他有关组织或者个人搜集证据?

16.5.3　撤回

行政复议决定作出前,申请人要求撤回行政复议申请的,经说明理由,可以撤回;撤回行政复议申请的,行政复议终止。

撤回行政复议申请要基于申请人自愿,且须经行政复议机构同意,才可以撤回。申请人撤回行政复议申请的,不得再以同一事实和理由提出行政复议申请。但是,申请人能够证明撤回行政复议申请违背其真实意思表示的除外。

16.5.4　和解

公民、法人或者其他组织对行政机关行使法律、法规规定的自由裁量权作出的具体行政行为不服申请行政复议,申请人与被申请人在行政复议决定作出前自愿达成和解的,应当向行政复议机构提交书面和解协议;和解内容不损害社会公共利益和他人合法权益的,行政复议机构应当准许。

16.5.5　调解

有下列情形之一的,行政复议机关可以按照自愿、合法的原则进行调解:

(1)公民、法人或者其他组织对行政机关行使法律、法规规定的自由裁量权作出的具体行政行为不服申请行政复议的;

(2)当事人之间的行政赔偿或者行政补偿纠纷。

当事人经调解达成协议的,行政复议机关应当制作行政复议调解书。调解书应当载明行政复议请求、事实、理由和调解结果,并加盖行政复议机关印章。行政复议调解书经双方当事人签字,即具有法律效力。

调解未达成协议或者调解书生效前一方反悔的,行政复议机关应当及时作出行政复议决定。

16.5.6　行政复议中止

行政复议期间有下列情形之一,影响行政复议案件审理的,行政复议中止:

(1)作为申请人的自然人死亡,其近亲属尚未确定是否参加行政复议的;

(2)作为申请人的自然人丧失参加行政复议的能力,尚未确定法定代理人参加行政复议的;
(3)作为申请人的法人或者其他组织终止,尚未确定权利义务承受人的;
(4)作为申请人的自然人下落不明或者被宣告失踪的;
(5)申请人、被申请人因不可抗力,不能参加行政复议的;
(6)案件涉及法律适用问题,需要有权机关作出解释或者确认的;
(7)案件审理需要以其他案件的审理结果为依据,而其他案件尚未审结的;
(8)其他需要中止行政复议的情形。
行政复议中止的原因消除后,应当及时恢复行政复议案件的审理。
行政复议机构中止、恢复行政复议案件的审理,应当告知有关当事人。

16.5.7 行政复议终止

行政复议期间有下列情形之一的,行政复议终止:
(1)申请人要求撤回行政复议申请,行政复议机构准予撤回的;
(2)作为申请人的自然人死亡,没有近亲属或者其近亲属放弃行政复议权利的;
(3)作为申请人的法人或者其他组织终止,其权利义务的承受人放弃行政复议权利的;
(4)申请人与被申请人依照《行政复议法实施条例》的规定,经行政复议机构准许达成和解的;
(5)申请人对行政拘留或者限制人身自由的行政强制措施不服申请行政复议后,因申请人同一违法行为涉嫌犯罪,该行政拘留或者限制人身自由的行政强制措施变更为刑事拘留的。
依照行政复议中止第(1)、(2)、(3)项规定中止行政复议,满六十日行政复议中止的原因仍未消除的,行政复议终止。

16.5.8 作出决定

一、决定时限

行政复议机关应当自受理申请之日起六十日内作出行政复议决定;但是法律规定的行政复议期限少于六十日的除外。情况复杂,不能在规定期限内作出行政复议决定的,经行政复议机关的负责人批准,可以适当延长,并告知申请人和被申请人;但是延长期限最多不超过三十日。
行政复议机关作出行政复议决定,应当制作行政复议决定书,并加盖印章。行政复议决定书一经送达,即发生法律效力。

二、决定

行政复议机关负责法制工作的机构应当对被申请人作出的具体行政行为进行审查,提出意见,经行政复议机关的负责人同意或者集体讨论通过后,按照下列规定作出行政复议决定:
(1)具体行政行为认定事实清楚,证据确凿,适用依据正确,程序合法,内容适当的,决定维持;
(2)被申请人不履行法定职责的,决定其在一定期限内履行;
(3)具体行政行为有下列情形之一的,决定撤销、变更或者确认该具体行政行为违法;决定撤销或者确认该具体行政行为违法的,可以责令被申请人在一定期限内重新作出具体行政行为:
①主要事实不清、证据不足的;
②适用依据错误的;

③违反法定程序的；
④超越或者滥用职权的；
⑤具体行政行为明显不当的。

行政复议机关依照上述规定责令被申请人重新作出具体行政行为的，被申请人应当在法律、法规、规章规定的期限内重新作出具体行政行为；法律、法规、规章未规定期限的，重新作出具体行政行为的期限为六十日。

行政复议机关责令被申请人重新作出具体行政行为的，被申请人不得以同一的事实和理由作出与原具体行政行为相同或者基本相同的具体行政行为。

公民、法人或者其他组织对被申请人重新作出的具体行政行为不服，可以依法申请行政复议或者提起行政诉讼。

【思考16-14】在什么情形下，行政复议机关可以作出变更原具体行政行为的决定？

【思考16-15】在申请人的行政复议请求范围内，行政复议机关能否作出对申请人更为不利的行政复议决定？

三、决定的效力

行政复议机关作出行政复议决定，应当制作行政复议决定书，并加盖印章。行政复议决定书一经送达，即发生法律效力。

16.5.9　行政复议决定的履行

被申请人应当履行行政复议决定。被申请人不履行或者无正当理由拖延履行行政复议决定的，行政复议机关或者有关上级行政机关应当责令其限期履行。

申请人、第三人逾期不起诉又不履行行政复议决定的，或者不履行最终裁决的行政复议决定的，按照下列规定分别处理：

(1)维持具体行政行为的行政复议决定，由作出具体行政行为的行政机关依法强制执行，或者申请人民法院强制执行；

(2)变更具体行政行为的行政复议决定，由行政复议机关依法强制执行，或者申请人民法院强制执行。

16.5.10　行政赔偿

申请人在申请行政复议时可以一并提出行政赔偿请求，行政复议机关对符合《国家赔偿法》的有关规定应当给予赔偿的，在决定撤销、变更具体行政行为或者确认具体行政行为违法时，应当同时决定被申请人依法给予赔偿。

申请人在申请行政复议时没有提出行政赔偿请求的，行政复议机关在依法决定撤销或者变更罚款、撤销违法集资、没收财物、征收财物、摊派费用以及对财产的查封、扣押、冻结等具体行政行为时，应当同时责令被申请人返还财产，解除对财产的查封、扣押、冻结措施，或者赔偿相应的价款。

【思考16-16】经行政复议后，原具体行政行为被撤销或变更，或者对行政复议不服提起行政诉讼后，人民法院裁判撤销或责令变更原具体行政行为，申请人提出行政赔偿请求，是由原作出具体行政行为的行政机关赔偿还是由行政复议机关赔偿？

16.6 行政复议与行政诉讼关系

16.6.1 自由选择制度

行政复议与行政诉讼都是解决行政争议的有效法律途径。公民、法人或者其他组织认为行政机关的具体行政行为侵犯了其合法权益,可以依法申请行政复议,也可以提起行政诉讼。行政复议不是行政诉讼的前置程序。但是,法律另有规定的除外。

公民、法人或者其他组织依法申请了行政复议且已被行政复议机关受理的,在法定行政复议期限内不得向人民法院提起行政诉讼。行政复议机关逾期未作出行政复议决定,或者在作出行政复议决定后申请人不服的,可依法提起行政诉讼,但是法律规定行政复议决定为最终裁决的除外。同理,行政争议发生后,公民、法人或者其他组织依法向人民法院提起行政诉讼,人民法院已经依法受理的,不能申请行政复议。

16.6.2 复议前置制度

法律、法规规定应当先向行政复议机关申请行政复议、对行政复议决定不服再向人民法院提起行政诉讼的,行政复议机关决定不予受理或者受理后超过行政复议期限不作答复的,公民、法人或者其他组织可以自收到不予受理决定书之日起或者行政复议期满之日起十五日内,依法向人民法院提起行政诉讼。

根据复议前置制度,行政争议发生后,行政相对人只能先向行政复议机关申请行政复议,行政复议机关不受理、逾期不作出行政复议决定或者行政相对人不服行政复议决定,才可以依法向人民法院提起行政诉讼。简而言之,未经行政复议,不得直接提起行政诉讼。复议前置是自由选择的例外,由法律、法规特别规定。

例如,《中华人民共和国税收征收管理法》第八十八条规定,纳税人、扣缴义务人、纳税担保人同税务机关在纳税上发生争议时,必须先依照税务机关的纳税决定缴纳或者解缴税款及滞纳金或者提供相应的担保,然后可以依法申请行政复议;对行政复议决定不服的,可以依法向人民法院起诉。

再如,《行政复议法》第三十条规定,公民、法人或者其他组织认为行政机关的具体行政行为侵犯其已经依法取得的土地、矿藏、水流、森林、山岭、草原、荒地、滩涂、海域等自然资源的所有权或者使用权的,应当先申请行政复议;对行政复议决定不服的,可以依法向人民法院提起行政诉讼。

16.6.3 复议终局裁决制度

复议终局裁决制度也是自由选择制度的例外。法律规定行政复议决定为最终裁决的,申请人不得再向人民法院提起行政诉讼。值得注意的是,最终行政裁决权利必须由法律明确授权。

《行政复议法》第十四条规定,对国务院部门或者省、自治区、直辖市人民政府的具体行政行为不服的,向作出该具体行政行为的国务院部门或者省、自治区、直辖市人民政府申请行政复议。对行政复议决定不服的,可以向人民法院提起行政诉讼;也可以向国务院申请裁决,国务院依照《行政复议法》的规定作出最终裁决。

《行政复议法》第三十条第二款规定,根据国务院或者省、自治区、直辖市人民政府对行政区划的勘定、调整或者征收土地的决定,省、自治区、直辖市人民政府确认土地、矿藏、水流、森林、山岭、草原、荒地、滩涂、海域等自然资源的所有权或者使用权的行政复议决定为最终裁决。

16.7 法律责任

16.7.1 行政复议机关及其工作人员

(1)行政复议机关违反《行政复议法》规定,无正当理由不予受理依法提出的行政复议申请或者不按照规定转送行政复议申请的,或者在法定期限内不作出行政复议决定的,对直接负责的主管人员和其他直接责任人员依法给予警告、记过、记大过的行政处分;经责令受理仍不受理或者不按照规定转送行政复议申请,造成严重后果的,依法给予降级、撤职、开除的行政处分。

(2)行政复议机关工作人员在行政复议活动中,徇私舞弊或者有其他渎职、失职行为的,依法给予警告、记过、记大过的行政处分;情节严重的,依法给予降级、撤职、开除的行政处分;构成犯罪的,依法追究刑事责任。

16.7.2 被申请人

(1)被申请人违反《行政复议法》规定,不提出书面答复或者不提交作出具体行政行为的证据、依据和其他有关材料,或者阻挠、变相阻挠公民、法人或者其他组织依法申请行政复议的,对直接负责的主管人员和其他直接责任人员依法给予警告、记过、记大过的行政处分;进行报复陷害的,依法给予降级、撤职、开除的行政处分;构成犯罪的,依法追究刑事责任。

(2)被申请人不履行或者无正当理由拖延履行行政复议决定的、被申请人在规定期限内未按照行政复议决定的要求重新作出具体行政行为或者违反规定重新作出具体行政行为的,对直接负责的主管人员和其他直接责任人员依法给予警告、记过、记大过的行政处分;经责令履行仍拒不履行的,依法给予降级、撤职、开除的行政处分。

【案例回顾】

《行政复议法》第九条规定,公民、法人或者其他组织认为具体行政行为侵犯其合法权益的,可以自知道该具体行政行为之日起六十日内提出行政复议申请。

本条款表明,公民、法人或者其他组织只要主观上认为自行政机关的具体行政行为侵犯了自己的合法权益,就可以申请行政复议。因此,供货商丙有权申请行政复议。但是,这并不意味着供货商丙是行政复议的适格主体。《行政复议法实施条例》第二十八条以列举的方式规定了行政复议申请的受理条件,其中第(二)项要求申请人与具体行政行为必须有利害关系。换言之,申请人应当是具体行政行为与有直接利害关系的行政相对人。本案中,行政处罚相对人是超市乙,供货商丙并非该起行政法律关系主体,只是该起行政处罚的间接利害关系人。因此,供货商丙不是该案行政复议的适格主体,区市场监督管理局作出行政处罚时未通知供货商丙也不存在程序瑕疵,该市市场监督管理局可以在收到行政复议申请之日起五日内径行作出不予受理决定。至于因行政处罚造成的损失,食品公司甲、超市乙和供货商丙可以依据其所签订协议,按照约定解决。

【讨论题】

公民、法人或者其他组织对行政强制执行不服的,能否向行政复议机关申请行政复议?

【思考题参考答案】

【参考答案16-1】只要外国人、无国籍人、外国组织是适格的行政相对人,其认为行政机关的具体行政行为侵犯了其合法权益,在中华人民共和国境内申请行政复议,适用《行政复议法》。

【参考答案16-2】《行政复议法》要求,行政机关中初次从事行政复议的人员,应当通过国家统一法律职业资格考试取得法律职业资格。

《行政复议法实施条例》规定,专职行政复议人员应当具备与履行行政复议职责相适应的品行、专业知识和业务能力,并取得相应资格。具体办法由国务院法制机构会同国务院有关部门规定。

【参考答案16-3】行政复议主要审查的是具体行政行为的合法性和适当性,一般不包括对抽象行政行为的审查。但是,当具体行政行为是依据行政法规、行政规章之外的其他规范性文件作出的,申请人认为该依据不合法,在对具体行政行为申请行政复议时,可以一并向行政复议机关提出对该规定的审查申请。申请人在对具体行政行为提出行政复议申请时尚不知道该具体行政行为所依据的规定的,可以在行政复议机关作出行政复议决定前向行政复议机关提出对该规定的审查申请。

行政复议机关在对被申请人作出的具体行政行为进行审查时,认为其依据不合法,本机关有权处理的,应当在三十日内依法处理;无权处理的,应当在七日内按照法定程序转送有权处理的国家机关依法处理。处理期间,中止对具体行政行为的审查。

【参考答案16-4】从申请人角度来看,"知道该具体行政行为之日"比较主观。不过,《行政复议法实施条例》对此作出了具体规定:

(1)当场作出具体行政行为的,自具体行政行为作出之日起计算;

(2)载明具体行政行为的法律文书直接送达的,自受送达人签收之日起计算;

(3)载明具体行政行为的法律文书邮寄送达的,自受送达人在邮件签收单上签收之日起计算;没有邮件签收单的,自受送达人在送达回执上签名之日起计算;

(4)具体行政行为依法通过公告形式告知受送达人的,自公告规定的期限届满之日起计算;

(5)行政机关作出具体行政行为时未告知公民、法人或者其他组织,事后补充告知的,自该公民、法人或者其他组织收到行政机关补充告知的通知之日起计算;

(6)被申请人能够证明公民、法人或者其他组织知道具体行政行为的,自证据材料证明其知道具体行政行为之日起计算。

行政机关作出具体行政行为,依法应当向有关公民、法人或者其他组织送达法律文书而未送达的,视为该公民、法人或者其他组织不知道该具体行政行为。

【参考答案16-5】

(1)有权申请行政复议的公民死亡的,其近亲属可以申请行政复议;

(2)有权申请行政复议的公民为无民事行为能力人或者限制民事行为能力人的,其法定代理人可以代为申请行政复议;

(3)有权申请行政复议的法人或者其他组织终止的,承受其权利的法人或者其他组织可以申请行政复议。

【参考答案16-6】申请人提出行政复议申请时错列被申请人的,行政复议机构应当告知申请人变更被申请人。

【参考答案16-7】申请人、第三人可以委托一至两名代理人参加行政复议。申请人、第三人委托代理人的,应当向行政复议机构提交授权委托书。授权委托书应当载明委托事项、权限和期限。公民在特殊情况下无法书面委托的,可以口头委托。口头委托的,行政复议机构应当核实并记录在卷。申请人、第三人解除或者变更委托的,应当书面报告行政复议机构。

【参考答案16-8】申请人对两个以上国务院部门共同作出的具体行政行为不服的,可以向其中任何一个国务院部门提出行政复议申请,由作出具体行政行为的国务院部门共同作出行政复议决定。

【参考答案16-9】行政复议机关受理行政复议申请,不得向申请人收取任何费用。行政复议活动所需经费,应当列入本机关的行政经费,由本级财政予以保障。

【参考答案16-10】上级行政机关应当责令其受理;必要时,上级行政机关也可以直接受理。

【参考答案16-11】行政复议期间被申请人改变原具体行政行为的,不影响行政复议案件的审理。但是,申请人依法撤回行政复议申请的除外。

【参考答案16-12】被申请人未在规定期限内提出书面答复、提交当初作出具体行政行为的证据、依据和其他有关材料的,视为该具体行政行为没有证据、依据,行政复议机关应当决定撤销该具体行政行为。

【参考答案16-13】虽然被申请人被限制自行取证,但是如果被申请人有重要证据线索,可以向行政复议机关提出取证要求。行政复议机关认为有必要时,可以依照16.5.1规定,向有关组织和人员调查情况,听取申请人、被申请人和第三人的意见。

【参考答案16-14】具体行政行为有下列情形之一,行政复议机关可以决定变更:
(1)认定事实清楚,证据确凿,程序合法,但是明显不当或者适用依据错误的;
(2)认定事实不清,证据不足,但是经行政复议机关审理查明事实清楚,证据确凿的。

【参考答案16-15】《行政复议法实施条例》第五十一条采用行政复议不利变更禁止原则,规定行政复议机关在申请人的行政复议请求范围内,不得作出对申请人更为不利的行政复议决定。

【参考答案16-16】《中华人民共和国国家赔偿法》定下了"谁侵权,谁赔偿"的基本原则,其中第八条规定,经复议机关复议的,最初造成侵权行为的行政机关为赔偿义务机关,但复议机关的复议决定加重损害的,复议机关对加重的部分履行赔偿义务。

17　行政诉讼法律制度

【案例导入】

2021年6月,某汽车修理厂因向附近水体排放废弃油类废液,被某市A区生态环境局处以责令改正、罚款的行政处罚。行政处罚作出后,修理厂不服,向A区人民法院提起行政诉讼。A区人民法院经审理,判决驳回修理厂的诉讼请求,维持A区生态环境局的行政处罚决定。2021年11月15日,判决书送达双方当事人。上诉期内,修理厂未提起上诉。由于修理厂一直未缴纳罚款,A区生态环境局书面催告后,修理厂在合理期限内仍未履行。A区生态环境局遂于2022年6月20日向A区人民法院申请强制执行案涉行政处罚决定。2022年7月6日,A区人民法院裁定不予受理。

问题:A区人民法院裁定不予受理是否得当?

行政诉讼法律制度主要由《中华人民共和国行政诉讼法》(以下简称《行政诉讼法》)以及司法解释组成。1989年4月,第七届全国人民代表大会第二次会议通过《行政诉讼法》;2014年11月,第十二届全国人民代表大会常务委员会第十一次会议对其进行了第一次修正;2017年6月,第十二届全国人民代表大会常务委员会第二十八次会议对其进行了第二次修正。2017年11月,最高人民法院审判委员会第1726次会议通过《最高人民法院关于适用〈中华人民共和国行政诉讼法〉的解释》(以下简称《司法解释》),并于2018年2月8日起施行。2021年2月,最高人民法院审判委员会第1832次会议通过《关于正确确定县级以上地方人民政府行政诉讼被告资格若干问题的规定》,并于2021年4月1日起施行。

17.1 概述

17.1.1 概念

行政诉讼是解决行政争议的另一个重要法律途径,也是行政法制监督的重要形式。行政诉讼,是指公民、法人或者其他组织认为行政机关或者法律、法规、规章授权组织的具体行政行为侵犯其合法权益,依法向人民法院提起诉讼,由人民法院对具体行政行为进行合法性审查,并按照法定程序作出裁判的活动。

《行政诉讼法》是一部重要行政程序法,旨在保证人民法院公正、及时审理行政案件,解决行政争议,保护公民、法人和其他组织的合法权益,监督行政机关依法行使职权。

公民、法人或者其他组织认为行政机关(含授权组织)和行政机关工作人员的行政行为侵犯其合法权益,有权依照《行政诉讼法》向人民法院提起诉讼。

17.1.2 特征

行政诉讼具有以下几个特征。

第一,行政诉讼是司法机关通过行使国家审判权解决行政争议的活动。

第二,行政诉讼的原告和被告是恒定的。原告只能是作为行政管理相对人的公民、法人或者其他组织;被告只是能是作出具体行政行为的行政机关或者法律、法规、规章授权的组织。

第三,行政诉讼的客体是行政机关或者法律法规授权的组织所作出的具体行政行为,人民法院审查的重点是该具体行政行为的合法性。

17.2 受案范围

17.2.1 可以提起行政诉讼的事项

人民法院受理公民、法人或者其他组织提起的下列诉讼：

(1)对行政拘留、暂扣或者吊销许可证和执照、责令停产停业、没收违法所得、没收非法财物、罚款、警告等行政处罚不服的；

(2)对限制人身自由或者对财产的查封、扣押、冻结等行政强制措施和行政强制执行不服的；

(3)申请行政许可，行政机关拒绝或者在法定期限内不予答复，或者对行政机关作出的有关行政许可的其他决定不服的；

(4)对行政机关作出的关于确认土地、矿藏、水流、森林、山岭、草原、荒地、滩涂、海域等自然资源的所有权或者使用权的决定不服的；

(5)对征收、征用决定及其补偿决定不服的；

(6)申请行政机关履行保护人身权、财产权等合法权益的法定职责，行政机关拒绝履行或者不予答复的；

(7)认为行政机关侵犯其经营自主权或者农村土地承包经营权、农村土地经营权的；

(8)认为行政机关滥用行政权力排除或者限制竞争的；

(9)认为行政机关违法集资、摊派费用或者违法要求履行其他义务的；

(10)认为行政机关没有依法支付抚恤金、最低生活保障待遇或者社会保险待遇的；

(11)认为行政机关不依法履行、未按照约定履行或者违法变更、解除政府特许经营协议、土地房屋征收补偿协议等协议的；

(12)认为行政机关侵犯其他人身权、财产权等合法权益的。

除前款规定外，人民法院受理法律、法规规定可以提起诉讼的其他行政案件。

17.2.2 不可以提起行政诉讼的事项

《行政诉讼法》规定，人民法院不受理公民、法人或者其他组织对下列事项提起的诉讼：

(1)国防、外交等国家行为。

"国家行为"，是指国务院、中央军事委员会、国防部、外交部等根据宪法和法律的授权，以国家的名义实施的有关国防和外交事务的行为，以及经宪法和法律授权的国家机关宣布紧急状态等行为。

(2)行政法规、规章或者行政机关制定、发布的具有普遍约束力的决定、命令。

"具有普遍约束力的决定、命令"，是指行政机关针对不特定对象发布的能反复适用的规范性文件。

(3)行政机关对行政机关工作人员的奖惩、任免等决定。

"对行政机关工作人员的奖惩、任免等决定"，是指行政机关作出的涉及行政机关工作人员公务员权利义务的决定。

(4)法律规定由行政机关最终裁决的行政行为。

"法律规定由行政机关最终裁决的行政行为"中的"法律"，是指全国人民代表大会及其常务委员会制定、通过的规范性文件。

《司法解释》进一步明确补充,下列行为不属于人民法院行政诉讼的受案范围:

(1)公安、国家安全等机关依照刑事诉讼法的明确授权实施的行为;

(2)调解行为以及法律规定的仲裁行为;

(3)行政指导行为;

(4)驳回当事人对行政行为提起申诉的重复处理行为;

(5)行政机关作出的不产生外部法律效力的行为;

(6)行政机关为作出行政行为而实施的准备、论证、研究、层报、咨询等过程性行为;

(7)行政机关根据人民法院的生效裁判、协助执行通知书作出的执行行为,但行政机关扩大执行范围或者采取违法方式实施的除外;

(8)上级行政机关基于内部层级监督关系对下级行政机关作出的听取报告、执法检查、督促履责等行为;

(9)行政机关针对信访事项作出的登记、受理、交办、转送、复查、复核意见等行为;

(10)对公民、法人或者其他组织权利义务不产生实际影响的行为。

17.3 管辖

17.3.1 级别管辖

一、基层人民法院

基层人民法院管辖第一审行政案件。

基层人民法院对其管辖的第一审行政案件,认为需要由中级人民法院审理或者指定管辖的,可以报请中级人民法院决定。中级人民法院应当根据不同情况在七日内分别作出以下处理:

(1)决定自行审理;

(2)指定本辖区其他基层人民法院管辖;

(3)决定由报请的人民法院审理。

二、中级人民法院

中级人民法院管辖下列第一审行政案件:

(1)对国务院部门或者县级以上地方人民政府所作的行政行为提起诉讼的案件;

(2)海关处理的案件;

(3)本辖区内重大、复杂的案件;

(4)其他法律规定由中级人民法院管辖的案件。

【思考17-1】当事人以案件重大、复杂为由,认为有管辖权的基层人民法院不宜行使管辖权,向中级人民法院起诉,中级人民法院应当如何处理?

三、高级人民法院

高级人民法院管辖本辖区内重大、复杂的第一审行政案件。

有下列情形之一的,属于本规定的"本辖区内重大、复杂的案件":①社会影响重大的共同诉讼案件;

②涉外或者涉及香港特别行政区、澳门特别行政区、台湾地区的案件;③其他重大、复杂案件。

四、最高人民法院

最高人民法院管辖全国范围内重大、复杂的第一审行政案件。

17.3.2 地域管辖

行政案件由最初作出行政行为的行政机关所在地人民法院管辖。经复议的案件,也可以由复议机关所在地人民法院管辖。

经最高人民法院批准,高级人民法院可以根据审判工作的实际情况,确定若干人民法院跨行政区域管辖行政案件。例如,铁路运输法院等专门人民法院审理行政案件,应当执行此项的规定。

17.3.3 专属管辖

(1)对限制人身自由的行政强制措施不服提起的诉讼,由被告所在地或者原告所在地人民法院管辖。

"原告所在地",包括原告的户籍所在地、经常居住地和被限制人身自由地。

【思考17-2】对行政机关基于同一事实,既采取限制公民人身自由的行政强制措施,又采取其他行政强制措施或者行政处罚不服的,应当由哪个地方的人民法院管辖?

(2)因不动产提起的行政诉讼,由不动产所在地人民法院管辖。

"因不动产提起的行政诉讼"是指因行政行为导致不动产物权变动而提起的诉讼。不动产已登记的,以不动产登记簿记载的所在地为不动产所在地;不动产未登记的,以不动产实际所在地为不动产所在地。

【思考17-3】某行政诉讼案件,两个人民法院都有管辖权,原告应当向哪个人民法院提起诉讼?如果原告向两个人民法院都提起了诉讼,应当由哪个人民法院管辖?

17.3.4 移送管辖

人民法院发现受理的案件不属于本院管辖的,应当移送有管辖权的人民法院,受移送的人民法院应当受理。受移送的人民法院认为受移送的案件按照规定不属于本院管辖的,应当报请上级人民法院指定管辖,不得再自行移送。

17.3.5 指定管辖

有管辖权的人民法院由于特殊原因不能行使管辖权的,由上级人民法院指定管辖。人民法院对管辖权发生争议,由争议双方协商解决。协商不成的,报它们的共同上级人民法院指定管辖。

上级人民法院有权审理下级人民法院管辖的第一审行政案件。下级人民法院对其管辖的第一审行政案件,认为需要由上级人民法院审理或者指定管辖的,可以报请上级人民法院决定。

【思考17-4】铁路运输法院、海事法院、知识产权法院等专门人民法院能否审理行政案件?

【思考17-5】人民法院立案后,当事人住所地改变的,管辖权是否会受影响?

17.3.6 管辖权异议

人民法院受理案件后,被告提出管辖异议的,应当在收到起诉状副本之日起十五日内提出。

对当事人提出的管辖异议,人民法院应当进行审查。异议成立的,裁定将案件移送有管辖权的人民法院;异议不成立的,裁定驳回。

人民法院对管辖异议审查后确定有管辖权的,不因当事人增加或者变更诉讼请求等改变管辖,但违反级别管辖、专属管辖规定的除外。

但是,有下列情形之一的,人民法院不予审查:
(1)人民法院发回重审或者按第一审程序再审的案件,当事人提出管辖异议的;
(2)当事人在第一审程序中未按照法律规定的期限和形式提出管辖异议,在第二审程序中提出的。

17.4 诉讼参加人

17.4.1 原告

一、行政相对人以其他利害关系人

行政行为的相对人以及其他与行政行为有利害关系的公民、法人或者其他组织,有权提起诉讼。

"与行政行为有利害关系"是指下列情形之一:
(1)被诉的行政行为涉及其相邻权或者公平竞争权的;
(2)在行政复议等行政程序中被追加为第三人的;
(3)要求行政机关依法追究加害人法律责任的;
(4)撤销或者变更行政行为涉及其合法权益的;
(5)为维护自身合法权益向行政机关投诉,具有处理投诉职责的行政机关作出或者未作出处理的;
(6)其他与行政行为有利害关系的情形。

【思考17-6】有权提起诉讼的公民死亡,或者法人、其他组织终止,应当由谁提起诉讼?

业主委员会对于行政机关作出的涉及业主共有利益的行政行为,可以自己的名义提起诉讼。业主委员会不起诉的,专有部分占建筑物总面积过半数或者占总户数过半数的业主可以提起诉讼。

二、人民检察院

人民检察院在履行职责中发现生态环境和资源保护、食品药品安全、国有财产保护、国有土地使用权出让等领域负有监督管理职责的行政机关违法行使职权或者不作为,致使国家利益或者社会公共利益受到侵害的,应当向行政机关提出检察建议,督促其依法履行职责。

行政机关不依法履行职责的,人民检察院依法向人民法院提起诉讼。

17.4.2 被告

一、直接起诉的案件

公民、法人或者其他组织直接向人民法院提起诉讼的,作出行政行为的行政机关是被告。

针对行政诉讼中较为复杂的实践情形,《司法解释》作出了以下更具操作性的规定。

(一) 共同行政行为

两个以上行政机关作出同一行政行为的,共同作出行政行为的行政机关是共同被告。

(二) 委托行政行为

行政机关委托的组织所作的行政行为,委托的行政机关是被告。行政机关被撤销或者职权变更的,继续行使其职权的行政机关是被告。没有法律、法规或者规章规定,行政机关授权其内设机构、派出机构或者其他组织行使行政职权的,属于上述委托情形。当事人不服提起诉讼的,应当以该行政机关为被告。

(三) 经上级行政机关批准的行政行为

当事人不服经上级行政机关批准的行政行为,向人民法院提起诉讼的,以在对外发生法律效力的文书上署名的机关为被告。

(四) 行政机关组建非独立机构的行政行为

行政机关组建并赋予行政管理职能但不具有独立承担法律责任能力的机构,以自己的名义作出行政行为,当事人不服并提起诉讼的,应当以组建该机构的行政机关为被告。

(五) 授权组织越权实施的行政行为

法律、法规或者规章授权行使行政职权的行政机关内设机构、派出机构或者其他组织,超出法定授权范围实施行政行为,当事人不服并提起诉讼的,应当以实施该行为的机构或者组织为被告。

(六) 开发区管理机构的行政行为

当事人对由国务院、省级人民政府批准设立的开发区管理机构作出的行政行为不服并提起诉讼的,以该开发区管理机构为被告;对由国务院、省级人民政府批准设立的开发区管理机构所属职能部门作出的行政行为不服并提起诉讼的,以其职能部门为被告;对其他开发区管理机构所属职能部门作出的行政行为不服并提起诉讼的,以开发区管理机构为被告;开发区管理机构没有行政主体资格的,以设立该机构的地方人民政府为被告。

(七) 房屋征收部门的行政行为

市、县级人民政府确定的房屋征收部门组织实施房屋征收与补偿工作过程中作出行政行为,被征收人不服提起诉讼的,以房屋征收部门为被告。

征收实施单位受房屋征收部门委托,在委托范围内从事的行为,被征收人不服提起诉讼的,应当以房屋征收部门为被告。

二、经复议的案件

(一) 复议维持原行政行为的

经复议的案件,复议机关决定维持原行政行为的,作出原行政行为的行政机关和复议机关是共同被告。"复议机关决定维持原行政行为",包括复议机关驳回复议申请或者复议请求的情形,但以复议申请不符合受理条件为由驳回的除外。

【思考17-7】原告只起诉作出原行政行为的行政机关或者复议机关的,人民法院应当如何处理?

(二) 复议有维持原行政行为内容又有改变原行政行为内容的

行政复议决定既有维持原行政行为内容,又有改变原行政行为内容或者不予受理申请内容的,作出原行政行为的行政机关和复议机关为共同被告。

复议机关作共同被告的案件,以作出原行政行为的行政机关确定案件的级别管辖。

（三）复议改变原行政行为的

经复议的案件,复议机关改变原行政行为的,复议机关是被告。

"复议机关改变原行政行为",是指复议机关改变原行政行为的处理结果。复议机关改变原行政行为所认定的主要事实和证据、改变原行政行为所适用的规范依据,但未改变原行政行为处理结果的,视为复议机关维持原行政行为。

复议机关确认原行政行为无效,属于改变原行政行为。

复议机关确认原行政行为违法,属于改变原行政行为,但复议机关以违反法定程序为由确认原行政行为违法的除外。

（四）复议机关未在法定期限内作出复议决定的

复议机关在法定期限内未作出复议决定,公民、法人或者其他组织起诉原行政行为的,作出原行政行为的行政机关是被告;起诉复议机关不作为的,复议机关是被告。

【思考 17-8】原告所起诉的被告不适格,人民法院应当如何处理?

17.4.3 共同诉讼人

当事人一方或者双方为两人以上,因同一行政行为发生的行政案件,或者因同类行政行为发生的行政案件、人民法院认为可以合并审理并经当事人同意的,为共同诉讼。

对于因同一行政行为引发的共同诉讼,必须共同进行诉讼的当事人没有参加诉讼的,人民法院应当依法通知其参加;当事人也可以向人民法院申请参加。人民法院应当对当事人提出的申请进行审查,申请理由不成立的,裁定驳回;申请理由成立的,书面通知其参加诉讼。

人民法院追加共同诉讼的当事人时,应当通知其他当事人。应当追加的原告,已明确表示放弃实体权利的,可不予追加;既不愿意参加诉讼,又不放弃实体权利的,应追加为第三人,其不参加诉讼,不能阻碍人民法院对案件的审理和裁判。

当事人一方人数众多(一般指十人以上)的共同诉讼,可以由当事人推选代表人(二至五人)进行诉讼。代表人的诉讼行为对其所代表的当事人发生效力,但代表人变更、放弃诉讼请求或者承认对方当事人的诉讼请求,应当经被代表的当事人同意。

【思考 17-9】当事人推选不出代表人的,人民法院应当如何处理?

17.4.4 第三人

公民、法人或者其他组织同被诉行政行为有利害关系但没有提起诉讼,或者同案件处理结果有利害关系的,可以作为第三人申请参加诉讼,或者由人民法院通知参加诉讼。

人民法院判决第三人承担义务或者减损第三人权益的,第三人有权依法提起上诉或者再审。

《司法解释》还规定,应当追加被告而原告不同意追加的,人民法院应当通知其以第三人的身份参加诉讼,但行政复议机关作共同被告的除外。

行政机关的同一行政行为涉及两个以上利害关系人,其中一部分利害关系人对行政行为不服提起诉讼,人民法院应当通知没有起诉的其他利害关系人作为第三人参加诉讼。

17.4.5 诉讼代理人

当事人、法定代理人,可以委托一至二人作为诉讼代理人。

一、诉讼代理人类别

下列人员可以被委托为诉讼代理人:

(1)律师、基层法律服务工作者;

(2)当事人的近亲属或者工作人员;

与当事人有合法劳动人事关系的职工,可以当事人工作人员的名义作为诉讼代理人。以当事人的工作人员身份参加诉讼活动,应当提交以下证据之一加以证明:①缴纳社会保险记录凭证;②领取工资凭证;③其他能够证明其为当事人工作人员身份的证据。

(3)当事人所在社区、单位以及有关社会团体推荐的公民。

有关社会团体推荐公民担任诉讼代理人的,应当符合下列条件:①社会团体属于依法登记设立或者依法免予登记设立的非营利性法人组织;②被代理人属于该社会团体的成员,或者当事人一方住所地位于该社会团体的活动地域;③代理事务属于该社会团体章程载明的业务范围;④被推荐的公民是该社会团体的负责人或者与该社会团体有合法劳动人事关系的工作人员。

【思考17-10】当事人一方人数众多的共同诉讼,由当事人推选的代表人进行诉讼,代表人是否可以委托一至两人作为诉讼代理人?

二、授权委托书

当事人委托诉讼代理人,应当向人民法院提交由委托人签名或者盖章的授权委托书。委托书应当载明委托事项和具体权限。公民在特殊情况下无法书面委托的,也可以由他人代书,并由自己捺印等方式确认,人民法院应当核实并记录在卷;被诉行政机关或者其他有义务协助的机关拒绝人民法院向被限制人身自由的公民核实的,视为委托成立。当事人解除或者变更委托的,应当书面报告人民法院。

三、代理律师的权利

代理诉讼的律师,有权按照规定查阅、复制本案有关材料,有权向有关组织和公民调查,收集与本案有关的证据。对涉及国家秘密、商业秘密和个人隐私的材料,应当依照法律规定保密。当事人和其他诉讼代理人有权按照规定查阅、复制本案庭审材料,但涉及国家秘密、商业秘密和个人隐私的内容除外。

17.5 证据

17.5.1 证据的种类

证据主要有八种:①书证;②物证;③视听资料;④电子数据;⑤证人证言;⑥当事人的陈述;⑦鉴定意见;⑧勘验笔录、现场笔录。以上经法庭审查属实,才能作为认定案件事实的根据。

人民法院在证人出庭作证前应当告知其如实作证的义务以及作伪证的法律后果。证人因履行出庭作证义务而支出的交通、住宿、就餐等必要费用以及误工损失,由败诉一方当事人承担。

17.5.2 举证

一、被告举证责任

被告对作出的行政行为负有举证责任,应当提供作出该行政行为的证据和所依据的规范性文件。被告不提供或者无正当理由逾期提供证据,视为没有相应证据。但是,被诉行政行为涉及第三人合法权益,第三人提供证据的除外。

【思考 17-11】在诉讼过程中,被告是否可以向原告搜集证据?

被告在作出行政行为时已经收集了证据,但因不可抗力等正当事由不能提供的,经人民法院准许,可以延期提供。被告申请延期提供证据的,应当在收到起诉状副本之日起十五日内以书面方式向人民法院提出。人民法院准许延期提供的,被告应当在正当事由消除后十五日内提供证据。逾期提供的,视为被诉行政行为没有相应的证据。

原告或者第三人提出了其在行政处理程序中没有提出的理由或者证据的,经人民法院准许,被告可以补充证据。

原告可以提供证明行政行为违法的证据。原告提供的证据不成立的,不免除被告的举证责任。

【思考 17-12】复议机关决定维持原行政行为,原告不服行政复议决定向人民法院提起诉讼,应当由谁来承担举证责任?

二、原告举证责任

在起诉被告不履行法定职责的案件中,原告应当提供其向被告提出申请的证据。但有下列情形之一的除外:①被告应当依职权主动履行法定职责的;②原告因正当理由不能提供证据的。

在行政赔偿、补偿的案件中,原告应当对行政行为造成的损害提供证据。因被告的原因导致原告无法举证的,由被告承担举证责任。

原告或者第三人应当在开庭审理前或者人民法院指定的交换证据清单之日提供证据。因正当事由申请延期提供证据的,经人民法院准许,可以在法庭调查中提供。逾期提供证据的,人民法院应当责令其说明理由;拒不说明理由或者理由不成立的,视为放弃举证权利。

原告或者第三人在第一审程序中无正当事由未提供而在第二审程序中提供的证据,人民法院不予接纳。

三、其他规定

(1)人民法院有权要求当事人提供或者补充证据。对当事人无争议,但涉及国家利益、公共利益或者他人合法权益的事实,人民法院可以责令当事人提供或者补充有关证据。

(2)人民法院有权向有关行政机关以及其他组织、公民调取证据。但是,不得为证明行政行为的合法性调取被告作出行政行为时未收集的证据。

(3)与本案有关的下列证据,原告或者第三人不能自行收集的,可以申请人民法院调取:①由国家机关保存而须由人民法院调取的证据;②涉及国家秘密、商业秘密和个人隐私的证据;③确因客观原因不能自行收集的其他证据。

(4)当事人申请延长举证期限,应当在举证期限届满前向人民法院提出书面申请。申请理由成立的,人民法院应当准许,适当延长举证期限,并通知其他当事人。申请理由不成立的,人民法院不予准许,并通知申请人。

四、证据保全

在证据可能灭失或者以后难以取得的情况下,诉讼参加人可以向人民法院申请保全证据,人民法院也可以主动采取保全措施。

五、证据交换

对于案情比较复杂或者证据数量较多的案件,人民法院可以组织当事人在开庭前向对方出示或者交换证据,并将交换证据清单的情况记录在卷。

当事人在庭前证据交换过程中没有争议并记录在卷的证据,经审判人员在庭审中说明后,可以作为认定案件事实的依据。

六、质证

证据应当在法庭上出示,并由当事人互相质证。对涉及国家秘密、商业秘密和个人隐私的证据,不得在公开开庭时出示。

人民法院应当按照法定程序,全面、客观地审查核实证据。对未采纳的证据应当在裁判文书中说明理由。

以非法手段取得的证据,不得作为认定案件事实的根据。

《司法解释》将通过以下三种手段取得的证据列为"以非法手段取得的证据":

(1)严重违反法定程序收集的证据材料;

(2)以违反法律强制性规定的手段获取且侵害他人合法权益的证据材料;

(3)以利诱、欺诈、胁迫、暴力等手段获取的证据材料。

人民法院认为有必要的,可以要求当事人本人或者行政机关执法人员到庭,就案件有关事实接受询问。负有举证责任的当事人拒绝到庭、拒绝接受询问或者拒绝签署保证书,待证事实又欠缺其他证据加以佐证的,人民法院对其主张的事实不予认定。

原告或者第三人确有证据证明被告持有的证据对原告或者第三人有利的,可以在开庭审理前书面申请人民法院责令行政机关提交。申请理由成立的,人民法院应当责令行政机关提交,因提交证据所产生的费用,由申请人预付。行政机关无正当理由拒不提交的,人民法院可以推定原告或者第三人基于该证据主张的事实成立。

17.6 起诉和受理

17.6.1 起诉

一、行政复议与行政诉讼

对属于人民法院受案范围的行政案件,公民、法人或者其他组织可以先向行政机关申请复议,对复议决定不服的,再向人民法院提起诉讼;也可以直接向人民法院提起诉讼。

二、诉讼时效

(一)一般规定

公民、法人或者其他组织不服复议决定的,可以在收到复议决定书之日起十五日内向人民法院提起诉讼。复议机关逾期不作决定的,申请人可以在复议期满之日起十五日内向人民法院提起诉讼。法律另有规定的除外。

公民、法人或者其他组织直接向人民法院提起诉讼的,应当自知道或者应当知道作出行政行为之日起六个月内提出。法律另有规定的除外。

行政机关作出行政行为时,或者行政复议机关作出复议决定时,未告知公民、法人或者其他组织起诉期限的,起诉期限从公民、法人或者其他组织知道或者应当知道起诉期限之日起计算,但从知道或者应当知道行政行为内容之日起最长不得超过一年。

因不动产提起诉讼的案件自行政行为作出之日起超过二十年,其他案件自行政行为作出之日起超过五年提起诉讼的,人民法院不予受理。

(二)特别规定

(1)公民、法人或者其他组织申请行政机关履行保护其人身权、财产权等合法权益的法定职责,行政机关在接到申请之日起两个月内不履行的,公民、法人或者其他组织可以向人民法院提起诉讼。法律、法规对行政机关履行职责的期限另有规定的,从其规定。

对行政机关不履行法定职责提起诉讼的,应当在行政机关履行法定职责期限届满之日起六个月内提出。

公民、法人或者其他组织在紧急情况下请求行政机关履行保护其人身权、财产权等合法权益的法定职责,行政机关不履行的,提起诉讼不受上述规定期限的限制。

(2)公民、法人或者其他组织因不可抗力或者其他不属于其自身的原因耽误起诉期限的,被耽误的时间不计算在起诉期限内。

公民、法人或者其他组织因上述规定以外的其他特殊情况耽误起诉期限的,在障碍消除后十日内,可以申请延长期限,是否准许由人民法院决定。

三、起诉条件

(1)原告是符合《行政诉讼法》规定的公民、法人或者其他组织。

有关适格的原告条件可参见本书17.4.1内容。

(2)有明确的被告。

原告提供被告的名称等信息足以使被告与其他行政机关相区别的,可以认定为"有明确的被告"。起诉状列写被告信息不足以认定明确的被告的,人民法院可以告知原告补正;原告补正后仍不能确定明确的被告的,人民法院裁定不予立案。

(3)有具体的诉讼请求和事实根据。

"有具体的诉讼请求"是指:①请求判决撤销或者变更行政行为;②请求判决行政机关履行特定法定职责或者给付义务;③请求判决确认行政行为违法;④请求判决确认行政行为无效;⑤请求判决行政机关予以赔偿或者补偿;⑥求解决行政协议争议;⑦请求一并审查规章以下规范性文件;⑧请求一并解决相关民事争议;⑨其他诉讼请求。

其中,当事人单独或者一并提起行政赔偿、补偿诉讼的,应当有具体的赔偿、补偿事项以及数额;请求一并审查规章以下规范性文件的,应当提供明确的文件名称或者审查对象;请求一并解决相关民事争议的,应当有具体的民事诉讼请求。

(4)属于人民法院受案范围和受诉人民法院管辖。

四、起诉材料

(一)起诉状

起诉应当向人民法院递交起诉状,并按照被告人数提出副本。书写起诉状确有困难的,可以口头起诉,由人民法院记入笔录,出具注明日期的书面凭证,并告知对方当事人。

由法定代理人或者委托代理人代为起诉的,还应当在起诉状中写明或者在口头起诉时向人民法院说明法定代理人或者委托代理人的基本情况,并提交法定代理人或者委托代理人的身份证明和代理权限证明等材料。

(二)其他材料

除起诉状外,公民、法人或者其他组织提起诉讼时应当提交以下起诉材料:①原告的身份证明材料以及有效联系方式;②被诉行政行为或者不作为存在的材料;③原告与被诉行政行为具有利害关系的材料;④人民法院认为需要提交的其他材料。

17.6.2 立案

一、立案程序

人民法院在接到起诉状时,应当就起诉状内容和材料是否完备以及是否符合《行政诉讼法》规定的起诉条件进行审查。对当场能够判断符合起诉条件的,应当当场登记立案;对当场不能判定是否符合起诉条件的,应当接收起诉状,出具注明收到日期的书面凭证,并在七日内决定是否立案;七日内仍不能作出判断的,应当先予立案。

不符合起诉条件的,作出不予立案的裁定。裁定书应当载明不予立案的理由。原告对裁定不服的,可以提起上诉。起诉状内容欠缺或者有其他错误的,应当给予指导和释明,并一次性告知当事人需要补正的内容。不得未经指导和释明即以起诉不符合条件为由不接收起诉状。

对于不接收起诉状、接收起诉状后不出具书面凭证,以及不一次性告知当事人需要补正的起诉状内容的,当事人可以向上级人民法院投诉,上级人民法院应当责令改正,并对直接负责的主管人员和其他直接责任人员依法给予处分。

二、不予立案的情形

(1)法律、法规规定应当先申请复议,公民、法人或者其他组织未申请复议直接提起诉讼的,人民法院裁定不予立案。

(2)法律、法规未规定行政复议为提起行政诉讼必经程序,公民、法人或者其他组织既提起诉讼又申请行政复议的,由先立案的机关管辖;同时立案的,由公民、法人或者其他组织选择。公民、法人或者其他组织已经申请行政复议,在法定复议期间内又向人民法院提起诉讼的,人民法院裁定不予立案。

(3)人民法院裁定准许原告撤诉后,原告以同一事实和理由重新起诉的,人民法院不予立案。

【思考17-13】法律、法规未规定行政复议为提起行政诉讼必经程序,公民、法人或者其他组织向复议机关申请行政复议后,又经复议机关同意撤回复议申请,在法定起诉期限内对原行政行为提起诉讼的,人民法院是否应当立案?

【思考17-14】人民法院既不立案,又不作出不予立案裁定的,怎么处理?

17.6.3 受理

人民法院应当保障公民、法人和其他组织的起诉权利,对应当受理的行政案件依法受理。行政机关及其工作人员不得干预、阻碍人民法院受理行政案件。被诉行政机关负责人应当出庭应诉。不能出庭的,应当委托行政机关相应的工作人员出庭。

其中,行政机关负责人包括行政机关的正职、副职负责人以及其他参与分管的负责人。行政机关负责人出庭应诉的,可以另行委托一至两名诉讼代理人。行政机关负责人不能出庭的,应当委托行政机关相应的工作人员出庭,不得仅委托律师出庭。

行政机关相应的工作人员包括该行政机关具有国家行政编制身份的工作人员以及其他依法履行公职的人员。被诉行政行为是地方人民政府作出的,地方人民政府法制工作机构的工作人员,以及被诉行政行为具体承办机关工作人员,可以视为被诉人民政府相应的工作人员。

17.7 审理和判决

17.7.1 一般规定

一、审理部门

人民法院设行政审判庭,审理行政案件。人民法院依法对行政案件独立行使审判权,不受行政机关、社会团体和个人的干涉。人民法院审理行政案件,以事实为根据,以法律为准绳。

人民法院审理行政案件,对行政行为是否合法进行审查。当事人在行政诉讼中的法律地位平等,在行政诉讼中有权进行辩论。人民检察院有权对行政诉讼实行法律监督。

二、基本制度

人民法院审理行政案件,依法实行合议、回避、公开审判和两审终审制度。

(一)合议制度

适用普通程序审理的行政案件,实行合议制度,即由三人以上单数的审判员或者审判员与陪审员组成审判庭,以人民法院的名义对案件进行审理,并作出裁判。合议制度既适用于一审案件,也适用于二审案件。

(二)回避制度

当事人认为审判人员与本案有利害关系或者有其他关系可能影响公正审判,有权申请审判人员回避。审判人员认为自己与本案有利害关系或者有其他关系,应当申请回避。

上述回避的规定,适用于书记员、翻译人员、鉴定人、勘验人。院长担任审判长时的回避,由审判委员会决定;审判人员的回避,由院长决定;其他人员的回避,由审判长决定。当事人对决定不服的,可以申请复议一次。

当事人申请回避,应当说明理由,在案件开始审理时提出;回避事由在案件开始审理后知道的,应当在法庭辩论终结前提出。被申请回避的人员,在人民法院作出是否回避的决定前,应当暂停参与本案的工作,但案件需要采取紧急措施的除外。

对当事人提出的回避申请,人民法院应当在三日内以口头或者书面形式作出决定。对当事人提出的明显不属于法定回避事由的申请,法庭可以依法当庭驳回。申请人对驳回回避申请决定不服的,可以向作出决定的人民法院申请复议一次。复议期间,被申请回避的人员不停止参与本案的工作。对申请人的复议申请,人民法院应当在三日内作出复议决定,并通知复议申请人。

【思考 17-15】在一个审判程序中参与过本案审判工作的审判人员,能不能参与该案其他程序的审判?

(三)公开审理制度

人民法院公开审理行政案件,但涉及国家秘密、个人隐私和法律另有规定的除外。涉及商业秘密的案件,当事人申请不公开审理的,可以不公开审理。

(四)两审终审制度

当事人不服人民法院第一审判决或裁定的,有权在判决书或裁定书送达之日起法定期限内,向第二审人民法院提起上诉。第二审人民法院应当在收到上诉状之日起法定期限内作出终审判决或裁定。当事人不服的终审判决或裁定的,不得上诉。

三、诉讼不停止执行

诉讼期间,不停止行政行为的执行。

但有下列情形之一的,裁定停止执行:

(1)被告认为需要停止执行的;

(2)原告或者利害关系人申请停止执行,人民法院认为该行政行为的执行会造成难以弥补的损失,并且停止执行不损害国家利益、社会公共利益的;

(3)人民法院认为该行政行为的执行会给国家利益、社会公共利益造成重大损害的;

(4)法律、法规规定停止执行的。当事人对停止执行或者不停止执行的裁定不服的,可以申请复议一次。

四、先予执行

人民法院对起诉行政机关没有依法支付抚恤金、最低生活保障金和工伤、医疗社会保险金的案件,权利义务关系明确、不先予执行将严重影响原告生活的,可以根据原告的申请,裁定先予执行。当事人对先予执行裁定不服的,可以申请复议一次。复议期间不停止裁定的执行。

五、不到庭或中途退庭

经人民法院传票传唤,原告无正当理由拒不到庭,或者未经法庭许可中途退庭的,可以按照撤诉处理;被告无正当理由拒不到庭,或者未经法庭许可中途退庭的,可以缺席判决。

【思考 17-16】第三人经传票传唤无正当理由拒不到庭,或者未经法庭许可中途退庭的,对案件审理有无影响?

人民法院对被告经传票传唤无正当理由拒不到庭,或者未经法庭许可中途退庭的,可以将被告拒不到庭或者中途退庭的情况予以公告,并可以向监察机关或者被告的上一级行政机关提出依法给予其主要负责人或者直接责任人员处分的司法建议。

六、调解

人民法院审理行政案件,不适用调解。但是,行政赔偿、补偿以及行政机关行使法律、法规规定的自由裁量权的案件可以调解。调解应当遵循自愿、合法原则,不得损害国家利益、社会公共利益和他人合法权益。

对于行政赔偿、补偿以及行政机关行使法律、法规规定的自由裁量权的案件,人民法院认为法律关系明确、事实清楚,在征得当事人双方同意后,可以进行调解。调解达成协议,人民法院应当制作调解书。调解书应当写明诉讼请求、案件的事实和调解结果。调解书由审判人员、书记员署名,加盖人民法院印章,送达双方当事人。调解书经双方当事人签收后,即具有法律效力。调解书生效日期根据最后收到调解书的当事人签收的日期确定。

【思考17-17】第三人是否可以参加调解？调解过程及调解内容是否公开？

当事人一方或者双方不愿调解、调解未达成协议的,人民法院应当及时判决。

当事人自行和解或者调解达成协议后,请求人民法院按照和解协议或者调解协议的内容制作判决书的,人民法院不予准许。

七、撤诉

人民法院对行政案件宣告判决或者裁定前,原告申请撤诉的,或者被告改变其所作的行政行为,原告同意并申请撤诉的,是否准许,由人民法院裁定。当事人申请撤诉或者依法可以按撤诉处理的案件,当事人有违反法律的行为需要依法处理的,人民法院可以不准许撤诉或者不按撤诉处理。

法庭辩论终结后原告申请撤诉,人民法院可以准许,但涉及国家利益和社会公共利益的除外。

八、涉及民事诉讼的处理

在涉及行政许可、登记、征收、征用和行政机关对民事争议所作的裁决的行政诉讼中,当事人申请一并解决相关民事争议的,人民法院可以一并审理。当事人应当在第一审开庭审理前提出;有正当理由的,也可以在法庭调查中提出。

人民法院决定在行政诉讼中一并审理相关民事争议,或者案件当事人一致同意相关民事争议在行政诉讼中一并解决,人民法院准许的,由受理行政案件的人民法院管辖。人民法院在行政诉讼中一并审理相关民事争议的,民事争议应当单独立案,由同一审判组织审理。

人民法院对行政争议和民事争议应当分别裁判。在行政诉讼中,人民法院认为行政案件的审理需以民事诉讼的裁判为依据的,可以裁定中止行政诉讼。

【思考17-18】行政诉讼原告在宣判前申请撤诉,人民法院裁定准许行政诉讼原告撤诉,但其对已经提起的一并审理的相关民事争议不撤诉的,人民法院应当如何处理？

九、审理依据

人民法院审理行政案件,以法律和行政法规、地方性法规为依据。地方性法规适用于本行政区域内发生的行政案件。

人民法院审理民族自治地方的行政案件,并以该民族自治地方的自治条例和单行条例为依据。

人民法院审理行政案件,参照规章。

人民法院审理行政案件,适用最高人民法院司法解释的,应当在裁判文书中援引。

人民法院审理行政案件,可以在裁判文书中引用合法有效的规章及其他规范性文件。

十、裁决公开

人民法院应当公开发生法律效力的判决书、裁定书,供公众查阅,但涉及国家秘密、商业秘密和个人隐私的内容除外。

17.7.2 第一审程序

一、普通程序

(一)被告答辩

人民法院应当在立案之日起五日内,将起诉状副本发送被告。被告应当在收到起诉状副本之日起十五日内向人民法院提交作出行政行为的证据和所依据的规范性文件,并提出答辩状。人民法院应当在收到答辩状之日起五日内,将答辩状副本发送原告。被告不提出答辩状的,不影响人民法院审理。

(二)组成合议庭

人民法院审理行政案件,由审判员组成合议庭,或者由审判员、陪审员组成合议庭。合议庭的成员,应当是三人以上的单数。

(三)传票传唤

人民法院适用普通程序审理案件,应当在开庭三日前用传票传唤当事人。对证人、鉴定人、勘验人、翻译人员,应当用通知书通知其到庭。当事人或者其他诉讼参与人在外地的,应当留有必要的在途时间。

(四)诉讼中止

在诉讼过程中,有下列情形之一的,中止诉讼:

(1)原告死亡,须等待其近亲属表明是否参加诉讼的;
(2)原告丧失诉讼行为能力,尚未确定法定代理人的;
(3)作为一方当事人的行政机关、法人或者其他组织终止,尚未确定权利义务承受人的;
(4)一方当事人因不可抗力的事由不能参加诉讼的;
(5)案件涉及法律适用问题,需要送请有权机关作出解释或者确认的;
(6)案件的审判须以相关民事、刑事或者其他行政案件的审理结果为依据,而相关案件尚未审结的;
(7)其他应当中止诉讼的情形。

中止诉讼的原因消除后,恢复诉讼。

(五)诉讼终结

在诉讼过程中,有下列情形之一的,终结诉讼:

(1)原告死亡,没有近亲属或者近亲属放弃诉讼权利的;
(2)作为原告的法人或者其他组织终止后,其权利义务的承受人放弃诉讼权利的。

因"诉讼中止"第(1)、(2)、(3)项情形中止诉讼满九十日仍无人继续诉讼的,裁定终结诉讼,但有特殊情况的除外。

(六)宣判

人民法院对公开审理和不公开审理的案件,一律公开宣告判决。

当庭宣判的,应当在十日内发送判决书;定期宣判的,宣判后立即发给判决书。宣告判决时,必须告知当事人上诉权利、上诉期限和上诉的人民法院。

人民法院应当在立案之日起六个月内作出第一审判决。有特殊情况需要延长的,由高级人民法院批准,同时报中级人民法院备案;高级人民法院审理第一审案件需要延长的,由最高人民法院批准。

【思考 17-19】审理期限应当从何时开始至何时结束?

(七)判决

(1)驳回诉讼请求。

行政行为证据确凿,适用法律、法规正确,符合法定程序的,或者原告申请被告履行法定职责或者给付义务理由不成立的,人民法院判决驳回原告的诉讼请求。

(2)撤销行政行为。

行政行为有下列情形之一的,人民法院判决撤销或者部分撤销,并可以判决被告重新作出行政行为:①主要证据不足的;②适用法律、法规错误的;③违反法定程序的;④超越职权的;⑤滥用职权的;⑥明显不当的。

【思考17-20】人民法院判决被告重新作出行政行为的,被告能够以同一事实和理由作出相同的行政行为?

(3)人民法院经过审理,查明被告不履行法定职责的,判决被告在一定期限内履行。

(4)人民法院经过审理,查明被告依法负有给付义务的,判决被告履行给付义务。例如,原告申请被告依法履行支付抚恤金、最低生活保障待遇或者社会保险待遇等给付义务的理由成立,被告依法负有给付义务而拒绝或者拖延履行义务的,人民法院可以判决被告在一定期限内履行相应的给付义务。

(5)违法但不撤销行政行为。

有下列情形之一的,人民法院判决确认违法,但不撤销行政行为:①行政行为依法应当撤销,但撤销会给国家利益、社会公共利益造成重大损害的;②行政行为程序轻微违法,但对原告权利不产生实际影响的。

"程序轻微违法",是指有下列情形之一,且对原告依法享有的听证、陈述、申辩等重要程序性权利不产生实质损害的:①处理期限轻微违法;②通知、送达等程序轻微违法;③其他程序轻微违法的情形。

行政行为有下列情形之一,不需要撤销或者判决履行的,人民法院判决确认违法:①行政行为违法,但不具有可撤销内容的;②被告改变原违法行政行为,原告仍要求确认原行政行为违法的;③被告不履行或者拖延履行法定职责,判决履行没有意义的。

(6)判决行政行为无效。

行政行为有实施主体不具有行政主体资格或者没有依据等重大且明显违法情形,原告申请确认行政行为无效的,人民法院判决确认无效。人民法院判决确认违法或者无效的,可以同时判决责令被告采取补救措施;给原告造成损失的,依法判决被告承担赔偿责任。

有下列情形之一的,属于"重大且明显违法":①行政行为实施主体不具有行政主体资格;②减损权利或者增加义务的行政行为没有法律规范依据;③行政行为的内容客观上不可能实施;④其他重大且明显违法的情形。

(7)判决变更。

行政处罚明显不当,或者其他行政行为涉及对款额的确定、认定确有错误的,人民法院可以判决变更。人民法院判决变更,不得加重原告的义务或者减损原告的权益。但利害关系人同为原告,且诉讼请求相反的除外。

复议机关与作出原行政行为的行政机关为共同被告的案件,人民法院应当对复议决定和原行政行为一并作出裁判。

【思考17-21】被告是否可以在一审期间改变被诉行政行为?如果被告在一审期间改变被诉行政行

为,那么原告是否需要改变原诉讼请求?

（八）裁定

裁定适用于下列范围:①不予立案;②驳回起诉;③管辖异议;④终结诉讼;⑤中止诉讼;⑥移送或者指定管辖;⑦诉讼期间停止行政行为的执行或者驳回停止执行的申请;⑧财产保全;⑨先予执行;⑩准许或者不准许撤诉;⑪补正裁判文书中的笔误;⑫中止或者终结执行;⑬提审、指令再审或者发回重审;⑭准许或者不准许执行行政机关的行政行为;⑮其他需要裁定的事项。

对第(1)、(2)、(3)项裁定,当事人可以上诉。

裁定书应当写明裁定结果和作出该裁定的理由。裁定书由审判人员、书记员署名,加盖人民法院印章。口头裁定的,记入笔录。

17.7.3 简易程序

一、基本规定

适用简易程序审理的行政案件,由审判员一人独任审理,并应当在立案之日起四十五日内审结。

二、适用范围

人民法院审理下列第一审行政案件,认为事实清楚、权利义务关系明确、争议不大的,可以适用简易程序:

(1)被诉行政行为是依法当场作出的;

(2)案件涉及款额两千元以下的;

(3)属于政府信息公开案件的。

除前款规定以外的第一审行政案件,当事人各方同意适用简易程序的,可以适用简易程序。

发回重审、按照审判监督程序再审的案件不适用简易程序。

其中,"事实清楚",是指当事人对争议的事实陈述基本一致,并能提供相应的证据,无须人民法院调查搜集证据即可查明事实;"权利义务关系明确",是指行政法律关系中权利和义务能够明确区分;"争议不大",是指当事人对行政行为的合法性、责任承担等没有实质分歧。

【思考17-22】人民法院在审理过程中,发现案件不宜适用简易程序的,人民法院应当按照简易程序继续审理还是转为普通程序审理?

三、传唤、通知、送达的方式

适用简易程序审理的行政案件,人民法院可以用口头通知、电话、短信、传真、电子邮件等简便方式传唤当事人、通知证人、送达裁判文书以外的诉讼文书。

以简便方式送达的开庭通知,未经当事人确认或者没有其他证据证明当事人已经收到的,人民法院不得缺席判决。

四、举证期限

适用简易程序案件的举证期限由人民法院确定,也可以由当事人协商一致并经人民法院准许,但不得超过十五日。被告要求书面答辩的,人民法院可以确定合理的答辩期间。

人民法院应当将举证期限和开庭日期告知双方当事人,并向当事人说明逾期举证以及拒不到庭的法律后果,由双方当事人在笔录和开庭传票的送达回证上签名或者捺印。

当事人双方均表示同意立即开庭或者缩短举证期限、答辩期间的,人民法院可以立即开庭审理或者确定近期开庭。

17.7.4 二审程序

一、上诉

当事人不服人民法院第一审判决的,有权在判决书送达之日起十五日内向上一级人民法院提起上诉。当事人不服人民法院第一审裁定的,有权在裁定书送达之日起十日内向上一级人民法院提起上诉。逾期不提起上诉的,人民法院的第一审判决或者裁定发生法律效力。

当事人提出上诉,应当按照其他当事人或者诉讼代表人的人数提出上诉状副本。原审人民法院收到上诉状,应当在五日内将上诉状副本发送其他当事人,对方当事人应当在收到上诉状副本之日起十五日内提出答辩状。原审人民法院应当在收到答辩状之日起五日内将副本发送上诉人。对方当事人不提出答辩状的,不影响人民法院审理。

原审人民法院收到上诉状、答辩状,应当在五日内连同全部案卷和证据,报送第二审人民法院;已经预收的诉讼费用,一并报送。

二、审理

人民法院对上诉案件,应当组成合议庭,开庭审理。经过阅卷、调查和询问当事人,对没有提出新的事实、证据或者理由,合议庭认为不需要开庭审理的,也可以不开庭审理。

人民法院审理上诉案件,应当对原审人民法院的判决、裁定和被诉行政行为进行全面审查。

三、裁决

人民法院审理上诉案件,应当在收到上诉状之日起三个月内作出终审判决。有特殊情况需要延长的,由高级人民法院批准,高级人民法院审理上诉案件需要延长的,由最高人民法院批准。

人民法院审理上诉案件,按照下列情形,分别处理:①原判决、裁定认定事实清楚,适用法律、法规正确的,判决或者裁定驳回上诉,维持原判决、裁定;②原判决、裁定认定事实错误或者适用法律、法规错误的,依法改判、撤销或者变更;③原判决认定基本事实不清、证据不足的,发回原审人民法院重审,或者查清事实后改判;④原判决遗漏当事人或者违法缺席判决等严重违反法定程序的,裁定撤销原判决,发回原审人民法院重审。

【思考 17-23】第二审人民法院发回原审人民法院重审的行政案件,由原审人民法院作出裁判的合议庭进行审理,这种说法对吗?

原审人民法院对发回重审的案件作出判决后,当事人提起上诉的,第二审人民法院不得再次发回重审。人民法院审理上诉案件,需要改变原审判决的,应当同时对被诉行政行为作出判决。

17.7.5 再审程序

人民法院应当自再审申请案件立案之日起六个月内审查,有特殊情况需要延长的,由本院院长批准。

一、当事人申请再审

当事人对已经发生法律效力的判决、裁定,认为确有错误的,可以向上一级人民法院申请再审,但判决、裁定不停止执行。

当事人向上一级人民法院申请再审,应当在判决、裁定或者调解书发生法律效力后六个月内提出。

有下列情形之一的,自知道或者应当知道之日起六个月内提出:
(1)有新的证据,足以推翻原判决、裁定的;
(2)原判决、裁定认定事实的主要证据是伪造的;
(3)据以作出原判决、裁定的法律文书被撤销或者变更的;
(4)审判人员审理该案件时有贪污受贿、徇私舞弊、枉法裁判行为的。

当事人申请再审的,应当提交再审申请书等材料。人民法院认为有必要的,可以自收到再审申请书之日起五日内将再审申请书副本发送对方当事人。对方当事人应当自收到再审申请书副本之日起十五日内提交书面意见。人民法院可以要求申请人和对方当事人补充有关材料,询问有关事项。

二、第三人申请再审

第三人因不能归责于本人的事由未参加诉讼,但有证据证明发生法律效力的判决、裁定、调解书损害其合法权益的,可以自知道或者应当知道其合法权益受到损害之日起六个月内,向上一级人民法院申请再审。

三、法院提起的再审

各级人民法院院长对本院已经发生法律效力的判决、裁定,发现违反《行政诉讼法》,或者发现调解违反自愿原则或者调解书内容违法,认为需要再审的,应当提交审判委员会讨论决定。

上级人民法院决定提审或者指令下级人民法院再审的,应当作出裁定,裁定应当写明中止原判决的执行;情况紧急的,可以将中止执行的裁定口头通知负责执行的人民法院或者作出生效判决、裁定的人民法院,但应当在口头通知后十日内发出裁定书。

四、检察院提出抗诉

最高人民检察院对各级人民法院已经发生法律效力的判决、裁定,上级人民检察院对下级人民法院已经发生法律效力的判决、裁定,发现有《行政诉讼法》,或者发现调解书损害国家利益、社会公共利益的,应当提出抗诉。

【思考17-24】人民法院再审的案件,按照第一审程序审理还是第二审程序审理?

五、终结再审

再审审理期间,有下列情形之一的,裁定终结再审程序:
(1)再审申请人在再审期间撤回再审请求,人民法院准许的;
(2)再审申请人经传票传唤,无正当理由拒不到庭的,或者未经法庭许可中途退庭,按撤回再审请求处理的;
(3)人民检察院撤回抗诉的;
(4)其他应当终结再审程序的情形。

因人民检察院提出抗诉裁定再审的案件,申请抗诉的当事人有前款规定的情形,且不损害国家利益、社会公共利益或者他人合法权益的,人民法院裁定终结再审程序。

再审程序终结后,人民法院裁定中止执行的原生效判决自动恢复执行。

17.8 执行

当事人必须履行人民法院发生法律效力的判决、裁定、调解书。

17.8.1 执行依据

对发生法律效力的行政判决书、行政裁定书、行政赔偿判决书和行政调解书,负有义务的一方当事人拒绝履行的,对方当事人可以依法申请人民法院强制执行。

人民法院判决行政机关履行行政赔偿、行政补偿或者其他行政给付义务,行政机关拒不履行的,对方当事人可以依法向法院申请强制执行。

17.8.2 申请执行期限

申请执行的期限为两年。申请执行时效的中止、中断,适用法律有关规定。申请执行的期限从法律文书规定的履行期间最后一日起计算;法律文书规定分期履行的,从规定的每次履行期间的最后一日起计算;法律文书中没有规定履行期限的,从该法律文书送达当事人之日起计算。逾期申请的,除有正当理由外,人民法院不予受理。

17.8.3 执行法院

一、级别管辖

发生法律效力的行政判决书、行政裁定书、行政赔偿判决书和行政调解书,由第一审人民法院执行。

第一审人民法院认为情况特殊,需要由第二审人民法院执行的,可以报请第二审人民法院执行;第二审人民法院可以决定由其执行,也可以决定由第一审人民法院执行。

二、地域管辖

行政机关申请人民法院强制执行其行政行为的,由申请人所在地的基层人民法院受理;执行对象为不动产的,由不动产所在地的基层人民法院受理。

基层人民法院认为执行确有困难的,可以报请上级人民法院执行;上级人民法院可以决定由其执行,也可以决定由下级人民法院执行。

17.8.4 申请执行具体行政行为的时限

没有强制执行权的行政机关申请人民法院强制执行其行政行为,应当自被执行人的法定起诉期限届满之日起三个月内提出。逾期申请的,除有正当理由外,人民法院不予受理。

人民法院受理行政机关申请执行其行政行为的案件后,应当在七日内由行政审判庭对行政行为的合法性进行审查,并作出是否准予执行的裁定。

人民法院在作出裁定前发现行政行为明显违法并损害被执行人合法权益的,应当听取被执行人和行政机关的意见,并自受理之日起三十日内作出是否准予执行的裁定。

需要采取强制执行措施的,由本院负责强制执行非诉行政行为的机构执行。

17.8.5 财产保全

行政机关或者行政行为确定的权利人申请人民法院强制执行前,有充分理由认为被执行人可能逃避执行的,可以申请人民法院采取财产保全措施。后者申请强制执行的,应当提供相应的财产担保。

17.8.6 不准予执行

被申请执行的行政行为有下列情形之一的,人民法院应当裁定不准予执行:
(1)实施主体不具有行政主体资格的;
(2)明显缺乏事实根据的;
(3)明显缺乏法律、法规依据的;
(4)其他明显违法并损害被执行人合法权益的情形。

行政机关对不准予执行的裁定有异议,在十五日内向上一级人民法院申请复议的,上一级人民法院应当在收到复议申请之日起三十日内作出裁定。

【案例回顾】

A区人民法院裁定不予受理并无不当。2021年11月15日,判决书送达双方当事人,当事人在上诉期内未提起上诉,上诉期满,判决书于2021年12月1日生效。根据《最高人民法院关于适用〈中华人民共和国行政诉讼法〉的解释》(法释〔2018〕1号)第一百五十六条规定,没有强制执行权的行政机关申请人民法院强制执行其行政行为,应当自被执行人的法定起诉期限届满之日起三个月内提出。逾期申请的,除有正当理由外,人民法院不予受理。本案中,A区生态环境局应当于2021年12月1日起三个月内有权向A区人民法院申请强制执行。实际上,A区生态环境局于2022年6月20日方才向A区人民法院申请强制执行,显然属于逾期申请情形,且无正当理由,A区人民法院裁定不予受理合法、得当。

【讨论题】

在行政诉讼中,如何理解和适用"人民法院审理行政案件,参照规章"这一条款?

【思考题参考答案】

【参考答案17-1】当事人以案件重大、复杂为由,认为有管辖权的基层人民法院不宜行使管辖权,向中级人民法院起诉,中级人民法院应当根据不同情况在七日内分别作出以下处理:
(1)决定自行审理;
(2)指定本辖区其他基层人民法院管辖;
(3)书面告知当事人向有管辖权的基层人民法院起诉。

【参考答案17-2】对行政机关基于同一事实,既采取限制公民人身自由的行政强制措施,又采取其他行政强制措施或者行政处罚不服的,由被告所在地或者原告所在地的人民法院管辖。

【参考答案17-3】两个以上人民法院都有管辖权的案件,原告可以选择其中一个人民法院提起诉讼。原告向两个以上有管辖权的人民法院提起诉讼的,由最先立案的人民法院管辖。

【参考答案17-4】专门人民法院、人民法庭不审理行政案件,也不审查和执行行政机关申请执行其行政行为的案件。但是,经最高人民法院批准,高级人民法院可以根据审判工作的实际情况,确定专门法院跨行政区域管辖行政案件。

【参考答案17-5】立案后,受诉人民法院的管辖权不受当事人住所地改变、追加被告等事实和法律状态变更的影响。

【参考答案17-6】有权提起诉讼的公民死亡,其近亲属(包括配偶、父母、子女、兄弟姐妹、祖父母、外祖父母、孙子女、外孙子女和其他具有扶养、赡养关系的亲属)可以提起诉讼。公民因被限制人身自由而不能提起诉讼的,其近亲属可以依其口头或者书面委托以该公民的名义提起诉讼。近亲属起诉时无法与被限制人身自由的公民取得联系,近亲属可以先行起诉,并在诉讼中补充提交委托证明。

有权提起诉讼的法人或者其他组织终止,承受其权利的法人或者其他组织可以提起诉讼。

【参考答案17-7】原告只起诉作出原行政行为的行政机关或者复议机关的,人民法院应当告知原告追加被告。原告不同意追加的,人民法院应当将另一机关列为共同被告。

【参考答案17-8】原告所起诉的被告不适格,人民法院应当告知原告变更被告;原告不同意变更的,裁定驳回起诉。

【参考答案17-9】当事人推选不出代表人的,可以由人民法院在起诉的当事人中指定代表人。

【参考答案17-10】代表人可以委托一至两人作为诉讼代理人。

【参考答案17-11】在诉讼过程中,被告及其诉讼代理人不得自行向原告、第三人和证人搜集证据。

【参考答案17-12】复议机关决定维持原行政行为的,人民法院应当在审查原行政行为合法性的同时,一并审查复议决定的合法性。

作出原行政行为的行政机关和复议机关对原行政行为合法性共同承担举证责任,可以由其中一个机关实施举证行为。复议机关对复议决定的合法性承担举证责任。

复议机关作为共同被告的案件,复议机关在复议程序中依法收集和补充的证据,可以作为人民法院认定复议决定和原行政行为合法的依据。

【参考答案17-13】法律、法规未规定行政复议为提起行政诉讼必经程序,公民、法人或者其他组织向复议机关申请行政复议后,又经复议机关同意撤回复议申请,在法定起诉期限内对原行政行为提起诉讼的,人民法院应当依法立案。

【参考答案17-14】当事人可以向上一级人民法院起诉。上一级人民法院认为符合起诉条件的,应当立案、审理,也可以指定其他下级人民法院立案、审理。

【参考答案17-15】在一个审判程序中参与过本案审判工作的审判人员,不得再参与该案其他程序的审判。

发回重审的案件,在一审法院作出裁判后又进入第二审程序的,原第二审程序中合议庭组成人员不受前款规定的限制。

【参考答案17-16】第三人经传票传唤无正当理由拒不到庭,或者未经法庭许可中途退庭的,不发生阻止案件审理的效果。

【参考答案17-17】经人民法院准许,第三人可以参加调解。人民法院认为有必要的,可以通知第三人参加调解。

人民法院审理行政案件,调解过程不公开,但当事人同意公开的除外。

调解协议内容不公开,但为保护国家利益、社会公共利益、他人合法权益,人民法院认为确有必要公开的除外。

【参考答案17-18】行政诉讼原告在宣判前申请撤诉的,是否准许由人民法院裁定。人民法院裁定准许行政诉讼原告撤诉,但其对已经提起的一并审理相关民事争议不撤诉的,人民法院应当继续审理。

【参考答案17-19】审理期限,是指从立案之日起至裁判宣告、调解书送达之日止的期间,但公告期间、鉴定期间、调解期间、中止诉讼期间、审理当事人提出的管辖异议以及处理人民法院之间的管辖争议期间不应计算在内。

【参考答案17-20】人民法院判决被告重新作出行政行为的,被告不得以同一的事实和理由作出与原行政行为基本相同的行政行为。但是,也存在以下例外情形。

(1)人民法院判决被告重新作出行政行为,被告重新作出的行政行为与原行政行为的结果相同,但主要事实或者主要理由有改变的,不受上述规定的限制。

(2)人民法院以违反法定程序为由,判决撤销被诉行政行为的,行政机关重新作出行政行为不受上述规定的限制。

除上述两种例外情形外,行政机关以同一事实和理由重新作出与原行政行为基本相同的行政行为,视为行政机关拒绝履行判决。

【参考答案17-21】被告可以在一审期间改变被诉行政行为。被告在一审期间改变被诉行政行为的,应当书面告知人民法院。

原告或者第三人对改变后的行政行为不服提起诉讼的,人民法院应当就改变后的行政行为进行审理。

被告改变原违法行政行为,原告仍要求确认原行政行为违法的,人民法院应当依法作出确认判决。

原告起诉被告不作为,在诉讼中被告作出行政行为,原告不撤诉的,人民法院应当就不作为依法作出确认判决。

【参考答案17-22】人民法院在审理过程中,发现案情复杂,不宜适用简易程序,应当在审理期限届满前作出裁定转为普通程序,并将合议庭组成人员及相关事项书面通知双方当事人。转为普通程序审理的,审理期限自人民法院立案之日起计算。

【参考答案17-23】不对。第二审人民法院裁定发回原审人民法院重新审理的行政案件,原审人民法院应当另行组成合议庭进行审理。

【参考答案17-24】人民法院按照审判监督程序再审的案件,应当另行组成合议庭。发生法律效力的判决、裁定是由第一审法院作出的,按照第一审程序审理,所作的判决、裁定,当事人可以上诉;发生法律效力的判决、裁定是由第二审法院作出的,按照第二审程序审理,所作的判决、裁定,是发生法律效力的判决、裁定;上级人民法院按照审判监督程序提审的,按照第二审程序审理,所作的判决、裁定是发生法律效力的判决、裁定。

参 考 文 献

[1] 张文显.法理学[M].5版.北京:高等教育出版社,2018.
[2] 沈宗灵.法理学[M].4版.北京:北京大学出版社,2014.
[3] 付子堂.法理学初阶[M].6版.北京:法律出版社,2021.
[4] 法律出版社法规中心.中华人民共和国土地管理法[M].北京:法律出版社,2022.
[5] 施春风.中华人民共和国土地管理法解读[M].北京:中国法制出版社,2020.
[6] 耿慧志.城乡规划管理与法规[M].2版.北京:中国建筑工业出版社,2020.
[7] 城乡规划师考试研究组.城乡规划管理与法规[M].沈阳:辽宁大学出版社,2021.
[8] 住房城乡建设高等学校土建学科教学指导委员会.建设法规教程[M].4版.北京:中国建筑工业出版社,2018.
[9] 中国安全生产科学研究院.安全生产法律法规[M].北京:应急管理出版社,2022.
[10] 韩德培.环境保护法教程[M].8版.北京:法律出版社,2018.
[11] 中国应急管理学会法律工作委员会.突发事件应对制度导读与案例评析[M].北京:中国财政经济出版社,2020.
[12] 杜军,沈哲恒,珊丹.企业劳动争议法律实务与案例精解[M].北京:中国法制出版社,2022.
[13] 赵威.经济法[M].8版.北京:中国人民大学出版社,2021.
[14] 刘泽海,薛建兰.经济法[M].南京:南京大学出版社,2020.
[15] 《行政法与行政诉论法学》编写组.行政法与行政诉讼法学[M].2版.北京:高等教育出版社,2018.
[16] 应松年.行政法与行政诉讼法[M].3版.北京:中国政法大学出版社,2017.
[17] 姜明安.行政法与行政诉讼法[M].7版.北京:北京大学出版社,2019.
[18] 人民网.2021年全国生产安全事故十大典型案例发布[EB/OL].[2022-01-20].https://www.mem.gov.cn/xw/xwfbh/2022n1y20rxwfbh/mtbd_4262/202201/t20220120_407023.shtml.
[19] 广东省生态环境厅.某金属制品有限公司将危险废物委托给无经营许可证单位从事经营活动的违法案[EB/OL].[2020-08-13]. http://gdee.gd.gov.cn/hjzfcfdxal/content/post_3141822.html.
[20] 最高人民法院.人民法院反垄断和反不正当竞争典型案例[EB/OL].[2021-09-27].https://www.court.gov.cn/zixun-xiangqing-324491.html.
[21] 最高人民检察院、公安部依法惩治妨害疫情防控秩序违法犯罪典型案例(第十七批)[EB/OL].[2022-04-29]. https://www.jiemian.com/article/7406969.html.